WITHDRAWN

D1157404

MÁSCARAS SUELE VESTIR

Pasión y revuelta:
escrituras de mujeres en América Latina

Sonia Mattalia

COLECCIÓN NEXOS Y DIFERENCIAS, N.º 7

Colección nexos y diferencias
Estudios culturales latinoamericanos

Enfrentada a los desafíos de la globalización y a los acelerados procesos de transformación de sus sociedades, pero con una creativa capacidad de asimilación, sincretismo y mestizaje de la que sus múltiples expresiones artísticas son su mejor prueba, los estudios culturales sobre América Latina necesitan de renovadas aproximaciones críticas. Una renovación capaz de superar las tradicionales dicotomías con que se representan los paradigmas del continente: civilización-barbarie, campo-ciudad, centro-periferia y las más recientes que oponen norte-sur y el discurso hegemónico al subordinado.

La realidad cultural latinoamericana más compleja, polimorfa, integrada por identidades múltiples en constante mutación e inevitablemente abiertas a los nuevos imaginarios planetarios y a los procesos interculturales que conllevan, invita a proponer nuevos espacios de mediación crítica. Espacios de mediación que, sin olvidar los nexos que histórica y culturalmente han unido las naciones entre sí, tengan en cuenta la diversidad que las diferencian y las que existen en el propio seno de sus sociedades multiculturales y de sus originales reductos identitarios, no siempre debidamente reconocidos y protegidos.

La **Colección nexos y diferencias** se propone, a través de la publicación de estudios sobre los aspectos más polémicos y apasionantes de este ineludible debate, contribuir a la apertura de nuevas fronteras críticas en el campo de los **estudios culturales latinoamericanos.**

Directores	Consejo asesor
Fernando Ainsa	Jens Andermann
Lucia Costigan	Santiago Castro-Gómez
Frauke Gewecke	Nuria Girona
Margo Glantz	Esperanza López Parada
Beatriz González-Stephan	Agnes Lugo
Jesús Martín-Barbero	Kirsten Nigro
Sonia Mattalía	Sylvia Saítta
Kemy Oyarzún	
Andrea Pagni	
Mary Louise Pratt	
Beatriz Rizk	

MÁSCARAS SUELE VESTIR

Pasión y revuelta:
escrituras de mujeres en América Latina

Sonia Mattalia

Iberoamericana · Vervuert · 2003

Bibliographic information published by Die Deutsche Bibliothek

Die Deutsche Bibliothek lists this publication in the Deutsche Nationalbibliografie; detailed bibliographic data is available on the Internet at <http://dnb.ddb.de>.

Reservados todos los derechos

© Iberoamericana, Madrid 2003
Amor de Dios, 1 – E-28014 Madrid
Tel.: +34 91 429 35 22
Fax: +34 91 429 53 97
info@iberoamericanalibros.com
www.ibero-americana.net

© Vervuert, 2003
Wielandstrasse. 40 – D-60318 Frankfurt am Main
Tel.: +49 69 597 46 17
Fax: 49 69 597 87 43
info@iberoamericanalibros.com
www.ibero-americana.net

ISBN 84-8489-086-4 (Iberoamericana)
ISBN 3-89354-623-5 (Vervuert)

Depósito Legal: M. 13.870-2003

Cubierta: Diseño y Comunicación Visual
Impreso en España por Imprenta Fareso, S. A.
The paper on wich this book is printed meets the requirements of ISO 9706

PQ
7081.5
.m388
2003

053104-4000 R8

ÍNDICE

HISTORIA MINÚSCULA

"¿Hay una historia? Si hay una historia empieza hace (...)"[1] unos veinte años, cuando mis hijos eran pequeños. Esta es la escena:

Por las noches solía contarles cuentos para persuadirlos sobre las ventajas del sueño mientras pensaba que no había nada más innecesario que enviarlos a la cama a cambio de escribir una tesis. Había encontrado una estrategia eficaz para que me dejaran estudiar sin interrupciones: en los puntos de las páginas de mis libros habitaba un hada diminuta. La bautizamos Almendrita. Mientras estudiaba, les decía, el hada me contaba las historias que luego les transmitiría.

Escuchaban embelesados cuentos clásicos o inventados –dependía de mi paciencia o de mi ansiedad– disfrutaban con la aparición de Almendrita y con sus personajes favoritos requeridos y repetidos. A mi hija Lorena, que tendría cuatro o cinco años, le gustaba especialmente el pasaje de Blancanieves en el que la madrastra interroga a su espejo sobre quién es la mujer más hermosa del mundo. Una noche, al comenzar el relato, pidió decir ella la pregunta de la madrastra. Impostando un tono de trueno, forzando su dulce voz infantil para asumir autoridad, produjo una curiosa torsión sobre el original y lanzó: "Espejito, espejito mágico, dime tú: ¿Quién es la bella más mujer?".

Ante mi regocijo por este descubrimiento repitió la fórmula esa noche y todas las noches en las que Almendrita contaba –usando mi voz– la increíble y triste historia de esa Blancanieves que huía de la casa paterna, convivía en un bosque con siete enanitos, denunciaba a una madrastra malvada que le había robado su lugar, moría por una manzana envenenada, era velada en una caja de cristal y resucitada por el beso de un príncipe. Repitió esa frase hasta que el tiempo mudó los lugares, hizo innecesarias mis estratagemas y terminó con los cuentos de Almendrita.

Su versión originó mi pregunta, la que preside este libro –torsión a su vez, de la famosa interrogación de Freud: *¿qué quiere una mujer?*– que podría ser contestada sencillamente, en clave de rock flamenco enunciado en femenino: "No estamos locas, sabemos lo que queremos". Pregunta que una mujer lanza a su espejo, madre/madrastra/bruja/hada: ¿Quién es una

---

[1] Comienzo de la novela *Respiración artificial* (Piglia, 1980).

mujer? Y más: ¿quién es la "bella"? Y aún: ¿quién es la "*más* mujer"? Este
libro se pregunta, no tanto sobre el deseo de la mujer, sino sobre las construcciones de las subjetividades de las mujeres, sobre qué lugares ocupan en
la cultura cuando ya han articulado lo que quieren. Interrogaré sus lugares
de enunciación y las representaciones de nuevas figuras de la subjetividad
en textos literarios producidos por mujeres, en distintos momentos del proceso histórico latinoamericano. Preguntaré ¿por qué escriben las mujeres?
¿Hay un *más* mujer en el ejercicio de determinadas escrituras?

Ya que "la condición de una lectura es evidentemente imponerse límites" (Lacan 1981b: 81), una serie de restricciones presiden las mías. En primer lugar, un recorte impuesto por lo institucional –"textos literarios"– textos adscritos a lo que llamamos literatura y allí insertaré reflexiones sobre la
problemática relación entre la institución literaria y las recusaciones ejercitadas por escritoras. En segundo lugar, "producidos por mujeres", en donde
opera un supuesto que procede a un corte de generización. Corte que postu-
lo como un gesto político que va más allá de este libro, compartido en ese
amplio espacio que denominamos pluralmente "feminismos", y se dirige a
la construcción de una tradición sorteada o negada: la existencia de Letras
producidas por mujeres cuyos espacios sociales de producción apuntaré.
"En distintos momentos del proceso histórico latinoamericano", restricción
de las posibilidades de quien escribe, determinada por mi familiaridad, en el
sentido pleno de esta palabreja, trazas de mi origen biográfico y cultural o,
si se prefiere, a mi trato frecuente con textos latinoamericanos.

Pero además considero que una teoría de las textualidades implica una
teoría del sujeto. En una ya larga trayectoria los estudios de género han postulado transformaciones sociodiscursivas que alientan nuevas distribuciones de
los pactos simbólicos; la articulación del sistema sexo-género ha sido el sustento de la coligación de las mujeres, sus reivindicaciones, sus logros y la
visibilización social de sus luchas. Intersectar la problemática sociodiscursiva
con la de la constitución psíquica del sujeto mujer nos permite abrir la problemática de las representaciones y el perfilamiento de nuevas figuras de la subjetividad. Como señala Burín (1996: 12), el sistema patriarcal ha sostenido, a
lo largo de muchos siglos y en diversas culturas, una distribución que atribuye la racionalidad y el poder económico a los hombres, mientras reserva para
las mujeres la afectividad; esto nos ha obligado a discutir y defendernos en
ese terreno para demostrar que no sólo la afectividad es nuestro territorio

Para quitarnos la losa de la afectividad y avanzar en nuestros derechos
hemos tenido, a menudo, que sortear algunas preguntas sobre nosotras mismas: entre otras, ¿cómo se configuran las pasiones del ser humano?, ¿cómo
afectan las pasiones específicamente a los sujetos femeninos? Es decir,

¿cómo amamos, odiamos e ignoramos las mujeres? Preguntas para las cuales el psicoanálisis provee líneas reflexivas, intensamente fecundas en el espacio de las producciones culturales[2]. Mi empeño se inscribe, entonces, en el deseo de configurar un punto de vista que cruce las teorías de las textualidades con lo que ya Freud diseñó como una *metapsicología*; esto es, la extensión hacia el campo de la cultura de los hallazgos del psicoanálisis en el terreno de la subjetividad. La primera parte de este libro presenta un hilado de lecturas, que intentan seguir algunas líneas de esa trama de Ariadna que es el psicoanálisis y se concentra en sus contribuciones sobre la ubicación de las mujeres en el lenguaje, la sexualidad y las pasiones del ser; mis lecturas de obras literarias escritas por mujeres, que aparecen en la segunda parte, pretenden indagar la representación de las pasiones y las variaciones revoltosas que producen.

He hablado de estos temas en y desde diferentes lugares en los últimos años. He publicado tentativas o respuestas parciales y he conversado con amigos largamente en bares, casas, reuniones, paseos. Algunos de ellos aparecen en la Tabula Gratulatoria final, pero quiero recordar en este prefacio a mis cuatro puntos cardinales: a Choli Alonso, mi madre, quien con paciencia innumerable ha intentado enseñarme el arte de la resistencia y la valentía; a Gladys Mattalia, mi hermana, que me ha mostrado la diferencia entre sabiduría y conocimiento; a Nuria Girona, mi amiga, que me acompaña en los soliloquios y con quien converso hasta en sueños; y claro, a Lorena Rodríguez Mattalia, la que abre todas las puertas sin detenerse en ningún umbral, mi hija, mi compañera, mi interlocutora.

Como diría Huidobro, los cuatro puntos cardinales siempre son... cinco o seis...: entre nosotras circula, nos mira y escucha, se acerca o se distancia, se sorprende y nos sorprende, Sebastián, mi hijo. Él pertenece a una nueva generación de hombres, hijos de una tradición de mujeres querellantes. Su dulzura se une a su voluntad de coherencia, a su exigencia de solidez en nuestros discursos, a su necesidad de comprender, de solidarizarse y también de poner límites. Su figura es el contrapunto sagaz de mis preocupaciones.

Aun... el calor de la amistad no se agota nunca si una tiene la suerte de contar con Juan Miguel Company, mi amigo, portador de memorias antiguas, cuya sensible mirada me ha acompañado siempre.

---

[2] Por cierto, el psicoanálisis no ha estado al margen de una historia de exclusiones; las mujeres han luchado, dentro o fuera de él, impugnando algunos de sus postulados, produciendo teoría y prácticas analíticas cuestionadoras, ganándose su presencia institucional y profesional. *Vid.* el recorrido y las prospecciones políticas de Mannoni (1998: 89 y ss.).

Finalmente un testimonio: hace poco expuse, en una de mis sesiones de análisis, mis dificultades para terminar este libro y la dividí en tres problemas: que es un libro sobre mujeres; que en este libro intento producir un giro en mis modos de leer y escribir; y que el no tener formación psicoanalítica me dificultaba la escritura pues sentía una persistente torpeza en el manejo de ciertos conceptos que siempre me parecían oscuros. La puntuación de mi analista fue escueta: "El último problema no existe, está incluido en los dos primeros". Agregó: "No existe una 'formación psicoanalítica' fuera de la de leer psicoanálisis y la experiencia del análisis".

Debo decir que salí eufórica de la sesión, autorizada para concluir. Después comprendí: pensar-escribir sobre mujeres y elaborar un nuevo punto de vista fue mi trayecto personal en el análisis. Poner en el lugar de la omnipotencia del conocimiento, la ignorancia del saber –¿en trance de ser un poco más *docta*?– no me facilitó la tarea; pero todo esto es algo que trasciende a la escritura. Como no me voy a pasar la vida escribiendo este libro, o la vida sin escribirlo, dejo aquí constancia de unos trayectos provisionales, forma elegante de decir contingentes. Por supuesto, a Juan Carlos Tazedjian le debo su escucha y su saber.

PRIMERA PARTE:

LA EXPERIENCIA DE LAS MUJERES

CAPÍTULO I

LA EXPERIENCIA DE LAS MUJERES

1. Experiencia y revuelta

> –El Soldado Viejo posee la verdad de la experiencia y el Soldado Joven la verdad de la ficción. Nunca son idénticas pero, aunque sean de orden diferente, a veces pueden no ser contradictorias –dice Pichón.
>
> –Cierto –dice Soldi–. Pero la primera pretende ser más verdad que la segunda.
>
> –No lo niego –dice Pichón–. Pero a la segunda, ¿por qué le gusta tanto venderse en las casas públicas? (Saer 1994: 125-126).

El epígrafe: en el escenario de la guerra de Troya dos soldados intercambian noticias en la retaguardia, el soldado Viejo cuenta lo vivido, el Joven lo imaginado. Dos amigos en la Argentina actual –el viejo Pichón y el joven Soldi– dialogan sobre esta disyunción ante un manuscrito de autoría dudosa. Experiencia y ficción: dos mitemas sobre la elaboración de la verdad que atraviesan el pensamiento de Occidente, enmarcados en una fastuosa alegoría sobre el cruce de verdades en una práctica de la muerte, la guerra.

La experiencia desconoce el valor de los mitos y dice la verdad de la vivencia, mientras que la ficción trabaja sobre los mitos diciendo la mentira de la experiencia. Experiencias y fabulaciones devienen textos –orales o escritos– en una persistente práctica humana, la del relato. Una pregunta aparece como frontis, entonces, precediendo a las que se sucederán: ¿cómo se articulan ficción y experiencia en las textualidades? O mejor: la noción de texto que ha marcado la historia de la crítica y del pensamiento último, ¿agota esta problemática relación?

Kristeva propone trascender la noción de texto y reintroducir la de experiencia como elemento fundamental para volver a significar las textualidades heredadas y actualizarlas en las condiciones presentes, con el fin de reactivar una cultura de la revuelta (Kristeva 1996: 13-44).

El concepto mismo de *revuelta* se despliega en una multiplicidad de significaciones a las que su historia como término apunta; señalo dos de sus campos semánticos[1]: el de *revolver*, asociado a la idea de movimiento engendrada por el verbo latino *volvere* que implica *retornar,* pero también *enrollar hojas alrededor de un palo*, de donde viene nuestro *volumen* que, a partir del siglo XIII, se aplica también a *libro*. La otra, contenida en el uso del verbo latino *revolvere*, remite a acepciones intelectuales como *contar* (Virgilio) y *consultar* o *releer* (Horacio), en las cuales se asoman las nociones de *relato* e *interpretación*. Por supuesto, estas dos elecciones se unen al concepto de *revuelta –disturbio, amotinamiento, alboroto, alteración del orden público, revolverse en contra de–* que tardíamente, en el XVII, se asocia con el de *revolución* en su sentido político.

Cabe agregar, recuperadas del castellano, las ligadas a acciones cotidianas: *revolver* es *remover*, disgregar cosas que están juntas o unir cosas separadas; del que se deriva el de *mezclar*, así se usa en *revolver un guiso o una salsa* o en el nombre de nuestros inefables *revueltos* (de huevos batidos con verduras o embutidos). Se suma el de *desordenar*: revolver un cajón, papeles, o cambiar cosas de sitio. Un *revoltijo* es un batiburrillo, un conjunto de cosas entreveradas e, incluso, se usa en regiones de América Latina la expresión *mercado de revoltijo* por mercadillo callejero. Otra línea la asocia con *escarbar, remover, investigar en un asunto* y *cavilar*, darle vueltas a un tema[2].

Por otra parte, la noción de *experiencia* de variada definición, es una piedra de toque cuando no un axioma, enunciado como prueba de verdad en una importante cuota del feminismo contemporáneo. Scott hace un recorrido del cual extrae un matizado abanico que sintetiza en dos tendencias definitorias de la experiencia: una la considera como lo que precede a la construcción de los sujetos, una especie de material en bruto que, rescatado en su *verdad* empírica, luego se vierte en la escritura. A tal creencia se añade a menudo el objetivo de hacer visible lo que fue ocultado o negado por las miradas ortodoxas. Una supuesta transparencia del lenguaje permitiría transmitir la experiencia y dotarla de una visibilidad a través de la escritura que, a su vez, se convertiría en constatación, incluyendo en el terreno de lo dicho experiencias de lo marginal, lo silenciado, lo excluido.

La otra tendencia contiene una noción performativa que insiste en la idea de la experiencia como productora de identidades: los procesos experienciales construyen identidades y son estos procesos –más o menos convencionales– los que deben ser motivo de reflexión. Inversión de la anterior, esta ten-

---

[1] Rey (1989): 21-32, cit. por Kristeva 1996 : 14-16.
[2] *Vid.* D.R.A.E. y Moliner, María 1990.

dencia tampoco pone en duda la transparencia del lenguaje y atribuye valor de verdad a todo aquello que aparece como naturalmente producido por la experiencia.

> (...) La prueba de la experiencia –sea concebida mediante una metáfora de visibilidad o de cualquier otro modo que considere que el significado es transparente– reproduce, en vez de cuestionar, los sistemas ideológicos dados; los que asumen que los hechos de la historia hablan por sí mismos y los que se basan en nociones de una oposición natural o establecida entre, por ejemplo, prácticas sexuales y convenciones sociales, o entre homosexualidad y heterosexualidad (Scott 1999: 81).

Siguiendo a De Certeau, esta autora señala que las historias de la *diferencia*, aunque han puesto en crisis a las historias tradicionales haciendo visible lo excluido, no cuestionan la noción misma de referencialidad, ni el carácter de la experiencia como construcción; por su parte, las indagaciones que parten de la experiencia como performadora de identidades no incluyen una reflexión sobre el sujeto de conocimiento. Al no cuestionar las categorías representacionales no sólo las mantienen sino que las estabilizan. En ambas se elude, deliberadamente, al sujeto de conocimiento, cuya autoridad se afirma en el borramiento de todo lo que concierne a quien habla o escribe.

El sujeto que enuncia el discurso –de la ciencia, la filosofía, la historiografía, la crítica cultural, la antropología etc.– se sortea al eliminarse las determinaciones de quien ejercita la escritura y se suprimen las huellas de su subjetividad[3]. "El conocimiento de este sujeto, ya que refleja algo más

---

[3] En efecto, De Certeau puso el dedo sobre la llaga, al señalar el lugar de enunciación de los ejercitantes de las diversas disciplinas, quienes esgrimen un afuera de la investigación postulando una relación neutral con sus objetos de estudio; por ello enfatizaba "que la particularidad del lugar donde se produce el discurso es relevante será, naturalmente, más aparente cuando el discurso historiográfico trate temas que cuestionan al sujeto como productor de conocimiento: la historia de las mujeres, del colectivo negro, judío, de minorías culturales, etc.- En estos campos, desde luego, se puede mantener o bien que el estatus personal de la o el autor es indiferente (en relación a la objetividad de su obra) o bien que sólo él o ella autoriza o invalida el discurso (según él o ella forma parte 'de él' o no). Pero este debate requiere lo que cierta epistemología ha escondido, a saber, el impacto de las relaciones de sujeto a sujeto (hombres y mujeres, blancos y negros etc.) en el uso de técnicas aparentemente 'neutras' y en la organización de los discursos que son, quizá, igualmente científicos. Por ejemplo, a partir del hecho de la diferenciación de los sexos, ¿se puede concluir que una mujer produce una historiografía diferente a la de un hombre? Por supuesto yo no respondo esta pregunta, pero sí afirmo que este interrogante cuestiona el lugar del sujeto y requiere un tratamiento de éste, dife-

allá de éste, es legitimado y presentado como universal, accesible a todos. No existe poder ni política en estas nociones de conocimiento y experiencia" (Scott: 112).

La llevada y traída *experiencia de las mujeres*, que campea a sus anchas como fácil comodín en numerosos escritos, se desustancia no tanto por su generalidad sino por su carácter axiomático: no cuestiona ni la noción misma de experiencia ni sus modelos de representación y afirma que cualquier sujeto atribuido –supongamos, *mujer*– experimenta cosas en virtud de tal atribución. Justamente, que un sujeto determinado sea calificado *mujer* se deduce del hecho de haber *nacido mujer* o, en el aserto de Beauvoir, de *hacerse mujer*. La requisitoria de "tener experiencia como mujer" se relaciona así con el destino de una anatomía, o con identidades construidas o, simplemente, con el paso del tiempo que autoriza su adquisición. Una paradoja refranera escenifica esto último: "la experiencia es un peine que te regalan cuando ya estás calvo"[4]. Curiosa agudeza: la falta de algo se transforma en lo que queda si se contrasta con algo que denuncia su inexistencia. Tal regalo –hecho por alguien ¿la vida, el tiempo, los otros?– es, además, un don y un saber inútil.

No todo lo vivido se transforma en experiencia. La experiencia es lo que deja rastro en un sujeto. Como distinción cautelar propongo diferenciar *vivencia*, lo factual vivido por un sujeto –donde podemos incluir desde la impresión de la luz del sol a través de las pestañas en una suave tarde de otoño hasta las peores pesadillas o las más imaginativas fabulaciones– de la *experiencia*, esto es la vivencia convertida en huella –consciente o inconsciente– que puede llegar al discurso. Tal distinción pretende conjurar la confusión de esgrimir lo vivido como experimentado y esto como prueba de facticidad (o de verdad).

Señalaba Benjamin que la aceleración de la vida y la arrolladora urbanización de fines del XIX producía una expansión de los estímulos sensoriales y psicológicos que, unidos a la abstracción cada vez mayor de las vivencias tempoespaciales, difuminaban la fijación de las experiencias. Por ello definía a los nuevos sujetos urbanos, hiperestimulados por la ciudad y la cultura de masas creciente, como sujetos desmemoriados, incapacitados para la retención experiencial y, en consecuencia, extrañados de la tradición. Quizá

---

rente de la epistemología que construía la 'verdad' de la obra sobre el fundamento de que es irrelevante quién habla" (De Certeau, 1989. Cit por Scott 1999: 101).

[4] Versión instrumental argentina del clásico y trágico refrán español: *A la experiencia la pintan calva.*

el concepto mismo de *iluminación* de Benjamin podría ser interpretado como una búsqueda reparadora de las vivencias perdidas y de fijación en la experiencia, expresiva a su vez de otra temporalidad[5].

En este nuestro fin-principio de siglo, tales procesos se han hiperbolizado; ya no sólo la tradición está en jaque sino que la subjetividad misma se ve amenazada por la delicuescencia del poder y por las estrategias de nuevos dispositivos sobre el cuerpo y la sexualidad[6]. La persona de derecho tiende a desaparecer para convertirse en persona patrimonial, poseedora de una propiedad genética y de órganos intercambiables, vendibles o traficables. Transformado en una suma de partes desarticuladas, el cuerpo aparece como campo privilegiado de las batallas de las biotecnologías; un cuerpo anestesiado por las drogas masivas –desde las químicas a las informacionales–, donde el sí mismo aparece diferido, diluido o excluido. La ilusión de un *fin de la historia*, con la cual los discursos neoliberales pretenden vendernos un anoréxico paraíso posible y globalizado, se evidencia como una estrategia articulada para liquidar la tradición de la ruptura y de la subjetividad resistente que desarrolló el siglo XX.

Los discursos neoliberales promueven hoy un engañoso dispositivo –dirigido especialmente a los ciudadanos de los países ricos– que plantea como reto de futuro la aceptación y el respeto de *las diferencias*. Diferencias presentadas como conglomerados culturales homogéneos, desustanciados, acompañados por la disolución de las identidades localizadas, pintadas como retrógradas o arcaizantes. Tal estrategia está produciendo tópicos y conductas racistas, sexistas, clasistas..., tanto o más férreos que los fraguados en el XIX y XX. La reaparición de guerras llamadas *interétnicas*; el incremento de la violencia urbana o en el interior de la familia; la explotación masiva del *otro* –inmigrantes, mujeres, niños–; la justificación economicista de las "bolsas de pobreza"; son efectos alarmantes de este dispositivo de desubjetivización. No está de más recordar que los imaginarios sociales se consolidan en lo que hace lazo y, justamente, se estructuran en la identificación y cercanía con los pares; también que el lazo puede sustentarse no sólo en el reconocimiento del otro, sino en la segregación y el odio.

Sin embargo, diferentes y disgregadas respuestas planetarias –los movimientos de solidaridad ciudadana o de defensa ecológica; la creación y valo-

---

[5] *Vid.* Benjamin 1973.
[6] *Vid.* Derrida 1995: "Desgastes (Pintura de un mundo sin edad)" y "En nombre de la revolución, la doble barricada (Impura historia impura de fantasmas)".

ración de tribunales internacionales para juzgar los crímenes contra la humanidad y sostener los derechos humanos; las asociaciones reivindicativas de mujeres, de jóvenes, de grupos étnicos, de comunidades locales–, dan cuenta de la resistencia a esta liquidación y contestan con alternativas microfísicas, tanto a la aparentemente omnívora lógica de la globalización como a la disolución del lazo social que promueve. Estas resistencias se verifican en la producción cultural: ¿Cómo interpretar, si no, el retorno abrumador de fórmulas biográficas o autobiográficas que van de la novela histórica a la intimista, a las memorias, al libro testimonial; o los programas televisivos de confesiones públicas o de reencuentros amorosos? Creo que podemos leer estos gestos como actos de rebeldía cuyo objetivo central es hacer existir, hacer pública, la subjetividad denegada.

El espectáculo transmoderno[7] excluye la subjetividad de tal manera que la confesión, exposición, reconstrucción en público, arroja fuera el trabajo sobre sí mismo que cada sujeto ha debido realizar para llegar a él. Como ejemplo: uno de los programas de mayor audiencia de la televisión española promueve los reencuentros entre parejas con problemas. Normalmente el que envía el mensaje para que el otro vuelva alude a esa elipsis con una introducción explicativa: "Si he llegado hasta aquí es porque..." que apunta a lo no dicho: "haciendo pública mi demanda de amor será más creíble para ti, y mi compromiso, al hacerse público, será más fuerte". Pero, el espectáculo es el fin de un trayecto de indagación subjetiva que se escamotea. No es admisible ni posible mostrar la cadena introspectiva que conduce a cada sujeto a desnudar su demanda y publicitar su necesidad de restablecer los vínculos rotos. Estas exposiciones, a pesar de estar truncadas, testimonian no obstante la condición singular de cada sujeto; también, denuncian que el único lugar para legitimar su subjetividad y afirmarla es el espectáculo.

Se ha producido además un retorno de los cuerpos *propios*. Esos *reales*, velados bajo el imperio de la imagen o acosados por las nuevas biotecnologías, reaparecen en obscenas representaciones mostrándose en su despedazamiento o exhibiendo su artificiosa construcción; tal como sucede en los programas televisivos dedicados a casos médicos, operaciones quirúrgicas en directo o los que comentan detalladamente las modificaciones produci-

---

[7] La noción de transmodernidad es defendida por Nicolás Rosa frente a la de postmodernidad. *Vid.* sus convincentes argumentos en: Rosa 1997: 57 y ss. En cuanto a la presencia de los media en la subjetividad y sus relaciones con la crisis de representatividad de los Estados latinoamericanos: *Vid.* Sarlo 1994.

das por la cirugía plástica. Cuerpos despedazados o martirizados descritos minuciosamente en los *thrillers* o en las novelas –pienso en los nuevos cauces de la novela policial– que expresan la ferocidad de la violencia. En este un nuevo orden –económico, imaginario y simbólico– que, más que controlar, falsifica y normativiza, se diluye la prohibición o se banaliza la ley y su correlato, el delito[8]. Frente a él, los nuevos *apocalípticos* fabulan una especie de conspiración multinacional contra *la privacidad individual* y se precipitan en el desprecio hacia las *masas anestesiadas*; pero estas conductas en los *mass media* son sintomáticas demandas de sentido, expresiones vociferantes de *un malestar* en la sociedad del espectáculo. Uno de los retos del psicoanálisis actual está en tomar en cuenta estas nuevas –masivas– demandas de escucha.

Kristeva presenta la experiencia como una noción que "comprende el principio de placer así como el renacimiento de un sentido para el otro" y propone vincular la noción de experiencia a una tradición de la revuelta y a la era del sujeto –ese *uno a uno* evocado por De Certeau– hoy amenazado por el deshilachado social y la voracidad uniformadora del llamado nuevo orden. La experiencia es la lenta adquisición de una sabiduría sobre el sí mismo. Un proceso en el cual emerge un nuevo objeto de "aprehensión inmediata, surgimiento, fulgor que se torna, en una segunda etapa, conocimiento de ese emerger, paciente saber". Sabiduría en tanto apertura hacia el *otro*, que "encuentra sus fundamentos antropológicos en los vínculos con el objeto primario: la madre, polo arcaico de necesidades, deseos, de amor y de repulsión" (Kristeva 1999: 72 y ss.). Puesta en juego del narcisismo, entonces. El encuentro con el otro señala nuestra condición de sujetos incompletos, al tiempo que desajusta y ajusta en el lazo imaginario, nuestras más arcaicas memorias; actualiza y depone al infante que nos contiene en los traumas más recónditos. Así, la experiencia se liga a los polos pasionales del sujeto –amor, odio, ignorancia– que nos enfrentan o enlazan con el otro.

Por otra parte, la necesidad de elaborar nuevas condiciones para el renacimiento de una *cultura-revuelta* avanza en la búsqueda de nuevos fundamentos que recojan las líneas maestras de nuestras historias culturales. Es en el terreno de las prácticas artísticas, incluso en aquéllas que enuncian su ausencia o denuncian su fin, donde se sostiene y resiste la subjetividad ligada a diferentes vivencias de la temporalidad y a la representación de sus avatares; es necesario que estas vindicaciones de la subjetividad y de la

---

[8] *Vid.* Kristeva 1996: 20.

experiencia no olviden las condiciones efectivas, materiales y sociales, donde tales prácticas se producen. En este sentido y en la perspectiva latino-americana algunas aceptaciones acríticas del pensamiento metropolitano tienden a asumir categorías y agendas del feminismo europeo o norteamericano, provocando un efecto desrealizador de las condiciones de producción y de la especificidad de los procesos históricos. Como señala Richard, "la revalorización de la experiencia afirma también la concreción material-social de una determinada posición de sujeto específica a un contexto particular de relaciones sociales contra la ideología del conocimiento universal (impersonal) que sustenta las abstracciones neutralizantes de la filosofía". La experiencia, entonces, se *sitúa* en la subjetividad y en sus contextos históricos, "para articular redes de enunciaciones y dialogar con la cultura e interpelar sus códigos de representación". Lo cual incluye interpelar los discursos, aunque vengan de los feminismos, que naturalizan nociones, construyen alteridades femeninas estereotipadas, repiten el gesto de imposición colonialista y producen nuevas formas de subalternidad.

La "experiencia", también es "una zona políticamente diseñada a través de la cual rearticular procesos de actuación que doten a su sujeto de movilidad operatoria para producir identidad y diferencia como rasgos activos y variables". Es un conocimiento situado "que se reconoce marcado por una geografía subordinada al poder internacional y reconvierte esa localización geográfica en una postura crítica, donde el contexto es también lo que se opone a cierto nomadismo postmodernista que lo deslocaliza todo sin cesar, borrando los trazados de las fronteras reales y desdibujando sus antagonismos materiales" (Richard 1996: 734-5). Sólo un pensamiento *situado* puede alentar una reactivación de la revuelta; revueltas *situadas*, no disueltas en un magma inespecífico que, entre otras cosas, dificulta la eficacia del religamiento internacional de las mujeres.

Entonces, intentar trascender la noción de *texto* hacia la de *experiencia de la revuelta* me permite hablar de escrituras y de mujeres latinoamericanas, con el uso deliberado de plurales, y explorar nuevas figuras de la subjetividad producidas por mujeres en un ámbito cultural que las demarca. Figuras que dibujan una experiencia del tiempo subjetivo e histórico; un tiempo vivido por mujeres revoltosas que interpelaron e interpelan a los discursos hegemónicos. En estos sentidos asociaré las líneas que marcan la revuelta de las mujeres con escrituras que interrogan, critican, releen, reinterpretan la tradición cultural latinoamericana a través de gestos que alteran, mezclan, desordenan diferentes niveles de sus construcciones, dibujan nuevos mapas discursivos y hacen emerger espacios de sentido no dichos o transversales a los ya dichos.

2. Experiencia literaria: creación y crítica

Un persistente mito moderno atraviesa la experiencia literaria. Para ser escritor hay que *tener experiencias*, relacionadas con *aventuras*; vivencias fuertes que queden impresas en la memoria, convertidas luego en material para la escritura. Justamente, uno de los argumentos más esgrimidos sobre la escritura de mujeres y su supuesta concentración en lo cotidiano, lo doméstico, lo íntimo, se ha sustentado en esta concepción. Las mujeres escriben sobre sí mismas porque no tienen o no han tenido, históricamente, acceso a experiencias exteriores, dicen los tópicos.

La nostalgia por el héroe clásico, exitoso ante una serie de pruebas que lo conducían a la sabiduría, es constitutiva de la literatura moderna. Si se recorre el periplo del epos occidental, desde Odiseo a los viajeros –reales o ficticios– del XVIII, lo extraordinario se relaciona con el desplazamiento del héroe en un viaje exterior en el cual, luego de sortear una serie de obstáculos, obtiene un buen saber, un estado de reconciliación y felicidad. La novela de aprendizaje, intensificada a partir del romanticismo, bifurcará el viaje clásico combinando el viaje espacial –la aventura con sucesos extraordinarios– con el viaje interior de formación del héroe, del cual el *Fausto* de Goethe es, quizá, la primera expresión trágica.

Antes de avanzar en esta línea, recuerdo la interrogación de Martí en su exilio neoyorquino: "¿Qué es lo que falta, que la ventura falta?" (1982: 127). Me detengo en una palabra que siempre me ha emocionado en este verso: *ventura*. Participio plural neutro del verbo latino *venire*, lo que está por venir; asociada a *felicidad, satisfacción, suerte*. Buena o mala ventura, pero también *azar*: ir a la ventura sin dirección ni plan. Es obvia la relación con *aventura*, del latino *adventura*, suceso extraordinario que le sucede o presencia alguien. Como derivado: Empresa peligrosa o de resultado incierto. Embarcarse en aventuras, tener aventuras, incluidas las amorosas, fuera de lo convencional. Novela de *aventuras*, de "continuas vicisitudes" decía Borges. La falta expuesta por Martí anuda la infelicidad con la inexistencia de lo extraordinario o la imposibilidad de su búsqueda y delinea al héroe de fines de siglo XIX como un sujeto paralizado, incapacitado para la aventura. Ahora bien, ¿qué ha sucedido entre esta falta de (a)ventura y su interiorización desgarrada a fines del siglo XIX y nuestro actual desconcierto?

En la emblemática *Respiración artificial* (Piglia 1980: 42 y ss.) un joven aprendiz de escritor, Emilio Renzi, explica en la primera carta a su tío –historiador, luego *desaparecido*– lo siguiente:

> Porque a lo sumo ¿qué es lo que uno puede tener en su vida salvo dos o tres experiencias? Dos o tres experiencias, no más (a veces, incluso, ni eso) Ya no

hay experiencias (¿las había en el siglo XIX?) sólo hay ilusiones. Todos nos inventamos historias diversas (que en el fondo son siempre la misma) para imaginar que nos ha pasado algo en la vida. (...) Pero ¿quién puede afirmar que el orden del relato es el orden de la vida?

A los 18 años, cuando era estudiante, a él "le pasaban cosas". Dice Renzi:

"Yo era un tipo disponible: en eso consistía la sensación fascinante de vivir en medio de la aventura. Podía levantarme en mitad de la noche o salir al atardecer, subir a un tren y bajarme en cualquier lado, entrar en un pueblo desconocido, cenar entre extraños, viajantes de comercio, asesinos, caminar por calles vacías, sin historia, un tipo anónimo que observa o se imagina las aventuras que se desencadenan a su alrededor. Esa era para mí, en aquel tiempo, la posibilidad fascinante de la aventura".

Más tarde, el maduro Renzi del presente comenta aquella ilusión. Una distancia cínica sobre la juventud de las clases medias urbanas –¿de los 70, de los 80, de los 90?– impregna su remembranza:

Ahora me doy cuenta que, no bien los hijos de mamá se van de casa, la realidad se les convierte instantáneamente en una especie de representación figurada de lo que fue por ejemplo para Melville dedicarse a cazar ballenas en el mar blanco. Los bares son nuestros barcos balleneros, lo que no deja de ser a la vez cómico y patético. Para colmo en esa época yo estaba convencido de que iba a ser un gran escritor; pero, primero, pensaba, debo tener aventuras. Y pensaba que todo lo que me iba pasando, cualquier huevada que fuera, era un modo de ir haciendo ese fondo de experiencias sobre el cual los grandes escritores, suponía yo, construían sus grandes obras.

Desde estas conclusiones autobiográficas elabora una teoría de la novela:

Ya no hay aventuras, sólo parodias. Porque, dijo, la parodia había dejado de ser, como pensaron en su momento los tipos de la banda de Tinianov, la señal del cambio literario para convertirse en el centro de la vida moderna. No es que esté inventando una teoría o algo parecido, me dijo Renzi. Sencillamente se me ocurre que la parodia se ha desplazado y hoy invade los gestos, las acciones. Donde antes había acontecimientos, experiencias, pasiones, hoy quedan sólo parodias. (...) la parodia ha sustituido por completo a la historia. ¿O no es la parodia la negación misma de la historia?

Su interlocutor, esta vez un filósofo polaco exiliado en una remota ciudad de provincias argentina, Tardevski, refuta esta teoría del joven Renzi:

"En realidad, yo pensaba, le dije, que los argentinos, los sudamericanos, en fin la generalización que prefiera usar, tienen una idea exageradamente épica de lo que debe ser considerado una aventura". Para explicar esta hipótesis el filósofo reseña una aventura en la que la ficción sustituye a la verdad de la experiencia: Varsovia, posguerra, un hombre, prisionero e internado en una sala de hospital tiene acceso a la única ventana que comunica con el exterior. Desde su cama describe a sus compañeros envidiosos de esa posición privilegiada: una plaza, los colores cambiantes de las nubes, el paso de los pájaros... hasta que muere. Otro enfermo ocupa su lugar y descubre que, desde el ventanuco tan codiciado, sólo se ve un muro gris y un fragmento de cielo sucio. Pero, el nuevo observador no deshace las falsas descripciones de su antecesor, simplemente toma el relevo y continúa brindando un paisaje inventado. Comentario, muy bonaerense, del joven Renzi: "Tiene gracia. Parece la versión polaca de la caverna de Platón", que merece una tajante pregunta del filósofo: "¿No le parece una hermosa lección práctica? ¿Una fábula con moraleja?". Lo irrisorio del epos moderno devela, en efecto, una moraleja: en la modernidad la ficción tiene una función compensatoria. Si, por un lado, denuncia la pobreza de la experiencia, por otro, postula a la experiencia literaria como espacio privilegiado del sujeto; espacio de la única aventura posible en la que se rastrean las huellas de su propio origen.

"Llamo literatura a lo que da testimonio de la experiencia" (Kristeva 1999: 73). Literatura: letra dura producida en el encuentro entre una huella experiencial y una huella escrituraria, un trazo, un grafo. Escritura: fin de un trayecto en el cual coagula un saber producido en dos momentos, el primero mueve tanto lo semiótico fraguado en la *chora* materna (sensaciones, percepciones, ritmos, pre-sintaxis), como lo inconsciente, ya espacio de significaciones; el segundo de resistencia, insistencia y elaboración, momento de borradores y tachaduras que, finalmente, se estabilizan en una producción. Experiencia literaria: destiempo de la alucinación, revelación del instante, de lo sensorial, de lo visual, de lo olfativo, de lo primigenio; huella secreta que el trabajo de escritura trasvasa a un nuevo tiempo espacio de producción. El proceso de escritura retiene, también en sus rastros, una sucesiva temporalidad de la experiencia: la de la emergencia de un nuevo objeto que chisporrotea como una iluminación súbita y la de una transformación lenta en saber de esto nuevo que aparece. Producción que permite al escritor nadar donde el psicótico se ahoga[9].

La desustanciación del sujeto de la escritura, vaciado de sí para cargarse de conocimiento o, simplemente, ser tomado por alguien que sabe escribir,

---

[9] *Vid.* Piglia 2000: 57-68.

se ha presentado como necesaria en la ya larga tradición moderna sobre la relación entre lenguaje y realidad, a partir de la insistencia en la relación significante/significado. ¿Qué sucedería si, en vez de insistir en tal relación, se pusiera la interrogación en la barra que los separa? Como postula Agamben (1995: 225 y ss.) la pregunta sobre la barra nos permitiría saltar sobre la interpretación edípica que se precipita en *una* respuesta al enigma que la letra esfíngea propone y haría posible una nueva ética de la enunciación presidida por la condición contratransferencial de la escritura: *Otro*, que no soy *yo*, transporta, metaforiza, justamente ese *yo* que no soy. La experiencia literaria como testimonio del sujeto es experiencia del límite, se encara con la barra que separa la experiencia-ficción del proceso de escritura, asumiendo su no-finalidad. En el ajuste de cuentas con la barra, la verdad emerge en el interdicto y en el entredós.

Escritura literaria: cuestionamiento del mito moderno de la experiencia literaria como sanción de existencia previa de un sujeto que conoce y por ello se autoriza (se bautiza autor), ocupando un lugar de enunciación en la escritura que lo exhibe en su desaparición (yo no existo, pero aquí estoy) y desanuda la obvia referencialidad unívoca al autor, cuya firma lo confirma. La literatura y el arte como aventura y ventura. Una forma de la felicidad, diría Borges; una deriva de la salud, diría Deleuze.

Pero: ¿es ése el lugar de la crítica literaria? Dos preguntas saltan de inmediato: ¿A dónde remite el trabajo de la crítica literaria? La cual nos pone en la problemática de la *interpretación* del texto literario. Otra dirigida a la escritura crítica: ¿Qué pregunta el crítico, o mejor, a dónde apunta su deseo? "Preguntar es desear saber una cosa", decía Barthes. Podemos amputar la *cosa* y decir: "Preguntar es desear saber", pero como el saber es un efecto del deseo, podemos cortar más y afirmar: "preguntar es desear". Es en ese campo del deseo donde se coloca la crítica. Entre el lector, incluso el que oficializa su lectura en un habla, y el crítico, un intelectual que escribe su habla y la publica, la pregunta por el deseo no ocupa el mismo lugar. Se produce un cambio de deseo: leer es fundirse imaginariamente con la palabra misma de la obra, "es desear ser la obra"; pasar de la lectura a la crítica, como en toda escritura amorosa, implica sacrificar algo del imaginario, limitarlo con el interdicto de la escritura, "es desear ser su lenguaje" y "por ello mismo es remitir la obra al deseo de la escritura de la cual había salido. Así da vueltas la palabra en torno al libro: leer, escribir, de un deseo al otro va toda literatura" (Barthes 1972: 82).

La crítica literaria comienza por el comentario de textos, en el cual un lector elabora una experiencia de lectura, y deriva hacia el deseo de lenguaje. En el comentario de textos "lo que cuenta no es tanto lo que se comprende como lo que no se comprende (...) Comentar un texto es como hacer un análisis (...) una de las cosas que más debemos evitar es precisamente comprender demasiado, comprender más que lo que hay en el discurso del sujeto. No es lo mismo interpretar que imaginar comprender" (Lacan 1981a: 119-20). Más bien, la interpretación opera cuando se interpone un cierto rechazo a la comprensión, al exceso de saber que el lector alucina. Más allá de la emergencia del deseo de lenguaje que convoca a la crítica, jugado en el imaginario, lo importante es que hace emerger el espacio de la escritura, como un veto –bastante feroz, por cierto– entre el deseo del lector y el del crítico. En su primera época Barthes la definía como una realidad formal entre "el horizonte de la lengua y la verticalidad del estilo", que liga la forma al valor e individualiza a un escritor. Enunciada como sociolecto de una colectividad, de un grupo, de una época, la escritura aparecía como una intermediación entre lengua –sistema de una nación– y estilo –sistema de un sujeto– (Barthes 1973: 21 y 22). Tal definición, afín al ambiente cultural de la postguerra, mantenía una deuda con el concepto sartreano de *compromiso*[10].

Luego de sus investigaciones semiológicas y de la ascendencia del psicoanálisis, Barthes abandona esta noción sociológica o sociolingüística de escritura y la redefine en una nueva concepción del *estilo* que ya no remite a matrices de enunciados, sino a una enunciación, "a través del cual el sujeto realiza su división dispersándose, arrojándose oblicuamente sobre la escena de la página blanca: noción de escritura que debe poco al viejo "estilo" y mucho al doble esclarecimiento del materialismo (por la idea de productividad) y del psicoanálisis (por la idea de sujeto escindido)" (1974: 67)[11]. En esta reelaboración del concepto de escritura se esboza la posibilidad de leer las textualidades a partir de la idea de un sujeto que produce sentido y se significa en una enunciación, un acto.

Sin embargo, en contra de los tópicos culturales que afirman al crítico como sujeto que escribe a plena conciencia, la escritura crítica tiende a confundir los territorios. La oscilación pronominal lo evidencia: ¿Uso la primera persona o la tercera? Grave decisión: si uso la primera es más personal y parecerá más verídico... pero menos académico, menos científico y sigue... Entre el personal y el no personal la cadencia de la escritura desustancia la supuesta coherencia de *ese* que escribe una lectura. Más bien lo que la escri-

---

[10] *Vid.* sobre este nexo: Kristeva 1996: 311 y ss.
[11] *Vid.* también: Barthes 1994: 24-38.

tura crítica convoca es la pulsación deshilachada de un sujeto que sólo bajo la firma se afirma[12].

La escritura crítica puede ser punto de llegada de la experiencia literaria. Su verdad devela a un sujeto que aunque se empeñe en asumir un verosímil de sujeto ausente, insistente semblante de la crítica académica, no puede controlar su propia división[13]. Frente al monologismo filológico, frente a la manía clasificatoria que crea manuales y divide prolijamente los discursos y las culturas, frente al allanamiento de morada que aspira a controlar las interpretaciones, la escritura crítica no puede ocultar la elección de un *ethos* –un lugar enunciativo, un registro tonal, un ejercicio de puntuación– desde el cual se testimonia una lectura.

---

[12] "El Autor retorna como anterioridad imaginaria en la operación de lectura, hace figura de consistencia y consiste como yo, como narrador, como personaje-autor, como personaje-narrador. La disparidad de la función Autor y de la función Lector hace que las operaciones de escritura y lectura no sean simétricas: se olvida el texto anterior (el Otro Textual) en la operación de escritura y se recuerda –se rememora– al Otro Textual en la lectura. Esta disimetría funda la intertextualidad". Rosa 1990: 31-32.

[13] La polémica reciente sobre el canon occidental –lanzada a partir de Bloom– es emblemática al respecto; cada crítico o historiador consultado se dice representante de una supuesta Voz del origen. Inevitablemente se convierte en un canónigo, poseedor de un catálogo particular de verdades, o en un infatuado de universalismo. Basta escuchar para registrar por detrás las ofensas nacionales, generacionales, eruditas, grupales etc. por las exclusiones: *cada maestrito con su librito* dice una voz popular.

Capítulo II

Laberinto de pasiones

1. Ser de otra parte

> Pero todos éramos de otra parte.
>
> R. Carver[1]

"Me gustaría además veros definir las pasiones para conocerlas bien; porque los que las llaman perturbaciones del alma me persuadirían de que su fuerza no consiste sino en deslumbrar y someter la razón, si la experiencia no me enseñara que hay algunas que nos llevan a acciones razonables" (Isabel de Bohemia)[2]. Si no hay un sujeto precartesiano[3] ya que el propio concepto de sujeto comienza a desplegarse con el pensamiento moderno y encuentra en Descartes su primera formulación lógica en el *cogito*, no parece caprichoso encabezar este breve trayecto sobre las pasiones, aludiendo a su tratado. No pretendo recomponer el recorrido de la persistencia del pensamiento en la atención a las pasiones, que puntúa toda la historia discursiva de Occidente, sino sólo recordar que el tratado sobre *Las pasiones del alma* surgió de la demanda de una mujer.

La delicada Isabel de Bohemia, lectora de los trabajos anteriores del filósofo, en carta del 13 de setiembre de 1645 manifiesta su inquietud por la problemática unión entre alma y cuerpo, y le solicita un estudio sobre el tema. A ella hizo llegar Descartes el primer esbozo de su trabajo que luego engrosó y publicó en 1649 en Amsterdam y París. Esta demanda de la princesa palatina al padre del racionalismo plantea una problemática que, hasta ese momento, Descartes había diferido: la necesidad de incluir la *res extensa* –los fenómenos pasionales, entre otros– en el interior del andamiaje de la *res cogitans*. En su respuesta al requerimiento Descartes expresa cierta inse-

---

[1] *Vid.* Carver 1989: 137.
[2] Cit. por Martínez 1997: XXX.
[3] *Vid.* Kristeva 1991: 151-169.

guridad y pide un poco de tiempo para poder "digerir suficientemente" sus propias reflexiones[4].

La solicitud de Isabel de Bohemia muestra cómo una mujer instala, en el seno de la razón moderna, una interrogación que desea dar cuenta o pedir cuentas de una hendidura. Entre la postulación racionalista y la demanda de un discurso que se haga cargo de lo que no tiene razones emerge el sujeto moderno. La axiomática moderna de las pasiones se concentra en las relaciones inter-subjetivas, poniendo a los afectos y sus efectos en el cuerpo bajo el cono reflexivo sobre la naturaleza del ser humano; es decir, en la relación entre placer y cuerpo; entre placer y uso de los otros cuerpos; entre placer y sexualidad, de la cual Foucault hizo una historia. No será la última vez. El discurso de la histérica, al que Freud interpretó como demanda de amor, funda al psicoanálisis.

El psicoanálisis ha escuchado con frecuencia a la literatura para atrapar la relación del deseo con el lenguaje. No es para menos puesto que la experiencia psicoanalítica, al igual que la literatura, se articula sobre los polos pasionales del sujeto en el lenguaje y como ella trabaja con sus restos. Por ello Freud denominó "novela familiar" a las fantasías con las que el neurótico construye su historia, de la cual el episodio central es el Edipo, y las relacionó directamente con el quehacer del poeta y los mecanismos de la creación literaria[5]. Incluso, en carta al escritor Arthur Schniztler[6], confesaba una identificación fuerte con el lugar del escritor del cual el psicoanalista es casi un doble. Un doble con desventajas, se quejaba, porque lo que el poeta describe agudamente de un golpe, el psicoanalista lo elabora con lentitud.

La experiencia literaria ha sido y es escena privilegiada de la representación de la subjetividad; una puesta en acto no sólo de los conflictos individuales y/o epocales, sino de la representación de la lucha originaria en el ser humano entre Eros y Thanatos. Vuelvo e insisto en la penetrante pregunta de Martí sobre la falta, una falta en el origen del sujeto y más allá de la supuesta felicidad suntuaria de la sociedad moderna: "Me espanta la ciudad! ¡Toda está llena de copas por vaciar, o huecas copas! (...) Tengo sed, –mas

---

[4] *Vid.* Martínez 1997: XXVIII.

[5] *Vid.* Freud 1973. Salvo indicación expresa las citas de este autor seguirán esta edición.

[6] Consigna en una carta dirigida al dramaturgo Schniztler: "su preocupación por las verdades del inconsciente y los impulsos instintivos del hombre, su disección de las convenciones culturales de nuestra sociedad, la obsesión de sus pensamientos sobre la polaridad del amor y la muerte, todo esto me conmueve, dándome un irreal sentimiento de familiaridad (...) Así, he llegado a formar la impresión de que su intuición –o más bien una autoobservación detallada– le ha permitido llegar a aquello que yo he descubierto sólo mediante un trabajo laborioso de observación de otras personas", en Freud 1963: 383.

de un vino que en la tierra no se sabe beber!" (129). Una voz de alerta en la conciencia de los Ícaros modernos que hendían cual rayos el cielo con sus edificios verticales y sus parques de diversión masiva[7]: dónde está el hombre en una sociedad narcisista "de catadores ruines de vinillos humanos", desculpabilizada por la muerte de Dios. Mejor, dónde el sujeto –ya no el ciudadano, ni el individuo, estructurado en los Estados modernos al amparo del Derecho– sino el sujeto; ese ser que es humano porque puede disponer o reconocer lo inhumano, practicar la inhumanidad o rechazarla. Su pregunta por lo que falta apunta al origen de la desventura y la angustia, del asco y la abyección, de la fascinación y la repulsa, inaugura en las culturas hispánicas la crítica de la modernidad. No es casual que se perfile en un poeta cubano exiliado en Nueva York que, al tiempo que lucha contra la Madre Patria por la libertad de su patria, vive en "las entrañas" de un nuevo Padre amenazante.

Martí inquiría sobre la ética anudándola a la política y a la subjetividad, lugares donde indagar la naturaleza del bien y del mal –"soy honrado y tengo miedo"–; su inquisición se inscribe en la estela abierta por la interrogación romántica. Frente a las filosofías que estructuraron la razón y su realización histórica como aspiración suprema, Sichére puntúa el nacimiento de una nueva subjetividad dividida al término del período de la Revolución francesa. Un sujeto dividido "entre este mundo del bien, al cual se dirige mediante la protesta y esas fuerzas que lo agitan y lo ponen a merced del Otro", del goce mortífero, la muerte o el caos en el que el individuo puede disolverse o afirmar su singularidad desde la rebeldía. Un sujeto que no cesará de representarse como campo de batalla entre el ideal beatífico de un sujeto reconciliado con su deseo y el reconocimiento de un mal radical interior. Una nueva subjetividad, que "ya no tiene gran relación con la individualidad ilustrada, que se definía por su capacidad de combatir las supersticiones en nombre de la razón y del saber, del derecho ilimitado a la crítica y en nombre de la proclamación de un yo libre e instruido puesto bajo el símbolo de la felicidad" (Sichére, 1996: 177)[8].

Tanto la filosofía kantiana como la hegeliana, una vez resuelto el problema de la libertad del individuo como sometimiento del deseo a la ley de la razón normativa, habían desechado la problemática del mal. Frente a los subversivos Sade o Goya, las filosofías de la razón sólo respondieron con un punto muerto: "La conclusión de Hegel es clara: el mal no existe, puesto que lo que nosotros llamamos el mal no es nunca más que un error de perspectiva, una realización insuficiente y unilateral de lo verdadero, un momento

---

[7] *Vid.* Mattalia 1997.
[8] Agradezco a Ana Belén Caravaca el señalamiento de este texto.

finito que se toma por lo infinito" (177) –afirma Sichére. La denegación
hegeliana del mal: "Así como no existe lo falso, no existe el mal", es objeta-
da "primero por Sade y luego por la subjetividad romántica: en la médula de
la relación social hay una barbarie radical que se actualiza, por ejemplo, en
la secuencia del período del Terror en Francia, y asimismo hay una negatividad fundamental del deseo que se manifiesta en la figura romántica del
rebelde, no sujeto de la razón, sino sujeto del destino (...)" (184).

Tanto el héroe sadiano como el rebelde romántico enuncian una verdad
que ha sido expulsada, "ese punto de extremidad subjetiva (de mal radical),
significado por la tragedia griega, que se ponía en escena vigorosamente
con la dramaturgia de Cristo, y que ya no se tiene en cuenta ni se simboliza,
ni en el pensamiento de la Ilustración ni en el momento revolucionario que
luego le sucede". Esa subjetividad dividida aparece encarnada en el héroe
romántico como una subjetividad rebelde "que desafía, como una fuerza de
resistencia diferente de la figura del individuo moderno y del mundo de los
valores burgueses que habrá de imponerse después de la Revolución Francesa" (178). Desde entonces la literatura y el arte se harán cargo del enigma
del mal, uno de los grandes debates no acabados de la cultura.

Muerto el bien supremo y declarado difunto repetidas veces en el proceso de consolidación del pensamiento moderno, a fines del XIX culminan los
procesos de desmiraculización del mundo y de secularización del pensamiento[9]. Los acompaña la angustia, originada por la inexplicable existencia
de un mal radical del cual no se hizo cargo la razón moderna. Engendrada
por la certeza de la frágil línea que separa el mundo humano del horror, la
angustia indica al sujeto parlante la frontera de lo decible, de lo no simboli-
zable. Las prácticas artísticas se hicieron cargo de la representación de esa
angustia que pasa a ser, desde fines del XIX y a lo largo del XX, una temática
central de la literatura y el arte contemporáneos. Representar el mal, subli-
mar, estetizar o domesticar la intuición de su radicalidad, sospechar su existencia en el corazón de cada sujeto, será el nuevo territorio donde las prácticas artísticas encuentran su límite y su riesgo. El dispositivo de la sexualidad
y la microfísica de los poderes, descritos por Foucault[10] como disciplinamiento de los cuerpos y de las conciencias, son cuestionados por estos discursos excéntricos, expulsados, abyectos.

En *El malestar en la cultura* (1929), Freud desplegó la polaridad en la
que se desenvuelve la subjetividad humana como la lucha entre Eros y Tána-

---

[9] *Vid.* Gutiérrez Girardot 1983.
[10] *Vid.* Foucault 1994.

tos, extendiéndola a los procesos civilizatorios. Freud se distancia del pensamiento ilustrado al desechar el problema de la felicidad humana; por ello cambió el título de este libro, primero anunciado como *La infelicidad en la cultura (Das Unglück in der Kultur)*, que luego tituló *Das Unbehagen in der Kultur*, esto es, descontento, incomodidad, *El malestar*[11]. El acierto de la traducción castellana se aproxima al corazón de este ensayo: no se trata de la búsqueda de un estado armónico de reconciliación entre civilización y naturaleza al modo ilustrado[12], sino la detección de que lo proviniente del campo de la cultura implica para el sujeto una limitación del principio de placer. El placer se logra siempre en una transacción con el principio de realidad, por ello es siempre insatisfactorio.

La consecuencia es un malestar que incluye el problema del mal radical en el sujeto y en la cultura, pero también afirmó que es en el espacio de la cultura donde se fraguan vías compensatorias para conjurarlo. Una de las vías que aborda es la religión como instrumento defensivo y sublimador, pero es una vía muerta para el sujeto moderno. Si bien Freud describía a la religión como un poder coercitivo y homogeneizador, no dejaba de reconocer su valor como lenitivo simbólico, ya que "imponiendo por la fuerza al hombre la fijación a un infantilismo psíquico y haciéndolo participar de un delirio colectivo, la religión logra evitar a muchos seres la caída en la neurosis individual". La creciente tensión y angustia del hombre moderno se explica por la pérdida de la ilusión religiosa; pérdida que tiene efectos paradójicos: por una parte, el sujeto moderno gana espacios de autonomía y libertad, pero también pierde la tranquilizante certeza de una explicación totalizadora brindada por la religión durante siglos; no obstante, sin complacencia ni nostalgia, concluía, tajante, "pero no alcanza para nada más"[13]. Frente a tal enajenación Freud perfila una ética atea, sustentada en la contingencia, en lo particular y lo minúsculo.

Su teoría de la sublimación incluye diversas prácticas sociales, poderosos sustitutivos de la religión y armas eficaces de defensa ante las adversidades: desde las distracciones que "nos hacen parecer pequeña nuestra miseria y satisfacciones sustitutivas que la reducen", entre las cuales incluía a

---

[11] Carta a Eitingon, julio de 1929, cit. por Gay, Peter 1990: 605.

[12] *Vid.* al respecto el agudo ensayo de Morant 1996: 11-92.

[13] "La religión, dice Freud, "perturba el libre juego de elección y adaptación (a la adversidad exterior e interior) al imponer a todos por igual un camino único para alcanzar la felicidad y evitar el sufrimiento. Su técnica consiste en reducir el valor de la vida y en deformar delirantemente la imagen del mundo real, medidas que tienen por condición previa la intimidación de la inteligencia". 1973: 3030.

"los narcóticos que nos tornan insensibles a ellas", así como a la creación y
el disfrute del arte que "entreteje naderías", diría Borges. Es decir, apelaba a
la potencia de la cultura, esa "suma de las producciones e instituciones que
distancian nuestra vida de la de nuestros antecesores animales y que sirven a
dos fines: proteger al hombre frente a la Naturaleza y regular las relaciones
de los hombres entre sí", a la que describe como un campo de batalla por la
vida:

> Ahora, creo, el sentido de la evolución cultural ya no nos resultará impene-
> trable; por fuerza debe presentarnos la lucha entre Eros y muerte, entre instinto
> de vida e instinto de destrucción, tal como se lleva a cabo en la especie humana.
> Esta lucha es, en suma, el contenido esencial de la misma, y por ello la evolu-
> ción cultural puede ser definida brevemente como la lucha de la especie humana
> por la vida (Freud 1973: 3053).

En su carta a Einstein de 1932[14], Freud vuelve a esta polaridad del fuero
interior y adopta una posición distante de la consideración de la pulsión de
destrucción y autodestrucción como rechazada, excluida, no concerniente al
sujeto; por el contrario, la enclava en el núcleo mismo de la vida subjetiva,
pero resalta la emergencia de una instancia moral en el sujeto que abre una
orientación interior del impulso de agresión. Con ello no pretendía fortale-
cer la moral como instancia superior y exterior al sujeto, ni perfilar una ley
interna de refuerzo del disciplinamiento social, sino como una instancia
subjetiva que posibilita la consolidación de vínculos eróticos, afectivos,
entre los hombres, sustento y garantía de la vida. La regulación de las pulsiones de vida y de muerte crea elementos comunes que fundan los sentimientos de pertenencia sobre los que se asienta el lazo identificatorio; lazo
frágil, en constante trance de desanudación.
    Freud se consideraba un escéptico ante la supuesta bondad del hombre y
detectó el valor nefasto que algunas identificaciones colectivas adquirirían
unos años después; y aunque sí atisbó las diversas y racionalizadas formas
del horror humano que, en los años siguientes alcanzarían a él mismo y a su
familia, su reflexión no podía calibrar, en 1929, la magnitud del genocidio
nazi, ni la eficacia destructiva del horror científico que hoy sintetizamos en
dos nombres –el Holocausto e Hiroshima– para difuminar otros más cercanos. Tampoco podía intuir la potencia masiva, anestesiante y mortífera que
adquirirían, en este nuestro fin-principio de siglo, las drogas como poderoso

---

[14] *Vid.* Freud 1973: 3207- 3215.

control de la rebeldía; ni el florecimiento de enfermedades psicosomáticas que revierten en el propio cuerpo ese mal que no encuentra lugar en los discursos racionalizadores. La depresión como síntoma de alta frecuencia en todos los sectores, la psicotización de las conductas sociales de las que los asesinos en serie o los grupos vandálicos en las grandes ciudades son su expresión extrema, la gangsterización de la política en sus diversas corruptelas o esferas de influencia, el inquietante resurgimiento de sectas religiosas que llegan al suicidio mediante el delirio apocalíptico, revelan de qué manera intensa la subjetividad está amenazada y la insensibilización ante el mal que nos configura.

La pérdida de la sensibilidad ante el mal define a nuestra época postcristiana; hago mía, por tanto, la pregunta de Sichére: "(...) ¿Cuáles son los recursos simbólicos que nos permiten hoy abordar la cuestión del mal y afrontarla como maldad subjetiva y como ese algo extraño e inquietante que anida en el corazón del ser humano?", y suscribo las vías de realización que propone: la política, "como pensamiento que se pronuncia sobre el mal como presencia en la comunidad, lo cual la lleva a preguntarse sobre la dimensión suprajurídica de la ley fundadora del sujeto y sobre la cuestión de la soberanía popular que trasciende todo orden y crea historia". El psicoanálisis, como pensamiento que elabora "una doctrina del sujeto que propone los recursos simbólicos de la palabra (...) para abordar el carácter inquietante de la Cosa y las tensiones propias de la subjetividad contemporánea extraviada o desestructurada". La literatura, "como una fuerza vigorosa de exorcismo del horror (...) que sucede a la simbolización religiosa, al situarse lateralmente en relación con otros discursos, en el punto de intersección de las tensiones propias del cuerpo social y de los dramas singulares de la subjetividad" (202-3).

Política y psicoanálisis, éticas del sujeto, lugares privilegiados para interrogar la naturaleza del lazo social y de la libertad individual. Entre ellas la palabra poética aparece como restallante látigo con un fulgor ácido.

2. Del sujeto pasional y sus objetos

Varias son las líneas de sentido de la palabra afecto: viene del latín *affectus*, participio pasivo de *afficere*: *poner en cierto estado*, que incluye el verbo *facere*: *hacer*. El significado de pasión, del latín *patire*, a su vez del *pathos* griego, concentra una significación de padecimiento, que se matiza con una vertiente activa en tanto expresa al mundo de los afectos. Los afectos afectan al ser humano y lo hacen sufrir, pero también lo movilizan, promueven la acción. Como decía ya Ovidio, refiriéndose al amor: "Cuanto más riguroso me flecha y abrasa con simpar violencia, tanto más brío me infunde el anhelo de vengar mis heridas" (1966: 52).

La experiencia psicoanalítica trabaja con los polos pasivo-activo de los afectos y los interroga en su evidencia partiendo de un aserto: los afectos engañan; exponen en su expresión sintomática una demanda de sentido que se encuentra más allá de los signos visibles. Sentidos denegados por el suje-to que, al ser actualizados en la transferencia del analizante hacia el analis-ta, van develando los núcleos formativos del sí mismo. Freud definía a la transferencia como una relación de amor, es decir, una relación pasional: en la escena analítica se hacen presentes las pasiones del analizante que se transfieren, se metaforizan, se trasladan, a la relación con el psicoanalista en un proceso que permite, a través de la asociación y la interpretación, no sólo reconstruir la propia historia con un efecto catártico terapéutico sino también la formalización consciente de los núcleos originarios que deter-minaron las posiciones del sujeto en la sexualidad, en las relaciones inter-subjetivas y en el mundo. El trayecto de la experiencia analítica discurre entre las memorias más arcaicas y los avatares más actuales del sujeto, su historia y su prehistoria, para avanzar en el recentramiento y el reconoci-miento de sí.

Los apartados que siguen pretenden hilar algunos de los conceptos cen-trales sobre las pasiones, elaborados desde el psicoanálisis. Partiré de lo más arcaico –la Cosa– para llegar a las pasiones del ser: amor, odio e ignorancia.

2.1. *Prehistoria: Alrededor de la Cosa*

Para perfilar el alcance de la oposición entre principio de placer y princi-pio de realidad Lacan vuelve a desplegar el concepto –ya elaborado por Freud– de la Cosa (das Ding) como un significante concreto, particular, que marca la prehistoria del sujeto, antes de entrar en el lenguaje. La etimología latina de la palabra *cosa* es "causa", conservada en el lenguaje jurídico con un sentido cercano al del psicoanálisis, es decir, "la envoltura y la designa-ción de lo concreto" (Lacan 1992: 57). La Cosa, la causa arcaica es la pri-mera experiencia, el primer contacto que deja huella en un sujeto, que movi-liza al prematuro recién nacido y lo moldea humano en el abrochamiento con el otro semejante. "La Cosa es originalmente lo que llamaremos el fuera-de-significado. En función de ese fuera-de-significado y de una rela-ción patética con él, el sujeto conserva su distancia y se constituye en un modo de relación, de afecto primario, anterior a toda represión" (70).

Un exterior que se percibe envolvente, protector, parte del sí mismo, pero también diverso, extranjero. Extraña y cercana, ajena y presente, un afuera en el adentro, la Cosa es aquello que fue separado del sujeto en el origen y que, no obstante, lo ordenará en su relación con el deseo. Primer trazo arcaico de identidad y de alteridad. Movilización de la pulsión de vida que nos une y nos aísla a la vez; nos humaniza y nos marca como únicos, separados. La Cosa, por tanto, no es el objeto del deseo que se configura en el fantasma; éste emerge con la entrada en el significante cuando ya opera el proceso de la represión.

La entrada del sujeto en el significante plantea el problema de la representación: no es el afecto lo que está reprimido, el afecto va a la deriva, sino las representaciones ligadas a él, lo reprimido son los significantes que amarran al afecto[15]. De hecho, toda la teoría de Freud sobre la memoria

> gira en torno a la sucesión de las Niederschriften, de las inscripciones. (...) Es decir la impresión del mundo externo en bruto, original, primitiva, está fuera del campo que corresponde a una experiencia apreciable, es decir efectivamente inscrita en algo (...) que Freud expresa, en los comienzos de su pensamiento, como una Niederschrif; como algo que se propone, no simplemente en términos de impresión, sino en el sentido de algo que hace signo y es del orden de la escritura (65)

y se inscribe como una huella prehistórica.

La Cosa se formula como un exterior que es ajeno al sujeto, pero se mantiene en su núcleo originario como trazo de una primera representación anterior a toda representación. La Cosa, ese trazo primordial, ese Otro prehistórico, es el núcleo del mundo subjetivo y representa en el inconsciente la primera aprehensión de la realidad por el sujeto: "Es aquí donde interviene esa realidad que tiene relación con el sujeto del modo más íntimo, el Nebenmensch. Fórmula asombrosa en la medida en que articula poderosamente lo marginal y lo similar, la separación y la identidad." Ese *Nebenmensch* –traducido en perífrasis traidora: "un algo que queda como un todo coherente"– es la experiencia de lo ajeno en lo íntimo y produce a la Cosa como "un elemento que es aislado en el origen por el sujeto (...) como siendo por naturaleza extranjero" (67).

La Cosa es la presencia de lo extraño, hostil a veces, en la subjetividad. El primer exterior y a la vez "aquello que organiza todo el andar del sujeto";

---

[15] *Vid.* Pastor 1997: 11-12.

la primera orientación del futuro mundo de los deseos; el primer emplaza-
miento, previo a la constitución del Yo. Un Otro absoluto que el sujeto inten-
tará reencontrar, sin lograrlo. Estará allí siempre perdido. Quizá algo llegue
al sujeto de él, pero sólo como nostalgia:

> Se vuelven a encontrar sus coordenadas de placer, no el objeto. En este esta-
> do de anhelarlo y de esperarlo se buscará la tensión óptima en nombre del prin-
> cipio de placer, por debajo de la cual ya no hay percepción ni esfuerzo. A fin de
> cuentas, sin algo que lo alucine como sistema de referencia ningún mundo de la
> percepción llega a ordenarse, *a* constituirse de manera humana. El mundo de la
> percepción nos es dado por Freud como dependiente de esa alucinación funda-
> mental sin la cual no habría ninguna percepción (85).

En este sentido, la Cosa no es un objeto. Un objeto puede ser calificado,
está reglado por las leyes atributivas del principio de placer y de displacer
en las formaciones primitivas del sujeto; la Cosa no.' La Cosa "es una división originaria de la experiencia de la realidad". Sin haber pasado aún por el
filtro del lenguaje, de la Cosa no tenemos memoria pero es inolvidable; no
podemos inscribirla sino en una violencia que la expulsa en el grito del
infante o en la cadencia del arropamiento, de la calidez táctil, de la succión
nutricia. Esta identificación-separación prehistórica potencia la primera
adhesión imaginaria, el primer lazo del cual emerge al primer objeto del
deseo, es decir, la madre.

La Cosa es la causa fundamental de toda pasión humana, el centro del
mundo subjetivo del inconsciente organizado en representaciones significantes. El duelo por la Cosa y la compensación por su pérdida se asocia con
la entrada del significante, con la interdicción que hace límite a ese magma
indiferenciado de la Cosa e instaura una ley: la prohibición del incesto. Es
en el complejo de Edipo donde, con un poco de suerte, se sutura la pérdida
de la Cosa. Toda la función del principio de realidad, incluida la función del
Superyó como instancia reguladora, se funda en la prohibición del incesto;
sobre ella se asienta la cultura opuesta a la naturaleza y su causa primera es
la relación con la madre, en tanto que ocupa el lugar de la Cosa.

> Lo que encontramos en la ley del incesto se sitúa como tal en el ámbito de la
> relación inconsciente con la Cosa. El deseo por la madre no podría quedar satis-
> fecho pues es el fin, el término, la abolición de todo el mundo de la demanda,
> que es la estructura más profunda del hombre. En la medida en que la función
> del principio de placer reside en hacer que el hombre busque siempre lo que
> debe volver a encontrar pero que no podría alcanzar, allí yace lo esencial, ese
> resorte, esa relación que se llama la ley de interdicción del incesto (85).

2.2. Del goce y el deseo

Lacan señala la conexión extrema de la Cosa con las pasiones: "(...) lo que está en juego en la pasión, es por un lado la satisfacción (pulsional) y lo que a esa satisfacción le ofrece la vía del significante. La desgarradura que introduce la entrada del significante, mordiendo al ser con una carencia, lo constituye como aspiración al ser y se designa como pasión" (1992: 85 y ss.). Esta Cosa, este trazo fundamental que ingresa en la *arché* del sujeto como forma alucinatoria en el imaginario y luego como interdicto simbólico, es el que permite distinguir diferentes tipos de objeto en los nudos pasionales del sujeto.

Cuando Freud señalaba la degradación de la vida erótica en el hombre y la del objeto sexual y decía "si aman a una mujer, no la desean, y si la desean no pueden amarla", mostraba una bifurcación impuesta por una condición del amor, formativa del sujeto, que determina su elección del objeto. Lacan profundizará esta desunión al plantearla como una estructura que conduce a la no proporción de los sexos, fuente del malentendido –o maldición– instaurado en la relación sexual: "Ella lo desea, es incluso por eso que cree amarlo; él cree desearla cuando, en realidad, la ama" (Bassols et alii 1990: 50). Tal bifurcación introduce la diferenciación entre goce y deseo.

El goce, directamente relacionado con el cuerpo y con la satisfacción pulsional, se distingue del deseo, ligado al placer, siempre insatisfactorio. El deseo es una función dialéctica que implica al Otro, al significante. El goce no lo es, excluye al Otro. Lo que cuenta en el goce es el cuerpo.

> Sólo un cuerpo goza y se satisface de una manera particular. A nivel del deseo sólo hay insatisfacción y por ello Freud nos habla de realización, ya que el deseo se contenta con realizarse simbólicamente en los sueños, los actos fallidos, lapsus, síntomas... La satisfacción pertenece al terreno de la pulsión y su nombre lacaniano es el goce (...) La pulsión –el "trieb"– es una presión cuyo fin es suprimir un estado de tensión que proviene de una fuente somática por medio de un objeto. Es, por tanto, una exigencia de trabajo impuesta al aparato psíquico que, de otro modo preferiría mantenerse en un estado de inercia. La pulsión es la que pone en movimiento al aparato, es la que nos hace despertar, la que contradice la ley de constancia y nos somete a un funcionamiento desparejo (Mattalia, G. 1995: 52).

El concepto de pulsión en Freud forma parte de su concepción económica del aparato psíquico y, en contraposición con las teorías energéticas de su época, no es una energía-sustancia "sino un concepto límite que pone en relación lo psíquico y lo somático, un nexo cuantificable entre la psiquis y el soma, en palabras de Freud: un representante psíquico de los estímulos procedentes del interior del cuerpo que arriban al alma" (53). No hay homeostasis en el goce, ni regulación del placer-displacer; aún más, el goce es lo intratable, lo intolerable, lo que afecta al cuerpo. Las denominadas "patologías del acto" –anorexia, bulimia, adicciones, tabaquismo, actos compulsivos, fracasos reiterados– son satisfacciones a nivel de la pulsión. El empuje pulsional es una búsqueda que no se detiene ni en el displacer, ni en el dolor, ni siquiera ante la amenaza de muerte; es un circuito que retorna al mismo lugar y su meta es siempre parcial[16].

La pulsión, entonces, forma un vacío que cualquier objeto puede ocupar. En un cierto sentido, el objeto es indiferente porque no colma lo que es del orden de la necesidad, sino que va más allá de la satisfacción misma: el chupete con que el niño alucina el pecho materno no satisface a la pulsión –necesidad de comer–, sino al placer de la boca; en el chupete no incorpora nada, sino más bien es la nada la que lo satisface. El goce va a la deriva y se encuentra con su objeto; mientras que el deseo elige caminos y los repite.

En el circuito de la pulsión parcial se articula la relación del sujeto al objeto –un objeto fortuito, azaroso– y su conexión con el Otro originario, cuya función es organizar el desarrollo libidinal del ser humano:

> Un Otro que demanda permanentemente al sujeto que se desprenda de su cuerpo: el control de esfínteres, a través de la educación, es la intervención efectiva del Otro para la búsqueda de objetos fuera del cuerpo. Podemos decir que la pulsión, ese concepto límite entre lo psíquico y lo somático, articula el goce al significante, permitiendo el vaciamiento del cuerpo en lugares específicos de goce: las zonas erógenas. Un goce circunscripto por el significante a las superficies corporales (56).

La pulsión, el goce, tiene como meta la satisfacción. Una satisfacción paradójica ya que, en la medida en que articula algo de lo real, su satisfacción es siempre parcial y su objeto contingente. Por ello, el goce siempre obstaculiza al placer, le hace límite, impide la armonía entre necesidad y

---

[16] Lacan la compara con un collage: "El montaje de la pulsión es un montaje que se presenta primero como sin ton ni son –tiene el sentido que se adquiere cuando hablamos de montaje en un collage surrealista. Si reunimos las paradojas que acabamos de definir a propósito del objeto, de la meta de la pulsión, creo que la imagen adecuada sería la de una dínamo enchufada a la toma de gas, de la que sale una pluma de pavo real que le hace cosquillas al vientre de una hermosa mujer que está allí presente para siempre en aras de la belleza del asunto", en Lacan 1986: 176-177.

satisfacción que suponemos en los animales; la pulsión apunta a un más allá del principio de placer; su empuje cuestiona la asociación lineal entre satisfacción y placer. El placer corresponde al orden del deseo y no a la satisfacción de una necesidad. Como ejemplo: es obvio que para saciar el hambre hace falta comer, pero todos los aderezos –desde la preparación a la presentación de la comida– se producen y se ritualizan en aras del placer.

Cuatro son los objetos de la pulsión: dos directamente montados sobre lo biológico –el pecho, las heces– y dos más indeterminados, la mirada y la voz; objetos de las cuatro pulsiones (oral, anal, escópica e invocante). Las pulsiones y sus variados destinos son constitutivas del sujeto deseante, verdaderos desencadenantes de los comportamientos sexuales; también de la sublimación, ese extraño destino de lo pulsional derivado hacia la creación, dispositivo fundamental de la cultura. En virtud de la diferencia entre goce y deseo Lacan propone tres estatutos del objeto[17]:

Objeto del deseo, primero en la teorización de Freud quien ya en *La interpretación de los sueños* lo ubicaba en la dialéctica del proceso primario –anterior al Edipo– y cuyo modelo inicial es el objeto oral. Objeto perdido e inolvidable, que instala la diferenciación entre la satisfacción de una necesidad y la realización del deseo. Esta separación entre necesidad y deseo permite hablar del sueño como "realización de deseos" y deducir sus leyes de funcionamiento –condensación, desplazamiento y elaboración–, desde donde se establece una retórica del inconsciente. Pero "la realización para nada concuerda con la adaptación vital, el deseo coloca al sujeto en la vía de la repetición, en la búsqueda de una percepción perdida que tuvo como marco una mítica primera vez en el encuentro del sujeto y el objeto de satisfacción" (55). La evocación de esa percepción es la meta del deseo y su instrumento específico es la alucinación. Se aleja, entonces, la idea de una complementariedad entre sujeto y objeto; el objeto está perdido, perdido porque en la huella mnémica se produce un olvido de la necesidad que "condena al organismo a la desadaptación desde el inicio": "El camino del deseo, en el aparato psíquico, es regresivo; se instaura, a partir de él, una nueva forma de realidad: la realidad psíquica" (55), puntuada por ese objeto inalcanzable, ese encuentro primero con la Cosa primordial que el sujeto busca repetir. En

---

[17] Cabe recordar que la noción de *objeto* no se dirige al terreno de la empiria o de lo fenoménico, el objeto del que hablan, tanto Freud como Lacan, no tiene que ver con un objeto exterior al sujeto –aunque a veces se encarne en un objeto exterior– sino con una posición subjetiva frente a la castración, verdadera ley simbólica, que instaura al sujeto dividido en el significante.

frase de Bassols: "El objeto del deseo sólo está ahí como falta, como causa que hiende al sujeto y que se sostiene en el fantasma del Otro, en la medida en que el sujeto, en el inconsciente, cree en la existencia de ese Otro" (50).

Objeto del goce: el que busca la pulsión e introduce en el psiquismo al autoerotismo. Emerge de la necesidad y escoge una parte del cuerpo para un uso particular que produce placer del órgano, por ello es parcial y contingente. La pulsión encuentra un objeto parcial, esto o aquello; un objeto instrumental que puede fijarse pero no elegirse; de hecho es necesario el objeto perdido del deseo para la producción del objeto pulsional.

Objeto de amor: se plantea con relación al narcisismo y a la constitución del Yo en su doble vertiente imaginaria; esto es, en la integración del cuerpo propio en el espejo y en el reconocimiento del Otro en tanto semejante. El objeto de amor se dice "prenda de una demanda que es demanda radical de presencia o ausencia del Otro" (Bassols *et alii:* 51). En este sentido, el objeto de amor se juega entre el narcisismo del sujeto que supone una totalización del objeto amado, tomando como modelo al Yo, y la elección de un objeto exterior.

Todos ellos se articulan sobre un objeto primordial –la madre– que

desempeña su papel en las tres dimensiones propias del objeto aunque de manera diferente en cada una de ellas. Por un lado, ese Otro inolvidable que, en función del desamparo y la indefensión del recién nacido, permite el surgimiento del objeto del deseo como diferente de la necesidad. Por otro, se articula simultáneamente, con la pulsión parcial: el pecho como objeto primordial. Y, por último, en el complejo de Edipo en tanto amada, como un objeto total. Freud nos enseña que el objeto pecho se pierde –en el Edipo– frente a la madre como objeto total de amor, en la que se establece una incompatibilidad radical entre la persona y el objeto, entre la totalización del amor y el carácter parcial de la satisfacción pulsional (Mattalia, G.: 56).

Regresando, pues, hacia el esbozo de una ética de las subjetividades, podemos afirmar que la noción de goce es el fundamento de una ética que incluye el mal hacia el que el ser humano tiende en el *a por todas* de la satisfacción pulsional. Una ética del malestar que, interrogando este imperativo del goce al que el sujeto no puede renunciar, apunta a modularlo con su límite: el deseo.

A menudo el ansia de una armonía entre goce y deseo alimenta a la palabra poética; nostalgias que expresan ese anhelo imposible de un estado animal que suture la disonancia entre cuerpo y deseo. Escribe Vallejo:

> Pienso en tu sexo.
> Simplificado el corazón, pienso en tu sexo,

ante el hijar maduro del día.
Palpo el botón de dicha, está en sazón.
Y muere un sentimiento antiguo
degenerado en seso.
Pienso en tu sexo, surco más prolífico
y armonioso que el vientre de la Sombra,
aunque la Muerte concibe y pare
de Dios mismo.
Oh Conciencia,
pienso, sí, en el bruto libre
que goza donde quiere, donde puede.
Oh, escándalo de miel de los crepúsculos.
Oh estruendo mudo.
¡Odumodneurtse! (1982: 127).

Sexo, escena de la separación radical del sujeto más allá de las confabulaciones de los afectos: cópula con la muerte y añoranza de la vida. Seso, degeneración de un cuerpo de goce que no encuentra su bruto animal. Sexo, miel y escándalo. En el juego especular que repite invertido el "estruendo mudo"/"odumodnuertse", Vallejo escribe el hiato entre goce y deseo. En esta discordancia la palabra poética señaliza y desplaza la angustia.

En el marco de los afectos, la angustia es el único afecto que no engaña, justamente porque explicita en el sujeto su relación con la falta. Afecto cierto, la angustia es una función media entre el goce y el deseo: horror al vacío imposible de colmar, certeza inconsciente de la imposible reconciliación con el objeto, la angustia retorna al sujeto en síntomas diversos que abren la pregunta sobre su deseo. La angustia, con toda su carga de desespero, abre ante el sujeto la posibilidad de interrogarse sobre su deseo y puede ser la puerta de entrada en el conocimiento de sí[18].

2.3. *Pasiones de ser: Amor, Odio e Ignorancia*

¡Cuidado, Julieta!
cuando el amor se inventa laberintos,
alguien se tiene que perder.

Spinetta[19]

---

[18] *Vid.* Freud 1973: 2833-2883; Lacan, Jacques 1991b: *La angustia*, Seminario X, trad. de la Escuela Argentina de Psicoanálisis y el pertinente recorrido de Rabinovich 1993: 9-118.

[19] Fragmento de la canción: "Julieta", letra y música de C. Spinetta, interpretada por *Almendra*.

Dice Borges:

> Gracias quiero dar al infinito
> Laberinto de los efectos y de las causas
> Por la diversidad de las criaturas
> Que forman este singular universo.
> Por la razón, que nunca cesará de soñar
> Con un plano del laberinto.
> Por el rostro de Elena y la perseverancia de Ulises.
> Por el amor, que nos hace ver a los otros
> Como los ve la divinidad (1977: 936-7).

Una razón capturada en el imaginario anhela, sueña, con un plano del laberinto; una pasión que diviniza al sujeto en tanto que le atribuye los poderes del Ver omnipotente. Freudiano, *malgré lui*, Borges puntúa la idealización del otro desde el ideal del Yo. Un yo que se contempla en el espejo de su Yo ideal y ocupa el lugar de un dios-padre todopoderoso y creativo. Entre ambos, Ulises, activo y amante esclavo, feminizado en su perseverancia; y Elena, ama absoluta, recortada en su rostro, pura metonimia del sujeto enajenado en la contemplación.

Lacan, en una línea persistente de reflexión sobre las pasiones, se refiere a ellas definiéndolas como vías para la realización del ser. Ya en *Variantes de la cura tipo* (1953), al explorar las técnicas psicoanalíticas Lacan desprende a los afectos de una teoría general y se aleja tanto de la psicofisiología y de lo psicológico, como de las teorías filosóficas que atribuyen a los afectos cualidades omnipresentes válidas para todos. La eliminación de la oposición afectivo/intelectual, planteada ya por Freud, sitúa a las pasiones en una doble dimensión: si por un lado los afectos desordenan las funciones del cuerpo, también son descargas de pensamiento.

> Acercar los afectos a las pasiones y definir el afecto como lo que resulta de la incorporación del lenguaje es lo que, por un lado, arranca a los afectos de esa suma de clasificaciones donde a la vez conviven múltiples sentidos y causas, pero también que esa afección no es sin el significante. Es decir que lo que afecta –lo que padece un sujeto– son las palabras, ellas afectan en el pensamiento o en el cuerpo (Unterberg 1997).

Pasiones: modulaciones del sujeto, situadas en el nudo en el que habita el humano entre su carencia de ser y el llamado al Otro para colmar lo que no tiene. La demanda de amor, evocada en toda demanda, es imposible de saturar, por ello apunta al ser. En verdad, se dirige a la falta de ser, a la carencia de una esencia que detenga al sujeto en una totalidad. Desde el corazón de las neurosis y de la subjetividad individual, el psicoanálisis devela en el hombre "la estructura de un deseo que muestra modelarlo a una profundidad inesperada, a saber el deseo de hacer reconocer su deseo"; tal estructura verifica que "el deseo del hombre se enajena en el deseo del Otro" y que el deseo de reconocimiento conforma el destino de las pulsiones.

Además de esta enajenación primera aparece una enajenación segunda, que Lacan describe como "la dominancia de la relación narcisista (...) por la cual se inscribe en el sujeto (...) el desdoblamiento interno de su existencia y de su facticidad" (1998). Esta segunda enajenación depende de la configuración del Yo, instancia conformada en la relación narcisista. El Yo al que se alude no es el sujeto, tampoco es el *yo* del discurso, ese shifter en el sentido de Jakobson que funciona como un símbolo índice y remite al sujeto de la enunciación en un discurso, sino el Yo de la segunda tópica freudiana[20] al que Lacan inscribe en lo imaginario: "Todo lo que es del Yo se inscribe en las tensiones imaginarias, como el resto de las tensiones libidinales. Libido y Yo están del mismo lado (...) El narcisismo es libidinal. El Yo no es una potencia superior, ni un puro espíritu ni una instancia autónoma, ni una esfera sin conflictos –como se osa escribir– sobre la cual tendríamos que tomar apoyo" (1983: 481).

A destacar dos aspectos sobre las pasiones que Lacan puntúa en Freud: "La concepción del fenómeno del amor-pasión como determinado por la imagen del Yo ideal, tanto como la cuestión planteada de la inminencia en él del odio", que permite comprender "como es debido la relación del Yo con la imagen del otro" (1998: 331). Es decir, que junto con la tensión hacia el Yo ideal[21] se capta, no sólo el amor, sino el masoquismo primordial y la pulsión de muerte[22]. La agresividad, no referida aquí a las necesidades de la llamada

---

[20] El aparato psíquico, según Freud, se conforma en dos tópicas, cuya nomenclatura se ha difundido: la primera, *consciente, preconsciente e inconsciente* y la segunda, *super-yó, yo y ello*. Elaboradas la primera desde 1885 en el *Proyecto de una Psicología para neurólogos* a *La interpretación de los sueños* (1900) y la segunda perfilada en *El Yo y el Ello* (1923) y los textos metapsicológicos de la década del 20 –*Más allá del principio de placer* (1920) y *Psicología de las masas y análisis del Yo* (1921)–. *Real, Simbólico e Imaginario* conforman una tercera tópica, agregada por Lacan, de la cual emerge una topología del aparato psíquico que reubica y completa las tópicas freudianas. A más de los textos lacanianos *Vid.* Milner 2001: 9-19.

[21] "(...) el Yo es un ideal, un ideal imaginario y, siguiendo a Freud, un ideal desdoblado, según dos valores del Yo ideal y el del ideal del Yo: cómo se ve el Yo y el punto desde dónde el Yo se ve, que es una función distinta". Miller 1987: 10.

[22] *Vid.* Freud 1973: "Más allá del principio de placer" (1920).

lucha por la vida, se evidencia como un desgarramiento del sujeto contra sí mismo desatado por la pulsión de muerte enlazada con la pulsión de vida.

En el infante, junto al jubiloso reconocimiento de la integración del cuerpo propio en el espejo, aparecen imágenes y sensaciones de fragmentación; experiencias que dotan al sujeto tanto de un Yo ideal en el que se confirma integrado, como de imágenes amenazantes, disgregadoras.

> Es pues en el seno de las experiencias de prestancia y de intimidación de los primeros años de su vida donde el individuo es introducido a ese espejismo del dominio de sus funciones, donde su subjetividad permanecerá escindida, y cuya formación imaginaria, ingenuamente objetivada por los psicólogos como función sintética del Yo, muestra en cambio la condición que le abre a la dialéctica enajenante del Amo y del Esclavo (Lacan 1997: 332).

En esta *arché* del sujeto en el infante, en la prematuración con la que adviene a la existencia, en la potencia imaginaria que le permite integrar su imagen en el espejo y en la relación al otro, se fraguan las pasiones primitivas: lazo y agresión. Allí se cruzan la pulsión de vida con la pulsión de muerte. En ese mordisco de la muerte anudado al trozo de la vida, en esa carencia fecunda, que Hegel describía como una falta feliz, en la cual el hombre "distinguiéndose de su esencia, encuentra su existencia", se fundan dos pasiones parcialmente solidarias que marcarán la relación del sujeto adulto al otro: el amor y el odio.

Pero, además, en este texto Lacan apunta a un más allá de la díada amor-odio, e interroga el lugar del saber. Dirige su pregunta al saber del psicoanalista y propone un aserto, excéntrico para los discursos disciplinadores, al afirmar que el psicoanalista *no sabe* lo que hace: por un lado, su condición de hombre *como los demás* se evidencia en la relación que establece con el semejante a quien reconoce como igual por el alcance de sus palabras. Por otro, el lugar del analista se distingue por su *ignorancia docta*; por el uso que "hace de una función que es común a todos los hombres, un uso que no está al alcance de todo el mundo cuando porta la palabra", cuando la acoge en el silencio del oyente. "Pues ese silencio comprende la palabra, como se ve en la expresión guardar silencio (...) el silencio del analista no quiere decir solamente que no hace ruido, sino que se calla en lugar de responder" (337).

Acoge la palabra porque no la rellena, porque no la colma con una respuesta sino que la deja flotar –a la suya y a la del otro– para que emerja lo particular de cada sujeto[23]. *No sabe* porque en el devenir de la palabra y con

---

[23] Dos vertientes de la palabra: palabra vacía: la proferida en la resistencia y capturada –alienada– en relación al Otro; palabra plena: la que apunta a la verdad del sujeto.

ella del saber inconsciente, nada presupone un metalenguaje, nada presupone una teoría, nada presupone una técnica. Es sólo un devenir lo que *se sabe*. La posición del analista reconoce en ese saber "el síntoma de su ignorancia y esto, en el sentido propiamente analítico, significa que el síntoma es el retorno de lo reprimido en el compromiso [con el analizante], y que la represión aquí, como en cualquier otro sitio, es censura de su verdad" (1997: 346).

A este saber producido en la experiencia analítica aludía Freud cuando afirmaba que la ciencia del inconsciente y su práctica terapéutica debían ponerse en cuestión en cada caso, en el uno a uno, en cada sujeto analizante. En esta posición del analista, al que Lacan luego definirá como "sujeto supuesto al saber", se esboza una tercera pasión en el hombre: la ignorancia. "La ignorancia no debe entenderse como una ausencia de saber, sino, al igual que el amor y el odio, como una pasión del ser; pues puede ser como ellos una vía en la que el ser se forma" (347).

Pasiones de ser: amor, odio e ignorancia, pues. En su entrechocar, por lo que cubren y descubren, se esclarece una ética que, asiendo a los afectos en su evidencia engañosa, los interroga y los hace entrar en el decir; un decir que cada sujeto produce al dejar fluir un saber del inconsciente del cual esas pasiones dependen. Es ese saber no formalizado, forcluido en la represión, el que nos hace padecer.

Los sistemas de referencia –lo real, lo simbólico y lo imaginario– se sitúan en la dimensión del ser y las pasiones son sus vías de realización: "Sólo en la dimensión del ser, y no en la de lo real, pueden inscribirse las tres pasiones fundamentales: en la unión entre lo simbólico y lo imaginario esa ruptura, esa arista que se llama el amor; en la unión entre lo imaginario y lo real, el odio; en la unión entre lo real y lo simbólico, la ignorancia" (Lacan 1981a: 392). Cada una de ellas se delinean en una encrucijada; se

---

Dice Lacan: "La palabra es sin duda mediación, mediación entre el sujeto y el otro, e implica la realización del otro en la mediación misma. Un elemento esencial de la realización del otro es que la palabra puede unirnos a él (...) Pero existe otra faceta de la palabra que es revelación. Revelación, y no expresión: el inconsciente sólo se expresa mediante una deformación, distorsión, transposición (...)". "Oposición entre palabra vacía y palabra plena; palabra plena en tanto que realiza la verdad del sujeto, palabra vacía en relación a lo que él tiene que hacer *hic et nunc* con su analista, situación en la que el sujeto se extravía en las maquinaciones del sistema del lenguaje, en el laberinto de los sistemas de referencia que le ofrece su sistema cultural en mayor o menor grado. Una amplia gama de realizaciones de la palabra se despliega entre estos dos extremos" (Lacan 1981a: 82).

anudan en una doble valencia que permea una cualificación singular, una coloración que las matiza en cada sujeto.

2.4. *Desordéname Amor*

Me desordeno, amor, me desordeno
cuando voy en tu boca, demorada,
y casi sin por qué, casi por nada,
te toco con la punta de mi seno.

Te toco con la punta de mi seno
y con mi soledad desamparada;
y acaso sin estar enamorada
me desordeno, amor, me desordeno.
Y mi suerte de fruta respetada
arde en tu mano lúbrica y turbada
como una mala promesa de veneno;

y aunque quiero besarte arrodillada,
cuando voy en tu boca, demorada,
me desordeno, amor, me desordeno.

Carilda Oliver[24]

Ser humano es constituirse en las pasiones y la palabra poética fusiona su doble faz: el desorden en el cuerpo y la palabra que la descarga. Diotima cuenta que Penía (la pobreza) sedujo a Poros (la riqueza) para concebir a Amor, a quien engendran en la fiesta del nacimiento de Afrodita. Doble herencia la de Amor: de su madre le viene su condición andrajosa, su delgadez, su rudeza, carencias que lo empujan a la búsqueda y la actividad; del lado de su padre le llegan recursos y habilidades con las que urde tramas, se arriesga, es intrépido, acecha lo bello y lo bueno. Amor, oscilante siempre entre la sabiduría y la ignorancia, tan pronto se carga de razones como las dilapida. Filósofo reconcentrado o charlatán incansable, "por su naturaleza no es ni inmortal ni mortal, sino que en un mismo día a ratos florece y vive si tiene abundancia de recursos, a ratos muere, y vuelve a revivir" (Platón 1991: 80-1).

---

[24] Oliver 1997: 50. Debo a Álvaro Salvador la lectura de esta deslumbrante poeta cubana.

La escritura occidental, al menos desde Platón, ha perseguido de manera insistente al significante Amor. Si la escritura es un lugar de realización de la división del sujeto en la dispersión de su deseo podemos pensar que es, justamente, la intensidad de tal dedicación a lo largo de siglos la que nos conduce a plantearnos otra pregunta: ¿qué verdad de la escritura devela o vela el significante Amor? La historia del amor en la escritura –de las diversas posiciones de enunciación del Amor– en Occidente ha sido ya perfilada y no pretendo reconstruir ni sintetizar lo que otros han expuesto de manera aguda; lo que sí llama a la reflexión es el florilegio de los escritos sobre el amor, un verdadero continente textual, producidos en este nuestro agitado fin-comienzo de siglo.

Quizá como necesidad de suplir una carencia ante la invasión de lo extraño como propio en los sujetos individuales, ante la proliferación de lo abyecto que nos rodea, el atribulado sujeto que somos solicita una escritura que le hable de *su* amor.

> Cuando soñamos en una sociedad feliz, armoniosa, utópica, la imaginamos construida sobre el amor puesto que me exalta a la vez que me supera o excede. Sin embargo, lejos de ser un entendimiento, el amor-pasión equivale menos al plácido sueño de las civilizaciones reconciliadas con ellas mismas que a su delirio, su desunión, su ruptura. Frágil cresta donde muerte y regeneración se disputan el poder (Kristeva 1991: 4).

Agrega Kristeva que la disolución de los antiguos códigos morales que limitaban, reglamentaban o prohibían los amores, ha provocado la inseguridad de los amores modernos que Martí describía como pura pérdida:

> ¡Así el amor, sin pompa ni misterio
> muere, apenas nacido, de saciado!
> ¡Jaula es la villa de palomas muertas
> y ávidos cazadores! Si los pechos
> se rompen de los hombres, y las carnes
> rotas por tierra ruedan, ¡no han de verse
> dentro más que frutillas estrujadas! (128)

El amor, encerrado en el espacio de un hedonismo trivial que lo hace casi inconfesable; vilipendiado por discursos puritanos *políticamente correctos*; relegado por diversas revoluciones sexuales, sociales, científicas, culturales... que pretenden diferirlo para pasado mañana y así no confesar, que detrás de sus fachadas, se esconde su insistente necesidad, retorna en nuestros días como una interrogación acuciante. "Reconocerlo no es retroceder humildemente, sino tal vez confesar una grandiosa pretensión. El amor es el tiempo y el espacio en el que el Yo se concede el derecho a ser extraordinario" (Krtisteva 1991: 4). Se espiga que el renacimiento actual de los discursos sobre el amor aparece unido a la conciencia del fracaso de los discursos totalizadores, y se liga a una reivindicación del psicoanálisis como discurso amoroso que revelaría una demanda de trascendencia de la subjetividad.

El enseñorearse del Yo en el amor nos lleva directamente a la identificación y al narcisismo. Freud, como ya señalé, comprobó que la identificación es el soporte del amor y remitía el enamoramiento a la etapa oral de formación de la libido en la cual lo que incorporo es lo que soy, donde el tener sirve para el ser. Más aún, describía al amor en su estado paroxístico como una locura. En esta concepción del amor Freud apuntala su teoría de la investidura del objeto, en la cual la dependencia y la fascinación por el objeto sobreestimado produce una estricta equivalencia entre objeto amado e Ideal del Yo.

Dos relieves caracterizan al amor [25]: el primero, su carácter automático, repetitivo. La relación del sujeto a su goce lo lleva a repetir el modelo del objeto primario –la madre– desde el cual inviste al objeto de amor actual con las cargas libidinales que vienen de aquel objeto primero. La clave del amor será la investidura libidinal que carga al amado con los atributos de su deseo; el objeto amado idealizado se convierte en objeto amable en la medida en que cumple los requisitos del Ideal del Yo.

El otro relieve implica la castración, es decir la lógica del *tener* o *no tener* el falo jugada en el complejo de Edipo, que produce una asimetría entre el amante y el amado: al amante le falta algo que buscará en el amado y en esa búsqueda se revela la naturaleza del deseo como metonimia de la falta. Así Freud inscribe al amor y su correlato, el odio, en el terreno imaginario de las identificaciones y en la dialéctica falocéntrica. No en términos del ser sino del tener.

> El objeto surge en el campo del Otro y es el que causa al sujeto, lo atrapa y el sujeto cae enamorado. Freud plantea el amor imaginario, el de la alienación, que tiene que ver con la identificación al padre ideal. Al hablar del amor lo hace del enamoramiento y de la servidumbre amorosa; dos modalidades, dos tiempos del amor, enmarcados en el narcisismo, en el registro imaginario (Bohigas 1997: 9-10).

Tal dialéctica establece una relación con el poder; se dice *enamorado* aquél que está en la posición del Esclavo, mientras que el amado es Amo.

---

[25] *Vid.* Freud 1973: 2585 y ss.

En su relectura de Freud, Lacan distingue dos narcisismos que sustentan dos vertientes del amor: un primer narcisismo estructurado sobre el reconocimiento del infante de su imagen corporal integrada en el espejo, en la que imaginariza su cuerpo como un todo unificado; imagen totalizada que le permite organizar la realidad como conjunto. Un segundo narcisismo configurado en la relación con el semejante: "El otro tiene para el ser humano un valor cautivador, dada la anticipación que representa la imagen unitaria en el espejo tal como ella es percibida, o bien en la realidad toda del semejante". Tal identificación al semejante permite al humano "situar con precisión su relación imaginaria y libidinal con el mundo en general. Esto es lo que le permite verse en su lugar y estructurar su ser en función de ese lugar y de ese mundo (...) El sujeto ve su ser en una reflexión con relación al otro, es decir con relación al Yo ideal (Ich-Ideal)" al tiempo que, con relación al objeto primario, conforma su Ideal del Yo. Con esta distinción Lacan plantea una disyuntiva: "O uno o lo otro: el amor es lo que Freud describe, función imaginaria en su fundamento o bien es el fundamento y la base del mundo. Así como hay dos narcisismos debe haber dos amores: Eros y Ágape" (Lacan 1981a: 192-4) y expone dos caras de esa arista, esa juntura disjunta, que llamamos amor.

Ladera imaginaria del amor, que se desliza entre la identificación narcisista y la investidura del objeto amado con las cualidades marcadas por el ideal del Yo; intento de fusión que anhela la absoluta semejanza, incluso hasta la desaparición del objeto. El amor como pasión narcisista, sostenido en la teoría de la investidura freudiana y capturado en el registro de las identificaciones, posibilita la existencia del sujeto como tal a partir del reconocimiento integrado del cuerpo propio. En el amor narcisista el amado se construye como objeto metonímico del deseo del sujeto; lo cual nos lleva a situar el amor en el registro imaginario y al enamoramiento como síntoma, como *locura de amor*. El compromiso del narcisismo del sujeto en esta vertiente del amor se verifica cuando se pierde al objeto amado: en el sujeto se produce una desestructuración del Yo por el retorno en el imaginario de ese objeto extraviado que vuelve como pérdida de sí, cubriendo al enamorado con un manto gris que lo opaca, que dice su muerte[26].

Un brevísimo cuento de Arreola escenifica este retorno fantasmático del objeto de amor perdido:

> La mujer que amé se ha convertido en fantasma,
> yo soy el lugar de sus apariciones (1995).

---

[26] *Vid.* Freud 1973: *Duelo y melancolía.*

La amada reaparece como espectro, como muerto que vuelve, como fantasma que captura a ese *yo* cuyo ser se ha convertido en un espacio vacío, mero lugar inundado intermitentemente por sus apariciones. Definitivo pasado, irremisible, puntual, que afecta y enturbia el presente.

En su aspiración de fusión con el objeto, el amor narcisista bascula hacia el odio y muestra en un dicho popular horrible –"La maté porque era mía"– la fragilidad del *amor fou* en su faz mortífera.

> El amor, el amor de quien desea ser amado (pasión, pasivo, padecer), es esencialmente una tentativa de capturar al otro en sí mismo como objeto (...) El deseo de ser amado, es el deseo de que el objeto amante sea tomado como tal, engullido, sojuzgado en la particularidad absoluta de sí mismo como objeto. A quien aspira a ser amado muy poco le satisface –ya se sabe– ser amado por su bien. Se quiere ser amado por todo, no sólo por su yo, como dice Descartes, sino por el color de cabello, por sus manías, por sus debilidades, por todo (Lacan 1981a: 401-2).

En su ladera simbólica, la identificación al semejante implica la incorporación del sujeto en el lenguaje, el cual entra para fundar al sujeto y configura al amor como don activo de sí. Como don activo el amor apunta al reconocimiento del ser del otro: fundación del amor por la palabra como pacto simbólico, que se abre hacia el reconocimiento de lo particular del amado. Amor de sujeto a sujeto, basado en el no tener, en el atravesamiento de la castración; amor que no se sustenta en la identificación sino en la disposición a entregar la verdad del sujeto amante: *mi falta en ser* y no *todo mi ser* como cantan los boleristas en un espejismo falaz. Paradoja: entregar la nada que uno es. O mejor: "Amar es dar lo que no se tiene a quien no es".

Por supuesto, la afinidad entre los sujetos –esto es, la identificación que nos engancha a algo parecido del otro en nosotros– produce los encuentros amorosos; pero el amor como don activo va más allá del narcisismo primario, no se asienta en lo que le falta al amante, ni en los modos de gozar o en el fantasma de cada uno, sino en lo particular del amado. En esta vertiente, amar es dirigirse a un más allá del semblante, más allá del parecer en el que nos instala la dialéctica falocéntrica:

> Por eso mismo, pero inversa y correlativamente, amar es amar un ser más allá de lo que parece ser. El amor como don activo apunta hacia el otro, no en su especificidad, sino en su ser. El amor, no ya como pasión, sino como don activo de sí, apunta siempre más allá del cautiverio imaginario, al ser del sujeto amado, a su particularidad. Por ser así puede aceptar en forma extrema sus debilidades y rodeos, hasta puede admitir sus errores, pero se detiene en un punto, punto que

sólo puede situarse a partir del ser: cuando el ser amado lleva demasiado lejos la traición a sí mismo y persevera en su engaño, el amor se queda en el camino. (...) Me contento con señalar que el amor –en tanto es una de las tres líneas divisorias en las que el sujeto se compromete cuando se realiza simbólicamente en la palabra– se dirige hacia el ser del otro. Sin la palabra, en tanto ella afirma al ser (...) sólo hay fascinación imaginaria, pero no amor. Hay amor padecido, pero no don activo del amor (402-3).

La pasión amorosa, en su imbricación simbólica, no se sustenta en un objeto investido por el deseo del Otro que sujeta al amante en el imaginario, sino que hace emerger un objeto segundo del amor, sustraído a la lógica del *tener* para dirigirse al ser. Este objeto del amor será nombrado con un sustantivo de larga resonancia ética: es un *Bien*. Spinoza formuló la idea del amor como alegría, alegría de que el otro exista: "(...) el que ama a alguien se esforzará en hacerle bien. (...) Por bien entiendo aquí todo tipo de alegría y todo cuanto a ella conduce y, principalmente, lo que satisface un anhelo, cualquiera que éste sea" (1998: 236-7).

Si bien es cierto que la palabra poética trabaja estas dos laderas del amor, me parece evidente que el amor-pasión es una referencia absorbente en la literatura occidental; tanto que se lo postula como *La* Pasión por excelencia. Tanto el modelo del amor cortés, de idealización del amado y rapto del amante, asentado desde la poesía trovadoresca, como el romántico de la delicia exuberante, de exaltación de la subjetividad con sus contrapartidas funestas de muerte y duelo siguen vigentes en las representaciones actuales del amor[27]; quizás porque sus componentes yoicos, exultantes o catastróficos, han sido interpretados como subversivos de la estabilidad del lazo social; quizás porque la progresiva e intensa desubjetivización de las sociedades actuales produce una necesidad de palabras que reafirmen la potencia yoica.

Quizás (o sin quizás) porque la dialéctica falocéntrica del *tener* no ha admitido ni admite una verdadera revolución de los sentimientos. La dialéctica del tener-no tener cualifica a los sujetos en nuestras sociedades: se ama al que *tiene* –en un sentido contable: dinero, posesiones, información, poder, éxito etc.–. El que *no tiene* no es. Las estructuras de sentimientos, inducidas por el conglomerado de los aparatos discursivos hegemónicos, celebran esta primacía del tener; definen y jerarquizan a los sujetos. Se *es rico, poderoso, prestigioso....* Se dice: *Ser alguien, alguien que cuenta* (¿qué cuenta?,

---

[27] *Vid.* De Rougemont 1979.

¿cuenta dineros, cuenta fama... cuenta cuentos?). La queja, el sufrimiento y la enfermedad de muchos dan cuenta de las dificultades por las que atraviesan los sujetos en la actualidad, anestesiados por los psicotrópicos o achatados por la ensoñación televisiva que deriva deseos y angustias al flujo complaciente de las imágenes. En la disyuntiva de una pastilla o una imagen, la palabra queda anegada en un *mutismo psíquico* que se manifiesta en el *borderline* o en la pobreza monocorde del lamento depresivo[28].

Como consecuencia, en las mitologías contemporáneas son excepcionales los discursos amorosos concentrados en la vertiente del amor como alegría, como don activo del ser. Una de estas excepciones es la de Rilke quien desdeñaba al amor-pasión, forma de la liviandad moderna, y afirmaba la preeminencia de Ágape frente a Eros. El amor como don activo se asienta en la sobriedad de quien no ignora su soledad radical y su no tener, aquél que puede sostenerse en la bondad:

> Sabemos poco, pero que hayamos de mantenernos en lo difícil es una seguridad que no nos abandonará; es bueno estar solo, pues la soledad es difícil (...) También amar es bueno, porque el amor es difícil. Amor de persona a persona: esto es quizá lo que se nos impone, lo extremo, la última prueba y examen, el trabajo para el cual cualquier otro trabajo es una preparación (...) Amar, por lo pronto, no es nada que signifique abrirse, entregarse y unirse con otro (pues ¿qué sería una unión de un ser sin aclarar con un ser impreparado, aún sin ordenar?); es una ocasión sublime para que madure el individuo, para hacerse algo en sí, para llegar a ser mundo para sí, por otro; es una exigencia mayor, sin límite, para él; algo que le separa y le llama a lo lejano.

Este difícil amor es, para Rilke, un desideratum sólo posible si se modifican los estereotipos sociales que establece la lógica amorosa falocéntrica:

> Un día existirá la muchacha y la mujer cuyo nombre no signifique meramente una oposición a lo masculino, sino algo por sí, algo que no se piense como un completamiento y un límite, sino sólo vida y existencia: la persona femenina. Este progreso transformará la experiencia del amor que ahora está llena de error (ante todo, contra la voluntad del hombre, que quedará superado); la cambiará desde la base, convirtiéndola en una relación que se entienda de persona a persona, no ya de hombre a mujer. Y este amor más humano (que se cumplirá con infinita discreción y silencio, y con bondad y claridad, en el atar y desatar) se parecerá a aquél que preparamos combativa y laboriosamente, el amor que con-

---

[28] *Vid.* Kristeva 1995.

siste en que dos soledades se defiendan mutuamente, se delimiten y se rindan homenaje (Rilke 1999: 71-2)[29].

Este amor que acepta la contingencia, que busca un más allá de su carácter automático y de la relación del sujeto a su goce, se entrelaza en su búsqueda con la pasión de la ignorancia: amar como don activo de sí implica haber modulado un saber, un bien decir –en el sentido del inconsciente– que se hace cargo de la división del sujeto.

2.5. *Odio: más allá de la vida*

"(...) Vi en un cajón del escritorio (y la letra me hizo temblar) cartas obscenas, increíbles, precisas, que Beatriz había dirigido a Carlos Argentino, vi un adorado monumento en la Chacarita, vi la reliquia atroz de lo que deliciosamente había sido Beatriz Viterbo, vi la circulación de mi oscura sangre, vi el engranaje del amor y la modificación de la muerte (...)", consigna Borges en *El aleph* (1977: 626). Esa "reliquia atroz" del ser delicioso que fue Beatriz Viterbo, ese "adorado monumento" que cubre sus restos en el cementerio, esos despojos de la amada: de objeto idealizado a desecho, a cuerpo podrido, no obstante, estetizado. De objeto sagrado, sostenido como en una hornacina por las fotografías que la reviven en la repisa de su casona de la calle Garay, a puro cadáver, puro real. De amada a odiada.

De amante a *odiante*, de enamorado a odioso. De idólatra a envilecedor, este *Borges* desilusionado que *ve*, en ese objeto imposible y conjetural que es el Aleph, la verdad de Beatriz. Una verdad trivial –siempre lo es para el sujeto que la devela–: abrir un cajón y ver las cartas que Beatriz escribió a Carlos Argentino Daneri. Abrir un cajón y *ver*(la): amaba a otro. Lo obsceno se verifica, nunca mejor dicho, en la letra. Atroz; la letra de Beatriz dice la muerte de Beatriz. Es el movimiento del odio.

Ya Santo Tomás señalaba una cara positiva del odio cuando afirmaba que una dosis de odio es necesaria para odiar lo malo o el pecado, siempre y cuando no nos invada y se pierda el dominio del sí mismo. Descartes puntuaba la necesidad de conservación en el amor y la de separación en el odio. En el amor imaginamos ser una parte del todo, que completa el amado; mientras que en el odio creemos ser un todo radicalmente separado de aquello que nos provoca aversión. Consideraba al odio como una pasión más

---

[29] Agradezco a J. M. Company el señalamiento de este texto.

necesaria pues para existir debemos alejarnos de lo que produce daño, de lo que destruye; en cambio es posible prescindir de las bondades del amor, sin ellas podemos subsistir. Para ambos, el amor hace uno, tiende al lazo; en tanto que el odio escinde y rompe. La agudeza de Spinoza describía al odio como una potencia mayor que el amor: "Si alguien comenzara a odiar una cosa amada, de tal modo que su amor quede totalmente suprimido, por esa causa lo odiará más que si nunca lo hubiera amado, y con odio tanto mayor cuanto mayor haya sido antes su amor." La tristeza es una afección en el sujeto que Spinoza ubica del lado del odio: "Odiar a alguien es imaginarlo como causa de tristeza y, siendo así, quien tiene odio a alguien se esforzará por apartarlo o destruirlo", por ser una fuerza destructiva afecta a quien la ejercita, lo aminora en su capacidad de ser: "La tristeza disminuye o reprime la potencia de obrar del hombre, esto es disminuye o reprime el esfuerzo que el hombre realiza por perseverar en su ser y, de esta suerte, es contraria a ese esfuerzo". Más aún, igual que el amor, el odio tiene un trayecto que va de lo particular a lo general, alcanza a lo social y es origen del clasismo o el racismo, ya que se asienta en la exaltación de lo propio y la degradación de lo diferente: "Si alguien ha sido afectado por otro, cuya clase o nación es distinta de la suya, de alegría o tristeza, acompañada como su causa por la idea de ese otro bajo el nombre genérico de la clase o nación, no solamente amará u odiará a ese otro, sino a todos los de su clase o nación" (1998: 234-5).

Para Freud el odio es el modelo más antiguo de relación y su fuente sería el displacer narcisista del Yo frente a cualquier perturbación que viene del exterior. En el inicio de sus indagaciones señalaba una cierta dependencia entre amor y odio, desarrollada en los sentimientos ambivalentes; luego propondrá la oposición amor/odio vinculada a la del principio de placer/principio de realidad. El autoerotismo se produce en el surgimiento y repartición de los objetos: los que se constituyen en el placer del Yo, en el narcisismo que funda al amor; y los que provocan la emergencia del displacer, convocando el campo de la Cosa. El displacer no es simplemente lo opuesto al placer, sino el borde entre el placer y el más allá. Borde abisal de lo real donde se ubica el odio como pasión.

El odio como afecto estructural del sujeto deseante, constitutivo del psiquismo, remite a lo inasimilable de la Cosa: si en el reconocimiento del Otro se funda la relación de semejanza que imprime la integración imaginaria en la similitud; en la aversión, por la cual el sujeto se distancia de la Cosa, se configura el odio como afecto primario que, justamente allí donde separa imprime la diferencia, gestora de la identidad. Más allá del principio de placer, el odio es una pasión consistente, opera como destructor de todo lazo, adviene invocando al Caos. A su cargo atribuimos todas las categorías de la disolución –el mal, la nada, la muerte, la corrupción– "lugares geométricos de lo negativo, cuyo principio oculto es: *es bueno que el lazo exista*"[30].

También, entonces, dos laderas en la pasión del odio: un odio correlativo al amor, con el cual contacta en su ladera imaginaria, pero del que se despega cuando emerge lo real y apunta al aniquilamiento del otro.

> Existe una dimensión imaginaria del odio pues la destrucción del otro es un polo de la estructura misma de la relación intersubjetiva (...) la dimensión imaginaria está enmarcada por la relación simbólica y, en consecuencia, el odio no se satisface con la desaparición del adversario. Si el amor aspira al desarrollo del ser del otro, el odio aspira a lo contrario: a su envilecimiento, su pérdida, su desviación, su delirio, su negación total, su subversión. En este sentido el odio, como el amor, es una carrera sin fin (Lacan 1981a: 403).

En la confirmación del lazo siempre espera el odio. A veces como agresión dirigida al objeto exterior, el amado-odiado, al que se envilece con algún real que, súbitamente, se imaginariza como un punto de corrupción en el otro y da lugar a la injuria –*lo odio porque es como es*–. Otras, contra el propio sujeto que se encastilla en la vertiente mortífera de su goce. En esta carrera sin fin, el odio opera como negatividad, apunta a la separación del objeto al que inviste de atributos deleznables cargados por la agresividad y la pulsión de muerte. Tiende, como el amor, al lazo imaginario pero para desestructurarlo, para deshacer la identificación. En el odio el Otro es un caer, un cadáver.

En su ladera real, apenas en el imaginario de un sujeto adviene algo de lo real, "la representación que lo atestigüe no puede ser sino la integral de las pasiones del mal: vergüenza, asco, escándalo, terror, y que es el entrechoque de dos redondeles desanudados" (Milner 2001: 65). Representación que aparece en un fragmento arrojado de sí, un abyecto que dice, metonímicamente, el horror. El horror es lo no formalizable, lo abyecto es el vómito del horror.

> El horror es la pasión de lo real en un sujeto afectado de pasiones: es un nudo en la representación, de lo irrepresentable mismo, pero un nudo que se desanuda sin parar (...) Mecanismo de la fascinación mortal, alianza del horror y del deseo que encuentra su cumplimiento en determinados sujetos para quienes el centelleo seductor del objeto no es otra cosa que la cara dispersante misma: no simplemente no soportar que la sociedad ni el mundo ni la humanidad subsis-

---

[30] *Vid.* Milner 2001: 61-67.

tan, sino propiamente desear que no subsistan, no reconocer por nombre de un deseo aquello que dispersaría todo nombre, no admitir para sus demandas otra regla que esta dispersión misma. (...) (66).

Así, el odio dispara al ser del otro. Más allá de la potencia negativa que constituye al sujeto en su identidad, más allá del lazo disuelto y de la desinvestidura del otro, la efectividad mortífera de la pasión del odio se confirma en un acto: el homicidio.

Una oscilación singular nos afecta hoy, especialmente a los sujetos del llamado *primer mundo*: algo sabemos los transmodernos del odio pero hablamos poco de él. ¿Porque no es políticamente correcto? O ¿porque informa de tal manera nuestro ser que más vale anestesiarlo y diluirlo en un difuso malestarcito? Lo he dicho más arriba con un neologismo; los sujetos actuales se quieren *amantes* pero no *odiantes*. Curioso, no existe un equivalente activo para el odio, al menos en español usamos una perífrasis que no califica al ser sino a su hacer: *el que odia*. Nadie es *odiante* hoy en día, a lo sumo se es *odioso*, desagradable, intratable, pasivo en lo mortífero. Nadie es responsable de la acción de odiar. Sin sujeto el odio fluye. Todos se quejan de él, parece que nadie lo ejercita. Esta especial sociabilidad que nos reúne se asienta en la denegación: "Yo no odio a nadie" o "Yo no tengo enemigos", se dice. Es decir, todos y ninguno son plausibles objetos de mi odio. No tan lejos nuestros abuelos afirmaban que "quien no sabe odiar, no sabe amar". La denegación del odio atenaza a los sujetos que, hoy más que nunca, se inmolan en suicidios lentos o rápidos.

Por otra parte, la difuminación del odio campea en lo que se ha definido como *destejido social*, verificable en la criminalidad, en la xenofobia, en los genocidios, en la exclusión absoluta de eso que, en metáfora siniestra, se llama *bolsas de pobreza*.

> (...) Hoy, los sujetos no tienen que asumir la vivencia del odio en lo que éste puede tener de más ardiente. ¿Por qué? Porque ya de sobra somos una civilización del odio. ¿Acaso no está ya bien desbrozada entre nosotros la pista de la carrera de la destrucción? El odio en nuestro discurso cotidiano se reviste de muchos pretextos, encuentra racionalizaciones sumamente fáciles. Tal vez sea este estado de floculación difusa del odio el que satura, en nosotros, la llamada a la destrucción del ser. Como si la objetivación del ser humano en nuestra civilización correspondiera a lo que –en la estructura del ego– es el polo del odio (Lacan 1981a: 404).

Quizá, como apunta Lacan, sea el moralismo occidental que nos ha sumergido en una civilización donde prolifera el odio, el envilecimiento, la exclusión del otro, el motivo de las demandas de discursos amorosos y de teorías sobre el amor. De hecho, esta ocultación exhibitiva del odio que conforma y afecta nuestra subjetividad se relaciona también con la pasión de la ignorancia: el no querer saber de sí, de los otros, del lazo imaginario y del horror en que anidamos.

2.6. *De la ignorancia: el lado de la vida*

> El hombre que ignora a qué temperatura, con qué suficiencia acaba un algo y empieza otro algo; qué ignora desde qué matiz el blanco ya es blanco; que no sabe ni sabrá jamás qué hora empezamos a vivir, qué hora empezamos a morir, cuándo lloramos, cuándo reímos, dónde el sonido limita con la forma en los labios que dicen: yo...
>
> César Vallejo[31]

La ignorancia es una pasión fundamental. El deseo de saber lleva al individuo al análisis –¿*Qué me pasa doctor?*–, así como conduce la formación del psicoanalista. Mas si el deseo de amar en el neurótico evidencia que tal deseo es lo opuesto al amor, el deseo de saber es la antinomia de la sabiduría porque, también, queda capturado en la identificación narcisista donde se clausura la verdad. El sujeto que pregunta sabe pero no quiere saber lo que sabe. En el análisis se despliega el reconocimiento de ese saber que ya tiene pero no puede soportar. Lo que anima a un sujeto a volver, sesión tras sesión, a la escena analítica –una verdadera *escena del crimen* en la que se rememoran amores, odios, asesinatos– es la interrogación primera, siempre abierta, cuya respuesta ya posee en la verdad de su inconsciente. La escansión de esa pregunta le permite modularla y, como en una buena novela policial, reconocer sus pistas dispersas desde su final para recomenzar, renacer.

Que el ser humano se caracteriza por su desconocimiento de sí es un tópico que avala la historia de los discursos filosóficos; que su constitución incluya la ignorancia como pasión es un hallazgo del psicoanálisis, pues interroga la división del sujeto en el terreno del saber. Esa unión que define a la ignorancia como la arista entre lo real y lo simbólico se revela en los traspiés del sueño, del lapsus, del acto fallido, que apuntan un centelleo de lo real, aquello que no adviene al lenguaje y que el sujeto no puede recono-

---

[31] *Vid.* Vallejo 1976: 14.

cer de su goce. Pero no es sólo el reconocimiento de ese saber inconsciente, actualizado y elaborado en la palabra, lo que el proceso analítico produce; sino que el poner nombre a lo innombrado hace soportable la sabiduría.

Cabe señalar que esta travesía de modular el goce y atravesar el fantasma del sujeto no pretende la instauración de un sujeto unido sin fractura en la relación con su deseo, tampoco aspira a restaurar una totalidad perdida quién sabe dónde, sino que produce un saber: el Otro no existe, en su lugar no hay nada. En esa búsqueda y en ese encuentro el sujeto puede hallar la autorización a sí mismo para no ceder en su deseo. Emerge, así, una ética de la acción sustentada en el reconocimiento del deseo; una ética paradojal que pivota entre la modulación del goce y la realización del deseo. En la perspectiva analítica de la única cosa que se puede ser culpable es de haber cedido en el deseo.

Esta ética de la acción deseante cuestiona la larga experiencia histórica que nos ha entrenado para justificar la renuncia al deseo por buenos motivos y buenas intenciones, a actuar en nombre del bien, sin preguntarnos por el bien de quién ni su por qué. Ese bien general, ese *elegir el bien* avalado por diversas teologías morales, no nos protege de la culpa, ni de las neurosis, ni de los avatares catastróficos de la subjetividad, sólo mantiene la pasión de la ignorancia a costa de alguna traición subjetiva que, además, no nos libra del malestar.

> Lo que llamo ceder en su deseo se acompaña siempre en el destino del sujeto (...) de alguna traición. O el sujeto traiciona su vía, se traiciona a sí mismo y él lo aprecia de este modo. O, más sencillamente, tolera que alguien con quien se consagró más o menos a algo haya traicionado su expectativa, no haya hecho respecto a él lo que entrañaba el pacto –el pacto cualquiera sea éste, fasto o nefasto, precario, a corto plazo, aun de revuelta, aun de fuga, poco importa. (...) Franqueado ese límite en el que les ligué en un único término el desprecio del otro y de sí mismo, ya no hay retorno (Lacan 1992: 381-2).

Si pensamos en los principios centrales de la ética tradicional encontramos una vía que subordina el deseo al orden de los bienes, cuyas vías de acceso se asientan en su degradación o en fórmulas de aminoración como la modestia, la humildad, la templanza. La medida de tal ética

> está siempre marcada profundamente de ambigüedad. A fin de cuentas, el orden de las cosas sobre el que pretende fundarse es el orden de un poder, un poder humano, demasiado humano. (...) La moral de Aristóteles se funda enteramente en un orden sin duda concertado, ideal, pero que responde sin embargo a la política de su tiempo, a la estructura de la ciudad. Su moral es una moral del amo,

realizada para las virtudes del amo y vinculada con un orden de los poderes. El orden de los poderes para nada debe ser despreciado –no son éstos comentarios anarquistas– simplemente hay que saber su límite en el campo que se ofrece a nuestra investigación (...) La moral del poder, del servicio de los bienes, es: En cuanto a los deseos pueden ustedes esperar sentados. ¡Que esperen! (374-5).

Por el contrario, una ética perfilada sobre la acción y el deseo que la habita se configura como un retorno al hacer que, en el sujeto, es tensión hacia el ser:

> No hay otro bien mayor que el que puede servir para pagar el precio de acce-
> so al deseo, en la medida en que hemos definido al deseo como metonimia de
> nuestro ser. El arroyuelo donde se sitúa el deseo no es solamente la modulación
> de la cadena significante, sino lo que corre por debajo de ella, que es lo que somos
> y lo que no somos, nuestro ser y nuestro no-ser, lo que en el acto es significado y
> pasa de un significante a otro en la cadena, bajo todas las significaciones (328).

Sería una ingenuidad –en el mejor de los casos– pretender subsanar la ignorancia taponándola con información, educación, conocimientos... Más bien, el consumo desaforado de los llamados *bienes simbólicos* en nuestras actuales sociedades, sirve al Yo potenciando su futilidad. Una de las figuras más actuales de la ignorancia es la impostación del *conocedor* que exhibe sus adquisiciones como quien porta un estandarte tapujando su ignorancia radical. Impostación que tiene nombre: la tontería. Otro de sus nombres es la canallada que, del lado del sujeto, enmascara la traición al sí mismo en la traición al otro y, además, es favorecida por la delicuescencia de la culpa. Potenciar la pasión de la ignorancia en su vertiente horrorosa es, hoy, una constante planetaria; la proliferación de la canallada reúne en la acción a la ignorancia con el odio mortífero.

Sus nombres son variados; a menudo, indiscernibles pues se eufemizan en frases hechas, extendidas hasta naturalizarlas y transformarlas en tópicos que ocultan su sentido y, al tiempo, desculpabilizan tanto a quienes actúan esgrimiéndolas como a quienes las utilizan como clichés. Las frecuentes en los discursos actuales siguen siendo la *mejor intención* y la *razón de Estado*; pero algunas de increíble consistencia han nacido en la última década. Como ejemplos, entre tantos, los *daños colaterales*, nombre que se da desde la *razón de Estado* a la masacre de civiles en las guerras *humanitarias* contra la guerra.

En la pasión de la ignorancia se entrecruzan lo trágico y lo cómico: en su dimensión trágica, la tensión hacia el ser se produce tanto en el campo del deseo y su persistencia por la cual se inscriben las acciones, como en su ubicación en el mundo de los valores. Lo trágico implica el saber de un ser que se realiza en *la zona entre dos muertes*. En su dimensión cómica, la relación de la acción con el deseo se devela en su fracaso fundamental para colmarlo, "hay que recordar, simplemente, que en la comedia lo que nos satisface, nos hace reír, nos la hace apreciar en su plena dimensión humana, sin exceptuar al inconsciente, no es tanto el triunfo de la vida como su escape, el hecho de que la vida se desliza, se hurta, huye, escapa a todas las barreras que se le oponen y precisamente, a las más esenciales, las que están constituidas por la instancia del significante. El falo no es sino el significante, el significante de esa escapada. La vida pasa, triunfa de todos modos, pase lo que pase" (373).

En esta perspectiva el compromiso con la verdad del sujeto implica la lenta modulación de la pasión de la ignorancia. Modulación que no se realiza por una supuesta voluntad que, por empecinamiento, nos conduciría a una distancia ataráxica o al dominio de sí o a la suspensión de las pasiones; sino como un hacerse cargo del propio deseo y de su realización irrisoria, al tiempo que no se cierran los ojos ante el centelleo de lo real y se lo interroga desde el límite[32]. Además de ser una búsqueda válida sólo para cada sujeto que la realiza, este trayecto tampoco se propone como una especie de ascesis por la cual se alcanzaría un estado espiritual superior; solamente apunta a un bien decir que ya es decir mucho: este bien decir es un Bien. Frente a la imperativa máxima socrática del "conócete a ti mismo", el psicoanálisis propone "Puedes saber lo que ya sabes, sólo si lo dices bien; si no lo maldices."

Lenta adquisición o iluminación súbita, encuentro con la ignorancia y revelación de una realización del ser. Lo dice Clarice:

> Yo era la oscura ignorancia con sus hambres y risas, con las pequeñas muertes alimentando la vida inevitable (...) Nunca sabré lo que entiendo. Fuera lo que fuese aquello que entendí en el parque, fue entendido, en un golpe de dulzura, por mi ignorancia. Ignorancia que allí, de pie –en una soledad indolora no menor que la de los árboles–, yo recuperaba entera: la ignorancia y su incomprensible verdad. Allí estaba yo, niña demasiado experta, y he aquí que todo lo que en mí

---

[32] "Nunca un análisis culminó en la determinación de tal o cual índice de agresividad o erotismo. El punto al cual conduce el progreso del análisis, el punto extremo de la dialéctica del reconocimiento existencial, es: Tú eres esto. Este ideal, de hecho nunca es alcanzado. El ideal del análisis no es el completo dominio de sí, la ausencia de pasión. Es hacer al sujeto capaz de sostener el diálogo analítico, de no hablar ni demasiado pronto, ni demasiado tarde" (Lacan 1981a: 14).

era malo servía a Dios y a los hombres. Todo lo que había en mí de malo era mi tesoro (1988: 136-7).

Siempre se hace algo a cambio de algo. Lo que la pasión de saber devela es que el hacer-ser del deseo implica un pago, un peaje de acceso que sacrifica algo del orden del goce, de lo pulsional. La sublimación exige siempre una *libra de carne* a cambio de la adquisición de una *ignorancia docta*, que más que *gay saber* me place imaginar como *gay vivir*, un asentamiento grave en la alegría de lo contingente.

Capítulo III

Máscaras suele vestir:
los bordes del vacío

1. Tener y no tener: la extrañeza fálica

> El querer y no tener volvía rígido el cuerpo, lo vaciaba, lo
> sometía a tensiones. Porque querer y no tener –querer, que-
> rer– ¡cómo le partía el corazón!
>
> V. Woolf[1]

Perfilar el dibujo de nuevas figuras de la subjetividad del lado de las mujeres en la escritura, hace necesaria la elucidación de, por lo menos, dos problemas que voy a reseñar en continuidad: por una parte, encarar como paso previo, la diferencia en la constitución psíquica de las mujeres y, a partir de allí, apuntar el problema del semblante y su vertiente femenina.

Desplazar la problemática del texto para hacer reingresar la noción de experiencia implica una apertura del campo de los estudios sobre la mujer hacia otros discursos. Pareciera que después de una larga polémica con el psicoanálisis, una parte del feminismo actual vuelve a plantearse la necesidad de reflexionar sobre las aportaciones fundamentales de la teoría psicoanalítica[2]. Larga polémica sobre la cual no me extenderé. Sólo señalar que si en Freud se puede leer la trama de su deseo sobre la mujer[3], en Lacan leemos el escotoma freudiano, el punto ciego de la interrogación freudiana, sobre la cual Lacan interviene para señalar que sólo es posible aceptar que

---

[1] *Vid.* Woolf 1999: 238.

[2] Tomando distancias frente a algunos posicionamientos deconstructivistas que pretenden borrar las diferencias sexuales (*Vid.* Butler 1990) el libro de Copjec (1995), señala la importancia de las formulaciones lacanianas sobre la sexuación y la lógica del *no toda* para restablecer un feminismo de la diferencia. *Vid.* en este sentido las sagaces puntualizaciones de Zavala 1999: 58 a 64.

[3] *Vid.* el recorrido de esta trama en Koffman 1982. Y, específicamente, el recorrido de Maud Mannoni: 89-98.

las mujeres sean sedicentes; que se nombren, que digan algo de su goce y de su ser[4].

Si una mujer no es sedicente, no dice su ser, queda el discurso de un hombre que habla de una alteridad silenciosa que se encuentra entre ellos. Las sedicentes que no han consentido al discurso de los hombres sobre ellas, son históricamente las que hablaron de un goce cuyo agente era Dios. Las místicas (...) no rindieron su goce a la omnipotencia de un hombre. Está claro –dice Teresa de Jesús– que no puede uno dar lo que no tiene, sino que es menester tenerlo primero. No se trata del amor, sino de la obediencia (ob-audire) a lo que la pulsión invocante devuelve como voz en respuesta a un grito que se transforma en silencio. ¿Acaso gritar no es despertar esa voz que duerme en el silencio[5].

En carta a Marie Bonaparte, quien había investigado sobre *el alma de la mujer*, Freud ratificaba su extrañeza y confesaba una cierta perplejidad sobre la posición de la mujer, su sexualidad y la construcción de su subjetividad y planteaba una pregunta que se ha transformado en un tópico que precede numerosos escritos feministas. Decía: "Una cuestión fundamental sin respuesta, a la que yo tampoco he sabido contestar, a pesar de treinta años de estudios sobre el alma femenina, es la siguiente: ¿qué quiere la mujer?" (cit. por Jones 1961: 445). Años después Lacan dirá: "Ella desea..." y tal afirmación produce una vuelta de tuerca que apunta no a un universal mujer, sino a los peculiares y particulares modos de desear de hombres y mujeres.

Uno de los problemas centrales que definen la indagación freudiana sobre la sexualidad femenina apunta a la dificultad de abordarla, solamente, desde la lógica del monismo fálico. Su famosa pregunta implica no solamente una dificultad, sino que da cuenta de una insatisfacción; sus propias respuestas al tema de la femineidad y de la sexualidad femenina concluyen siempre con una previsión cautelar. Me interesa reseñar un aspecto de la teorización freudiana sobre la sexualidad femenina que es el núcleo sobre el cual derivarán las de Lacan y Kristeva.

Luego de haber teorizado con largura sobre el complejo de Edipo, etapa del desarrollo psíquico en el infante en la que terminan de estructurarse tanto su entrada en lo simbólico como su sexualidad; esto es, cuando deviene, al mismo tiempo, sujeto del lenguaje y sujeto deseante[6], Freud vuelve al

---

[4] *Vid.* Lacan 1981a: 91.

[5] García, Germán: "Posición de las mujeres", prólogo al libro de Sarah Koffman 1982: 11-12.

[6] "Les recuerdo (...) que de entrada, desde el comienzo de la indagación freudiana sobre la histeria, el psicoanálisis se presenta como una teoría de lo que yo he llamado

tema de la sexualidad femenina en 1931, focalizando la diferencia entre el varón y la mujer en el Edipo. Resalta, no tanto la renuncia a la zona genital del clítoris a favor de una nueva zona –la vagina– como había insistido en trabajos anteriores[7], sino en el cambio de objeto: "Ahora, una segunda mutación semejante –el trueque del primitivo objeto materno por el padre– nos parece no menos característica e importante para el desarrollo de la mujer" (Freud 1973: 3077 y ss.). Enfatiza una duración mayor y una persistencia de la adhesión a la madre, es decir de la fase preedípica en la mujer. Lo cual no lo conduce a retractarse sobre la universalidad del Edipo para ambos sexos sino a especificar su diferencia:

> (...) la fase preedípica de la mujer adquiere una importancia que hasta ahora no se le había asignado. Puesto que en este período caben todas las fijaciones y represiones a las cuales atribuimos la génesis de las neurosis, parecería necesario retractar la universalidad del postulado según el cual el complejo de Edipo sería el núcleo de la neurosis. Quien se sienta reacio, empero, a adoptar tal corrección, de ningún modo precisa hacerlo. En efecto, por un lado es posible extender el contenido del complejo de Edipo hasta incluir en él todas las relaciones del niño con ambos padres, y por el otro, también se puede tener debida cuenta de estas nuevas comprobaciones declarando que la mujer sólo alcanza la situación edípica positiva, normal en ella, una vez que ha superado una primera fase dominada por el complejo negativo. En realidad, durante esta fase el padre no es para la niña pequeña mucho más que un molesto rival, aunque su hostilidad contra él nunca alcanza la violencia característica del varón. Después de todo, hace ya tiempo que hemos renunciado a toda esperanza de hallar un paralelismo puro y simple entre el desarrollo sexual masculino y femenino.

Cabe agregar, por pertinente en cuanto a lo que sigue, que cuando comienza a explicar el complejo desarrollo de la sexualidad de la mujer, Freud parte de un aserto: "la disposición bisexual, postulada por nosotros como característica de la especie humana", que considera "mucho más patente en la mujer que en el hombre".

---

copresencia entre sexualidad y pensamiento en el seno del lenguaje y que no es una teoría de la sexualidad en sí, ni una biologización de la esencia del hombre, como a menudo se le reprochó. Si Lacan puso en evidencia esta característica fundamental, es porque está inscrita ya en el propio método de Freud" (Kristeva 1996: 146).

[7] *Vid.* Freud 1973: *Tres ensayos para una teoría sexual* (1905), "La organización genital infantil" (1923), "Algunas consecuencia psíquicas de la diferencia sexual anatómica" (1925).

En el Edipo, Freud introduce una diferencia del lado de las mujeres y distingue el Edipo *directo* que, en los dos sexos, implica deseo incestuoso por los progenitores del sexo opuesto; y el *indirecto*, en el cual la entrada de la niña en la ley simbólica (fálica) implica dos momentos: uno, de separación del deseo hacia la madre, primer objeto de amor, y otro de viraje hacia el padre, al que se identifica y mata para asumir sus atributos simbólicos. Proceso bifaz del Edipo en la mujer, que Kristeva propone escandir en dos: *Edipo prima* –deseo incestuoso por la madre, común a los dos sexos– y un segundo, *Edipo bis* que la hace cambiar de objeto (el padre). Proceso complejo en el cual apunta la persistencia de "un lazo arcaico hija/madre"[8] sobre la cual pivotaría una homosexualidad estructural en la mujer y una específica relación de la mujer con el falo[9].

La especial sensorialidad, desarrollada por la niña en las etapas preedípicas con la madre, produce una percepción que la hace distinguir entre *sensible* y *significante*:

> El falo en cuanto significante de la falta, así como de la ley, soportado en lo imaginario por el pene, de entrada es percibido por la niña como extraño: radicalmente otro. Invisible y casi ilocalizable, el soporte real e imaginario del placer físico en la niña (...) disocia de entrada al sujeto mujer del falo, en el sentido de significante privilegiado en esa conjunción Logos/Deseo (...).

Esto no significa una dificultad de la niña en el acceso a lo simbólico sino que "la experiencia sensorial (...) no lo acompaña, defraudada como resulta al percibirse menos visible y menos remarcable: menos apreciada, aunque no necesariamente menos intensamente experimentada como placer". La fase fálica, entonces, percibida en la niña como desfavorable, la conduce a la reactivación de experiencias sensoriales anteriores, relacionadas con el momento preedípico, de fusión con la madre: "Se instala desde ese momento, junto con la disociación sensible-significante, la creencia de que el orden fálico-simbólico es un orden ilusorio" (Kristeva 1996: 171 y ss.).

Si como *creencia* entendemos la adhesión sin pruebas a una evidencia, consciente o inconsciente, aquí la evidencia es que la mujer deviene negatividad: "El monismo fálico referido al otro (el hombre) que yo no soy afecta de entrada al ser del sujeto-mujer con una negación (yo no soy lo que es, yo soy, sin embargo, a fuerza de no). La extrañeza o lo ilusorio del falo puede

---

[8] Cabe recordar que tal relación es destacada, reiteradamente, por Freud. *Vid.* entre otros: "Psicogénesis sobre un caso de homosexualidad femenina" (1973: 2545 y ss.).

[9] *Vid.* Kristeva 1996: 140 y ss.

ser el otro nombre de esa negatividad redoblada del sin embargo y del no". El término *ilusorio* se relaciona no tanto en su vertiente ficcional, algo concebido como no real, sino en la acepción de *illudere*: jugar con. Estoy en esa potencia fálica que me hace sujeto hablante, soy sujeto del lenguaje y, al mismo tiempo, no soy totalmente en él:

> El falo que yo invisto es lo que hace de mí sujeto del lenguaje y de la ley; yo soy de ellos. Sin embargo, él sigue siendo otra cosa, un no sé qué... Aunque da igual, porque yo entro de todos modos en el juego, yo quiero de eso también, yo juego el juego. No es más que un juego (jeu), no es más que un yo (je), yo finjo, y es cabalmente eso, para el sujeto mujer, la pretendida verdad del significante o del parlêtre.

Este juego, esta extrañeza, esta negatividad de la posición femenina desnuda "lo ilusorio del lenguaje" (173).

En la *díada edípica* que Kristeva propone para la mujer, puntuando a Freud, no todo se agota en esta posición: "Al tiempo que cultiva su lugar de sujeto del significante fálico, de sujeto de lo simbólico (con la variante de extrañeza y de ilusorio que le imprime) la niña del Edipo-bis cambia de objeto". Hostilidad a la madre que fue su objeto fálico, madre que es, a su vez, "responsable de la castración así como de la ilusión y de su decepción". Pero la identificación a la madre no se rompe por el odio, continúa en una ligazón a la madre preedípica de la fusión sensorial y afectiva, para, desde allí, cambiar de objeto: "la niña no desea ya a la madre, sino lo que esa madre desea: el amor del padre. Más exactamente, la niña desea que el padre le dé el pene/falo de él en forma de hijos que la niña tendrá como si ella fuera... la madre". En efecto, Freud ya planteaba que la *envidia del pene* en la niña y el complejo de castración –no tenerlo– tiene una salida fálica en la mujer a través de la maternidad. Sin embargo, aunque la mujer no renuncia a su masculinidad en la maternidad, esta salida está marcada por la experiencia del expulsar una parte de sí –el hijo–, experiencia de vaciamiento, de separación.

Podemos pensar que la adhesión de la niña a esta fase preedípica y la consecuente distinción sensible-significante[10] producen una específica relación

---

[10] La distinción semiótico y simbólico apunta a "un intento de pensar el sentido no como una estructura, sino como predicación o proceso, distinguiendo lo que se vincula a los signos y a su concatenación sintáctica y lógica de lo que es transverbal. Digo transverbal porque el término preverbal es fuente de confusión, lo semiótico no es independiente del lenguaje, se mezcla con él y bajo su dominio, articula otros dispositivos de sentido tales como las articulaciones rítmicas, melódicas, etc. que no son significaciones", apunta Kristeva apoyándose en las distinciones freudianas de representación de

con la sensorialidad y el cuerpo en la mujer: la regresión a una sensorialidad imposible de articular; la detención narcisista en las delicias de la corporalidad; la melancolía, la ausencia, el silencio, se asientan sobre el vestigio de estos dos continentes –el fálico y el de la relación arcaica madre-hija– y sobre esta bisexualidad psíquica de las mujeres, cuyo efecto de extrañeza contiene la ilusión-desilusión del falo, de lo simbólico.

Lemoine-Luccioni señala que en el cambio de objeto, un verdadero *cambio de sexo* ya señalado por Freud, la mujer mantendrá –por la adhesión a la madre, de la cual se separa pero a la que permanece identificada– una permanente y paradójica vivencia de *partición*. Partición corporal –el cuerpo de la niña se separa de su *mismo* otro, la madre– que luego será reactivada en los flujos menstruales, en el parto, en la menopausia; también, partición duplicada en el imaginario. Por ello pone del lado de la mujer una constante experiencia de la angustia de perder partes del cuerpo y del ser:

> Más que la angustia de la castración, la mujer conoce la angustia de la partición. Vive bajo el signo del abandono: madre, padre, hijos, marido, pene, todo la deja (...) ¿La partición es entonces homóloga a la castración? No, si no nos olvidamos que la castración simbólica sólo puede intervenir engranándose en el cuerpo propio. La separación, por cierto, afecta al cuerpo de la mujer; pero se simboliza en un órgano extraño, el pene, y secundariamente, en la vagina y en ésta como símbolo de su falta (Lemoine-Luccioni 1982: 50 y ss.).

Esta experiencia de partición, de *tener* y *no tener* (ya) en el cuerpo, unida a la pertenencia y ostracismo en el falo-logos, despunta en la incredulidad, en la capacidad de ironización y distanciamiento de las mujeres, que llevó al paternal Freud a emitir juicios sobre la dudosa relación de las mujeres con la moral o con el sostenimiento continuado de cualquier ideal superyoico. Tal experiencia se actualiza en la ironía distante o el cinismo devastador. Miller los ejemplifica con el desprecio sistemático de la Zazie de Queneau que ante cualquier semblante fálico –sea: la cultura– responde con un rotundo *"mon cul"*[11].

---

cosa y representación de palabra. De allí, que lo semiótico transverbal se asocie a la relación arcaica madre-hijo, preedípica, y permita "inscribir lo femenino-materno –que Freud llamaba continente negro o cultura minoico-micénica (aludiendo a la civilización griega anterior a la Grecia clásica)– en ciertas modalidades del lenguaje. Esa otra lógica de lo femenino-materno desafía la representación normativa y se sitúa en las antípodas de la representación fálica." Cita extraída de "Elementos para una investigación" en Kristeva 1999: 82 y 84, sintetiza los conceptos de transverbalidad y la distinción entre sensible y significante que esta autora trabaja desde *La révolution du langage poètique* (1974).

[10] *Vid.* Miller 1993: 61 y ss.

La experiencia de la catástrofe producida por el lado mortífero del goce femenino, más allá del falo, conduce a muchas mujeres a elaborar semblantes femeninos diversos por medio de los cuales denuncian la inconsistencia del semblante fálico: la dolorosa, la mujer sufriente, la llorona o la malediciente, la humorista mordaz, la cínica se anclan en este proceso formativo de la subjetividad femenina que oscila entre la ilusión y la desilusión de lo simbólico.

En cuanto al tema del tiempo y el espacio en la subjetividad femenina se apunta una diferenciación de la vivencia; la concepción del tiempo, configurada históricamente, parece diferir del tiempo lineal, en lo que podemos pensar como una especificidad de la subjetividad femenina. Freud relacionaba a la histeria de conversión con el espacio que, al localizar el síntoma, afectaba especialmente el cuerpo de las mujeres[12]. Como enfatiza Kristeva, tanto las religiones de reminiscencias matriarcales, como los recientes estudios de la antipsiquiatría o el psicoanálisis, apuntan a esta problemática del espacio atribuido a la mujer. Platón, en el *Timeo*, la había designado con la aporía de la *chora*: espacio matricial, nutricio, innombrable, anterior al Uno, a Dios y que, por consiguiente, desafía la metafísica.

Así, la subjetividad femenina resulta problemática con una concepción teleológica, lineal y prospectiva del tiempo. Este tiempo que es el del lenguaje como enunciación de frases que se apoya en el final.

Un tiempo de neurótico obsesivo, diría el psicoanalista, reconociendo en el control de ese tiempo inquieto la verdadera estructura del esclavo. El histérico que, él o ella, sufre de reminiscencias –esto es de otros tiempos que invaden la linealidad– se reconocería más bien en las modalidades temporales anteriores, la cíclica, la monumental. Esta antinomia de estructuras psíquicas se convierte, no obstante, en el interior de una civilización, en una antinomia entre grupos sociales y entre ideologías (Kristeva 1995: 189).

En este sentido, podemos pensar que las recusaciones de algunos feminismos de la temporalidad logicista y/o logocéntrica, encuentran en esta diferenciación subjetiva el instrumento que valida sus análisis.

---

[12] "Los estudios ulteriores sobre el aprendizaje de la función simbólica de los niños demuestran que la permanencia y la calidad del amor materno condicionan la aparición de los primeros puntos de referencia espaciales. Estos inducen en primer lugar a la risa infantil y, luego, a toda la gama de manifestaciones que llevan al signo y a la sintaxis (...) 'Fathers time, mothers species', decía Joyce. Efectivamente al evocar el nombre y el destino de las mujeres, pensamos en el espacio generador de nuestra especie, más que en el tiempo, en el devenir o en la historia. Las ciencias modernas de la subjetividad, de su genealogía o de sus accidentes, confirman esta división que puede ser el resultado de una coyuntura sociohistórica" (Kristeva 1995: 187 y ss.).

La escritura de mujeres ha tejido y escenificado con frecuencia estas particularidades: Desde la mujer vaciada a la omnipotencia de la mujer-madre que lo puede todo; desde la mujer ausente, abstinente del mundo, a la mujer devoradora que se come el mundo; desde la disolución identitaria de la masoquista a la fálica seductora que hace de su cuerpo un estandarte; desde la irónica maldiciente que deniega sistemáticamente cualquier semblante fálico a la sierva sumisa que se ofrece toda ella al sacrificio. Muchas mujeres –sedicentes, irónicas, ilusionadas y desilusionadas– han tramado sobre esta extrañeza sus escrituras, desde Sor Juana Inés de la Cruz a las desenfadadas narradoras actuales.

2. Semblantes suele vestir

En cuanto a la fijeza identitaria, Lacan afirma una especificidad del goce femenino; un goce más allá del monismo fálico y de lo simbólico, expresado en lo real del cuerpo y en la afirmación de una nuda existencia.

> ¿No les pasa por la mente que esa realidad sexual, como me expresaba recién, se especifica en el hombre por lo siguiente: que no hay en el hombre macho y hembra ninguna relación instintiva? ¿Que nada hace que todo hombre –para designar al hombre mediante lo que le va bastante bien, dado que se imagina naturalmente la idea del todo– que todo hombre no es apto para satisfacer a una mujer? Lo que efectivamente parece ser la regla en otros animales; evidentemente, éstos no satisfacen a todas las hembras, tan solo tienen aptitudes. El hombre –pues se puede hablar de el hombre, precedido por el– debe contentarse con soñar con ello porque es totalmente seguro que, no sólo no satisface a toda mujer, sino que La mujer no existe –pido perdón por lo que sigue a los miembros quizá presentes aquí del Movimiento de Liberación Femenina–. Hay mujeres, pero La mujer es un sueño del hombre. (...) No sólo no hay La mujer; sino que la mujer se define por lo que etiqueté hace mucho tiempo y les repito a ustedes: por el no toda. Esto llega más lejos aún y no surge del hombre (...) sino de ellas mismas. Ellas mismas son no todas. A saber, que ellas no se prestan a la generalización. Incluso, lo digo ahora entre paréntesis, a la generalización falocéntrica. No dije que la mujer es un objeto para el hombre. Muy por el contrario, dije que era algo con lo que nunca él sabe arreglárselas. Jamás deja de meter la pata al abordar a cualquiera de ellas –o bien porque se engañó o bien porque era justamente la que le hacía falta (1988: 130-1).

Entre irónica, afirmativa, aclaratoria y exculpatoria, esta cita de Lacan muestra la radicalidad de su intervención sobre la cuestión de la mujer. La teoría lacaniana apunta al señalamiento de esta estereotipia de la femineidad y como respuesta elabora su propuesta del goce femenino como excepción a la lógica falocéntrica y la consecuente noción de semblante que generaliza y define como característica de todo discurso[13].

Evidentemente, como a Freud[14], los discursos feministas interpelaron a Lacan. O mejor, a su aserto definitorio de la posición de las mujeres en el lenguaje: *La mujer no existe*, expuesto en *Aun* donde desarrolla el tema del goce femenino como goce del Otro. Si ponemos en contacto la propuesta de Lacan con lo reseñado de Freud, podemos observar que apunta en ella esa excepcionalidad del goce femenino al universal fálico pero proponiendo un recentramiento que comienza en los años sesenta[15] y continúa en los setenta[16].

Unas décadas antes, la pregunta de Freud sobre el deseo de la mujer precipitó a las psicoanalistas a buscar respuestas: Lou Andreas-Salomé, Melanie Klein, Karen Horney, Helen Deutch, entre otras, dirigieron sus investigaciones en esa dirección. Me detengo en un concepto presentado por Joan Rivière en 1927 a partir de la exposición de un caso clínico: la noción de *mascarada de la femineidad*. Utilizando variados ejemplos de su experiencia clínica mostraba "cómo en la vida cotidiana la máscara de la femineidad puede adoptar los aspectos más curiosos": la mujer intelectual que aminora la evidencia de su inteligencia, la que finge ser una atolondrada, ingenua o inocente ante figuras claramente paternales, la que se viste de modo particularmente femenino para enunciar un discurso en un lugar masculino diciendo bromas y quitando importancia a la situación etc. Concluía Riviére, aludiendo a su caso:

---

[13] "Semblante" del francés: *semblant* (apariencia) derivada del verbo *sembler* (parecer), que en francés tiene también el contenido de *simulación : faux semblant*, de *fingir: faire semblant* ; y de *disimular: ne faire semblant de rien*. Apunta Diana Rabinovich en sus "Notas a la traducción" del Seminario 20: "Lo traducimos por semblante, palabra cuya vieja acepción cuadra perfectamente con el uso que le da Lacan. Consultar el Diccionario de Autoridades (1737): "Semblante: la representación exterior en el rostro de algún interior afecto del ánimo (...) Es natural que venga del verbo antiguo semblar que significa parecer. Metafóricamente vale la apariencia y representación del estado de las cosas sobre el cual formamos el concepto de ellas. Usado como adjetivo vale lo mismo que semejante. Semblar: semejar o ser semejante", en Lacan 1981b: 8.

[14] Como ejemplo: la nota a pie 1720 incluida en "Sobre la sexualidad femenina", 1973: 3080.

[15] Lacan 1998: "Ideas directivas para un congreso sobre la sexualidad femenina" (1958).

[16] *Vid. Aun*, Seminario 20, y "El atolondrado, el atolondradicho o las vueltas dichas" (1973), *Escansión 1*, 1984: 17 y ss.

La femineidad podía de este modo ser asumida y llevada por esta paciente como una máscara, a la vez para disimular la existencia de la masculinidad y evitar las represalias que temía si se llegaba a descubrir lo que estaba en su posesión (el falo); exactamente como un ladrón da la vuelta a sus bolsillos y exige que lo registren para probar que no tiene los objetos robados. El lector puede preguntarse cómo distingo la femineidad verdadera y el disfraz. De hecho, no sostengo que tal diferencia exista. La femineidad ya sea fundamental o superficial, es siempre lo mismo (Rivière 1979: 15-6).

Mascarada de la femineidad que sirve de avance a las proposiciones lacanianas sobre el semblante.

En primer lugar, cabe reiterar que Lacan, al intervenir sobre el planteamiento freudiano acerca de la bisexualidad humana originaria, se concentra en el concepto de falo para insistir en la copresencia de pensamiento y sexualidad en el lenguaje y afirma "el falo es un significante".

No es el órgano, no es un objeto, no es una fantasía: es un significante. Es más, es el significante privilegiado del deseo: con lo cual deducimos que si ser mujer o ser hombre se definen desde este significante descartamos de entrada, que el sexo sea un privilegio biológico. No podemos negar el sexo genético, cromosómico; pero es verdad que, a la hora de la verdad, la homosexualidad lo desconoce; y si para la ciencia existen verdades universales, el psicoanálisis nos enseña que la verdad no es la verdad de todos (Mattalia, G.: 93 y ss.).

Se establece una equivalencia, no entre el hombre y la mujer, sino entre sus objetos de deseo.

Dos características del semblante, a partir de dos afirmaciones de Lacan (1991a: Seminario XVIII), reseñadas por Mattalia: "Todo lo que es discurso sólo puede darse como semblante" y "El goce solo se interpela, se evoca, acosa o elabora a partir de un semblante. Esto significa que es en el semblante en donde se sostiene todo discurso, o mejor dicho: todo discurso es del semblante". Por una parte, el parecer es lo que sostiene todo discurso. En el Edipo freudiano que nos permitía comprender las relaciones entre los sexos con relación al significante fálico, Lacan introduce la metáfora paterna como lo necesario para la constitución del sujeto: "lo que un padre transmite es un semblante; asegura que el sujeto que adviene no quede fuera del discurso". Por otra: "Es el semblante, la apariencia, lo que suple la ausencia de la complementariedad entre los sexos, por existir un goce que particulariza a las mujeres y las hace no-todas. El semblante al tiempo que suplanta la ausencia de relación entre los sexos, nos indica lo imposible de la misma" (93). Es justamente el semblante el que garantiza que el sujeto parlante exista; el que impide su disgregación delirante y su precipitación en la psicosis.

En *La significación del falo* Lacan reubica este concepto de mascarada de la femineidad en las relaciones entre los sexos. Si la función del falo como significante privilegiado de "esa marca en que la parte del logos se une al advenimiento del deseo" se infiere que tales relaciones girarán

> alrededor de un ser y de un tener que, por referirse a un significante, el falo, tienen el efecto contrariado de dar por una parte realidad al sujeto en ese significante, y por otra parte irrealizar las relaciones que han de significarse. Esto por la intervención de un parecer que se sustituye al tener, para protegerlo por un lado, para enmascarar la falta en el otro y que tiene el efecto de proyectar enteramente en la comedia las manifestaciones ideales o típicas del comportamiento de cada uno de los sexos (1998: 674-5).

En esa sustitución del tener por el parecer, el lugar de la mujer en la dialéctica falocéntrica implica la asunción de la mascarada de la femineidad en la cual desea ser el falo, el significante del deseo del Otro. Es más: "Es por lo que no es por lo que pretende ser deseada al mismo tiempo que amada" y "el significante de su deseo propio lo encuentra en el cuerpo de aquél a quien se dirige su demanda de amor". Interesante mostrar que el órgano revestido por esta significación específica del falo en la mujer "toma valor de fetiche". Si el hombre con fragmentos hace un objeto *todo* –La Mujer–; las mujeres de un *todo* –el hombre– hacen un fetiche.

En este sentido, Lacan recusará las tres salidas posibles del Edipo en la mujer señaladas por Freud (la renuncia, el complejo de masculinidad y la maternidad) por contradictorias y rescata a la frigidez como un problema central para la reflexión sobre la posición femenina. La frigidez le interesa más que la búsqueda de un órgano que en la mujer sea equivalente al pene y se haga cargo del goce fálico –el clítoris, la vagina etc.–, o la insistencia de algunos posfreudianos sobre el llevado y traído masoquismo femenino. Lacan definirá a la frigidez como un fenómeno que evidencia un límite a la función fálica, como una forma extrema de denuncia del semblante fálico.

A partir de este límite teoriza sobre la posición de la mujer en sus fórmulas de la sexuación:

> A la derecha tienen la inscripción de la parte mujer de los seres que hablan. A todo ser, sea cual fuere, esté o no provisto de los atributos de la masculinidad –aún por determinar– le está permitido, tal como lo formula expresamente la teoría freudiana, inscribirse en esta parte. Si se inscribe en ella, vetará toda universalidad, será el no-todo, en tanto puede estar o no en la función fálica (1981b: 95).

No construye otra función opuesta a la fálica, sino que propone una excepción "tan universal como la función misma (la fálica), y en esto concluye que hay una dialéctica en esa función fálica como tal y la constitución de la mujer, no en oposición, sino como el Otro de esa función, el Otro absoluto de la función fálica" (Soler, cit. por Mattalia, G.: 96). La lógica que introduce señala esa excepcionalidad del goce del lado mujer que está en otro lugar, fuera de la dialéctica falocéntrica.

Del lado de la mujer, en su constitución, contamos con el aserto de estar en la función fálica y, también, en la lógica de ser no-toda en el falo, en el logos. Justamente, la interrogación lacaniana sobre el Edipo freudiano apunta a un *más allá* del falo; la excepción pone en cuestión la totalización del Edipo freudiano para mostrar la particularidad del goce femenino que se sitúa como suplemento (no complemento) de la función fálica. Lacan lo califica de "goce adicional, suplementario respecto a lo que designa como goce la función fálica. Notarán que dije suplementario. ¡Dónde iríamos si hubiéramos dicho complementario! Hubiésemos ido a parar otra vez al todo". Goce que localiza en el cuerpo *más allá del falo* (1981a: 89-90).

"Que una mujer sea no-toda implica que una parte de ella se deshace del semblante fálico y este deshacerse se sitúa en lo Real; es por ello imposible de decir. El no-toda es una proposición lógica que escribe cómo decirse mujer fuera de un universal: es autorizarse por sí misma en el goce como ser sexuado, sin deberlo todo al semblante fálico" (Mattalia, G.: 97). Por si quedan dudas: no todas las mujeres se inscriben en la lógica de la excepción y más de un hombre se constituye del lado de la mujer, el ejemplo privilegiado de Lacan es San Juan de la Cruz; podríamos incluir entre las figuras fundacionales del no toda a Tiresias, emisario ciego de la verdad.

Esta posición de la mujer nos introduce en la problemática del semblante.

> El semblante debe ser pensado como una categoría que organiza la experiencia: cualidades atribuibles a un objeto que le permiten pertenecer a un conjunto, a una clase de igual naturaleza. Es por ello que el semblante no es una categoría imaginaria. El recorrido del pensamiento lacaniano va de lo simbólico al significante, para luego introducir la noción de semblante y concluir que el significante no es menos semblante que la imagen (Mattalia, G.: 97).

No significa esto que el semblante sea cobertura de una esencia, una especie de careta que esconde una secreta identidad verdadera, sino que, como señala Miller, es operativo, es "una categoría que nos permite reunir, frente a lo real, lo simbólico y lo imaginario. Agrupa esas dos categorías para hacer ver lo común entre ambos términos y permite construir una antinomia no con el ser, sino con lo real" (1993: 16).

"El hombre lacaniano, tal como atraviesa los seminarios y los escritos, es por el contrario un ser pesado, estorbado, embarazado por el tener", apunta Miller. La subjetivización del órgano genital en el hombre le proporciona un sentimiento de superioridad *de propietario* que lo convierte en miedoso, tiene algo que puede perder, algo que puede ser robado, lo que Freud nominó como *miedo a la castración.*

> He aquí una cobardía masculina que contrasta con el sin límites femenino (...) El goce fálico es por excelencia un goce de propietario. Significa que el sujeto no da a nadie la llave de la caja, llegando a veces hasta protegerse con la impotencia y de un modo satisfactorio"(...) Y, por supuesto, ocurre que cuando va a la guerra es para huir de las mujeres, para huir del agujero. De modo que el hombre no es sin semblantes, pero son semblantes para proteger su pequeño tener. No es el caso del semblante femenino, que es propiamente máscara de la falta" (1993: 95 y ss.).

Por otra, cuando hombres o mujeres se enganchan en el juego del amor se están dirigiendo al semblante y, por decirlo así, lo que se juega en la cópula es el semblante del otro. Si el universo moderno se puede resumir en una transacción de las cualidades, transacción sobre la que se edifica el placer moderno, sostenido en la alianza entre mercancía y sexualidad como solidificantes de las relaciones sociales, se explica por qué el aserto lacaniano de "la relación sexual no existe" haya producido tanto escándalo. Como señala Milner, "que del sexo no proceda relación alguna, hace que, la sexualidad explote; la transacción se deshace desde su origen, la sociedad pierde su base" (Milner 1999: 55). El fundamento de la axiomática moderna del placer es la atribución de las cualidades del valor de uso de la mercancía –enajenado en el valor de cambio– a las de la sexualidad. Esto no nos hace más felices, ni más satisfechos. Más bien los modernos somos quejosos sujetos nostálgicos del encanto del placer antiguo, al que suponemos una plenitud fusionadora más allá de la mercancía. La idea de comunión, fusión, transformación de los amantes en un solo ser en el acto sexual es efecto de una larga construcción discursiva que encuentra en el amor cortés su cristalización y cuyo límite se exhibe, por lo pronto, en Kant junto a Sade[17]. Sin embargo, que no exista la proporción sexual no niega la existencia de lógicas de la vida amorosa. Algo de esto saben poetas y novelistas. La literatura se concentra, a menudo, en esta inexistencia de la relación sexual, y lo hace

---

[17] *Vid.* Lacan 1998: *Kant con Sade,* 744-770.

mostrando la contingencia de los encuentros amorosos, su variado intercambio y las consecuencias en la subjetividad.

Se afirma, entonces, que la mujer fundamenta al semblante: si tanto
hombres como mujeres se posicionan en el semblante fálico; si la función
fálica –el lenguaje– es un conjunto inclusivo para todos, que exista una
excepción, un más allá de la función fálica, un goce Otro que está inscrito
en lo real –el cuerpo–, implica que esta excepción fundamenta el *todo*. Este
goce Otro suplementario al goce fálico, hace al sujeto –hombre y mujer– un
sujeto falto de ser, "que sólo puede arreglárselas con su parecer; parecer que
no es más que la máscara del goce, su vestimenta" (Mattalia, G.: 98). La
estructura del ser hablante permanece descompletada por la imposibilidad
de nombrar, de incluir en el lenguaje, ese goce Otro que se coloca del lado
femenino. Es el goce del Otro –más allá del monismo fálico– el que hace
que Lacan tache La Mujer para mostrar la inexistencia de universalidad y
cargarse, de paso, los múltiples tópicos sobre *el eterno femenino, la femineidad, la esencia femenina* que, con fina ironía, describió Woolf después de
haber revisado montañas de volúmenes encontrados en el British Museum
bajo el general rótulo de *mujer* (Woolf 1989: 39 y ss.).

El goce de la mujer subvierte esa lógica del *tener-no tener* el falo y apunta a la falta de ser del humano: no hay ser esencial, ni hombre, ni mujer. Esta
paradójica posición femenina en el goce fálico (en el que está pero *no toda*)
permite afirmar que hay una mayor proximidad entre las mujeres y lo real
porque la castración, su relación con el no tener, es en ellas originaria. En
palabras de Miller: "La posición femenina implica cierta intuición de que lo
real escapa al orden simbólico". Por ello pregonan las mujeres a menudo
que "no sostienen con gusto la idea de atrapar lo real con el significante"
(1993: 62 y ss.) y denuncian la inconsistencia del semblante fálico. "En la
medida en que, en la dialéctica falocéntrica, ella representa el Otro absoluto", según Lacan, hay una sabiduría sobre la naturaleza del semblante fálico
que lo revela como velo de la nada. "Una verdadera mujer –en Lacan– no es
una madre; una verdadera mujer es aquélla que no tiene y hace con ese no
tener, algo" (Mattalia, G.: 100). El semblante fálico garantiza que el sujeto
parlante exista pero es allí donde se fragua la mascarada femenina, ese asumir el lugar de *lo femenino* para ver si se atrapa algo del deseo del otro que,
al tiempo, recusa al semblante fálico mostrando su inconsistencia: detrás de
la máscara no hay una esencia, lo que hay es... nada.

Ejercito una vuelta de tuerca: ¿Podemos recentrar esta lógica del *no toda*
y reconducirla a las sociodiscursividades? La lógica del *no-toda* es un instrumento teórico que puede construir una ética subversiva del pensamiento
totalizante: la constitución del lado mujer permite, a partir de la experiencia

de la ilusión-desilusión del falo, un cuestionamiento discursivo que pone en evidencia la dimensión tragicómica de la dialéctica falocéntrica. En este sentido, el feminismo puede ser un espacio de subversión del *Todo* o del *Paratodo* que la lógica falocéntrica promueve. Los feminismos la han ejercitado en los hechos: el vivir y el saber de la diferencia ha permitido a las mujeres una amplitud en el reconocimiento de la diversidad y en la aceptación de lo heterogéneo. Los tópicos misóginos siguen afirmando que las mujeres *son todas iguales*, pero sabemos que *cada una* es diversa; es en virtud de este reconocimiento que podemos diseñar políticas y esbozar nuevas éticas enunciativas que afirmen la diversidad como patrimonio cultural de todos. Ello no nos librará de los conflictos, ni nos conducirá a una idílica reconciliación sociosexual, paro sí puede matizar con otras coloraciones los modos de estar y mal-estar en la cultura.

Como señala Zavala este *todo-no toda* tiene efectos sociodiscursivos más que evidentes:

> Porque existe uno que dice no a la función fálica –existencia que no es real sino lógica– se funda el universal: para todo ser que habla rige la ley del falo. Sometido a esta lógica del todo, el que se sitúa en esta posición crea instituciones, academias –es decir paratodea en el discurso cuando habla para todos y por todos, cuando cree que una acción individual es válida para todos y por todos, y cuando cree que el goce pasa por el falo y que no hay otro goce que el fálico. En estas posiciones encontramos desde Fray Luis hasta Kant y Marx que paratodean. San Juan, en cambio, se sitúa en otra posición –la del notodo, también Kierkegaard. Una mujer puede también situarse en la lógica del todo –la histérica, por ejemplo, que está en el límite en el que el goce fálico se funda y cree exceptuarse de él aspirando a otro que estaría más allá. Sosteniéndose en la identificación imaginaria con el hombre, su pregunta existencial es: ¿qué es ser mujer? ¿qué quiere una mujer? Al exceptuarse de las filas de las mujeres, fuera de juego, las piensa como totalizables y definibles, y desde este límite cree estar más allá, reservándose la posibilidad de ser La Mujer –una mujer por entero. De este modo se propone como representante de aquello que el goce fálico dejaría necesariamente de lado (Zavala 1999: 60)[18].

En estos sentidos, la femineidad es el conjunto de rasgos que se supone definen a La Mujer, cuya esterotipia señala el agujero en la representación producido por el lado femenino del goce, punto de concentración de las crea-

---

[18] Zavala 1999: 60. *Vid.* de la misma autora, su artículo sobre "Teresa Sánchez: la escritura, la mística y las enfermedades divinas", 1997: 21-30.

ciones artísticas de todas las épocas. La femineidad tiene estructura de velo, es una ficción *realista* –en el sentido de verosímil congruente–, sirve para recubrir el agujero de un goce más allá de lo representable. Pero su verdad es velar la nada, la falta de ser de todo sujeto; no sólo en el sentido de cubrir, tapar, sino también en el de *velar* como acción de proteger, cuidar, sostener lo que no existe, *velar a un muerto*, por ejemplo.

En los textos escritos por mujeres que comentaré, mi intención es rastrear cómo se escenifica, una por una, este saber de la nada en el devenir mismo de sus escrituras. Las recusaciones al semblante fálico y, al tiempo, su cobertura; también, las mascaradas de la femineidad que las mujeres escriben, describen, esconden, disimulan, taponan, exponen, denuncian. Una parte del sentido de la revuelta, al que aludía en el comienzo, señala esta particular manera de rechazo al semblante fálico, de revulsión en y contra la dialéctica falocéntrica.

SEGUNDA PARTE:

LA QUERELLA DE LAS MUJERES

Capítulo IV

La querella de las mujeres

1. Ellas danzan solas...

> ¿Por qué están aquí danzando solas?
> ¿Por qué hay tanta tristeza en sus miradas? (...)
> Amores invisibles
> No dejan de danzar
> Danzan con sus padres
> sus niños también
> y con sus esposos.
> En soledad, en soledad.
>
> Sting[1]

"La literatura es delirio, y en este sentido vive su destino entre dos polos del delirio: el delirio es una enfermedad, la enfermedad por antonomasia, cada vez que erige una raza supuestamente pura o dominante. Pero es el modelo de la salud cuando invoca esa raza bastarda que se agita sin cesar bajo las dominaciones, que resiste a todo lo que aplasta o la aprisiona y se perfila en la literatura como proceso. (...) Objetivo último de la literatura: poner de manifiesto en el delirio la creación de una salud o la invención de un pueblo, es decir una posibilidad de vida", postula Deleuze. La literatura entonces deviene deriva del sentido, no aspira a un cierre sino a un permanente devenir, que Deleuze ubica del lado de la mujer. En la búsqueda de la invención de un pueblo,

> escribir no es imponer una forma (de expresión) a una materia vivida (...) La escritura es inseparable del devenir; escribiendo, se deviene-mujer, se deviene-animal o vegetal, se deviene-molécula hasta devenir imperceptible. (...) El devenir no funciona en el otro sentido, y no se deviene Hombre, en tanto que el hombre se presenta como una expresión dominante que pretende imponerse a

---

[1] Sting: Fragmento de la canción: "Ellas danzan solas", *Nada como el sol*, CD, letra y música de Sting, recitado por Rubén Blades. CD, AM records, Los Ángeles, 1988.

cualquier materia, mientras que mujer, animal o molécula contienen siempre un componente de fuga que se sustrae a su propia formalización. (....) Incluso cuando es una mujer la que deviene, ésta posee un devenir-mujer, y este devenir nada tiene con un estado que ella podría reivindicar (...) Devenir no es alcanzar una forma (identificación, imitación, mímesis) sino encontrar la zona de vecindad, de indiscernibilidad (Deleuze 1997: 12-16)[2].

El devenir anuncia el surgimiento del artículo indefinido: *un, una, unos*, ubicados en una región fronteriza, un *entre*, donde se elude la épica del pronombre personal o del posesivo, donde se escenifican sus mascaradas, donde emerge una condición enunciativa en la cual la literatura es un acto de desasimiento, un desposeerse del poder decir *yo*. Una literatura *menor*, que "no es la literatura de un idioma menor, sino la literatura que una minoría hace dentro de una lengua mayor" (Deleuze y Guattari: 28). Una literatura menor no se define por su minoridad sino por el trato que inflige a la literatura mayor; una literatura que obliga a la lengua a delirar, a salir de su surco, a elegir caminos indirectos, femeninos; que convierte a la lengua materna en una lengua extranjera desde la cual puede fabular un pueblo. No un pueblo superior, dominante, sino un pueblo bastardo, un pueblo que falta. No pretendo *paratodear* y cualquier precaución es poca: *del lado de la mujer* no implica que todas las escritoras por el mero hecho biológico de ser mujeres la ejerciten, ni que los hombres escritores no se coloquen en él. De San Juan de la Cruz, Kafka, Joyce, Proust... a sor Juana Inés de la Cruz, Woolf, Hellmann, Duras, Lispector, Peri Rossi, Valenzuela, Roffé... se fabulan pueblos bastardos.

Además: develar por un instante el agujero de la significación en el decurso del discurso implica elaborar nuevas éticas enunciativas. En un lúcido y conmovedor ensayo Agamben promueve la necesidad de estas éticas y plantea un posicionamiento enunciativo que toma como punto de partida la situación de los que dieron testimonio del horror nazi. Por decirlo de alguna manera: sobre Auschwitz lo sabemos *todo*. Sociólogos, antropólogos, historiadores, científicos han desentrañado cada uno de los datos sobre la vida cotidiana en los campos de exterminio; tenemos números, estadísticas, estudios precisos de la masacre; no obstante, una buena parte de las interpretaciones sobre los escritos de los supervivientes de Auschwitz insisten en la imposibilidad de dar testimonio de lo acaecido. Estas hipótesis que postulan lo indecible del horror, afirma Agamben, han producido una ceguera sobre lo que tales testimonios muestran; a saber: el ejercicio sistemático,

---

[2] *Vid.* también Deleuze y Parnet 1997.

si se quiere paroxístico en los campos de concentración nazis, de una nueva biopolítica que, en el siglo XX, dio un nuevo viraje a las estudiadas por Foucault (la de los antiguos regímenes, sustentadas en la administración de la muerte, y las modernas, concentradas en el control de la vida):

> El carácter más específico de la biopolítica del siglo veinte: no es ya hacer morir ni hacer vivir, sino hacer sobrevivir (...) No la vida ni la muerte, sino la producción de una supervivencia modulable y virtualmente infinita es lo que constituye la aportación decisiva del biopoder de nuestro tiempo. Se trata, en el caso del ser humano, de separar en todo momento, la vida orgánica de la animal, lo no humano de lo humano, al prisionero del campo de concentración del testigo, la vida vegetativa, mantenida por técnicas de reanimación, de la vida consciente; hasta alcanzar un punto límite que, como las fronteras de la geopolítica, es esencialmente móvil y se desplaza según el progreso de las tecnologías científicas y políticas. La ambición suprema del biopoder es producir en un cuerpo humano la separación absoluta del viviente y del hablante, de la zoé y el bíos, del no-hombre y el hombre: la supervivencia (...) En la biopolítica contemporánea la supervivencia es el punto en donde coinciden las dos caras del biopoder (...) permanecer invisible en su propia exposición, recóndito cuando más se exhibe a la mirada (Agamben 2000: 163).

Contra esta separación y contra esta paradójica ocultación exhibicionista se levanta la necesidad de una nueva ética de la enunciación: la del testigo. No la de aquél que se imagina como representante de una comunidad silenciada o se asume como portavoz autorizado de lo indecible pretendiendo dejar constancia de unos hechos, sino la del que asume la autoridad de un *no-poder*:

> La autoridad del testigo consiste en que puede hablar únicamente en nombre de un no-poder-decir, o sea en su ser sujeto (...). El testimonio no garantiza la verdad factual del enunciado custodiado en el archivo, sino la imposibilidad misma de que aquél sea archivado, su exterioridad, pues, con respecto al archivo; es decir su necesaria sustracción –en cuanto existencia de una lengua– tanto a la memoria como al olvido (165).

La ética del testigo se identifica, entonces, con una ética del sujeto: dar testimonio de una experiencia sabiendo que *no todo puede decirse*, renunciando al pensamiento omnívoro, totalizante y totalitario. Dar testimonio es exponerse en la afirmación sin dejar de hacer evidente su sombra de *no-dicho*[3].

---

[3] Las Madres de Plaza de Mayo y otras asociaciones de mujeres que siguen insistiendo en la recuperación de sus hijos vivos, aunque ya los saben muertos; que intentan

Esta ética ha sido y es ejercida por numerosas escritoras que han convertido, con frecuencia, el acto enunciativo en una escena, desde la cual recusan tópicos sociales haciendo emerger nuevas imágenes de las mujeres y nuevas figuras de la subjetividad, recortadas sobre las pasiones del ser. Figuras que ponen sobre el tapete de la creación artística una forma de revuelta que representa la querella de las mujeres.

Las mujeres estamos en querella[4]. ¿Desde siempre? Quizás, pero desde hace más de un siglo coligadas entre sí y ocupando el espacio público. El sentimiento general de desasosiego y el malestar que nos convoca (y no creo que esta convocatoria se restrinja al espacio de una supuesta vanguardia de las mujeres occidentales, sino que alcanza una dimensión planetaria en diferentes estratos sociales y culturas) no es solamente una preocupación por las injusticias que nos atañen directamente; sino que, más allá de la condición específica de las mujeres, se extiende a un orden social agresivo y desmemoriado; planetario, es cierto, pero vivido en una intensidad localizada, concreta e individual.

Reconstruir la memoria, reinsertarla en la vida cotidiana, producir y fabular un pueblo y una literatura menores, es una tarea de la que se están haciendo cargo las mujeres como reivindicación de la pasión de vivir. La vida de nuestra prole, de nuestro planeta, de nuestras culturas tiene una centralidad ética en nuestros discursos, en nuestras protestas, en nuestros actos privados y públicos. Ante un edificio social que se nos aparece en ruinas, queremos y sabemos construir. Este es nuestro momento. Un momento de trascendencia que hace saltar nuestras reivindicaciones hacia una lucha

---

recuperar a sus nietos, nacidos en las cárceles y entregados a familias cercanas a los militares; que se niegan a la construcción de monumentos conmemorativos de las masacres; pretenden no cerrar la herida, dejar abiertas las tumbas para que el testimonio siga actuando en el presente, para que no ingrese en la momificación del archivo.

[4] Utilizo la palabra *querella* derivándola de su sentido jurídico y lo aclaro para evitar el revuelo que convoca en los imaginarios genófobos: a diferencia de la *denuncia*, que es una declaración de conocimiento y de voluntad por la que se transmite a un órgano judicial con funciones de policía judicial la noticia de un hecho delictivo y transfiere la acusación a la autoridad; la *querella* es un acto de acción penal en la cual el querellante asume la cualidad de parte acusadora. Se pueden querellar tanto el órgano judicial competente, como los extranjeros y ciudadanos que hayan sido ofendidos o no por un delito. El acto de querella pública se denomina también *acción popular* cuando son los ciudadanos *no* ofendidos por el delito los que la ejercitan; mientras que la querella privada es la que puede plantear el ofendido por el delito. No entro en detalles sobre los variados matices de los delitos encuadrables en el espacio de la querella, simplemente que las injurias y calumnias son las actuales acciones querellantes ejercitadas con más frecuencia. (*Vid.* Gimeno Sendra 1996: 177-300). Agradezco a Ana Valero su aporte bibliográfico.

–¡cómo no!– por la justicia distributiva, la solidaridad, la convivencia, el bienestar comunitario. Denunciar, recordar, crear y recrear la tradición, aspirar a nuevos pactos sociales y simbólicos que nos permitan avizorar una organización mundial más justa, implica seguir querellando. Nos hemos hecho cargo de una nueva cultura de la revuelta.

Las diversas formas de la revuelta de las mujeres, agudizada en las últimas décadas, hacen necesaria una reescritura de la historia, entendida como historia de los discursos e historia monumental, es decir historia de "las actitudes psíquicas, de las creencias y de lo sacralizable" (Kristeva 1996: 25). Una historia pensada, no como prótesis que agregan lo que falta y se adosan a las historias oficiales, sino como construcción de nuevas líneas de sentido para interpretar la cultura. Esta tarea, cuya aspiración es sustentar a los movimientos sociales desde la creación artística y la reflexión intelectual, ha promovido la estructuración de genealogías, el rastreo y señalamiento de nuevos orígenes o nuevas interpretaciones del origen.

En América Latina este gesto genealógico atraviesa hoy el trabajo de numerosas escritoras, frecuentadoras de las letras del pasado para escribir en el presente. La crítica latinoamericana feminista, en diversos frentes y puntos de partida, se ha concentrado en los elementos discordantes de la historia de las mujeres y de sus producciones discursivas, atendiendo a lo que Franco puntúa como "los momentos en que aparecen temas disidentes en el texto social y estalla la lucha por el poder interpretativo" (Franco: 11). Esta lucha por el poder de interpretar, por encontrar nuevos lugares de enunciación y de contestación, forma parte sustancial del arco voltaico que une a la literatura y la crítica[5].

Pero tal gesto no implica una reconstitución melancólica del pasado. Admito el diagnóstico de De Certeau cuando afirma que "la historiografía es una manera contemporánea de practicar el duelo" en la cual "se escribe partiendo de una ausencia y no produce sino simulacros, por muy científicos que sean"; "pone una representación en lugar de una separación" y su objetivo es servir de elaboración restauradora y narcisista de una pérdida irremisible del pasado (De Certeau 1993: 21)[6]; pero considero que las escri-

---

[5] Inabarcable es la atención dedicada en las últimas décadas en América Latina a los estudios sobre las mujeres y sus escrituras. El desarrollo de nuevas perspectivas, a partir de los años 70, se asientan en un campo consolidado en América Latina como un diálogo polémico intracultural en el cual la producción teórica se consolida en sus especificidades. *Vid.* al respecto las agudas puntualizaciones de Castro Clarén 1984: 27-46, y las más recientes de Richard: 1993.

[6] De Certeau 1985: 196 y ss.

toras comprometidas en América Latina no pretenden recuperar nostálgica-
mente lugares de una femineidad amenazada o encontrar un hueco donde
insertarse en los aparatos institucionales, sino establecer nuevos cortes para
revisar, apropiarse y crear otras figuras de la historia. El ejercicio de este
gesto encuentra en la creación literaria un terreno particularmente apto,
como si el agotamiento del historicismo y el cansancio de la especulación
universalista, allanadora de diferencias, hubiera convertido a la literatura en
un lugar privilegiado de confrontación. Confrontación, como veremos, que
ha abandonado la explicitud reivindicativa y adopta hoy diversas formas de
la transgresión –el cruce discursivo, la parodia, el humorismo, el enseñora-
miento de lo minúsculo– para expresar nuevos malestares en la cultura y
nuevas vías de sublimación.

2. Corpus: Juana, Teresa, María Luisa, Cristina, Marta, Reina, Luisa, Clorinda, Elena, Carmen, Paquita, Lupe...

> Sabe también Su Majestad que (...) he intentado sepultar
> con mi nombre mi entendimiento, y sacrificársele sólo a quien
> me lo dio; y que no otro motivo me entró en la religión...
>
> Sor Juana Inés de la Cruz[7]

Esta retahíla de nombres femeninos dice una familiaridad, un modo
determinado de leer la firma de las escritoras que pone en circulación sus
nombres propios sin el agregado de los apellidos. Si no absoluta, la insistencia en el nombre propio de las escritoras es altamente frecuente: nos referi-
mos a menudo a Sor Juana, Clorinda, Alfonsina, Teresa, Clarice. Cuando
esta costumbre no se cumple se suple por otra: *la* Matto, *la* Storni, *la* Lispector, *la* Peri Rossi o *la Décima Musa* y *la Monja mexicana* –tópicos para
aludir a Sor Juana–. Tal uso no existe en el caso de los escritores: ¿cuántas
veces escuchamos decir José, César, Juan, Octavio, Juan Carlos, Jorge Luis,
en referencia a Martí, Vallejo, Rulfo, Paz, Onetti o Borges? Me pregunto si
esta particularidad pretende resaltar u ocultar la presencia –¿solitaria?– de
las mujeres en la institución literaria o si una intuición colectiva amputa,
deliberadamente, el apellido de sus nombres para dejar entrever el cuestio-

---

[7] de la Cruz 1995: 444.

namiento de la herencia paterna que algunas escritoras ejercitaron y ejercitan en sus creaciones. No me molesta esta designación. Propone una adscripción específica, un lugar excéntrico en los campos intelectuales, afirma esa parte del nombre propio *femenino singular*. No obstante, también algunos escritores reciben este trato –Rubén, Macedonio, Felisberto– ¿porque son escritores sin padres?

Cuando, en una lejana tarde de otoño, que podemos suponer ligeramente brumosa y en un Londres más monocolor que el actual, una mujer entró en la Biblioteca del British Museum, para cumplir con una tarea ardua –escribir una conferencia sobre las mujeres y la novela– descubrió, azorada, que en el catálogo de tan venerable institución y bajo la letra *M*, se desplegaba un tentacular mundo de letras. Oigámosla:

> Estos cinco puntos suspensivos indican cinco minutos separados de estupefacción, sorpresa y asombro. ¿Tenéis alguna noción de cuántos libros se escriben al año sobre las mujeres? ¿Tenéis alguna noción de cuántos están escritos por hombres? ¿Os dais cuenta, vosotras mujeres, que sois quizá el animal más discutido del universo? Yo había venido equipada con cuaderno y lápiz para pasarme la mañana leyendo, pensando que al final de la mañana habría transferido la verdad a mi cuaderno. Pero tendría yo que ser un rebaño de elefantes y una selva llena de arañas, pensé recurriendo desesperadamente a los animales que tienen fama de vivir más años y tener más ojos, para llegar a leer todo esto (Woolf 1989: 39 y ss.).

Después de recorrer con angustia una montaña de libros sobre la biología, la sexualidad, la psicología, los instintos de las mujeres; después de reconocer los nombres de importantes pensadores, científicos, novelistas, ensayistas, y de desconocer un número inexplicable de otras plumas masculinas dedicadas a tal tema durante siglos, la asalta una nueva pregunta. Vuelve al catálogo, busca aterrada la letra *H* que representa la otra mitad de la especie humana y, con cierta alegría, descubre que el listado dedicado a los hombres es realmente breve; luego, que los pocos libros a ellos dedicados no están escritos por mujeres. Concluye: "Las mujeres no escriben libros sobre los hombres, hecho que no pude evitar acoger con alivio, porque si hubiera tenido que leer primero todo lo que los hombres han escrito sobre las mujeres, luego todo lo que las mujeres hubieran escrito sobre los hombres, el aleo que florece una vez cada cien años hubiera florecido dos veces antes de que yo pudiera empezar a escribir". Después de elegir unos títulos al azar en el fichero marcado con la *M* y de transitarlos intensamente logra confeccionar un listado de temas extraídos de los libros que consulta, los anota bajo el sugerente epígrafe que expresa su preocupación originaria: "Las mujeres y la pobreza".

Toma notas, recoge citas contradictorias, pasa por sucesivos estados de ánimo: desesperación, cólera, injuria a los hombres, tolerancia y, finalmente, el espíritu de la libertad se posa sobre su cabeza cuando llega a algunas sencillas conclusiones: para hablar de las mujeres hay que mirar, aprender a mirar las cosas directamente. Otra, las mujeres, en general, son pobres; no poseen, en general, bienes propios. Empieza a albergar razonables temores acerca de la incidencia de la pobreza en la escritura literaria y especula que con quinientas libras al año de renta seguras las mujeres dejarán de ser (en cien años más, profetiza) un sexo vilipendiado, protegido, débil... Poco más adelante emprenderá su verdadera tarea: estudiar los discursos producidos por las mujeres a lo largo de su cultura –la inglesa– y llegará a otras interesantes conclusiones sobre la mujer y la novela. Una de ellas es que la presencia de las mujeres en la escritura avanza en relación directa con el avance de los derechos sociales y políticos; pero no sólo con ellos, sobre todo avanza con la independencia económica y con lo que sintetiza en una magnífica metáfora que los engloba a todos: cuando las mujeres logran tener *a room of one's own*. Una habitación propia, contenedora de la libertad del cuerpo, de la intimidad, del pensamiento, de la imaginación, de tiempo y de espacio...

Entre estas reflexiones de Virginia Woolf de 1929 y nosotros median más de setenta años; no hemos llegado a los cien necesarios según su profecía, aunque –y éste es un hecho comprobable directamente– la escritura de mujeres se ha consolidado notablemente en estas décadas, de lo cual podemos derivar que las mujeres han ido adquiriendo su habitación propia. Aquí empiezan otras preguntas: ¿si hoy entráramos en el British Museum confeccionaríamos un catálogo de tópicos semejantes al suyo? ¿El avance de las mujeres es homogéneo en todo el mundo? ¿El ritmo de los avances es igual en todas las culturas, en todas las sociedades? Preguntas tan amplias que nos llevarían a una disquisición imposible de abarcar desde una mirada o un sólo discurso disciplinar.

Lo cierto es que no son equiparables los procesos y las conquistas históricas de las mujeres en los países del llamado Primer Mundo a los que se han llevado a cabo en los del llamado Tercer Mundo. Sólo como apunte de muestreo consigno algunos datos aportados por Menchú en 1993: el 70% de la producción agrícola del Tercer Mundo la realizan las mujeres; en la industria 500 millones de puestos de trabajo, oficiales y computados están en manos de mujeres, sin embargo de cada 100 ptas. pagadas en concepto de salarios sólo 10 ptas. corresponden a salarios de mujeres. La media de la jornada laboral femenina en el Tercer Mundo, incluyendo las de manutención familiar, oscila entre las 13 y las 15 horas diarias. La mitad de las mujeres del Sur padece anemia y ésta afecta al 60% de las embarazadas; en treinta países del Sur sólo el 25% de los partos son asistidos por personal especializado, en España son 96 de cada cien. Mientras en España 11 mujeres de cada 100.000 mueren en los partos, en treinta países del Tercer Mundo mueren 600 de cada 100.000. En una brusca traslación de la intuición de Woolf, estos datos corroboran que si hay algo peor que ser pobre, es ser una mujer pobre de un país pobre. Puntuación de Menchú:

> Pero, a pesar de estos datos que conducen a la ya denominada sociológicamente feminización de la pobreza, la situación de la mujer está cambiando. Ahí está la organización cada vez más activa y la capacidad de lucha de las mujeres en el Tercer Mundo y es que la organización de las mujeres ha sido la mejor herramienta para iniciar el duro camino hacia la igualdad de derechos. La mujer debe enfrentarse, hoy, a los estereotipos que la encasillan en el papel de objeto y no de sujeto de la historia. Ese es el objetivo para la mitad de la población de este planeta; pero también es el reto para la humanidad del siglo XXI (12).

En estos años que nos separan de Woolf el volumen de libros escritos por mujeres sobre mujeres (¿también sobre hombres?) ha aumentado de una manera aluvional en todas las culturas. Reconstruir la historia de los discursos de las mujeres, hacer el mapa de sus aportaciones a las sociedades en las que se producen, describir el valor de sus saberes y deconstruir los tópicos fraguados sobre ellos, ha sido la concentrada tarea de muchas plumas, coloridas y variadas. Las mujeres han tomado la palabra sobre sí mismas y han ido pasando por los diferentes estados por los que pasara Woolf: cólera, reivindicación, fáciles oposiciones, disyunciones binarias... Con cierto optimismo, se puede afirmar que, si bien el espíritu de la libertad no se ha posado sobre todas las cabezas para dar estabilidad, la dirección del pensamiento se ha ido aquietando hasta transformarse en un proceso de indagación en marcha, cada día más complejo, más profundo, más agudo.

Por las mismas fechas en que lo hacía la escritora inglesa, desde otros ámbitos y desde una sociedad en la que los procesos de transformación social eran y son lentos y diferentes, la venezolana Teresa de la Parra dictaba tres conferencias sobre "La importancia de la mujer americana durante la Conquista, la Colonia y la Independencia", con la intención de revisar y reivindicar el lugar de las mujeres en la historia latinoamericana. Partía respondiendo a algunas críticas, bastante feroces, que su fresca novela *Ifigenia. Diario de una señorita que escribió porque se fastidiaba* de 1926, había levantado en los pacatos círculos de la Venezuela y Colombia de los años 20. En sus conferencias Teresa presenta su novela como un diagnóstico sintomático de una sociedad cerrada, que no se avenía a admitir el caudal creativo de las mujeres, incluso en contra de su propio ritmo histórico modernizador. Como ella misma señalara, la modernización de las sociedades latinoamericanas desde fines del siglo XIX había producido cambios, tanto en el ámbito de los derechos básicos como en la incorporación de las mujeres a un nuevo ritmo vital, que exigía una transformación de valores sociales: "La crisis por la que atraviesan hoy las mujeres –señala– no se cura predicando la sumisión como se hacía en los tiempos en los que la vida mansa podía encerrarse toda dentro de las puertas de la casa. La vida actual, la del automóvil conducido por su dueña, la del teléfono, la de la prensa y los viajes, no respeta puertas cerradas" (474).

Pero, si estoy siguiendo a de la Parra no es para desplegar sus irónicas reflexiones, que comentaré en extenso, sobre el mal gusto de las nuevas burguesías ascendentes en América Latina desde fines del XIX, burguesías reificadoras de sus mujeres a las que convertía en arribistas del buen pasar, sino para mostrar su apertura e intento de sistematizar la historia secreta de las mujeres latinoamericanas. Lo hace creando una genealogía que puntúa, entre otras, la eficacia e independencia de la Marina-Malintzin que acompañaba a Cortés; la labor secreta y transmisora de la tradición prehispánica de la madre del Inca Garcilaso; la vehemencia valerosa de Manuela Sáenz, la compañera de Bolívar.

El discurso de Teresa va hilando la reconstrucción de saberes y valores negados por los discursos dominantes: la capacidad de transmitir, desde la oralidad y la limitación del espacio doméstico, un sentimiento de la historia contradictorio con la épica visión masculina; la afirmación del ejercicio del análisis de lo concreto y cotidiano, de la llevada y traída *intuición femenina*, productora de una visión menos estereotipada de la realidad y de una relación constructiva con el entorno; la austeridad y el coraje frente a las situaciones adversas, sin heroicidades enfáticas; y, sobre todo, la peculiar relación de libertad irrespetuosa de las mujeres con el lenguaje, una relación ondulante que elude el etiquetamiento o las fórmulas definitivas.

Significativamente la mayor parte de las mujeres a las que aludía de la Parra no eran escritoras; su espacio fue el del verbo volante que se perdía en los oídos de los otros. Hay que esperar casi a fines del XIX y al XX para que los discursos de las mujeres emerjan con potencia en la institución literaria: Alfonsina Storni, Delmira Agustini, Gabriela Mistral, son las escritoras que Teresa reseña. Consigna, no obstante, la presencia de una escritora fundacional: la *más mala entre las malas*, Sor Juana Inés de la Cruz. A ella se refiere Teresa de la Parra diciendo que es la síntesis de dos tipos de humor permitidos a las mujeres en la vida colonial: la gravedad de la señora de la casa y la campechanía de la criada; de la suma de los dos surge "la monja humorista e intelectual a lo Santa Teresa y a lo Sor Juana Inés de la Cruz". La suya es la piedra fundacional de un largo camino, en el que la monumentalidad de la tradición escrituraria occidental será un espacio de conquista, de apropiación. La escritura de mujeres en América Latina ha mantenido, desde la primera piedra arrojada por Sor Juana, esa mirada "estrábica, bizca", propuesta por Weigel (69 y ss.). Una doble mirada: la crítica, a veces oblicua, a veces irónica, a veces enfática en la denuncia del silenciamiento de las voces que no llegan al monumento de la escritura, y la constructiva que, lentamente, ha estructurado una mirada *otra*, ejercitada desde diferentes posicionamientos éticos.

En las últimas décadas del siglo XX asistimos a una verdadera explosión creativa de las mujeres latinoamericanas. En las evaluaciones hechas sobre la producción literaria de este período, casi todos los críticos coinciden en señalar este fenómeno como producido por una serie de factores que podríamos resumir en varias consideraciones[8]. Por una parte, la toma de conciencia desgarrada o feroz, displicente o irónica, en la *intelligentzia* latinoamericana última, del fracaso del proyecto que marcó las décadas de los 60 y 70, esto es, el de la Revolución continental, entendida como un macro proyecto, revulsivo, unificador y al mismo tiempo particular en cada país, pero que se mantuvo como línea reflexiva y como práctica política. Por otra, el cambio de los actores sociales que podríamos sintetizar en la aparición de actores sociales *chicos* –asociacionismo de jóvenes y grupos urbanos, barriales o grupales, movimientos étnicos, de mujeres– que proliferan en América Latina, mientras que en décadas anteriores primaban los *grandes actores sociales* cuyas fuerzas directrices fueron partidos políticos, movimientos guerrilleros, sindicatos, etc. Estas nuevas asociaciones proponen respuestas novedosas a diferentes problemáticas, muestran la desarticulación de los Estados y permiten entrever una disociación creciente entre sus aparatos y la sociedad civil; disociación que ha generado, en las décadas últimas, un alto descrédito social frente a las instituciones orgánicas. Estos procesos han sido acompañados por la fuerte presencia social y política de las mujeres latinoamericanas, empeñadas en ser actores partícipes en la democratización que sucedió a los regímenes autoritarios de los 70 y a las decepciones revolucionarias.

---

[8] *Vid.* Calderón y Reyna: 17 y ss.

Sin pretender una relación lineal entre estos fenómenos y la eclosión de escrituras de mujeres, sí parece evidente que los postulados de la más reciente producción se han distanciado de las posiciones estéticas de la generación del Boom[9], con formulaciones que delimitan nuevos rasgos, adscritos a la transmodernidad, en la creación literaria. "Localización, fragmentación, destrucción de la trascendencia, minimalismo, la búsqueda de la descentralización cultural, la destrucción de las hegemonías recibidas, la búsqueda de otros centros", marcan una distancia evidente con la producción anterior y una revisión crítica de los modelos experimentalistas y totalizantes construidos en los 60. Todo ello ha conducido a deslindar nuevas líneas creativas que se deslizan hacia los márgenes o zonas fronterizas culturales (*vid.* Ruffinelli 1990: 32 y ss.).

En este panorama la escritura crítica de las mujeres se plantea una doble tarea: hacia afuera para construir tradición; pero también hacia adentro, mostrando sus propias estrategias, aquéllas que, con relación a Sor Juana, Ludmer denominó "las tretas del débil" para practicar en los espacios admitidos "lo vedado en otros" y así provocar un movimiento de anexión y de reterritorialización de los discursos hegemónicos (Ludmer: 47 y ss.). Tales producciones ponen en jaque al concepto mismo de Historia, le quitan su mayúscula y la ubican en el terreno de la letra minúscula, una letra *pequeña* que dice lo que la tradición letrada desdeñó. Desde las tradiciones orales a las escrituras no monumentales (la carta, el diario, la receta de cocina, la letra de la música popular) o los géneros desgajados de lo literario y considerados subliteratura (la novela rosa, la policial, el folletín). Creatividad que busca conmover los pilares culturales y consolidar una tradición negada: la historia de sus propias letras. Letras que, partiendo del "Fumando espero al hombre que yo quiero" del tango o del grito que exclama en el bolero "Arráncame la vida de un tirón que el corazón ya te lo he dado", escriben y reescriben en un movimiento sin fin y sin énfasis la historia...

---

[9] Reproduzco un casi manifiesto del chileno Antonio Skármeta: "La realidad se acaba, en última instancia, ante nuestras narices. Creo que caracteriza a nuestra generación –vía infrarrealismo, arte pop, trato activo con la realidad política latinoamericana, universalización de la aldea por el boom de las comunicaciones– la convivencia plena con la realidad, absteniéndose de desintegrarla para reformularla en una significación suprarreal. No se nos ocurriría nunca, por ejemplo, la absolutización de un sistema alegórico donde lo grotesco degrada la realidad, como en Donoso; ni la iluminación de la historia en la hipérbole mítica de García Márquez, ni la refundación literaria de América Latina como el 'realismo mágico' de Carpentier. Por el contrario, donde ellos se distancian abarcadores, nosotros nos acercamos a la cotidianeidad con la obsesión de un miope". Cit. por Rufinelli l990: 37.

¿Desde qué lugar? Por lo pronto, con un gesto irónico, sintetizado en esta Penélope que, en tono menor, suplica al heroico Odiseo lo siguiente (Alegría: 63):

Mi querido Odiseo:

Ya no es posible más
esposo mío
que el tiempo pase y vuele
y no te cuente yo
de mi vida en Itaca.
Hace ya muchos años
que te fuiste
tu ausencia nos pesó
a tu hijo
y a mí.
Empezaron a cercarme
pretendientes
eran tantos
tan tenaces sus requiebros
que apiadándose un dios
de mi congoja
me aconsejó tejer una tela sutil
interminable
que te sirviera a ti
como sudario (...)

Así pasé tres años
pero ahora, Odiseo
mi corazón suspira por un joven
tan bello como tú cuando eras mozo
tan hábil con el arco
y con la lanza (...)

De mi amor hacia ti
no queda ni un rescoldo.
Telémaco está bien
ni siquiera pregunta por su padre
es mejor para ti
que te demos por muerto.
Sé por los forasteros
de Calipso
y de Circe
Aprovecha Odiseo
Si eliges a Calipso
recuperarás la juventud
Si es Circe la elegida
serás entre sus chanchos
el supremo.
Espero que esta carta
no te ofenda
no invoques a los dioses
será en vano.
Recuerda a Menelao
con Helena
por esa guerra loca
han perdido la vida
nuestros mejores hombres
y estás tú donde estás.

No vuelvas, Odiseo te suplico.

Tu discreta Penélope.

CAPÍTULO V

"DETENTE SOMBRA...". CORTES SOBRE SOR JUANA[1]

1. Discurso barroco: exhibición y pliegue

Frente al "racionalismo renacentista, el arte Barroco puede parecer irracional si se examina superficialmente", afirma Trías.

> A la armonía entre la función y la forma parece suceder la distorsión entre ambos términos (...) pero esto es sólo apariencia. De hecho el Barroco no sólo es racional sino racionalista. Supone una filosofía que ha escindido lo real entre la razón y la sinrazón, entre Razón y Locura. Y que ha escindido, sobre todo, lo real inteligible de lo sensible, entre la claridad de la idea y la confusión de la sensación (Trías: 163).

Deleuze cuestiona esta división neta, sostenida por varios autores, como característica central del Barroco y postula que lo supuestamente disociado está, más bien, plegado.

> El Barroco no remite a una esencia, sino más bien a una función operatoria, a un rasgo. No cesa de hacer pliegues. No inventa la cosa: ya había todos lo pliegues procedentes de oriente, los pliegues griegos, romanos, góticos, clásicos.... Pero él curva y recurva los pliegues, los lleva hasta el infinito, pliegue sobre pliegue, según pliegue. El rasgo del Barroco es el pliegue que va hasta el infinito (Deleuze 1989: 11 y ss.).

Dos infinitos y dos direcciones diferenciados entre sí, los repliegues de la materia y los pliegues del alma, configuran una distribución que propone un universo pensado en dos pisos, como se verifica en la casa barroca que trabaja con la multiplicidad laberíntica: "Se dice que un laberinto, etimológicamente, es múltiple porque tiene muchos pliegues. Lo múltiple no sólo es lo que tiene muchas partes, sino lo que está plegado de muchas maneras. A cada piso le corresponde precisamente un laberinto: el laberinto de lo continuo en la materia y sus partes, el laberinto de la libertad en el alma y

---

[1] El origen de este capítulo está en el artículo: "El amante imaginario en la lírica de Sor Juana Inés de la Cruz", en Bellini 1991: 89 a 101.

sus predicados". Así lo postulaba Leibniz frente a Descartes, quien ignoró la curvatura, abocándose a la continuidad rectilínea en la materia y en la libertad del alma; curvatura que "necesita una 'criptografía' que, a la vez, enumere la naturaleza y descifre el alma, vea en los repliegues de la materia y lea los pliegues del alma".

Es verdad que el pliegue separa y diferencia, de allí la escisión entre el interior sosegado y la fachada apretadamente ornamentada de la arquitectura barroca, pero al mismo tiempo las une una continuidad plegada, expresada en la casa barroca de dos pisos, cuya planta baja se conecta con la fachada en pliegues y repliegues interiores, pero en el segundo piso se encuentra la habitación cerrada, "puro interior sin exterior, interioridad cerrada con ingravidez, tapizada de pliegues espontáneos que ya sólo son los de un alma o un espíritu", apunta Deleuze. Cerrada pero abierta hacia arriba por un solo punto de luz cenital que alienta el movimiento ascencional de la mirada y la fuga hacia el infinito; o plegada sobre decorados pintados, entelados y variados tipos de *trompe-l'oeil* que afirman la autonomía del interior. La celda, la cripta, la capilla, el gabinete de lectura o de grabados: receptáculos de un interior autónomo, al que el Barroco inviste de fuerza y gloria, plasman la idea de que lo fundamental para ver está adentro.

La transformación del *cosmos* en *mundus* es el efecto de este gesto de pliegue. Un mundo diferenciado de los dos mundos del platonismo o del mundo de innumerables pisos en escalera, propio del neoplatonismo, que en la ascención se pierde en la aspiración al Uno y en el descenso se deshace en lo múltiple o indistinto. Lo específicamente barroco es la distinción y distribución de un mundo en dos pisos unidos entre sí, pero dirigidos cada uno por un régimen diferente. "La escisión del interior del exterior remite, pues, a la distinción de los dos pisos, pero ésta remite al Pliegue que se actualiza en los pliegues íntimos que el alma encierra en el piso de arriba, que se efectúa en los repliegues que la materia hace nacer, siempre en el exterior, en el piso de abajo". En este plegar el Barroco trabaja una serie de formas tensas que juegan con la dualidad plegada, a partir de la cual inventa la obra infinita: el interior-exterior, separación y pase entre materia y alma. Lo alto-bajo, tensión producida por la distribución en dos pisos. El pliegue-despliegue, continuación o extensión del acto de plegar. "El Barroco ya no es un arte de la estructura sino de las texturas"[2], por ello se concentra en la representación de

---

[2] "La materia-fachada va abajo, mientras que el alma-cámara asciende. El pliegue infinito pasa entre dos pisos. Pero al diferenciarse, se dispersa en los dos lados: el pliegue se diferencia en pliegues, que se insinúan en el interior y que desbordan en el exte-

los pliegues de la materia y del alma, cuya composición se expande en el claroscuro y los estratos superpuestos en la pintura, en la curvatura ascendente volumétrica en la escultura, en la fuga musical que juega con el tema en variaciones, en la proliferación metáforica y alegórica de la literatura.

El mundo barroco se mueve entre la direccionalidad de dos vectores, el hundimiento hacia abajo y el empuje hacia lo alto[3]. Ambos se expresan en la textura que hace coexistir la suma de las masas abajo y hacia arriba, la tendencia a elevarse buscando "la ingravidez donde las almas están destinadas a devenir razonables, como en un cuadro del Tintoretto o el Greco" (Deleuze 1989: 42). Pliegue que combina lo visible y lo legible, expresado en la distinción entre símbolo y alegoría, en la interexpresión entre emblema y sentencia[4], en el abanico de Mallarmé o en el infinito *Libro de arena* de múltiples hojas, siempre borradas, siempre presentes, soñado por Borges.

Si este pliegue entre lo real inteligible y lo real sensible es perceptible en toda la producción barroca peninsular, el Barroco hispanoamericano lo acentúa al unir los pliegues de las texturas con las mixturas. *Arte de la contraconquista* lo llamó Lezama Lima, en el que se enseñorea la mixtura de los materiales originarios provenientes del entorno natural americano con la adusta piedra; de la ornamentación curvada de la tradición europea con la esquemática imaginería de herencia indígena; de la curiosidad criolla acumulativa de las novedades europeas con la apetencia de lo propio.

Mixturas que Sor Juana exhibió, en su auto sacramental *El Divino Narciso*, en la combinación de los mitos griegos y católicos con los indígenas, del marco calderoniano con los cantos a las viejas deidades prehispánicas, de la cual surge, por ejemplo, esta mestizada oración o encantamiento: "Y en pompa festiva, / celebrad al gran Dios de las Semillas!". Esta diferencia americana produce "un espléndido estilo surgiendo paradójicamente de una heroica pobreza"[5].

No me detengo en la descripción de la sociedad novohispana –patrimonialista, cortesana, con una Iglesia fiscalizadora, cuya vida cultural se asienta en las minorías letradas dedicadas al ocio intelectual y críptico, protago-

---

rior, articulándose así como lo alto y lo bajo. Repliegues de la materia bajo la condición de exterioridad, pliegues en el alma bajo la condición de clausura (...) Las materias son el fondo, pero las formas plegadas son maneras. Se va de las materias a las maneras. De los suelos y terrenos a los hábitats y salones. De la texturología a la logología." Deleuze 1989: 50 y ss.

[3] *Vid.* Wöllflin 1986.
[4] *Vid.* Benjamín 1990.
[5] *Vid.* Lezama Lima 1969.

nistas de la cultura en las capitales virreinales– ya hecha con minuciosidad y desde diversos ángulos[6]. Una cita de Picón Salas sintetiza la imagen de cultura que estas minorías ejercen: "No distingue bien el intelecto colonial del siglo XVII –al que están vedados los nuevos métodos del racionalismo crítico y experimentación que creaba entonces Europa– la frontera exacta entre las ciencias. La cultura es un fenómeno de superposición de noticias más que de síntesis" (1985: 137). Como ejemplos modélicos: Carlos de Sigüenza y Góngora y Pedro Peralta Barnuevo. Pero el drama barroco entre ascetismo y sátira penetra en la cultura de la América hispánica desnudando el *otro lado* de la cara letrada y cultista, en el resentimiento de un Caviedes o en el orgullo metafísico de Sor Juana. Superposición, es cierto. También cultura desgarrada la del Barroco novohispano, hijo mestizo del desengaño teatral del Barroco español.

2. Sor Juana Inés de la Cruz: escritura de fundación

> No hay cosa más libre que
> el entendimiento humano;
> ¿pues lo que Dios no violenta,
> por qué yo he de violentarlo?
>
> Sor Juana

En el listado evaluativo sobre el papel de las mujeres en la historia latinoamericana realizado por Teresa de la Parra, al que ya aludí, el dato más evidente era la ausencia de mujeres escritoras en los siglos coloniales. Los estudios últimos han reconstruido la presencia y actividad pública de las mujeres y van completando su geografía intelectual. No obstante, la escritura de Sor Juana sigue siendo fundacional pues delinea una posición activa de intervención sobre el espacio cultural, tanto por la lúcida reflexión sobre las necesidades de las mujeres y sus derechos en el espacio social como por

---

[6] La revisión de la cultura colonial latinoamericana es intensa en las últimas décadas. Por su excelente muestra de nuevos puntos de vista remito a González Stephan, B. y Costigan, L. 1992. En este volumen: *Vid.* Beverly, John: "Nuevas vacilaciones sobre el Barroco", 289-301. Por otra parte, las aportaciones de Serge Gruzinski presentan un novedoso recorrido que señalan los procesos de mixturación en el México colonial, siguiendo los trayectos de las imágenes y las tensiones entre la ciudad y la corte. *Vid.* Gruzinski 1991; 1992; 1994; 1996.

la brillantez con la que reelabora los tópicos desplazados del Barroco peninsular[7].

La desafiante escritura de Sor Juana fue objeto de exaltación y atención. Sus obras se publican en el corazón del Imperio; entre la primera edición de 1689 de su *Inundación Castálida* en Madrid hasta 1725 en que aparece su obra literaria recogida en tres tomos, se suceden diecinueve ediciones. Poco después de su muerte escritores de su tiempo le rinden homenaje en la *Fama* póstuma en 1700, lo cual habla de una situación notable en el Parnaso hispánico. El opacamiento de su figura a lo largo del XVIII hasta comienzos del siglo XX tiene que ver con *el largo ostracismo* que desdeñó la estética barroca después de la condena del padre Feijóo en 1728 y del desdén de buena parte de los polígrafos del XIX por el gongorismo.

Por otra parte, "el silencio atronador" –como lo denomina Bénasy– de sus coetáneos mexicanos después de su muerte, no sólo muestra que nadie es profeta en su tierra sino que hubo un pacto, si no explícito al menos de omisión, para difuminar la potencia de su escritura. Las recuperaciones del ecuatoriano Juan León de Mera en su edición de 1873 o de Amado Nervo, a comienzos del XX, aparecen como islas hasta la recuperación cabal, en los treinta, iniciada por el grupo de *Contemporáneos* y la edición crítica de su obra por la minuciosa mano de Méndez Plancarte en los cincuenta.

En las últimas tres décadas resurge un interés intenso por esta obra que había sido, por decirlo así, normalizada por la tradición crítica, concentrada en la indagación biográfica, filológica o historicista. Los estudios recientes y, de manera específica, muchas escritoras reivindican el proyecto literario de Sor Juana. Sin embargo, considero que las nuevas imágenes construidas sobre su figura y su obra siguen insistiendo en un núcleo interpretativo tradicional: el de la derrota. Entre otras, la poeta cubana Marilyn Bobes León concentra en versos fustigadores la imagen de una Sor Juana combativa y quebrada:

> La que la muerte arrebató a la paz del convento
> La que nació sin tiempo en aquel siglo
> donde la paz fue oscura, los sabios renegaron, las mujeres
> /mintieron por callar.
> Y no guardaba más pasión que el saber.

---

[7] *Vid.* González Boixo 1997; así como su edición de la *Obra lírica*, 1992. *Vid.* Bénasy-Bérling, Marie Cécile: "La lucha por la libertad en Sor Juana Inés de la Cruz", ibid. y su fundamental trabajo: *Humanisme et religion chez Sor Juana Inés de la Cruz. La femme et la culture au XVII siècle*, 1982.

Y no tenía más ventura que el sueño,
más compasión que la soledad.
La que firmó con su sangre el miedo
y vivió maltratada.
La primera.

Como señalara Paz, la mirada de Sor Juana distingue a su poesía, fundamentalmente a la amorosa, dotándola de una "claridad inteligente que inmediatamente se transforma en conciencia". Esto la distancia de autores canó-
nicos del Barroco español, de Lope o Quevedo porque mientras,

> Lope es vasto pero no lúcido; Quevedo vive la oposición entre la pasión y la
> razón; Sor Juana las une: al sentir, piensa. La lucidez es, asimismo, conciencia
> de los límites. Lope y Quevedo son desmesurados; Sor Juana tiene una concien-
> cia aguda del 'hasta aquí'. Esa conciencia es, simultáneamente, vital y estética.
> Por lo primero, el amor colinda con la melancolía, es decir, con la ausencia, la
> soledad y la reflexión interior. Sor Juana no deja de interrogarse y de interrogar
> las imágenes de su solitario devaneo, el amor es conocimiento. Por lo segundo,
> el arte no es un exceso ni un derroche verbal o mental sino un rigor, una conti-
> nencia.

Pero el mismo Paz interpreta el proceso creativo de Sor Juana –que transita desde el ejercicio intenso de la escritura a su abandono– como un fracaso en el que la opresión social reaccionaria triunfó sobre la potencia creativa
y la condujo al silencio. Reconoce que para Sor Juana "el acto de conocer,
incluso si termina en fracaso, es un saber: la no revelación es una revelación" pero, en el final de su *Ensayo de restitución*[8], se impone la imagen del
sometimiento. Imagen con la cual Paz intentaba destruir el tópico de la *conversión* –que muchos exegetas sostuvieron, desde el Padre Calleja hasta
algunos de los actuales[9]– a riesgo de introducir otro, de raíz romántica esta
vez: la del artista como sujeto en pugna con lo social regresivo. Interpretación justa en el caso de Sor Juana pero clausurante, en la que queda un resto
que no termina de explicar el silencio público y literario de Sor Juana.

En un artículo lejano, menos escorado que el de sus *trampas*, Paz puntuaba:

---

[8] Paz 1982: 625 y 609 y ss.

[9] *Vid.* la inmotivada insistencia en la conversión final de Sor Juana en el artículo de
Zancajo; artículo, no obstante, agudo en el desnudamiento de los singulares prejuicios
del libro de Octavio Paz, cuyos ataques a un autoritarismo difuso apuntan más al contexto contemporáneo que al de Sor Juana. (Zancajo 1995).

Temo que no sea posible comprender lo que nos dicen su obra y su vida si antes no asimos el sentido de esta renuncia a la palabra. Oír lo que nos dice su callar es algo más que una fórmula barroca de la comprensión. Pues si el silencio es "cosa negativa", no lo es el callar. El oficio propio del silencio es "decir nada", que no es lo mismo que nada decir. El silencio es indecible, expresión sonora de la nada. El callar es significante. Aún de "aquellas cosas que no se pueden decir es menester decir siquiera que no se pueden decir, para que se entienda que el callar no es no saber qué decir sino no caber en las voces lo mucho que hay que decir". ¿Qué es lo que nos callan los últimos años de Sor Juana? Y eso que se calla, ¿pertenece al reino del silencio, esto es, de lo indecible, o al del callar, que habla por alusiones y signos? (Paz 1951).

A su vez, Bellini aludía a los misterios de este silencio, sugiriendo que se fraguó no solamente en el entorno social e intelectual hostil que rodea su encumbramiento como Décima Musa, sino en la imposibilidad de saciar el ansia misma que la inspiraba: la de un conocimiento total, cuyo fracaso se expone en *Primero Sueño*[10]. Como estos ensayos sugieren, hay algo de un hallazgo poético y vital en el silencio último de Sor Juana que deambula entre sus lectores sin ser elucidado. ¿Será posible interpretar ese silencio final de Sor Juana como un ejercicio de lucidez; como una elección, determinada por el hostil contexto, pero también contenida y atravesada en su experiencia literaria? ¿Qué saber, no reconocido, negado socialmente, perfilaría esta posible elección del silencio?

Dos vías diferenciadas permiten a Sor Juana indagar en su deseo: un discurso de ataque institucional, en el que se sirve de algunos tópicos de aminoramiento (captatio benevolentiae, humildad, negación) para subvertirlos desde una lógica menor, señalizando un camino de impugnación al poder discursivo hegemónico. En este sentido, la *Respuesta a Sor Filotea de la Cruz* puede ser leída como un programa de actuación social en el cual se recurren los tópicos tradicionales con objetivos claramente reivindicativos: construirse una identidad, valorar los saberes de la tradición femenina y afirmar el lugar de las mujeres en la historia. En la otra vía, la creación literaria, Sor Juana produce una flexión del par dilemático barroco (Amor vs. Conocimiento) y elabora una teoría de las pasiones de la cual surge un sujeto consolidado en el *yo imagino* y en el acto de la escritura, lugares de realización de la pasión. Esta torsión del dilema barroco abre la escena a la representación de una emergente subjetividad femenina moderna en América Latina.

---

[10] *Vid.* Bellini 1987 y 1964.

Los apartados siguientes pretenden hilar estas dos vías en un acercamiento a la *Respuesta...* y a la poesía de tema amoroso de la autora y encarar el *enigma* del silencio final para desplegar la naturaleza del saber que Sor Juana alcanza.

2.1. *Mensajes en una botella:* Respuesta a Sor Filotea de la Cruz

Como se sabe, la *Respuesta a Sor Filotea de la Cruz* es la contestación de Sor Juana a las recomendaciones del Obispo de Puebla, Manuel Fernández de Santa Cruz, quien había publicado su *Carta Atenagórica* (1690), texto en el cual la monja rebatía las propuestas del jesuita portugués Antonio Vieyra en su *Sermón del Mandato: el de la mayor fineza de Cristo*[11]. A pesar de ser el responsable de la edición e incluso de su título, Fernández de Santa Cruz adosó una "Carta de Sor Filotea de la Cruz" dirigida a la autora, donde la reconviene por su exceso de lecturas profanas y le recomienda una dedicación más intensa a lecturas sagradas y a las tareas correspondientes a su condición. Aunque tanto la publicación de la *Atenagórica* como los elogios que Santa Cruz disemina en su *Carta* muestran un reconocimiento implícito de la inteligencia y aptitud de Sor Juana, su exhortación impertinente evidenciaba el poderío del Obispo y su derecho a controlar las escrituras y pensamientos de sus tutoradas. Como señala Franco[12], que en la *Atenagórica* Sor Juana discutiera un *Sermón* de prestigioso jesuita cuestionaba lugares del poder eclesiástico y de autoridad masculina intocables hasta hoy mismo –el confesionario, el sermón y el púlpito– registrando el derecho de participación pública de las mujeres en la Iglesia, vedado desde San Pablo.

La *Respuesta...* no era la primera carta que Sor Juana había enviado a un prelado, ni siquiera fue la más agresiva. En la *Autodefensa*, dirigida a su confesor Antonio Núñez de Miranda en 1682, ya se había ejercitado en el ataque explícito, de tono malhumorado, coronado con la negativa de que siguiera siendo su confesor[13]. Insólita para la época no sólo por su

---

[11] *Vid.* Vieira, Antonio: "Sermón del Padre Antonio Vieira en la Capilla Real. Año 1650", publicado como Apéndice en: de la Cruz 1995: 673 y ss.

[12] *Vid.* Franco 1993: 71-82.

[13] *Vid. Carta de Sor Juana Inés de la Cruz a su confesor. Autodefensa espiritual*, encontrada y editada por Aureliano Tapia Méndez en 1981 y 1986 en Monterrey. Paz la incluyó como apéndice en la tercera edición de su libro *Sor Juana Inés de la Cruz: las trampas de la fe*.

contenido recriminatorio sino por el acto de rebeldía y afirmación del derecho a la libre elección, a pesar de su tono y virulencia, esta carta no tuvo mayores efectos ni frenó el ascenso creativo ni la preeminencia social de su autora.

Cabe agregar que la polémica sobre las consecuencias de la *Carta Atenagórica* y la *Respuesta*... en la vida y la escritura de Sor Juana prosigue: el descubrimiento y edición por parte de Elías Trabulse de una carta manuscrita en principio dirigida por Sor Juana bajo el seudónimo de *Serafina de Cristo* al mismo Fernández de Santa Cruz en 1691 revelaría, en tono jocoserio, al verdadero contrincante de la *Carta Atenagórica*: el confesor repudiado en 1682, P. Núñez de Miranda –seguidor del misógino y poderoso Obispo de México, Francisco de Aguiar y Seijas– al que se vuelve a enfrentar después de diez años. Pero, tanto la atribución a la pluma de Sor Juana de la *Carta de Sor Serafina* como las conclusiones extraídas por Trabulse, son refutadas con argumentos dignos de atención por Alatorre y Tenorio, quienes afirman que posiblemente la carta fuera obra de una seglar que usa un seudónimo, "quizá una postulante que no llegó ni siquiera a novicia". Además, estos autores analizan la rúbrica y el estilo de *Sor Serafina* que no se corresponde, según ellos, al elegante y magistral de Sor Juana[14].

Se puede apreciar que, aun desprovista ya de la protección del poder virreinal que tuvo hasta 1686 durante la presencia de los Marqueses de Mancera (1664-1673) y los de la Laguna (1680-1686), en un contexto hostil de conflictos sociales, de crisis del poder virreinal y de endurecimiento del poder eclesiástico a partir de 1690, Sor Juana seguía participando en las polémicas de su época aunque desde un discreto fuera de campo. También lo cierto es que, en sus últimos años, Juana regresa al confesionario de Núñez de Miranda, entrega al Obispo Aguiar y Seijas sus libros y se retira de la escena pública. ¿Una retirada táctica a la espera de tiempos más benignos? Quizás, como anota Bénassy-Berling: "Ahora sabemos que hubo un 'empate' entre la autoridad eclesiástica y Sor Juana. En 1693, ella firmó una abjuración y cortó sus vínculos con los amigos de afuera pero, a cencerros tapados, durante los últimos meses de su vida pudo seguir leyendo y escribiendo e incluso adquirir bastantes libros" (111). Tales interrogantes permiten leer la *Respuesta*... sorteando las lecturas que afirman "su final sumisión" –Paz dixit– y abrirla en otras direcciones.

---

[14] *Vid.* Trabulse 1996. La discusión sobre la certeza de la autoría de Sor Juana en: Alatorre y Tenorio 1998: 36-91. Agradezco a Teodosio Fernández la provisión de estos textos.

2.2. *Responder, denunciar: su nombre por mi nombre, Ilustrísima*

El humor de doble faz, grave y campechano, deslizante entre la humildad y el tono admonitorio, la ironía y el sarcasmo, hace de la *Respuesta a Sor Filotea de la Cruz* un texto de increíble vitalidad. Con su fino buen y mal humor, este texto señaliza una manera –casi diría un estilo– de intervención querellante sobre la condición de las mujeres, de sutiles continuidades en la contemporaneidad.

En la *Respuesta...* Sor Juana combina dos instancias formales que podemos relacionar con el plegado barroco: la carta y la autobiografía. La primera como contestación se tensa y se alambica hacia el exterior, mientras que la autobiografía, interior plegado del texto, hace patente la continuidad entre vida y escritura.

Si, como afirma Sor Juana, la *Atenagórica* surgió de una conversación conventual, simple *bachillería* en la que había expuesto sus diferencias con el *Sermón* de Vieyra entre sus contertulios y que, a instancia de alguno de ellos, puso por escrito sus argumentos; si Fernández de Santa Cruz la publicó sin su consentimiento y luego la reconvino en su *Carta de Sor Filotea*, es lícito leer las quejas del comienzo de la *Respuesta...* como una imprecación contra quien, al darla a la imprenta, la dejaba expuesta a las iras de la jerarquía más conservadora. Aunque es cierto que la *Carta...* de Santa Cruz no es una diatriba furiosa contra la actividad intelectual de la monja, también lo es que tanto el tono paternal y los recordatorios de sus *verdaderos* deberes como monja imprimen una exigencia de subalternidad que Sor Juana discute con desparpajo asertivo.

El primer gesto polémico es responder a Fernández de Santa Cruz y aceptar el juego de máscaras que él mismo había iniciado al asumir como firma de su propia carta un nombre falso y femenino: "Sor Filotea de la Cruz"; seudónimo prestigioso que solía usar San Francisco de Sales, por el que Santa Cruz tenía especial devoción a más de ser el santo defensor "de la piedad práctica en el mundo"[15]. Todo el comienzo de la *Respuesta...* está entrelineado por este intercambio de nombres-máscaras. La carta, dirigida a "Muy Ilustre Señora, mi Señora", se inicia con un movimiento que Sor Juana mantendrá a lo largo del texto: señalar la imposibilidad de decir, diciendo. Jugando con su "torpe pluma" comienza excusándose por el retraso de su respuesta esgrimiendo dos imposibilidades: la primera, no saber responder; la segunda, no saber agradecer. Ambas aparecen como ejercicios

---

[15] *Vid.* Franco: nota 40, p.75.

de humildad pero operan con un efecto de superficie y un doble fondo: si por una parte agradece con máxima alegría "el no esperado favor, de dar a la prensa mis borrones", por otra, señala que ella no es responsable de tal favor: "merced tan sin medida que aun se le pasara por alto a la esperanza más ambiciosa y al deseo más fantástico; y que ni aun como ente de razón pudiera caber en mis pensamientos"[16]. Dardo contra el que, habiendo publicado la *Atenagórica*, la reconviene por escribirla.

Entre la retórica de aminoramiento de lo propio y la reiterada confesión de ignorancia, se deslizan una serie de usos que refutan la humildad a través de una sutil enumeración de identificaciones con diversas autoridades. En el arranque de la *Respuesta* Sor Juana se compara con Santo Tomás frente a Alberto Magno, cita a Quintiliano en latín y se coloca en el lugar de la madre del Bautista cuando es visitada por la mismísima *Madre del Verbo*, apropiándose de su pregunta: "¿De dónde a mí viene tal cosa?" La cita de autoridades es frecuente en la retórica barroca pero, en la *Respuesta...*, Sor Juana evidencia su doble fondo y la convierte en un valioso instrumento que esconde y muestra, tapa y desnuda, ataca y retira. Movimiento ejemplificador del modo de contestación que Sor Juana elabora: si, por una parte, el discurso aparece recubierto por las normas de la modestia y la discreción convenientes a una mujer y a una monja, en el envés se vislumbra la disidencia. Ondulante danza cortesana con el discurso que preside a la *Respuesta* y prosigue a lo largo de todo el texto.

En el lento decurso de constitución de la subjetividad moderna la experiencia individual se convierte en un valor reseñable y, a partir del siglo XVII, se densifica y explaya en el relato de vida; confesar, recordar, revivir, convierten a la autobiografía en una modalidad privilegiada del narrar sobre la que se asienta la novela moderna. La escritura autobiográfica avanza paralela a la secularización del pensamiento, a la separación de lo privado en oposición a lo público, a la construcción diferencial de la subjetividad como espacio interior y la consecuente necesidad expresiva de afectos y sentimientos. En las colonias americanas, la requisitoria de los confesores a las monjas de escribir sobre sus experiencias religiosas y así detectar herejías o posesiones demoníacas fue una forma de control y apropiación de la subjetividad de las discípulas que delimitó el espacio letrado de las muje-

---

[16] La primera edición de la *Respuesta* se hizo en *Fama y Obras póstumas* en 1700. Mis citas provienen de la edición de Alberto Salceda: de la Cruz, Sor Juana Inés 1995: "Respuesta a Sor Filotea de la Cruz", 440- 475. Las citas subsiguientes se extraen de esta edición; consignaré las páginas entre paréntesis.

res[17]. Sin embargo, aunque en el centro compositivo de la *Respuesta*, reconstruye su biografía, aparentemente a modo de expurgación, Sor Juana no responde a esa obligatoriedad, lo hace para defender su derecho al saber y a la escritura. Por ello, el juego de máscaras en la *Respuesta...* se utiliza con objetivos claros: hacer pasar el discurso autobiográfico y ejercer una reivindicación de sí misma y su singularidad.

Este gesto autobiográfico conforma a la *Respuesta...*, permea todos sus argumentos y resguardos. Su táctica es difuminar lo personal, cargando citas y referencias eruditas, para hacer pasar su singularidad de hurtadillas; pero también como movimientos tácticos que también le servirán para contestar y justificar su actividad intelectual. Así, cuando utiliza con claridad el modelo autobiográfico y se remonta a su temprana apetencia de conocimiento en la infancia lo presenta como una continuidad hasta el presente; es más, todos los datos de su vida están focalizados en esa pasión central que servirá de exculpación de su dedicación a los libros:

> Prosiguiendo en la narración de mi inclinación, de que os quiero dar entera noticia, digo que no había cumplido los tres años de mi edad cuando enviando mi madre a una hermana mía, mayor que yo, a que le enseñase a leer (...) me llevó a mí tras ella el cariño y la travesura; y viendo que la daban lección, me encendí yo de manera en el deseo de leer, que engañando a mi parecer a la maestra, le dije que mi madre ordenaba que me diese lección (445).

De igual manera, cuando expone el cambio del vestido cortesano por el hábito de monja lo señala como un giro en su vida, pero en la interpretación de tal cambio Sor Juana no exhibe sólo motivos religiosos, sino también de conveniencia social, por ejemplo su rechazo del matrimonio y las dificultades de las mujeres que permanecen fuera de él. Ahora bien, este juego autobiográfico de contar la vida propia localizándola según sus intereses de contestación, se pliega en una breve alusión que considero el verdadero hilo que guía el laberíntico recorrido de la *Respuesta...*

Sor Juana efectúa un canje más sutil: un trueque del nombre propio.

> Su Majestad sabe (...) que le he pedido (a Dios) que apague la luz de mi entendimiento dejando sólo lo que baste para guardar su Ley, pues lo demás sobra, según algunos, en una mujer; y aun hay quien diga que daña. Sabe tam-

---

[17] La crítica feminista ha realizado una serie de aportaciones sustanciales en el descubrimiento o relectura de estos textos. *Vid.* Lavrin 1983. Arenal y Schau 1988. Franco: 29-51; Valdés 1993: 467-468.

bién que no consiguiendo esto, *he intentado sepultar con mi nombre mi entendimiento, y sacrificársele sólo a quien me lo dio; y que no otro motivo me entró en
religión,* no obstante que al desembarazo y quietud que pedía mi estudiosa intención eran repugnantes los ejercicios y compañía de una comunidad; y después,
en ella, sabe el Señor, y lo sabe en el mundo quien sólo lo debió saber, lo que
intenté en orden a esconder mi nombre, y que no me lo permitió diciendo que
sería tentación; y sí sería. Si yo pudiera pagaros algo de lo que os debo, Señora
mía, creo que sólo os pagara en contaros esto, pues no ha salido de mi boca
jamás, excepto para quien debió salir (444-45, la cursiva es mía).

Sor Juana nació criolla. Tal condición desfavorable en la vida virreinal
no le impidió formar parte de la Corte ni el trato directo con el poder cortesano, intelectual y eclesiástico, aunque el peso de no proceder de familia
eminente y ser nacida en América le produjo más de un malestar[18]. Además
era hija ilegítima de mujer criolla y unos pocos documentos avalan la "irremediable verdad". Fundamentalmente el testamento de su madre, Isabel
Ramírez, que dejó constancia, en 1687, de ser "vecina y labradora en términos del pueblo de Amecameca", "mujer de estado soltera", aunque tuvo seis
"hijos naturales" y de dos padres diferentes. No se puede afirmar que Sor
Juana conociera su condición de hija natural antes de entrar al convento de
las Jerónimas, en cuyo *Libro de Profesiones* fue registrada como legítima,
pero su nombre previo al convento oscila entre el apellido materno y el
paterno: Ramírez y Asbaje. Vacilación que Méndez Plancarte, luego de anotar el tráfico de apellidos en la familia de la monja, consigna alarmado como
"claras señales, todas, de uso vacilante y promiscuo"[19].

Con la entrada al convento cambia su nombre por el de *Sor Juana Inés
de la Cruz.* En este canje algo cae y algo se conserva: las nominaciones de
sor y *de la Cruz* sepultan los apellidos del padre ausente y de la madre natural, e implican un rebautismo donde se borra la genealogía ilegítima y se
trueca por los máximos del código religioso para adquirir un nuevo nombre,
una nueva familia (la comunidad de hermanas) y una nueva ascendencia

---

[18] *Vid.* Sabat-Rivers, Georgina: "Mujer, ilegítima y criolla: en busca de Sor Juana"
en González Stephan y Costigan 1992: 406 y ss.; también Sabat-Rivers 1982: 275 y ss.
Esta autora ha llamado la atención sobre un *Epigrama* de Sor Juana, donde responde a
un insulto sobre la paternidad ilegítima con otro más duro: "El no ser de Padre honrado,/fuera defecto, a mi ver,/así como recibí el ser/de él, se lo hubiera yo dado.//Más pia-
dosa fue tu Madre,/que hizo que a muchos sucedas:/para que entre tantos, puedas /tomar
el que más te cuadre". (de la Cruz 1995: 230).

[19] *Vid.* nota 33 de su "Introducción" a de la Cruz 1995 (tomo I).

(hija del Padre). La dotación de una genealogía no *natural* ostentada por Sor Juana, está presidida por la sapiencia y garantiza la continuidad de su pasión por el estudio; al asumir –dice– el legado de sus nuevos padres, San Jerónimo y Santa Paula, debe continuar con su deseo pues "era degenerar de tan doctos padres ser idiota la hija". Pero, al mismo tiempo, la curvatura del nombre mantiene, en su pliegue, una fundación subjetiva que representa y sostiene su individualidad: el nombre propio, Juana.

El juego de nombres-máscaras de la *Respuesta*, cuando alude al *secreto* de su nombre revelado al Obispo, es un *pago* con el que salda todas las deudas a él debidas. Pago fraudulento, diría yo, porque el nuevo nombre mantiene lo más propio detrás de la máscara del apellido religioso y además oblitera al del Obispo, a quien se dirige no con los atributos de su nombre verdadero o de su jerarquía eclesiástica, sino como "Sor Filotea" jugando con su feminización. Que al final de la carta Sor Juana devele tal juego recubriéndolo de modestia:

> Si el estilo, venerable Señora mía, de esta carta, no hubiere sido como a vos es debido, os pido perdón de la casera familiaridad o menos autoridad de que tratándoos como a una religiosa de velo, hermana mía, se me ha olvidado la distancia de vuestra ilustrísima persona, que a veros yo sin velo, no sucediera así (...) si os pareciere incongruo el Vos de que yo he usado (...) mudadlo en el que os pareciere decente a lo que vos merecéis, que yo no me he atrevido a exceder los límites de vuestro estilo ni romper el margen de vuestra modestia (474-79)

no obsta para que todo el texto se sustente en un trato igualitario y desjerarquizador.

Leído desde la impugnación de la herencia paterna, podemos pensar que este rebautismo consolidó la posibilidad de la escritura literaria como lugar donde definir su destino: ella que sabía lo imaginario que es un padre (ausente) y lo real que es una madre (cuerpo más cuerpo), tuvo que vérselas con demasiados Padres (sus curas, de miradas omnipresentes) y demasiadas Madres (sus monjas, de cuerpos anulados, ausentes). Si la "entrada en religión" le implicó un rebautismo que no opacó la lucha por mantener el espesor de su nombre propio, Sor Juana tendió a reconocerse en una genealogía de puras almas *doctas*, sus Santos padres; por excelencia: María y su Hijo[20].

---

[20] *Vid.* sobre la identificación de Sor Juana con la figura de Cristo: Glantz, Margo: "Dialéctica de lo alto y de lo bajo en El Sueño", en Sáinz de Medrano, Luis (ed.): *Sor Juana Inés de la Cruz*, 47-61.

Para Sor Juana el objetivo central de su profesión conventual fue domeñar –dice– su pasión por el saber, pero el nuevo nombre no termina de sepultarla. Su nueva firma mestizada, entre religiosa y profana, opera como generadora de una tensión interna entre conocimiento y fe. Por ello, en el centro de la *Respuesta...*, fragua la construcción de un *yo* autobiográfico, atravesado por la *humilitas* retórica: "¿Qué entendimiento tengo yo, qué estudio, qué materiales, ni qué noticias para eso sino cuatro bachillerías superficiales (...) Yo no estudio para escribir, ni menos para enseñar (que fuera en mí desmedida soberbia), sino sólo por ver si con estudiar ignoro menos" (444).

Escenificación de la persistencia de la pasión de saber, presentada como constitutiva del sí mismo e impuesta directamente por el Creador, su autobiografía condensada se puntúa con esta pasión presente desde su infancia: "Desde que me rayó la primera luz de la razón –dice– fue vehemente y poderosa la inclinación a las letras, que ajenas represiones, que he tenido muchas; ni propias reflexiones, que he hecho no pocas, han bastado a que deje de seguir este natural impulso que Dios puso en mí" (444), sobre la que se asienta la invención autobiográfica como una épica sucesión de pruebas hercúleas para colmar su deseo y autorizar el trabajo creativo. Pruebas que incluyen un autodisciplinamiento corporal desde niña: aprende a leer a los tres años siguiendo las lecciones que le daban a su hermana; se abstiene de comer queso, su golosina favorita, "porque oí decir que hacía rudos, y podía conmigo más el deseo de saber que el de comer, siendo éste tan poderoso en los niños". Más tarde, "siendo así apreciable el adorno natural del cabello" se lo cortaba imponiéndose tareas de estudio hasta que volviese a crecer "que no me parecía razón que estuviese vestida de cabellos cabeza que estaba tan desnuda de noticias, que era más apetecible adorno".

Consigna sus firmes deseos "de querer vivir sola; de no querer tener ocupación obligatoria que embarazase la libertad de su estudio, ni rumor de comunidad que impidiese el sosegado silencio de mis libros" y confiesa que entra en el convento porque para "la total negación que tenía al matrimonio, era lo menos desproporcionado y lo más decente que podía elegir en materia de la seguridad que deseaba de mi salvación". Esa "huída de mí misma" no elimina su inquebrantable inclinación, "prenda o castigo del Cielo", que la obliga a proseguir con sus estudios "sin más maestros que los mismos libros (...) careciendo de la voz viva y explicación del maestro". Justifica su curiosidad profana y su escalada por las ciencias y las artes humanas: Lógica, Retórica, Física, Aritmética, Geometría, Historia, Arquitectura, Música ... hambre infinita de conocimiento de todo lo humano para alcanzar, en máxima ambición, " la cumbre de la Sagrada Teología" (446-47).

La arquitectura autobiográfica de la *Respuesta* no sólo reivindica el derecho a una educación formal para las mujeres, que debería incluir estudios teológicos, sino que exhibe una argumentación lógica que da licencia a su obra literaria. Donde Fernández de Santa Cruz la reconviene por su insistencia en las lecturas profanas y aconseja mayor atención a los textos sagrados, Sor Juana, con su regateo habitual le contesta que ha sido el temor y la reverencia a las Sagradas Letras los que dirigieron su aprendizaje. Denuncia de paso las prohibiciones que la Madre Iglesia imponía a sus súbditos sin distinción de sexos –"el ver que aun a los varones doctos se prohibía el leer los Cantares hasta que pasaban los treinta años, y aun el Génesis: éste por su oscuridad, y aquéllos porque de la dulzura de aquellos epitalamios no tomase la imprudente juventud de mudar el sentido en carnales afectos"– que justifican su atención a "los asuntos profanos, pues una herejía contra el arte no la castiga el Santo Oficio, sino los discretos con risa y los críticos con censura" (443).

Su propia creación literaria queda exculpada por tales limitaciones:

> No es culpa, porque no tengo obligación ni aptitud para acertar; luego, si lo yerro, ni es culpa ni es descrédito (...). Y, a la verdad, yo nunca he escrito sino violentada y forzada para dar gusto a otros; no sólo sin complacencia sino con positiva repugnancia, porque nunca he juzgado que tenga el caudal de letras e ingenio que pide la obligación de quien escribe; y así, es la ordinaria respuesta a los que me instan, y más si es asunto sagrado (...). Dejen eso para quien lo entienda, que yo no quiero ruido con el Santo Oficio, que soy ignorante y tiemblo de decir alguna proposición malsonante (444).

Si los temas sagrados son resbaladizos y las prohibiciones los convierten en territorio vedado, el Arte, luz profana, se delinea como espacio de libertad donde puede equivocarse sin castigo, donde es posible esquivar las amenazas del Santo Oficio y los riesgos de la herejía.

Un quiebre más: Sor Juana devalúa y no reconoce su extensa e intensa producción literaria, efecto –dice– de una violencia, sólo hecha " para dar gusto a otros", una imposición de "ruegos y preceptos ajenos" de sus amigos cortesanos y no de su voluntad, escritos para el poder –profano esta vez– Escritos que pone en el campo del displacer, incluso de la "repugnancia". Frente a lo solicitado por el poder, admite como propio lo creado con placer: "que no me acuerdo haber escrito por mi gusto sino es un papelillo que llaman El Sueño". El *Primero Sueño*, cima del pensamiento y de la poética sorjuanina, en el que desplegó toda su cosmovisión pasional, es el único hijo reconocido digno de su firma.

La autobiografía sirve a Sor Juana para sostenerse y construirse como sujeto, tanto en el trayecto vital como intelectual, por lo que no se propone la rememoración de su vida sino que la puntúa autorizándose en la pasión de saber y proveyéndose un nombre en la vida y una rúbrica en la escritura. El constante posicionamiento del *yo* –no sólo en la historia de vida, sino en citas, pensamientos propios, reflexiones sobre la escritura literaria– impregna los intersticios del texto configurándolo como una autobiografía intelectual.

Comida a cambio de conocimientos; cuerpo por saber; apellidos ilegítimos por apellidos sagrados; vida pública por vida interior; vida comunitaria conventual por silenciosa celda de estudio. Escritura impuesta por escritura placentera; nombres falsos de traidores prelados por nombre individual, verdadera rúbrica de la subjetividad. Transacciones y plisados ascencionales con los que Sor Juana edifica la fachada y los dos pisos de su morada propia.

2.3. *Construir: la* Respuesta *como testamento*

Si el discurso autobiográfico se caracteriza por la construcción de un *yo* textual, cuya aparente consistencia es efecto de la ilusión referencialista sostenida por su tropo básico, la prosopopeya, todo texto autobiográfico implica también una desapropiación subjetiva[21]. Tanto como la rúbrica que aspira a un más allá del sujeto que escribe y consigna su huella en la firma, el texto autobiográfico trabaja un orden testamentario.

Sor Juana escribe la *Respuesta...* condensando su pasado y desapropiándose de él para diseminar un legado hacia el futuro. No me refiero a una premonición de la muerte, que llegó pocos años después en 1695, sólo señalo que Sor Juana eligió un posicionamiento enunciativo en la *Respuesta* que anuda subjetividad, ética y política para hacer historia. Su núcleo central fue reivindicar la experiencia de las mujeres y de sus derechos, para diseñar una historia futura.

Con el ingreso en la orden de las Jerónimas, Sor Juana puso en marcha un doble juego que la protegió de los roles sociales habituales disminuyen-

---

[21] *Vid.* De Man 1991 y 1990; especialmente: "Semiología y Retórica" y "Proust (Lectura)". También Catelli sigue esta línea y señala que "'prosopan' es, a la vez, el rostro y la máscara, el hombre y el personaje, una superficie y lo que esta superficie oculta; una fachada y lo que hay en su interior" (*Vid.* Catelli 1991: 15). Agradezco a Nuria Girona las orientaciones bibliográficas sobre la autobiografía.

do la presión sobre su ubicación social; esto facilitó su continuidad en la participación de la vida cortesana y su creación literaria e intelectual. Pero, también, la vida religiosa le imponía ritmos, obligaciones, que la desviaban de sus deseos. En la *Respuesta* se queja a menudo de estas perturbaciones y reseña prohibiciones que, no obstante, transforma en espacios útiles para la experiencia y que le permiten ejercer su curiosidad. La restricción del tiempo dedicado a las lecturas y la obligación de cocinar, por ejemplo, la conducen a la observación de algunos saberes *bajos* pertenecientes a la esfera de lo femenino, que reivindica y pone en contacto con los considerados altos:

> Pues, ¿qué os pudiera contar, Señora, de los secretos naturales que he descubierto estando guisando? Veo que une y se fríe en la manteca o aceite y, por contrario se despedaza en el almíbar (...) Por no cansaros con tales frialdades, que sólo refiero por daros entera noticia de mi natural y creo que os causará risa; pero, Señora, ¿qué podemos saber las mujeres sino filosofías de cocina? Bien dijo Lupercio Leonardo que bien se puede filosofar y aderezar la cena. Y yo suelo decir viendo estas cosillas: si Aristóteles hubiera guisado mucho más hubiera escrito (459).

Sor Juana funda con este gesto una tradición en la escritura de las mujeres latinoamericanas: reconocer y valorar sus saberes, hacer pasar estos saberes del espacio volátil de lo cotidiano al espacio público, de la oralidad al monumento de la escritura.

Tradición que se acompaña con el empeño de decir lo que las historias oficiales no dijeron para trazar una genealogía de las mujeres: comienza con una relectura transversal de las *Escrituras*, en la que no se refiere a las grandes figuras patriarcales sino a la labor intelectual y política de las mujeres:

> Porque veo una Débora dando leyes, así en lo militar como en lo político, y gobernando el pueblo donde había tantos varones doctos. Veo una sapientísima reina de Saba, tan docta que se atreve a tentar con enigmas la sabiduría del mayor de los sabios (...). Veo tantas y tan insignes mujeres: unas adornadas por el don de profecía como Abigail; otras de piedad como Rahab; otras de persuasión como Esther; y otras infinitas, en otras especies de prendas y virtudes (460).

Es larga y sapientísima la línea que Sor Juana demarca y continúa con las tradiciones griega y latina, con las fundadoras de las órdenes religiosas, hasta llegar a la discusión de un aserto que incluso hoy resuena, aunque cubierto por un velo transparente: la negación de la capacidad de uso del conocimiento.

En la discusión sobre las virtudes y la autoridad de las mujeres para transmitir y llevar adelante tareas docentes Sor Juana despliega toda su capacidad razonadora. Comentando la frase de San Pablo –"Las mujeres callen en las iglesias porque no les es dado hablar"– y las interpretaciones varias que de ella se desprenden sobre la inconveniencia de que las mujeres participen en la vida pública o escriban, luego de argumentar su reticencia, reivindica el uso de la palabra que implica, entre otras cosas, el poder de proferir y de interpretar:

> Yo quisiera que los intérpretes o expositores de San Pablo me explicaran esta frase. Porque o lo han de entender de lo material de los púlpitos y cátedras, o de lo formal de la universalidad de los fieles que es la Iglesia. Si lo entienden de lo primero –que es en mi sentir su verdadero sentido, pues vemos que con efecto no se permite en la Iglesia que las mujeres lean públicamente o prediquen– ¿por qué reprenden a las que privadamente estudian? Y si lo entienden de lo segundo y quieren que la prohibición del Apóstol sea trascendentalmente, que ni en lo secreto se permita escribir a las mujeres, ¿cómo vemos que la Iglesia ha permitido que escriba una Gertrudis, una Teresa, una Brígida, la monja de Agreda y otras muchas. Y si me dicen que estas eran santas, es verdad, pero no obsta a mi argumento; lo primero porque la proposición de San Pablo es absoluta y comprende a todas las mujeres sin excepción de santas (460-461).

La autobiografía es una desapropiación de la subjetividad del que escribe, pero su carácter testamentario la convierte en legado, en mensaje proferido hacia el futuro. La escritura emerge como experiencia de los límites de la subjetividad y Sor Juana en la *Respuesta...* abre esta experiencia y la proyecta como lugar posible de libertad, de exploración del deseo, de formación de conciencia y construcción de historia.

3. Del "alma en confusión": lírica teoría del Amor

> En dos partes dividida
> tengo el alma en confusión:
> una , esclava a la pasión,
> y otra, a la razón medida.
>
> Sor Juana

El gesto de pliegue del Barroco produce una permanente demanda de método, una constante reflexión sobre la elección de una manera de plegar que transita desde la densidad de la materia al afinamiento ingrávido del alma; el cuerpo será la materia pesada que se va adelgazando en la perfilación del alma hasta desvestirla y fugarla hacia lo infinito. Si la separación entre razón y locura se sectoriza se ve que la subjetividad se despliega también en dos pisos: en el primero, la separación y continuidad con la complicación del exterior de lo visible y representable, donde la expresión se alambica en la proliferación metafórica, en el juego infinito del doble sentido, en el no decir diciendo, que teatralizan los juegos de la intersubjetividad. Mientras, en la cámara cerrada interior, despunta el ejercicio razonador, condensado en el concepto, afinado, sutil, ascencional que busca decir lo etéreo del alma.

En cuanto a las pasiones, la lírica barroca se despliega en un contrabalanceo permanente que oscila entre teorías y modelos de conducta. Señala Rodríguez Cuadros:

> Para el hombre barroco un comportamiento o un gesto cultural era siempre portador de una demanda de teoría que los justificara: así una cierta forma de andar de puntillas en el resbaladizo compromiso político social promovió, en no poca medida, las premisas pre-nietzcheanas de Gracián. Al mismo tiempo, en el terreno de la práctica de las pasiones sustentada por la creación poética, esa misma demanda de teoría, del modelo, del dogma, sufre un lento desplazamiento hacia su relectura por parte de los escritores, aunque en primera instancia, asuman los cuestionamientos culturales previos, para después discutirlos (27).

La fractura de la episteme barroca, puntualiza esta autora, se escenifica en una doble articulación: la individual/pasional y la que se vincula a un tópico de época, ya sea a través de una obliteración retórica o de una supuesta, a veces impuesta, remisión a los códigos de comportamiento social establecidos.

Más que de fractura se trataría de un método elusivo de vinculación de lo individual que se fuga hacia lo social. "El arte deviene *socius*", dice Deleuze. Espacio público, fiesta barroca, teatro del mundo, lugar de representación, que configura una nueva armonía, disimétrica, entre exterior e interior. Se entrelee detrás de la teatralización, exhibitiva de la teoría amorosa que encuentra en la lírica barroca un abierto cauce para el juego del no decir diciendo, un modo de inflexión entre la intelectualización de la pasión y el soslayo de su ejercicio, en la cual el arte se recubre bajo el vestido de lo engañoso, de la ilusión mentida. Velo que más que afirmar la mentira del mundo como teatro o buscar una salida de la ilusión, aspira a "realizar *algo* en la ilusión misma o comunicarle una *presencia* espiritual que vuelva a sus piezas y fragmentos una unidad colectiva" (Deleuze 1989: 53).

La división propuesta por Erixímaco en *El Banquete* entre la Afrodita Pandemo, que ataca a los hombres vulgares, atiende a la inmediata satisfacción del deseo y ama el cuerpo más que el alma; y la Afrodita Urana, que atiende al entendimiento, organiza un "amoroso certamen" y ordena a "los amantes perseguir y a los amados esquivar", sustenta las teorías amorosas de Occidente. Tal división se cristianizará con los *Diálogos* de León Hebreo, quien diversifica el amor en *natural* (atracción por los cuerpos inanimados); *sensitivo* (instinto animal) y *racional-voluntario*. Pero la relación equilibrada que llevaba a Hebreo a afirmar que estos tres concurren en el hombre, se disuelve en el Barroco, en el cual "se produce un deslizamiento hacia la ladera mística de la sensualidad amorosa, que convierte la armónica conjunción renacentista en un par dilemático –amor vs. Conocimiento– y en la actitud dual y dramatizada del amor Barroco" (Rodríguez Cuadros: 29).

Este par dilemático del Barroco se genera por una torsión de la tradición aristotélica de identificación entre amor y conocimiento, cuyo punto nodal de giro lo da Tomás de Aquino. Tomás introduce una racionalización y desculpabilización del amor a sí mismo que conlleva la interiorización del narcisismo. En su *Comentario a las Sentencias* jerarquiza tres tipos de amor: el amor a Dios, a nosotros mismos y al prójimo. Para Tomás

> nuestro propio bien se halla, según el Doctor Angélico, en Dios como en su causa, en nosotros mismos como en su efecto, en el prójimo como en una similitud. Así, el mayor bien es Dios, pero el primer acceso a él nos viene de la relación inmediata con nosotros mismos; por otra parte la similitud de los otros con nosotros mismos nos permite tener acceso a ellos. El amor a sí mismo posee, en este encadenamiento lógico al que los somete Tomás, una primacía histórica o genética. Pero Dios continúa siendo el bien propio, absoluto, el mejor yo mismo, más yo mismo que yo, el Sí absoluto, pero la salida de sí mismo es su condición (Kristeva 1991: 153).

La interpretación que hace Tomás del "ama a tu prójimo como a ti mismo" se dirige a dos nociones: la de proximidad (estar, convenir, encontrarse con) y la de similitud (amor por lo semejante, otros como yo o la especie). El *"como a tí mismo"* no significa para Tomás *tanto como* a ti mismo, sino *parecidamente* como a ti mismo; es decir, otorga a este *parecido* un sentido identificatorio que presenta lo propio proyectado sobre los otros.

Es en la unión de esa identificación con el Ser como bueno, como el Bien, la que lleva en sí la idea del Ser supremo, del Bien supremo. Concluye Kristeva:

> Soy pues parte de ese bien, y esta proposición es sinónimo de mi apetito natural por el bien. En cuanto tal, me amo. Por encima de su valor psicológico de justificación y desculpabilización de un narcisismo dirigido, el amor a sí mismo se pre-

senta en Tomás como el mediador lógico que interioriza el bien al mismo tiempo que ontologiza el Sí en cuanto algo propio que participa del bien. Está en vías de constituirse una subjetividad deseante, y sin embargo, a contrapelo, la inmanencia ontológica de cada ser en sí mismo está en la base de esta teología (155).

Ahora bien, ¿qué sucede cuando ese proyecto identificatorio es alterado por el cuestionamiento del *similibus*, cuando lo parecido se transforma en apariencia engañosa? Si lo sensible embauca, si detrás del mundo caótico de la sensación hay una res extensa, infinita, y sólo una existencia indudable –el Ser Supremo– el ego barroco duda, se marea ante el caos de la sensación; pero, al mismo tiempo, se afirma en el *yo pienso*, en un sujeto consolidado en lo intelectual, apoyo de toda su arquitectura cognoscitiva que, trágicamente, representa al mundo como engaño de los sentidos. El dilema amor vs. conocimiento, inmediatamente legible en la lírica barroca, propone una tensión pasional en el sujeto: entre el cuerpo que lastra –cárcel del alma– engañado por las sensaciones, por los afectos, y el alma que se eleva desmaterializando al cuerpo.

El conocimiento se transforma en un proceso de depuración de lo material para hacer devenir un alma razonable y un discurso razonador. Discurso que, no obstante, es estorbado por el cuerpo pasional que, entre líneas, se cuela en la representación como si llegara de la trastienda de la razón misma. La alusión burlesca, el juego del doble fondo del sentido, la deleitosa fruición descriptiva, el delirio de las confusiones provocadas por los sentidos, que tan magníficamente pintara Lezama en su recreo de la glotonería del Barroco, aluden a esa trastienda[22]. Así, Quevedo postula un "Amor constante más allá de la muerte" donde los restos del cuerpo –humores, médula, venas– adelgazados en refinada ceniza, se transmutan en "sentido" eterno: "Serán ceniza, mas tendrán sentido. Polvo serán mas polvo enamorado".

Si el *yo* se afirma en el ejercicio razonador que conjura lo existente con lo pensante, ¿dónde ubicar la pasión, elemento desequilibrador del racionalismo barroco? Justamente, no en la división sino en la curva, que oculta e insinúa a la mirada el interior del pliegue. Una de las tácticas del discurso barroco es diluir la pasión en el juego; otra, difuminar al objeto amoroso para afirmar al sujeto.

A menudo la interpretación de la poesía de Sor Juana acusa un tono deceptivo: como no era mística la ascesis, el éxtasis y la revelación, no aparecen en su obra; como era monja su poesía amorosa o se refiere a una reali-

---

[22] *Vid.* Lezama Lima 1969: 50 y ss.

dad biográfica escondida –realizada o deseada– o es ejercicio intelectual desde el cual se elabora una doctrina del amor, presentado como un conjunto brillante de tópicos que Sor Juana enhebra con la maestría de su verso y el aprendizaje de sus lecturas. *Primero sueño* se lee como el más acabado ejemplo del quehacer poético de la monja y ha sido interpretado como culminación de su lírica pues en él Sor Juana funde, según muchos estudiosos, su pasión por el conocimiento con su decepción. Sin embargo, creo que también alrededor de este ambicioso poema hay una especie de embrague crítico. Al ser interpretado como cima de la lírica sorjuanina y como una teoría del conocimiento, se pierde la conexión con el resto de su producción poética/filosófica, especialmente con aquélla que fundamenta el viaje ascencional y la caída de *Primero sueño*: la teoría de las pasiones que lo sustenta.

Intentaré seguir, en esta dirección, algunas de las vías de acceso que la lectura de la poesía de Sor Juana me ha inducido con el apunte de algunos nudos pasionales de su lírica, en los cuales veo un descentramiento de los tópicos de época sobre el amor y el despunte de una nueva subjetividad.

3.1. *El amoroso certamen*

Si nos detenemos en la llamada *poesía cortesana* de Sor Juana, atendiendo a los poemas de tema amoroso, lo primero que salta a la vista es el juego intelectualizado e intelectualizador que resuelve y disuelve las pasiones en una suerte de combate. En estos poemas la pluma de Sor Juana se deleita en los tópicos barrocos: en primer lugar, el juego de quites y avances, en los que se recrea la frivolidad del juego amoroso en agudos silogismos. Triángulos, requerimientos y retruécanos, se entrecruzan para mostrar las fintas de una batalla frívola:

> Feliciano me adora y le aborrezco
> Lizardo me aborrece y yo le adoro;
> por quien no me apetece ingrato, lloro,
> al que me llora tierno, no apetezco (...)
> Si con mi ofensa al uno reconvengo,
> me reconviene el otro a mí, ofendido;
> y a padecer de todos modos vengo,
> pues ambos atormentan mi sentido:
> aquéste, con pedir lo que no tengo;
> y aquél, con no tener lo que le pido

(Sor Juana 1995: 228).

Pero en los entresijos del juego cortesano se filtran versos que apuntan a la dualidad entre teoría y ejercicio de las pasiones. Así el tópico de los celos, caro a la lírica barroca, aparece frecuentemente en esta poesía de tono ligero:

> Seguro me juzga Gila,
> porque no le pido celos,
> cuando el no pedirlos es
> indicio de que los tengo (...)
> Mis agravios disimulo,
> temiendo su rompimiento,
> con que en mi boca es mordaza
> lo que en ella juzgo freno (32).

Tópico que se adensa cuando los celos abandonan el terreno del juego y se transforman en nudo pasional: en el romance en el que "Discurre con ingenuidad ingeniosa sobre la pasión de los celos" y replica la tesis de José Pérez Montoro sobre la nobleza del amor sin celos, Sor Juana se desliza del tópico y defiende la locura celosa como prueba de amor, proponiendo una equivalencia: celos igual locura, locura igual verdad.

> Sólo los celos ignoran
> fábricas de fingimiento
> que, como son locos, tienen
> propiedad de verdaderos (9).

La locura de amor, representada en los celos, al ignorar la capacidad razonada del fingimiento se convierte en pasión auténtica y se asimila a la verdad. El amor puede fingirse y en los engaños se estira Sor Juana en unos cuantos "ejemplos, que en biblioteca de siglos, guarda el archivo del tiempo": Dido, Ariadna, Elena, Jasón, Minos...

> Estos y otros que mostraban
> tener amor sin tenerlo
> todos fingieron amor
> mas ninguno fingió celos.
> Porque aquél puede fingirse
> con otro color, mas éstos
> son la prueba del amor
> y la prueba de sí mesmos (11)

La escisión razón-locura que fundamenta la normatividad barroca se mantiene en la poesía sorjuanina, pero por el envés del silogismo razonador asoma la sinrazón como verdad y la identificación entre representación de la pasión y discurso de lo verdadero, como se escenifica en otro romance:

> Afuera, afuera, ansias mías;
> no el respeto os embarace
> que es lisonja de la pena
> perder el miedo a los males.
> Salga el dolor a las voces
> si quiere mostrar lo grande,
> y acredite lo insufrible
> con no poder ocultarse.
> Salgan signos a la boca
> de lo que el corazón arde,
> que nadie creerá el incendio
> si el humo no da señales (31).

En el soneto que, engañosamente, se titula "En que satisface un recelo con la retórica del llanto", leemos:

> Esta tarde, mi bien, cuando te hablaba
> como en tu rostro y tus acciones vía
> que con palabras no te persuadía,
> que el corazón me vieses deseaba;
> y amor, que mis intentos ayudaba,
> venció lo que imposible parecía:
> pues entre el llanto que el dolor vertía
> el corazón deshecho destilaba.
> Baste ya de rigores, mi bien, baste;
> no te atormenten más celos tiranos,
> ni el vil recelo tu quietud contraste
> con sombras necias, con indicios vanos,
> pues ya en líquido humor viste y tocaste
> mi corazón deshecho entre tus manos (287).

El cambio entre las dos primeras cuartetas, narrativas y sentenciosas, a los dos tercetos imperativos, hace trascender la sentimentalidad del amor cortés hacia una metáfora de la demanda y de la entrega: el cuerpo eludido como referente aparece materializado en la metonimia, es "líquido humor" que se ve y se toca; es "corazón deshecho entre tus manos". El tópico del tránsito de los humores en la pasión se va deslizando desde las lágrimas al llanto, líquido destilado del corazón, metonimia de la subjetividad, por donde se cuela la afección en el cuerpo al tiempo que se teatraliza la demanda.

En esta escenificación teatral de la demanda Sor Juana elabora un campo semántico, el del amado ausente que impregna la poesía sorjuanina. Como ejemplo la lira "Que expresan sentimientos de ausente" (313-315):

> Amado dueño mío
> escucha un rato mis cansadas quejas
> pues del viento las fío,
> que breve las conduzca a tus orejas
> si no se desvanece el triste acento
> como mis esperanzas en el viento

La recreación melancólica del locus amenus traspone la subjetividad al paisaje y el campo, el arroyo, la tórtola, la flor, el ciervo, la peña, se tiñen de melancolía hasta llegar a la demanda final que unifica la ausencia del amado con el desfallecimiento del sujeto lírico y enfatiza la tragedia escenográfica del amor barroco:

> Ven, pues, mi prenda amada,
> que ya fallece mi cansada vida
> de esta ausencia pesada;
> ven pues: que mientras tarda tu venida
> aunque me cueste su verdor enojos
> regaré mi esperanza con mis ojos

En el interior de este romance, el tópico del amado ausente se conjuga con la imposibilidad de correspondencia y la queja se transforma en comprobación de la inexistencia de relación –no en vano dice la voz popular que el diálogo entre amantes es un diálogo de sordos–; pero, en una finta muy sorjuanina, la escritura suple esta carencia y se transforma en vehículo de realización del deseo y de la expansión pasional:

> Óyeme con los ojos,
> ya que están tan distantes los oídos,
> y de ausentes enojos
> en ecos, de mi pluma mis gemidos;
> y ya que a ti no llega mi voz ruda,
> óyeme sordo, pues, me quejo muda

La escritura aparece como paliativo del diálogo imposible con el amado, como sutura de la inexistencia de relación –amorosa, también sexual pues los signos del cuerpo deambulan por ella–. Por ejemplo, en el romance "Con que en sentidos afectos prelude el dolor de una ausencia" (23), construido como una carta, se representa el acto mismo de la escritura para llenar la ausencia del amado:

> Ya que para despedirme,
> dulce idolatrado dueño,
> ni me da licencia el llanto
> ni me da lugar el tiempo,
> háblente los tristes rasgos,
> entre lastimosos ecos
> de mi triste pluma, nunca
> con más justa causa negros.

"Triste", "torpe", "corta", "breve", adjetivos que marcan los límites de "la pluma". Escritura que sólo puede enfatizar lo que no puede decir y se rinde ante los signos del cuerpo. Así los signos del dolor físico forman una "elocuencia muda", a la que se atribuye una capacidad expresiva mayor que a palabras y conceptos:

> Oye la elocuencia muda
> que hay en mi dolor, sirviendo
> los suspiros de palabras,
> las lágrimas, de conceptos.

El valor del silencio, como expresividad máxima de la pasión, da espesor al tópico del amado ausente y muestra la imposibilidad de la relación amorosa, pero no es decepcionante; por el contrario, sustenta al andamiaje amoroso que afirmará la superioridad del amor sin objeto y la idealización de la *no correspondencia*, como podemos espigar del romance "Que resuelve con ingenuidad sobre el problema entre las instancias de la obligación y el afecto" :

> Quererlo porque él me quiere,
> no es justo que amor se nombre;
> que no ama quien para amar
> al ser amado supone.
> No es amor correspondencia;
> causa tiene superiores:
> que lo concilian los astros
> o lo engendran perfecciones (20)

La teoría amorosa, en la lírica de Sor Juana, revisa algunos de los topos de la sentimentalidad barroca y encuentra un espacio expresivo de lo pasional, que subvierte el autodominio intelectualizado del ego barroco, donde la pasión amorosa surge como verdad. Una verdad irreductible al discurso, de lo cual da cuenta Sor Juana al final del romance citado, torciendo la contraposición entre ejercicio razonador y locura pasional, fusionándolos como efectos de una subjetividad que encuentra un primer límite en el discurso y busca su verdad en el terreno del ser. Por ello puede decir del amor que:

> Amor no busca la paga
> de voluntades conformes,
> que tan bajo interés fuera
> indigna usura en los dioses.
> No hay cualidad que en él pueda
> imprimir alteraciones
> del hielo de los desdenes
> del fuego de los favores.
> Su ser es inaccesible
> al discurso de los hombres,
> que aunque el efecto se sienta
> la esencia no se conoce (21).

3.2. *Extrañeza del cuerpo y narcisismo: el amante imaginario*

En "Del Barroco", preguntándose sobre la importancia que puede tener en la doctrina cristiana que Cristo tenga un alma, Lacan señala la importancia central que ésta otorga al cuerpo ya que su núcleo fundacional es el de un Dios encarnado. Más aún, esta doctrina

supone en verdad que la pasión sufrida en esta persona ha sido el goce de otra. Pero allí nada falta, y mucho menos un alma. Cristo, aun resucitado, vale por su cuerpo, y su cuerpo es el expediente por el cual la comunión en su presencia es incorporación –pulsión oral– con la que la esposa de Cristo, Iglesia, la llaman, se contenta muy bien, ya que nada tiene que esperar de una copulación (...). En todo lo que se desprendió por efecto del cristianismo, en especial en el arte (...) todo es exhibición de cuerpos que evocan el goce, y créanme pues es el testimonio de alguien que acaba de regresar de una orgía de Iglesias en Italia. Todo menos la copulación. No en balde no está presente. Está tan fuera de campo como lo está en la realidad humana, a la cual sustenta, empero, con los fantasmas con que está constituida. En ninguna parte, en ningún área cultural, se ha confesado esta exclusión en forma más desnuda. Aún diré más, llegaré hasta decirles que en ninguna parte como en el cristianismo la obra de arte se descubre en forma más patente como lo que es desde siempre y en todas partes: obscenidad. Con la dichomansión de la obscenidad el cristianismo reaviva la religión de los hombres (1981b: 137)[23].

Breve exergo que puede iluminar algunos de los textos literarios del Barroco.

En Sor Juana, la afirmación de la verdad individual de la pasión, la elocuencia del silencio y la sublimación del amor sin correspondencia reelaboran el tópico de época del amado ausente colando la expresividad de las señales e indicios del cuerpo, más que las del alma. Estas torsiones sorjuaninas se sintetizan en una original conjunción: la construcción del amante imaginario, registro de la pasión narcisista. Ya me he referido a la disyunción o juntura del amor como pasión narcisista y como don activo de sí, en sus dos laderas imaginaria y simbólica, planteada por Lacan. Disyunción que Sor Juana reconoce, con tono sentencioso, en el romance citado:

> Quien ama porque es querida,
> sin otro impulso más noble,
> desprecia al amante y ama
> sus propias adoraciones (20)

Si la integración del propio cuerpo en el espejo constituye un reconocimiento de la propia imagen en el otro, eterno juego por el que deambula nuestro querido Narciso, reitero la pregunta: ¿qué efectos provoca la concepción de la imagen como *engaño* e *ilusión* en el hombre del Barroco? Una de las líneas medulares de la producción artística barroca es la extrañeza ante la imagen y el temor a la disgregación del cuerpo. La concepción de la imagen como apariencia engañosa del mundo sensible, heredado del platonismo, provoca la fascinación y el horror vacui que se escenifica en las diversas formas de fuga. El ego barroco está afectado por una herida narcisista enervada por la inseguridad en el reconocimiento del sí mismo, el Narciso barroco se contempla en un espejo desplazado; también por la desconfianza de las imágenes percibidas del mundo sensible, que amenaza con la nada. Las figuras que componen esta estructura de sentimiento –la antítesis, la audacia comparativa, la hipérbole, la disyunción, la voluta infinita– expresan las tensiones entre ser y parecer, entre representación y realidad, entre simulacro y verdad que atraviesan la subjetividad barroca jalonándola con la duda, la incertidumbre, la contradicción.

---

[23] *Vid.* también: Kristeva 1986.

Uno de los más celebrados sonetos filosóficos de Sor Juana muestra el azoramiento ante la imagen del cuerpo propio. Escenificando un enfrentamiento con su retrato, Sor Juana enuncia el mareo del yo y el *horror vacui* ante la imagen que la representa:

> Este que ves, engaño colorido,
> que del arte ostentando los primores
> con falsos silogismos de colores
> es cauteloso engaño del sentido;
> éste, en quien la lisonja ha pretendido
> excusar de los años los horrores,
> y venciendo del tiempo los rigores
> triunfar de la vejez y del olvido,
> es un vano artificio del cuidado,
> es una flor al viento delicada,
> es un resguardo inútil para el hado:
> es una necia diligencia errada,
> es un afán caduco y, bien mirado,
> es cadáver, es polvo, es sombra, es nada. (277)

Paz señala que, a diferencia de otros retratos sorjuaninos que implican un diálogo entre la copia y el original, éste funciona como un emblema verbal a la manera pictórica de, por ejemplo, un Valdés Leal. En cuanto a su título –"Procura desmentir los elogios que a un retrato de la Poetisa inscribió la verdad, que llama pasión"– lo interpreta como "una confesión oblicua", en la cual "la verdad: o sea la fidelidad, con que se había inscrito en la tela su rostro hermoso, es una pasión: algo que pasa" (Paz 1982: 392-3). No deja de sorprender esta curiosa banalidad de Paz, quien reduce el espesor de palabras como verdad o pasión en el soneto. Por el contrario, Sor Juana propone una equivalencia entre verdad y pasión, no elude el sufrimiento que implica el confrontarse con la verdad y todo el soneto se explaya en la decadencia del cuerpo *original*, presente, que se compara con el del retrato.

A su vez, Ferré interpreta este autorretrato como un eslabón en el tema del desengaño y apunta tres niveles de engaño en este soneto: el de la copia –que, en el siglo XVII, se utilizaba en doble acepción como *copia de la realidad* y *retrato al óleo*–; el del original, o sea al cuerpo o persona de Sor Juana y el engaño del soneto (o sea la propia representación literaria) en el cual convergen los dos anteriores y culminan en el último verso con la paráfrasis de Góngora[24]. Concluye esta autora: "Sor Juana nos lleva en él a experimen-

---

[24] Góngora 1967, dice "en tierra, en humo, en polvo, en sombra, en nada" (Soneto 228).

tar el vertiginoso desvanecimiento de toda forma humana (del retrato, del cuerpo y del soneto), en esa 'nada' o vacío de comunicación que, imposible de ser descifrado por el hombre lo envuelve finalmente todo en su misterio" (43)[25].

Desde su título, Sor Juana va más allá del motivo normativizado del engaño-desengaño y apunta a lo insoportable de lo real: el cuerpo y la muerte. Su comienzo –"Este que ves, engaño colorido..."– ya pone en juego su nudo dramático: la mirada del sujeto lírico y la imposibilidad del reconocimiento de la propia imagen nos orienta hacia la distorsión de la imagen especular. El pasado cuerpo, coagulado en el retrato, se transforma en espejo del presente. El desmentido no se dirige tanto a la fidelidad de la representación sino a los *elogios* que apuntalan una creencia falsa: esa copia, muestra del cuerpo joven o estetizado por la belleza, no es ya espejo de la realidad actual. Enfrentada a la representación de la juventud perdida, de esta proyección emerge la extrañeza de lo real (el horror de los años, los rigores del tiempo, la vejez y el olvido) y el destierro del cuerpo presente que ya no se reconoce en esa vieja imagen. Testimonio del pasado, el retrato elide y dice, por el envés, el cuerpo actual.

Tal destierro afecta a la representación, por medio de una finta barroca: las cualidades físicas del *yo* enunciador actual se trasponen al retrato convertido en "engaño colorido", "falso silogismo de colores", "vano artificio del cuidado" y al "afán caduco" del arte, cuya pretensión, "inútil resguardo para el hado", ha sido la de vencer "del tiempo los rigores" congelando el tiempo en una imagen. La insatisfacción de lo simbólico se produce no por su incapacidad de copia sino por la caducidad de su relación con lo representado, como si esa función del Arte de sostenerse "más allá de la muerte" debiera mantener también al cuerpo... vivo! Un retorno, una resurrección de la carne o la garantía de un cuerpo eterno, fijado, al que no tocase ni la corrupción ni la muerte. Impaciencia sorjuanina: ¡la vida eterna ahora!

El autorretrato funciona como un espejo asincrónico que dice, obscenamente, la muerte y exhibe la herida narcisista en un sujeto cuyo cuerpo ya no es... lo que era. Cuando "el alma se asombra de ser su cuerpo", diría Vallejo, emerge este retrato de Dorian Grey invertido que conjura la certeza de la disolución atribuyendo el "engaño" a la representación y a la percepción sensible. Porque, "bien mirado", no es la copia de aquel cuerpo joven,

---

[25] En relación con los varios retratos y los autorretratos de Sor Juana, así como de los cuadros que dejaron constancia de la graciosa figura de la monja: *Vid.* Sabat de Rivers 1982.

sino el cuerpo presente de la que mira, comenta y ya no se reconoce en el retrato, el que es "cadáver, sombra, polvo, nada".

Si en la lógica de repliegues del Barroco se regula el alma por la escopia del cuerpo, esto es, por la deleitosa o alucinadora fuga de la mirada, entre los pliegues emerge la tragicomedia de amor: el amado es una imagen engañadora a la cual se denuncia y de la cual se desconfía, pero también esta imagen afirma al sujeto amante; es más, le da consistencia y lo mantiene unificado... en el imaginario. En el soneto titulado "El que contiene una fantasía contenta con amor decente" (287) Sor Juana escenifica los términos de tal tragicomedia:

> Detente sombra de mi bien esquivo
> imagen del hechizo que más quiero,
> bella ilusión por quien alegre muero,
> dulce ficción por quien penosa vivo.

El objeto amado es investido por todos los atributos de la construcción imaginaria; en una sobrecarga hiperbólica es "bella ilusión", "dulce ficción", "imagen de un hechizo". El juego de antítesis carga la oposición cuerpo/materia frente a alma/espíritu en el siguiente cuarteto, las atribuciones materiales pertenecen al sujeto amante ("pecho", "obediente acero") mientras que el amado permanece en la distancia de una fuerza casi inmaterial ("imán de tus gracias"), al tiempo que se juega con la lógica del amor cortés de acercamientos y negaciones:

> Si al imán de tus gracias, atractivo,
> sirve mi pecho de obediente acero
> ¿para qué me enamoras lisonjero
> si has de burlarme luego fugitivo?

Forma fantasmática, el amado, presentado como construcción del yo poético, sirve, sin embargo, para confirmar al sí mismo, consolidado en el ejercicio del *yo imagino*:

> Mas blasonar no puedes satisfecho
> de que triunfa de mí tu tiranía:
> que aunque quede burlado el lazo estrecho
> que tu forma fantástica ceñía
> poco importa burlar brazos y pecho
> si te labra prisión mi fantasía

El tópico del amado ausente, la idealización del amor sin objeto o de la no correspondencia, se trastueca en afirmación yoica de la propia invención.

El otro, no sólo no existe, sino que su inexistencia se convierte en ser y su ser *me* pertenece en la medida de la fabulación imaginaria. Pero, además, Sor Juana, al evidenciar el mecanismo de tal constructo desliza el goce del propio cuerpo; cuerpo "burlado", cuya materialidad se licua y se escapa hacia la potencia imaginaria que lo afirma.

Desrrealizado el cuerpo propio, extrañada su alma, sólo la fuga del "yo imagino" puede mantener la fuerza autosuficiente de la pasión amorosa. La oclusión del cuerpo propio, la extrañeza de su imagen, el despegue –o desconfianza– de lo real sensible, consumen a una teoría amorosa que termina por afirmarse en la construcción imaginaria del objeto, apuntan a una "ficción del alma" que expandirá en su hijo preferido *Primero Sueño*[26].

3.3. *Límite del discurso y silencio*

Afirma Paz:

> Negar a este mundo y afirmar al otro era un acto que para Sor Juana no podía tener la misma significación que para los grandes espíritus de la Contrarreforma o para los evangelizadores de Nueva España. La renuncia a este mundo no implica, para Teresa o Ignacio, la dimisión o el silencio, sino un cambio de signo de este mundo: la historia, y con ella la acción humana, se abre a lo ultraterreno y adquiere así nueva fertilidad. La mística misma no era tanto un salir de este mundo como un insertar la vida en la historia sagrada. El catolicismo militante, evangélico o reformador, impregna de sentido a la historia. La negación de este mundo se traduce finalmente en una afirmación de la acción histórica. La porción verdaderamente personal de la obra de Sor Juana, en cambio, no se abre a la acción o a la contemplación, sino al conocimiento. Un conocer que es un interrogar a este mundo, sin juzgarlo. Esta nueva especie de conocimiento era imposible dentro de los supuestos de su universo histórico. Durante más de veinte años Sor Juana se obstina. Y no cede sino cuando el muro se cierra definitivamente. (1951: 31)

---

[26] Excede a este trabajo la lectura de ese magnífico Auto sacramental que es *El divino Narciso* en el cual el mito de Narciso se enlaza con el de Cristo, quien descubre su naturaleza humana en su reflejo en las aguas. En él, Sor Juana despliega su lirismo religioso con fragmentos de intensa sensualidad cercanos al *Cantar de los Cantares*. Cabe reseñar que este soneto, dedicado a la Condesa de Paredes, virreyna, protectora y amiga de Sor Juana, a la que dedicó finísimos retratos literarios se emparenta con este Auto que también le fue solicitado por ella.

Obstinación, cierto. También, hallazgo de un límite: la desrrealización del cuerpo y su neutralización imaginaria, la defensa de una subjetividad autónoma, la primacía del silencio, se escoran hacia el señalamiento de los límites del discurso. Hay en la apelación al silencio, tan frecuente en la poesía filosófica de Sor Juana, una decepción aún mayor que la del viaje ascencional del conocimiento tal como se expresa en la caída final del *Primero sueño*, la decepción de lo simbólico, que expresa en una de sus liras[27]:

> Supuesto discurso mío,
> que gozáis en todo el orbe
> entre aplausos de entendido,
> de agudo veneraciones,
> mostradlo en el duro empeño
> en que mis ansias os ponen,
> dando salida a mis dudas,
> dando aliento a mis temores (17).

Con claridad en la *Respuesta...*, más allá de la prohibición, de la obediencia o la rebeldía, Sor Juana expuso y *se* expuso al consignar un saber: no todo puede decirse.

> Perdonad, Señora mía, la digresión que me arrebató la fuerza de la verdad; y si la he de confesar toda, también es buscar efugios para huir la dificultad de responder, y casi me he determinado a dejarlo al silencio; pero como éste es cosa negativa, aunque explica mucho con el énfasis de no explicar, es necesario ponerle algún breve rótulo para que se entienda lo que se pretende que el silencio diga; y si no, dirá nada el silencio, porque ése es su propio oficio: decir nada. Fue arrebatado el Sagrado Vaso de Elección al tercer Cielo, y habiendo visto los arcanos secretos de Dios dice: Audivit arcana Dei, quae non licit homini loqui. No dice lo que vio, pero dice que no lo puede decir; de manera que aquellas cosas que no se pueden decir, es menester decir siquiera que no se pueden decir, para que se entienda que el callar es no haber qué decir, sino no haber en las voces lo mucho que hay que decir (441-2).

---

[27] *Vid.* el agudo señalamiento que hace Sánchez Robayna (1991) de la modernidad de *Primero sueño* en relación el cuadro de Kitaj, *La Reina Filósofa*, y sus conclusiones finales sobre la decepción del sueño no por el valor de verdad, sino por la imposibilidad de decirlo, que conduce al límite del discurso: el sueño sólo se puede contar desde la infiel vigilia.

Además, el cuerpo transfugado hacia el imaginario se neutraliza en su abstracción, condenado a ser no solamente "cárcel" sino depósito, continente puro, casi sin materia:

> Y yo sé que mi cuerpo
> sin que a uno u otro se incline
> es neutro, o abstracto, cuanto
> sólo el alma deposite.

De aquí al discurso místico hay sólo un paso, porque ¿qué es el éxtasis místico sino afirmación de un diálogo imaginario de un cuerpo que, presente, se fabula como un casi espíritu puro para fundirse con el puro Espíritu? De Certeau puntualiza, refiriéndose a Teresa de Ávila, que el imperativo mandato del *Conócete a ti mismo*, que la herencia cristiana recogió del platonismo, en el discurso de la mística es sustituido por un goce del Supremo Bien, Dios. El salto se produce por la unificación –imaginaria– del enunciante místico que fusiona su voz con la del Otro. Anulación del diálogo, del conversar, de la transitividad discursiva, interiorización de la palabra que se autoriza en un goce del Otro, pero que escribe un placer:

> A la pregunta "¿Quién soy yo?", el goce responde. Introducido por la ficción o el sueño, espacio diferente, el placer (como el dolor) es una huella del otro, la herida que deja a su paso. Una escritura ilegible puesto que no se separa de quien lo siente, pero escritura que certifica con el placer la alteración en que consiste la ex-istencia.

La voz, objeto de la pulsión invocante, se transforma en llamada o espera para que el cuerpo se traspase a lo escrito, sea lo escrito por el otro, "un cuerpo tanto más ciego, privado de vista y de conocimiento, cuanto más se graba en él la loca sorpresa de sentirse tocado" (De Certeau 1993: 235).

Tomando en cuenta esta reflexión, disiento de las interpretaciones que sostienen la lejanía de la escritura de Sor Juana del discurso místico y presentan a la monja como "una sensata Esposa de Cristo" (Benítez: 66 y ss.). Considero que los nudos pasionales, expuestos en los poemas filosóficos y amorosos, contienen un escoramiento hacia un éxtasis silencioso donde el cuerpo propio se fusiona en el cuerpo escrito –elidido, pero presente–. No en vano Sor Juana dejó constancia de la unión de cuerpo y escritura en su último texto:

> Yo, Juana Inés de la Cruz, religiosa profesa de este Convento, no sólo ratifico mi profesión y vuelvo a reiterar mis votos, sino que de nuevo hago voto de

creer y defender que mi Señora la Virgen María fue concebida sin pecado original en el primer instante de su ser en virtud de la Pasión de Cristo (...) En fe de
lo cual lo firmé en 8 de febrero de 1694 con mi sangre. Juana Inés de la Cruz.
Ojalá y toda se derramara en defensa de esa verdad, por su amor y de su Hijo.

Y anuncia el blanco de su final y sus futuros despojos:

"Aquí arriba se ha de anotar el día de mi muerte, mes y año. Suplico (...) a
mis amadas hermanas las religiosas que son y en lo de adelante fueren, me enco-
mienden a Dios, que he sido y soy la peor que ha habido (...) Yo, la peor del
mundo. Juana Inés de la Cruz" (1995: 522-3)[28].

En su poética de las pasiones la escritura de Sor Juana se transforma en
un decir que no es el del discurso místico porque no aspira a la fusión con el
Otro; pero, tampoco termina de separarse de lo que siente. "El hombre occidental, más allá de la percepción de una separación irremediable, reestable-
ce una continuidad o fusión con el Otro, ya no sustancial y maternal, sino
simbólica y paternal, con medios más bien 'semióticos' que 'simbólicos'"
–dice de Certeau– San Agustín llega a comparar la fe del cristiano con la
relación del bebé con el pecho de su madre. Esa dependencia total, participación íntima de todo aquello, bueno o malo, que proviene de ésta única
fuente de vida. Fuente con un pecho protector nutricio, amante y protector,
pero que de allí en más sería traspuesto del cuerpo materno a una instancia
invisible, más allá. En ese momento se opera un desgarramiento considerable respecto a la dependencia infantil precoz, a la vez que se produce una
solución de compromiso en la que los beneficios imaginarios se desplazan
al orden de los signos (Kristeva 1986: 44-5).

Cuando la Modernidad se asiente e invada con el discurso de la ciencia
el espacio de la teología, este compromiso se desplazará, lentamente, hacia
el terreno de un nuevo espacio sagrado, al que se le solicita esa fusión protectora: el Arte. Narcisos heridos, los modernos, no logran serenarse con sus
auto eróticas construcciones.

No es la de Sor Juana una escritura que se postule desde una militancia
cristiana, ni tan siquiera una escritura que pretenda exponer un *camino de
perfección* –de allí sus enfrentamientos con la jerarquía eclesiástica más
conservadora–, pero tampoco está plenamente en la desesperación moderna

---

[28] La constatación del uso de su propia sangre en el último párrafo y en las firmas
son ratificadas en la edición de Méndez Plancarte.

compelida a la sublimación por el Arte. Si, por una parte, se mantuvo distante de las milagrerías y del ambiente supersticioso que la rodeaba, mantuvo esa ligazón con el pasado y la identificación a las instancias del *más allá* pero, asumiendo, a la vez un avance hacia lo moderno: su escritura intenta nadar como "peje entre dos aguas", entre el "castillo interior" teresiano y su sustitución por la "isla" robinsoniana, en la cual el sujeto "cambia la alteración por el placer (o el dolor) de la mística en una problemática de la apropiación por la producción (la escritura de la isla)"; entre el decaimiento del sujeto místico y la emergencia del sujeto económico (De Certau 1993: 236)[29]. Entre la "ficción del alma" y la producción del cuerpo:

> Mira cómo el cuerpo amante,
> rendido a tanto tormento,
> siendo en lo demás cadáver,
> sólo en el sentir es cuerpo.
> Mira cómo el alma misma
> aun teme, en su sér exento,
> que quiera el dolor violar
> la inmunidad de lo eterno.
> En lágrimas y suspiros
> alma y corazón a un tiempo,
> aquél se convierte en agua,
> y ésta se resuelve en viento.
> Ya no me sirve de vida
> esta vida que poseo,
> sino de condición sola
> necesaria al sentimiento (24-5).

La reflexión sorjuanina sobre las pasiones se asienta en un proceso indagatorio que busca en los conocimientos de su época –a todos los que pudo tener acceso y se evidencian en su avidez estudiosa–, pero encuentra en el límite del discurso, de lo simbólico, una sabiduría sobre lo ilusorio del semblante fálico: el recurso al "no saber" es constante en los textos sorjuaninos. Tal apelación a la ignorancia ha sido interpretada como estratagema coyuntural para aminorar su fuerza ante los que la empujaban a entrar en el Orden;

---

[29] Para una expansión de este cambio *Vid.* "Figuras del salvaje" en De Certeau 1993: 239 y ss., quien afirma que a los modernos "Nos 'quedan' solamente de la problemática mística, la huella del pie desnudo en la orilla de la isla robinsoniana y todo el desorden que introduce el miedo y el odio al otro desconocido".

incluso como "cobardía" o "derrota". ¿No sería lícito relacionarla con este discurrir del reconocimiento de lo ilusorio del objeto amoroso, del objeto de conocimiento?

Al fusionar el par dilemático barroco amor vs. conocimiento, Sor Juana va al encuentro de otra pasión –denegada por el pensamiento normativo–: la pasión, humana pasión, de la ignorancia. Quizá su retiro y su silencio final sean una llegada, un reconocimiento de esa pasión de la cual emerge, entonces, algo de su hallazgo: la afirmación de una "ignorancia docta" que ratifica el valor de la nuda existencia. Saber que una mujer pudo hacer surgir, contra viento y marea, autorizándose a sí misma:

> ¿Qué loca ambición nos lleva,
> de nosotros olvidados?
> Si es para vivir tan poco
> ¿de qué sirve saber tanto?
> ¡Oh, si como hay de saber,
> hubiera algún seminario
> o escuela donde ignorar
> se enseñaran los trabajos! (...)
> Aprendamos a ignorar,
> pensamiento, pues hallamos
> que cuanto añado al discurso
> tanto le usurpo a los años (8).

CAPÍTULO VI

CUERPO HISTÉRICO/CUERPO MUERTO:
TERESA DE LA PARRA Y MARÍA LUISA BOMBAL

1. Imágenes de la Nueva Mujer

1.1. *La rubia de la tienda* La Parisién

Foucault describió, minuciosamente, las políticas sobre el cuerpo que acompañan el ascenso y asentamiento de las sociedades burguesas, señalando la radicalidad del cambio de las nuevas sociedades frente a los regímenes anteriores. En estos últimos el derecho fundamental del poder y del soberano se concentraba en la administración y control de la muerte, incluyendo su más allá, a diferencia de las sociedades burguesas emergentes, en las cuales el ejercicio del poder se sustancia en un control sobre la vida y los cuerpos vivientes. Un salto que podríamos expresar como el del buen morir al del buen vivir, cuya alentadora promesa de salud, bienestar y longevidad no logra ocultar su eficacia disciplinadora.

Podría decirse que el viejo derecho de hacer morir o dejar vivir de las épocas clásicas fue reemplazado por el poder de hacer vivir o de rechazar la muerte. Quizá se explique así esa descalificación de la muerte señalada por la reciente caída en desuso de los rituales que la acompañaban. El cuidado puesto en esquivar la muerte está ligado menos que a una nueva angustia que la tornaría insoportable para nuestras sociedades, que al hecho de que los procedimientos de poder no han dejado de apartarse de ella. En el paso de un mundo a otro, la muerte era el relevo de una soberanía terrestre por otra divina, singularmente más poderosa; el fasto que la rodeaba era signo del carácter político de la ceremonia. Ahora es en la vida y a lo largo de su desarrollo donde el poder establece su fuerza; la muerte es su límite, el momento que no puede apresar; se torna el punto más secreto de la existencia, el más *privado* (Foucault 1978: 167).

La intensidad del control alienta la teoría, la reflexión y el disciplinamiento de su dispositivo fundamental, la sexualidad, que llega en las sociedades actuales a su paroxismo en políticas de exaltación del cuerpo; un cuerpo cada día más descarnado, más arquetipizado y modelizado.

En la emergencia del ejercicio de políticas del y sobre el cuerpo se construye un dispositivo, el de la sexualidad, que modela nuestras imágenes del cuerpo. Foucault muestra cómo en el siglo XIX se estructuran y afianzan estas microfísicas del poder que encuentran en los discursos de la medicina, la psicología y la sociología sus campos más eficaces para la reglamentación y disciplinamiento del cuerpo. Políticas basadas en tres líneas fundamentales: la histerización de la mujer, la sexualización de la infancia y la psiquiatrización de las perversiones.

En lo que atañe a la histerización de la mujer, el sexo es definido de tres maneras:

> como lo que es común al hombre y la mujer; o como lo que pertenece por excelencia al hombre y falta por tanto a la mujer; pero también lo que constituye por sí solo el cuerpo de la mujer, orientándolo por entero a las funciones de reproducción y perturbándolo sin cesar en virtud de los efectos de esas mismas funciones; en esa estrategia, la historia es interpretada como el juego del sexo en tanto que es lo 'uno' y lo 'otro', todo y parte, principio y carencia.

En lo relacionado a la sexualidad infantil, apunta Foucault, "se elabora la idea de un sexo presente (anatómicamente) y ausente (fisiológicamente), presente también si se considera su actividad y deficiente si se atiende a su finalidad reproductora; o asimismo actual en sus manifestaciones pero escondido en sus efectos, que sólo más tarde aparecerán en su gravedad patológica". Basta recordar, al respecto, la causalidad secreta que ciertas prácticas sexuales infantiles tenían en relación a la impotencia, la esterilidad o la frigidez en la edad adulta. En cuanto a la psiquiatrización de las perversiones "el sexo fue referido a funciones biológicas y a un aparato anatomofisiológico que le da su 'sentido', es decir su finalidad; pero también fue referido a un instinto que, a través de su propio desarrollo y según los objetos que elige, forma la aparición de conductas perversas" (177-8), "desviadas" según la terminología del XIX, de las cuales surge una perversión modélica –el fetichismo– que, al menos desde 1870, sirve de hilo explicativo de las conductas sexuales diferentes.

Este dispositivo de la sexualidad se verifica como el gran constructo imaginario del Occidente moderno. Su eficacia práctica puede valorarse en su incidencia sobre los sujetos concretos, ya que ha promovido una idea del sexo como punto imaginario desde el cual explicamos nuestra propia inteligibilidad como sujetos; en él se cifra la conciencia de la totalidad de nuestro cuerpo, nuestra identidad y nuestra producción de sentido sobre nosotros mismos. La paradoja, quizá la más sustancial y la más escondida, del siglo que acaba de terminar, dedicado a la exploración, la reflexión, la liberación del sexo, es la de haber hecho del sexo el sustituto de los grandes dilemas morales que, en otras épocas, permitían la atemperación de la conciencia de la muerte. El desnudamiento de estas políticas explica la atención concentrada que, intensamete, se ha dirigido al cuerpo de la mujer.

Estas líneas constructivas de poder, disciplinamiento y modulación de cuerpos y subjetividades se consolidan, en América Latina, en los sucesivos impulsos modernizadores que avanzan desde fines del siglo XIX[1]. Como puntos de anclaje para un breve esbozo sobre los nuevos lugares de las mujeres en los decantados procesos de modernización en la década del veinte en América Latina, un tango y un fragmento publicitario.

> La lluvia de aquella tarde
> nos acercó unos momentos...
> pasabas... me saludaste,
> y no te reconocí...
> En el hall de un gran Cinema
> te cobijaste del agua,
> y entonces vi con sorpresa
> tu envejecido perfil.
> Al verte los zapatos tan aburridos
> y aquel precioso traje que fue
> marrón,
> las flores del sombrero envejecidas
> y el zorro avergonzado de su color...
> no quise creer que fueras la misma
> de antes
> la rubia de la tienda La Parisién
> mi novia más querida cuando estudiante
> que incrédula decía los versos de Rubén:
> 'Juventud divino tesoro
> te fuiste para no volver
> cuando quiero llorar no lloro,
> y a veces lloro sin querer...'
> Resuelto corrí a tu lado
> dándome cuenta de todo,
> quería besar tus manos,
> reconquistar tu querer

---

[1] *Vid.* para el proceso argentino Massiello 1992: 83-110 y Salessi 1995.

Comprendiste mi tortura
y te alejaste sonriendo...
fue tu lección tan profunda!
Sólo se quiere una vez

La letra de este tango[2] reconstruye, desde una voz masculina, el espacio en el que sucede un deceptivo encuentro con una novia de juventud. Espacio urbano, el de una Buenos Aires que en la década del 20 se había transformado ya en metrópolis, estandarte de las ciudades modernizadas de América Latina desde fines del siglo XIX[3]. La voz masculina del tango reconoce en la novia, perdida y reencontrada, los signos de la decadencia física de la mujer madura, desplazados a sus "aburridos zapatos" y al "traje que fue marrón", a las flores del sombrero y al zorro del abrigo hecho un asco. Entrar en el juego de miradas deseantes de la urbe moderna trae consigo un cambio del lugar de los cuerpos femeninos que, como las ropas exhibidas en los escaparates de las grandes tiendas, se miden y estiman por su reificación mercantil. El valor del cuerpo –a la baja en el caso de la ex-novia del tango– explicita esta concentración de las miradas en los cuerpos femeninos; de la decadencia del ex-novio no se habla, sólo de su tortura y compasión ante el desgaste del cuerpo femenino.

La cita de Rubén Darío, incluida en el tango, apunta también a los estragos del tiempo, y, además, señaliza la permeabilidad del campo literario hacia los márgenes de la cultura letrada y la operación de ampliación producida por el Modernismo finisecular, que luego las Vanguardias latinoamericanas aprovecharían, ejercitando una peculiar apropiación de la emergente cultura de masas. Resalta esta cita *culta* puesta en la boca de la joven novia del estudiante, pero no sólo por la expansión del valor *Cultura* que conlleva, sino porque demarca un lugar poco común para la mujer: el de la ironía frente a la sensiblería que la expansiva cultura de masas extendió, fundamentalmente, en las clases medias urbanas. Ironía que ya tenía la joven, ahora vieja, que le permite con gesto sabio apartarse de su antiguo galán, reconociendo, no solamente que "sólo se quiere una vez" sino que ya no es la joven rubia de la tienda "La Parisién". Sabiduría y al mismo tiempo aceptación de una *verdad*: juventud y belleza delimitan el valor mercantil de los cuerpos de las mujeres y ambas se van para no volver.

---

[2] "Sólo se quiere una vez", letra de Claudio Frollo y música de Carlos Frollo, grabado por Gardel. Cit. por Sarlo 1985: 149-150.

[3] *Vid.* Mattalia, S. 1997: 70 y ss.

Otra cita, extraída esta vez de la revista argentina *El hogar*, de 1912. Ejemplo de la densa propaganda publicitaria que, desde fines del XIX, se dirige a las mujeres como consumidoras:

> Muchos hogares hay, antes dichosos y tranquilos, que son hoy verdaderos infiernos. ¿Sabéis por qué? Pues porque las constipación de vientre ha hecho a la señora irritable y colérica todo lo que antes era bondadosa y alegre. De ahí que no vacilemos en recomendar a las familias el Polvo Rogé como el purgante más eficaz y agradable para las mujeres y los niños. Con él desaparece inmediatamente el estreñimiento, por rebelde que sea, y evítase la tristeza y las jaquecas y congestiones consiguientes a ese estado tan particular[4].

La intensa urbanización y los procesos democratizadores que avanzan desde fines del siglo XIX implicaron, no sólo un reacomodamiento de las antiguas estructuras sociales lideradas por el patriciado criollo en el XIX y la emergencia de nuevos actores sociales –clases medias y proletariado urbano– sino que produjeron el ingreso de la mujer al trabajo, a la educación media y universitaria, también a nuevos lugares de mostración y deseo de los cuerpos femeninos. Sobre el cambio del viejo perfil de las ciudades coloniales, abiertas ahora por las grandes avenidas según el modelo de Haussmans, con sus agitados centros comerciales, se recortan las imágenes de una *nueva mujer*: empleadas de servicios, amas de casa, maestras, oficinistas, dependientas, obreras y algunas profesionales, las mujeres ganan la calle. Abandonan el recinto interior de las casas del XIX dividido entre señoras y criadas, para ser objeto de una publicidad que masivamente propone ideales de cuerpos modernos: blancos, rubios, jóvenes, "vestidos a la última moda de París", como diría Darío.

La expansión y fluidificación del mercado de bienes culturales producida en las capitales latinoamericanas, incluido un notable incremento de una oferta editorial diversificada y estratificada socialmente, encuentra en las mujeres a un consumidor ávido. En un proceso que avanza, lenta y trabajosamente desde fines del XIX, la mujer se transforma en un sujeto social que empieza, a la par, a integrarse en el mundo laboral y a estructurar sus propias plataformas reivindicativas. Por contradicción con la del tango, la cita publicitaria muestra cómo el cuerpo es dirigido hacia la patologización en la que lo femenino emerge como espacio de una debilidad asociada a su naturaleza, el cuerpo físico delimitado por la enfermedad. La irritabilidad de las

---

[4] Citado por Muschetti 1989b: 131.

señoras puede ser reducida por la eficaz acción terapéutica de unos polvos, o sea por la modificación de su *naturaleza* trastornada. Mujeres-madres-señoras/niños-hijos configuran un par al que se dedicará la higiene médica y el discurso publicitario.

Si repasamos las revistas y los anuncios de los grandes periódicos, publicados de norte a sur en América Latina, podemos observar el trabajo de una publicidad que se dirige a construir el cuerpo de la *nueva mujer* polarizando su imagen entre la mujer-niña o madre, cercana en su debilidad e inestabilidad emotiva a la labilidad infantil, y la de la mujer fatal, seductora y enigmática. El cuerpo de la mujer, patologizado a partir de lo femenino como naturaleza intrínsecamente frágil, contrarresta las imágenes de la *nueva mujer* cada vez más posicionada como sujeto social desestabilizador y discordante.

La literatura dirigida a ese nuevo público femenino, las políticas educativas, la publicidad, el melodrama radial y los esplendorosos ídolos de Hollywood, promueven modelos de cuerpos femeninos dirigidos a un nuevo consumo –emulsiones, cremas, revistas, catálogos de modas–. Consumo que promociona una relación de la mujer con su propio cuerpo y sus pasiones, sentimientos, angustias, ideales, deseos; un cuerpo concentrado en sí mismo pero diferido al cuerpo social. Vestir, desvestir, cargar de afeites, maquillar. Vigilar y controlar los cuerpos femeninos: operaciones del dispositivo de la sexualidad, logros disciplinarios de las sociedades modernas.

Imaginarios diferenciados, por cierto, de los que se proponen a los sujetos masculinos, asentados en la moral del trabajo y del ascenso social a través de la educación superior, que se manifiestan en las revueltas de los 20 por las Reformas universitarias que garantizaran el ingreso a las universidades de las clases populares, y en los movimientos democratizadores protagonizados por las clases medias urbanas.

La polarización de las citas sugiere metonímicamente una escena cultural en la que se debatirá la escritura de mujeres: desde la expresión poética intimista, que hace del conflicto cuerpo-pasión, cuerpo trastornado, desviación de lo *natural femenino*, su eje reflexivo; que luego se irá decantando hacia la ironía y el distanciamiento, progresivamente crítico, de ese imaginario. La coexistencia de diversas tendencias literarias –el modernismo, la vanguardia y las diversas propuestas del realismo regionalista o social– en el seno de la Latinoamérica de los veinte y treinta no sólo se debe a la explosión de la cultura urbana y de masas, o al afianzamiento de la cultura letrada, sino a una demarcación de tendencias culturales diferenciadas en lo genérico.

Esquemáticamente señalo que los procesos modernizadores desiguales, van construyendo imaginarios *otros*. La modernización promueve una estratificación de las imágenes de la *mujer moderna* y produce imaginarios sociales, no sólo sustentados en la diferencia mujeres/hombres, sino entre las mujeres mismas marcando diferencias de clase que estratifican sus posicionamientos sociales, a los que se asocian modelos educativos, de conducta, patrones de moda y elegancia, aspiraciones de ascenso social o fobias hacia las mujeres de clases bajas, entre otros.

1.2. *Escritoras en Vanguardia*

Estas estratificaciones de los imaginarios femeninos producen diversas estrategias de presencia pública y de integración cultural, así como propuestas textuales y lugares enunciativos que escenifican diferentes situaciones. Como ejemplos, dos posicionamientos de mujeres en el debate cultural de los veinte: la de la poeta argentina Alfonsina Storni y la de la novelista venezolana Teresa de la Parra.

Storni, maestra y madre soltera, llega en l912 desde el interior del país a una Buenos Aires que está viviendo los ecos del esplendor celebratorio del Centenario de la Independencia. Luego de una ardua carrera como poeta es aceptada como "compañera honesta" por sus pares masculinos y alcanza una notoria popularidad con una poesía que acepta, conflictivamente, los modelos del modernismo canónico al tiempo que participa cada vez más activamente en el debate sobre la condición de las mujeres y sus derechos. En 1925, en pleno auge de los vanguardismos, se produce un cambio en su poesía a partir de la publicación de su libro *Ocre*, con el cual se acerca a la ruptura de las vanguardias. Sin embargo, Storni nunca fue aceptada en los cenáculos vanguardistas que no reconocieron estos cambios y despreciaron sus "chillidos" –calificación de un joven Borges.

Este salto de la producción poética de Storni se elucida en dos tipos de interpretación: la que explica los cambios de su poesía en términos de una aceptación conflictiva del modelo del modernismo canónico y su posterior cuestionamiento; de allí las dos etapas de su poesía (la que transita desde el etereotipo modernista a su cuestionamiento y la ruptura a partir de la publicación de *Ocre*)[5]. Otra que enmarca este cuestionamiento en virtud del arraigo social, una especie de ascenso social que Alfonsina logra a través de la escritura, por su popularidad y por el reconocimiento de los escritores cultos. Según Sarlo, este cambio de Alfonsina así como su radicali-

---

[5] *Vid.* Muschetti 1989a: 79-102.

zación feminista son pioneros para la época e indicativos de una especie de "estadio salvaje" de la liberación femenina. Hay una especie de aprendizaje de Storni de los tics de la cultura letrada que la convierten en una escritora popular que desborda los límites del campo intelectual y la acercan a un público masivo que la vanguardia está recortando: "Alfonsina, al no plegarse a una moral convencional construye un lugar de enorme aceptación de diferentes identidades femeninas (...) Al trabajar una retórica fácil conocida hace posible que esa moral diferente sea leída por un público más amplio que el de las innovaciones de la vanguardia (...)" (Sarlo 1988: 81).

Por el contrario, Teresa de la Parra, hija de una familia de honda raigambre criolla, de formación cultural de élite, adquiere en su país un lugar diferente: en una Venezuela marcada por el largo túnel de la dictadura de Gómez y por la explosión de lo que se ha llamado la "cultura del petróleo" se posiciona como hija díscola del patriciado criollo, refractario al avance de los nuevos ricos que el proceso modernizador ha traído. Este lugar de "señorita" revoltosa es compartido con otras escritoras del período que ocupan semejante lugar en la literatura de los 20 y 30: Victoria Ocampo en Argentina, Delmira Agustini en Uruguay, María Luisa Bombal en Chile, entre otras; que son aceptadas en el canon de la renovación y, al tiempo, abogan por una flexibilidad de las costumbres y critican a una sociedad que mantiene una moral provinciana.

No obstante, Teresa se mueve entre la necesidad de una redefinición del papel de la mujer en el cambio modernizador y la nostalgia por la sociedad perdida, basada en el paternalismo de la Gran Hacienda en la cual las mujeres tenían papeles estables y, por decirlo así, tranquilos[6].

Junto a la radicalización feminista de Alfonsina Storni, la defensa aristocratizante de los derechos de la mujer de Teresa de la Parra. Lugares heterogéneos de las mujeres escritoras que esquematizo en estos dos: las *señoritas díscolas* –Teresa de la Parra, Victoria Ocampo, María Luisa Bombal– que cuestionan, desde una ironía cargada de cosmopolitismo, el lugar que su propia clase les ha reservado, y las *trabajadoras esforzadas* –Alfonsina Storni o Gabriela Mistral– provenientes de las clases medias y obreras, que se van desplazando hacia la radicalización feminista. Pero sobre esta división se despliega un caledoscopio de imágenes de la mujer escritora; una, de considerable pregnancia sociodiscursiva en las primeras décadas del XX, es la de la escritora hipersensible e inadaptada; desmesurada en sus actos o

---

[6] *Vid.* la evaluación de Rodríguez 1994: 59-87.

agresiva consigo misma; de vida enigmática o marcada por avatares biográficos. El suicidio de Storni, el asesinato de Agustini a manos de su marido, la extraña soltería de Teresa de la Parra, la singular santidad de Mistral, la liberalidad amorosa de Victoria Ocampo, el intento de homicidio contra un antiguo amante de Bombal... las convirtió en "raras". La institución cultural las presentó como "casos" y, si las incluyó en su canon, fue usando sus biografías "defectuosas" para explicar el sentido de sus obras y colocarlas en un espacio institucional excéntrico. *Rarezas* que difuminaron la potencia disidente de sus escrituras.

En relación a autoras como Teresa de la Parra, María Luisa Bombal y Norah Lange, incluidas en el parnaso innovador de la época, Massiello las propone como escrituras de resistencia que desequilibran el panorama narrativo de la época, dominado por la novela mundonovista y las innovaciones experimentales de las vanguardias. Señala la novedosa estructura de sus novelas que transgreden formalmente los marcos de referencia establecidos, cuestionando "las bases del logos dominante, indagando la validez de los discursos heredados y del mundo masculino". Señala tres fracturas básicas: primero, "un cuestionamiento de la genealogía como índice de la identidad personal; con ello se repudia la figura paternal como eje de los procesos de significación social"; segundo, la representación de "nuevos nexos entre los personajes", de los cuales realza la amistad entre mujeres u otros sustitutos de la familia, que conduce a "una necesaria reestructuración del yo de la protagonista y una nueva conciencia de su cuerpo"; tercero, el desafío al logos masculino, promulgando "un discurso heterogéneo, notable en las rupturas del texto y en sus secuencias a-lógicas" (Massiello 1985: 808).

Siguiendo esta señalización de Massiello, en los apartados siguientes, no me extenderé en los específicos procesos de modernización ni en el abigarrado espacio de los vanguardismos latinoamericanos, sino en los cambios y transformaciones que escenifican estos nuevos lugares.

En una relectura global de los textos de Teresa de la Parra se hace evidente una contradictoria articulación de dos líneas reflexivas, cuya resolución es asimétrica: la preocupación reticente frente a los procesos modernizadores y la redefinición del papel de la mujer en ellos. En primer lugar, desplegaré el análisis de las tres conferencias sobre la *Influencia de las mujeres en la formación del alma americana*, que Teresa de la Parra dio en Colombia en 1930, testimonio ejemplar de las contradicciones del período. Para luego exponer mi lectura de tres novelas: *Ifigenia (Diario de una señorita que escribió porque se fastidiaba)* de Teresa de la Parra, *La última niebla* y *La amortajada*, dos novelas de María Luisa Bombal.

2. Teresa de la Parra: "esa flor del barroco"

2.1. *Resistencias a la modernización: "el baño de un gran Palace"*
  y "este carnaval de imprenta"

"Era una señorita: ese ser monstruosamente delicado y complejo. Esa flor del barroco". Elijo, a modo de tarjeta de presentación, esta frase de Uslar Pietri que sugiere la personalidad de esta caraqueña de raigambre criolla tradicional y lábil mundanidad. Ingenua, de brillante inteligencia, frívola, irónica, tierna, bella, aguda, sutil, contradictoria, tiranuela, son algunos de los múltiples adjetivos que los críticos han utilizado para caracterizarla. La frase de Uslar Pietri dispara una pluralidad de asociaciones que recortan la imagen de la escritora y proponen una figura pública. En primer lugar, la *señorita*, cuya definición sorprende. ¿Qué tiene de especial la *señorita*? El oxímoron: la unión de lo monstruoso y lo delicado, lo complejo y lo frágil, femineidad y rebuscamiento formal, una "flor" artificial, compleja, construida e ilusoria.

Uslar Pietri anudará luego esta imagen con la de la mujer criolla –de alta cuna, se entiende– la "criolla florida. Esa mujer tan intuitiva, tan lejana al hombre, tan primitiva y refinada, tan religiosa y natural, tan sensual y sentimental, tan suave y tan fuerte, que la criolla ha sabido personificar con un gran arte espontáneo". De la Parra representa a esa mujer *criolla* con "un grado sumo de perfección": desde su acento de "fino matiz inimitable" hasta su personalidad formada "en el ambiente de las viejas casonas", pasada por la cultura de la "vieja España" y por "el aluvión deslumbrador de la vida francesa". Todo el texto de Uslar apunta a convertirla en portavoz de una *criollidad* femenina, heredera de la tradición de *las damas mantuanas* del XIX –"Con ella murió una de las más hermosas flores de la raza venezolana."–, en una domesticación reductora que disuelve las contradicciones, los rechazos y resignaciones de la autora y los cuestionamientos de su escritura. La condescendencia del patriarca de las letras venezolanas filtra hasta las capacidades intelectuales de Teresa y afirma: "Llegó a creer que había aprendido mucho de Proust" (Uslar Pietri: 77 y ss.).

Pero como un espejo que devuelve los adjetivos a quienes los esgrimen, la figura de Teresa de la Parra, transparentada en sus cartas, diarios y conferencias, se mantiene a distancia. Teresa utilizó con habilidad, mezclada con angustia, estas imágenes que le permitieron moverse en el estrecho parnaso de los años veinte en Venezuela. Así, la mujer que apostrofa irónicamente a la sociedad su inutilidad para absorber el caudal de creatividad femenino y que aboga por la liberación de las costumbres y "la redención de la mujer por la independencia pecuniaria y el trabajo" se contradice con la que afirma su nostalgia por las abnegadas y sacrificadas mujeres de la Colonia y de la tradición consagradas en la virtud y la renuncia. La que vive alegremente los halagos del éxito temprano se contrapone a la que se recluye para escribir y se confiesa hosca, sedienta de paz y silencio. La que contesta divertida a los críticos que atacan su novela *Ifigenia* con frases humorísticas, se escapa en la que afirma que sus libros no le pertenecen y habla de una vocación literaria inestable y dispersa. La mujer evasiva y distante de las entrevistas se completa con la de las cartas a su familia y amigos: tierna, solidaria, melancólica.

Destaco de sus datos biográficos dos viajes que considero importantes por el reencuentro con los ámbitos latinoamericanos, que mediaron entre su vida europea y su adscripción venezolana. Su estancia en Cuba, en 1927, a la que fue para dictar una conferencia sobre Bolívar; la amistad con la estudiosa de la cultura afrocubana y escritora Lidya Cabrera comienza en este viaje. Lidya estará presente en la vida de Teresa, la acompañará en su viaje por Italia en 1929 y en los últimos días de su enfermedad. De la relación de ambas quedan sus cartas[7]. Seguramente, las reflexiones sobre el carácter criollo, que aparecen en los escritos de Teresa, se trabaron en largas conversaciones entre ambas. Regresó a Cuba en 1930, precediendo a su viaje a Colombia.

En este último Teresa fue sorprendida por el recibimiento multitudinario y, también, por las críticas y alabanzas a su novela *Ifigenia*, de ello dejó constancia en su correspondencia. En una carta a Carías expresa las siguientes impresiones: "Mi viaje a Colombia fue un éxito en todos los sentidos; me gustó mucho más de lo que creía; hay ciudades como Tunja y Cartagena, donde se ve materialmente la Colonia; Bogotá me gustó mucho y Medellín, ciudad de clima medio, parecida a Caracas me pareció encantadora" y más adelante agrega: "me ha interesado mucho, no en lo que se refiere a mi éxito personal –eso más bien me agobia y acobarda– sino por lo que he visto de evocador y de carácter criollo. Tenemos cosas muy lindas en esos países y no las vemos sino cubiertas de literatura exportada que las deforma". Allí parece haber surgido el proyecto de escribir una "biografía íntima de Bolívar": "Es mi deseo descubrir a Bolívar detrás de esa muralla china de adjetivos (...) la visita a San Pedro Alejandrino y a la Quinta Bolívar me dio la medida de la importancia que tienen la evocación y los lugares" (614-5).

---

[7] *Vid.* Hiriart, Rosario: *Cartas a Lydia Cabrera*, Torremozas, Madrid, 1988. En las cartas son frecuentes las alusiones a Fernando Ortiz, a la cultura cubana y caribeña; cabe recordar que en 1936 Lydia Cabrera dedicó sus *Cuentos negros* a Teresa de la Parra.

Sus conferencias fueron un éxito, ocuparon páginas de periódicos y sacudieron el quietismo conservador de una sociedad poco acostumbrada a que una mujer –mucho menos una *señorita*– expusiera sus disidencias en la escena pública y fuera aclamada masivamente.

Los perdidos veinte, decía, representan un período decisivo en la historia cultural latinoamericana y durante ellos se redibuja el perfil de América Latina; espacio cultural abigarrado donde conviven, polemizan y se mezclan desde los estertores del modernismo al florecimiento de la novela regionalista y las enfáticas rupturas de los vanguardismos. Venezuela presenta una serie de especificidades en el marco general de las modernizaciones desiguales latinoamericanas, ya que estas décadas están cruzadas por el largo túnel de la dictadura de Gómez (1908-1935) y por el cambio de la estructura económica agropecuaria hacia la intensificación de la explotación petrolera.

La solicitud de Gómez en 1908 de *protección* a los Estados Unidos abre camino al avance de la presencia de los trust norteamericanos alentados por el petróleo, que, en los veinte, se afirma y termina de liquidar los restos de la sociedad heredera del XIX. Pero el crecimiento de una burguesía de nuevos ricos, de clases medias urbanas, de sectores obreros y de servicios, no trae como consecuencia un recambio de las clases rectoras; la dictadura de Gómez imposibilita una verdadera sustitución de la vieja oligarquía que mantiene su primacía.

La misma eclosión petrolera aumenta la centralización administrativa y política, así como el máximo control de las voces disidentes. A partir de 1922 se combinan el endurecimiento del régimen y la concentración de poder político con la represión y frustración de los movimientos antioligárquicos y democratizadores, expresados en los alzamientos populares y estudiantiles de fines de 1918 y comienzos de 1919. Hacia la segunda mitad del decenio, no obstante, comienzan a manifestarse con mayor virulencia y efectividad los movimientos opositores que culminan con el estallido del movimiento estudiantil en 1928 que, partiendo de los festejos de una semana del estudiante –festiva, cercana a las celebraciones del Carnaval– culmina con la detención de doscientos estudiantes y en una huelga general que sorprendió al régimen. Semana que ha sido considerada como el momento de articulación de la oposición al régimen y de una generación democratizadora y rupturista culturalmente, en lo que Miliani plantea como la conjunción de "vanguardias estéticas y populismo utópico"[8].

---

[8] Miliani 1997. *Vid.* También las aportaciones de Osorio 1985.

La Caracas de los años 20 no seguía el frenesí urbanístico y la efervescencia cultural que se había producido en otras capitales latinoamericanas y mantenía, en gran medida, la impronta tradicional de las grandes aldeas capitalinas de mediados del XIX[9]. Sin embargo, como señala Rivas Rojas, a mediados de los 20 "surge una nueva economía simbólica que emerge con el signo de lo masivo", acompañada del "crecimiento de la ciudad y de sus áreas vecinas" y la gradual cancelación "del imaginario letrado basado en el llanero y sus símbolos –como emblemas de un pasado agrario, errante y rebelde". A partir del análisis de la prensa y de pasquines clandestinos, relee al movimiento estudiantil del 28 y sus efectos socio-discursivos, fundamentales para comprender la relación entre eclosión de la cultura de masas y el desplazamiento hacia el espacio urbano de las textualidades literarias.

Teresa de la Parra pertenece a una generación formada íntegramente durante el gomecismo; sin embargo, sus largas estancias en Europa y sus regresos esporádicos le permitieron una cierta distancia. Por su origen social –familia de criollos viejos– es educada en un ambiente tradicional, pero su condición de mujer viajera y cosmopolita le permite reconocer los cambios sociales que se están operando. Garrels ha señalado que sus contradictorias relaciones con el gomecismo, sobre todo sus declaraciones después de la revuelta de 1928, conformaron una zona oscura para la crítica que dejaba en suspenso el tema[10]. Como afirma Araujo: "A ella no le importaba mucho esa

---

[9] En imágenes de Mariano Picón Salas: "Podría compararse la Caracas de los años 20 con aquellas ciudades italianas de las novelas de Stendhal que se detuvieron con su tirano sombrío, sus medievales mazmorras y sus bellas y apasionadas mujeres, capaces de inspirar las aventuras de Fabrizio del Dongo en el umbral de la vida moderna. O esta llegaba en el equipaje de un viajero que traía una que otra noticia del tumultuoso mundo, en los planes de un conspirador romántico o el explosivo libro que colmaba las de ideas de libertad insatisfecha el espíritu insomne de los adolescentes". Sobre este fondo, en el que se enseñoreaba "la muerte, el peligro, la persecución y el holocausto de que fueron víctimas los venezolanos de entonces", Picón Salas recorta dos voces que se levantan, desde lugares diversos, para burlar el silencio del régimen gomecista: la del Rómulo Gallegos de El último Solar (1920) y la de Teresa de la Parra con su Ifigenia (1924). Picón Salas 1976: 231.

[10] Para Garrels, el nexo de la autora con el régimen dictatorial de Gómez es oscilante: si en 1928 hace declaraciones en Cuba defendiendo al dictador; en cartas a sus amigos se excusa presentando tal defensa como necesaria para dar una buena imagen de Venezuela en el exterior; en palabras de la autora lo expresado en su entrevista "no eran más que meros datos que nos salvaban de parecer un país de cafres". No es osado pensar que de la Parra viviera la contradicción del intelectual, frecuente en la época, que padece la situación por una conciencia dolorida del atraso y la compensa exagerando los logros y avances nacionales. Para un detallado análisis del tema vid. Garrels 1985. Se incluye

sociedad (que la aburría) ni el gobierno que la humillaba mucho entre el premio y el castigo"; matizando este juicio señala que "vislumbra la caída de una clase –la suya, aristocracia terrateniente de procera raigambre– y su sustitución por otra –la burguesía del petróleo, burguesía importadora, y una burocracia feroz" (1980: 160).

En cuanto a la modernización, en *Memorias de Mamá Blanca* Teresa expone una sostenida añoranza del quietismo de la sociedad anterior a la irrupción del petróleo y explicita su preocupación por la pérdida de la identidad criolla. Según ella una absorción demasiado mecánica, originada ya a fines del XIX, de las estéticas europeas y de los signos más ostentosos de la modernidad, ha conducido a un carnaval que le repugna en el presente por haber destrozado la tradición. Tradición genuina, estable, sin los alborotos producidos por la modernización, que se gestó durante la Colonia y permaneció en la fundación de las naciones. Mamá Blanca consigna en sus *Memorias*: "(...) el nuevo dueño de Piedra Azul" –la hacienda perdida– "era un rico, gran amante del progreso, animado a una actividad insaciable para idear y realizar reformas. Todo estaba cambiado: era el triunfo del revés sobre el derecho" (389). El desaire se mezcla con la admiración ante este Fausto, emprendedor y burgués. Entre estos sentimientos, la vivencia de los cambios modernizadores como una carnavalización del mundo.

Tal resistencia a la modernización y el desprecio por los advenedizos nuevos ricos, se unen a la prevención ante los vanguardismos –cuya efervescencia vivió en el París de los 20– sustentada en el corte abrupto e irreverente que proponen con la tradición, cuya ligazón debe restaurarse, según Teresa, como única posibilidad para comprender y alejarse del degradado presente. En una carta a Lecuna despliega este sentimiento, en el que la desolación del presente se une a la desorientación del arte y del espíritu:

> Qué bonita debía ser la vida colonial nuestra, la del siglo XVIII y principios del XIX, ese despertar en medio de la gracia indolente y noble en que se vivía y cuyos restos se ven todavía entre ciertos medios. Describir, evocar todo eso, alrededor de Bolívar, sin literatura, sin afán pintoresco, es lo que quisiera, ¿pero cómo librarme de la literatura, de la de antes y de la de ahora, futuristas, minoristas etc.? Todo este carnaval que nos ciega y nos aturde y en donde, para mayor

---

en el libro, como apéndice, la entrevista realizada por Armando Maribona, publicada en *El diario de la Marina* con el título: "Teresa de la Parra nos habla con unción de su Venezuela y con entusiasmo de su progreso", La Habana, 10 de abril de 1928. Su autodefensa aparece en carta a Enrique Bernardo Núñez del 26 de julio de 1928. *Vid. Epistolario*, en de la Parra 1982: 545.

desorientación, entre la nube de la equivocación y de la cursilería, se encuentran de pronto fuertes y grandes talentos que nos atraen sin llegar enteramente a convertirnos: ¡en qué mal momento hemos nacido! (552).

Su reflexión apunta a una necesidad de evocación de la Arcadia colonial, a través de una escritura adánica, pura, libre de las capas de historia discursiva que impiden captar la vigencia del pasado depositada en sus restos. Sociedad colonial, de una "gracia indolente y noble". Elocuentes adjetivos: la gracia –una especie de quietismo paradisíaco–, a la que se adhiere la indolencia, opuesta a la moral del trabajo productivo que impone la racionalidad modernizadora, y la nobleza, lo sublime del *aristos* oligárquico. Contrapunto con un presente que, coincidente con la visión del *mundo al revés* presentada por Mamá Blanca, desplaza el carnaval social hacia la literatura.

Si la literatura del pasado nunca fue auténtica ya que partía de interpretaciones engañosas, de escaparate, de *pintoresquismo* –dice– y no supo retener la sentimentalidad de aquella sociedad, las propuestas radicales de las vanguardias expresan el trastocamiento social del presente en un carnaval de la representación, en el cual la letra pierde su capacidad de conversión espiritual, de producción de valores. Teresa reconoce que expresan un nuevo tipo de sensibilidad acorde con el frenesí de la nueva época, pero no se identifica con su exasperada ruptura, demasiado crispada y estridente para su melancólica mirada. En palabras de la introductora a *Las Memorias de Mamá Blanca*:

> En nuestros días, el ingenio alerta suele realizar en la sombra, entre formas desapacibles y a espaldas de la naturaleza, obras de un esplendor hermético. Para llegar hasta ellas, es preciso forcejear mucho tiempo, hasta abrir siete puertas con siete llaves de oro. Cuando se logra penetrar en el último recinto, se contempla con extenuación un punto interrogante velado suspendido en el vacío. Por lo que me atañe, puedo asegurar, con la dulce satisfacción del deber cumplido, que he llevado siempre a exposiciones cubistas y a antologías dadaístas, un alma vestida de humildad y sedienta de fe: lo mismo que en las sesiones espiritistas, no he visto ni oído a mi alrededor sino la oscuridad y el silencio (332).

Le irritan los signos más provocativos del experimentalismo vanguardista: hermetismo, dificultad expresiva, lejanía de lo estético frente a la naturaleza, son los puntos nodales de su distanciamiento. Entre el pasado y el presente, la pérdida. Entre la literatura y la sentimentalidad de la tradición, el carnaval.

No creo necesario integrar la producción de nuestra autora en el espacio de los movimientos vanguardistas, y no solamente por el supuesto retraso de su aparición en Venezuela fechado en 1929 con la revista *válvula*, sino porque deliberadamente Teresa se desmarca de ellos, tanto en sus reparos teóricos como en su escritura, en los que mantiene una clara intención de excentricidad. Lo que no impide observar que ella misma genera un espacio de interlocución con los movimientos de avanzada de su época. Ello explica que escritores atentos a los cambios celebren sus textos y que la revista de apertura *Élite* se hiciera eco de la publicación de *Ifigenia*. La producción literaria más interesante del período en Venezuela se inscribe en una búsqueda innovadora y heterogénea en sus resultados, ante los cuales y a la vista de la obra de autores como Enrique Bernardo Nuñez, José Rafael Pocaterra, Rómulo Gallegos, Antonio Arráiz o José Antonio Ramos Sucre, no necesariamente conduce a la vanguardia sino "que se encuentran en la orientación de un nacionalismo temático de marcado acento crítico" (Osorio: 133).

A pesar de estas negaciones explícitas de la autora, es observable que su proyecto escriturario se desliza hacia una *naturalidad* de la expresión que aspira a liquidar la escisión arte/vida[11], cuestionando tanto el modelo modernista como el criollismo y su vocación costumbrista. En la carta a Lecuna ya citada afirma: "es este carnaval de imprenta lo que me ha llevado hacia la biografía, acomodar las palabras a la vida, renunciando al sí mismo, sin moda, sin pretensiones de éxitos personales, es lo único que me atrae por el momento", posición que acerca su propuesta al proyecto vanguardista que Mariátegui definiera como "reacción contra la retórica y el énfasis"[12].

Frente a la racionalidad marcada por la lógica capitalista –materialismo, industrialización, urbanización, fin del predominio económico y cultural de las élites vinculadas a la tierra–, de la Parra esgrime la necesidad de una sentimentalidad de nuevo cuño capaz de rescatar el ritmo de los viejos tiempos y restaurar la pérdida. Su nostalgia, sin embargo, no opaca la conciencia de lo irreversible del cambio, ante el cual mantendrá una mirada distanciada y un resignado pacto, como apunta en su conferencia:

> Mi cariño por la Colonia no me llevaría nunca a decir como dicen algunos en momentos de lirismo que desearían haber nacido entonces. No. Yo me siento muy bien dentro de mi época (...). Como esos amigos simpáticos, puntuales y un poco egoístas, reúne entre muchas ventajas, la que no podamos quererla demasiado. Sabe borrar a nuestro paso las pequeñas tragedias sentimentales y como nos ha libertado de muchos y grandes temores, suele tenernos el corazón frotado, confortable y medio vacío como la sala de baño de un gran Palace.

---

[11] *Vid.* Bürguer 1986.
[12] *Vid.* Mariátegui 1973: 114-119.

Un presente que, además, permite a "sus preferidos" –dice– recrearse en el recuerdo y "escuchar el rumor de otros tiempos." (471).

Esta nostalgia no es extraña en el corpus literario de los 20 latinoamericanos. Un número importante de textos dan cuenta de la desestructuración de una idealizada Arcadia tradicional y expresan el sentimiento de inestabilidad que la modernización produce en las élites. No otra es la tematización que, en 1926, despliega Güiraldes en *Don Segundo Sombra* o la del joven Borges por el Buenos Aires perdido tras la avalancha inmigratoria cuando en un poema dedicado a Montevideo, en 1924, dice

> La noche nueva es como un ala sobre tus azoteas
> eres el Buenos Aires que tuvimos,
> la que en los años se alejó quietamente (...)
> Ciudad que se oye como un verso
> Calles con luz de patio (1960: 60).

Hasta el final Teresa mantiene su preocupada atención por la expresión de una memoria reactiva ante la desacralización del pasado, por ello anota en su último diario: "Tanto la lectura de Proust como el ensayo de Ortega y Gasset, *La deshumanización del arte*, me han hecho bien en el sentido de que he hallado muchos puntos de coincidencia entre sus opiniones y lo que yo naturalmente pienso y siento" (455).

2.2. *"Oficio de carboneros": mujeres y política*

La introducción a su primera conferencia en Bogotá constituye un documento importante de las ideas de la autora sobre la situación de las mujeres. En ella afirmaba, pocos años después de la segunda edición de *Ifigenia*:

> Son ya muchos los moralistas que con amable ecuanimidad, los más, o con violentos anatemas, los menos, han atacado el diario de María Eugenia Alonso, llamándolo volteriano, pérfido y peligrosísimo en manos de las señoritas contemporáneas. Yo no creo que tal diario sea tan perjudicial a las niñas de nuestra época por la sencilla razón que no hace sino reflejarlas. Casi todas ellas, las nacidas y criadas en medios muy austeros, especialmente, llevan dentro de sí mismas una María Eugenia Alonso en plena rebeldía, más o menos disimulada, según las oprima el ambiente, la cual les dice todos los días de viva voz lo que otra les dijo por escrito (473).

En cuanto a las críticas a su novela, Teresa se defendió con ironía y sutileza; hasta llegó a firmar una carta con el nombre de su heroína poniendo en evidencia la miopía de los críticos que confundían al personaje de ficción con la autora[13]. Magnífica, por su mal humor, es la carta que dirigió a Enrique Bernardo Nuñez en 1925, comentando los ataques de alguna prensa bogotana[14]. Más que a la radicalidad de la novela los detractores contestaban a la autora; es decir, a esa *señorita* que era Teresa de la Parra, cuyo atrevimiento al cuestionar su propia educación y a su propia clase, ponía en jaque tanto a la moral convencional como al espacio de opacidad, de discreto semioscuro, que mantenían las mujeres escritoras en la vida pública. Más que preocupados por el alma de las lectoras, los denostadores se asustaron ante la popularidad de una novela que les advertía de la existencia de un público femenino inquieto y ávido de nuevos discursos.

En la conferencia, Teresa sitúa su novela negando el carácter de "propaganda revolucionaria como han querido ver algunos moralistas ultramontanos, al contrario es la exposición de un caso típico de nuestra enfermedad contemporánea, la del bovarismo hispanoamericano, la de inconformidad aguda por cambio brusco de temperatura y falta de aire en el ambiente" (473). La fracasada heroína flaubertiana sirve de modelo para el diagnóstico sintomático de una sociedad provinciana, cerrada y prejuiciosa que no permite la expansión de la personalidad de las mujeres y "envenena" su imaginario con novelas románticas. Tal cerrazón está a contrapelo del impacto de los procesos modernizadores que esa misma sociedad promueve: los cambios tecnológicos en la vida cotidiana, la internacionalización de las costumbres, el auge de los nuevos medios de comunicación, han descentrado a la vieja sociedad patriarcal, en la cual las mujeres poseían un espacio, estático y sumiso, pero claramente definido.

Por otra parte, la intención que guía estas tres conferencias es hilar el lugar de las mujeres en la historia latinoamericana. En su comienzo la autora hace un doble movimiento para imbricar el problema de la mujer con el de la nueva sociedad: primero, denuncia la reificación de la mujer que la sociedad burguesa diseña. Toma como ejemplo a dos escritoras contemporáneas de diferente extracción social, para demostrar la necesaria "redención y dignificación de la mujer por la independencia pecuniaria y el trabajo":

> Delmira Agustini –joven, bonita, genial, nacida en un medio burgués y austero, es el caso de María Eugenia Alonso de Ifigenia llevado a la tragedia (...)

---

[13] *Vid.* la divertida carta que dirigió a Lisandro Alvarado en 1926, contestando algunas de sus críticas y utilizando la *persona* de su heroína como firma, en su *Epistolario* (1982: 564).

[14] *Vid.* de la Parra 1982: 544.

Gabriela Mistral, pobre, nacida en un medio honrado y modesto, sin convencionalismos mundanos, trabaja casi desde niña (...) y así va por el mundo, sufriendo y luchando en su obra de apóstol, socialista, católica, defensora de la libertad y del espíritu noble de la raza (476).

En cuanto a Mistral, a la que Teresa anuncia en próxima visita a Bogotá, bordea el *feminismo* de la chilena con un regateo de humildad –"Gabriela hablará sin duda con mucho acierto de este tema palpitante que ella conoce mil veces mejor que yo, por ser militante en todas sus ideas. (...) Ella con su voz autorizada les hablará quizás del feminismo justo y ya indispensable. Yo, entretanto, si ustedes me lo permiten me voy a buscar a mis mujeres abnegadas (...)" (476)– que le permite contraponer la educación frívola de las señoritas con la educación honorable de las clases populares de raigambre criolla, que educan a sus hijas en la moral del trabajo. Como ejemplo la sociedad habanera, de fuerte

> carácter criollo, tradicional y folklórico que la defiende milagrosamente de las invasiones espirituales. Su decantado americanismo no ha llegado todavía al alma de ninguna de las clases sociales. La gente habanera es criolla rancia y de buena ley, a pesar del inglés, el turismo, los dólares y los continuos viajes. Un gran número de mujeres cubanas trabajan y estudian sin haber perdido su feminidad ni su respeto a ciertos principios y tradiciones.

De la visita a La Habana extrae la idea que es en las clases pudientes donde se produce la mayor disfunción sociocultural de las mujeres:

> La 'señorita habanera', la rica heredera, jugadora de tenis y de bridge, vestida por Patou, propietaria de un automóvil que dirige ella misma, salida a veces de conventos y de medios muy austeros, es preciosa, muy elegante, de trato fácil y encantadora, pero su cultura, sus condiciones de carácter, y sobre todo su nivel moral, por falta de preparación adecuada a la vida moderna, es muy inferior a la de la muchacha disciplinada por el trabajo (475).

De esta comparación surgen algunos corolarios: en el desfasaje entre la vieja clase rectora y los nuevos ricos dispendiosos se mantiene para las *señoritas* una educación ambivalente que, al tiempo, las adorna con las galas de lo moderno pero manteniendo un catolicismo severo –no hispánico, afirma Teresa, sino de extracción jansenista– e instituye un lugar negativo que las dirige al matrimonio de conveniencia o al desastre. En cambio los sectores populares –"clases medias honradas"–, por su propia condición, educan a sus mujeres en el trabajo. De allí, su reivindicación de la dignificación del

trabajo, con un acceso más libre a la educación y por la igualdad de remuneración: "cuando digo el trabajo, no me refiero a los empleos humillantes y
mal pagados en los que se explota inicuamente a pobres muchachas desvali-
das. Hablo del trabajo con preparación, en carreras, empleos o especialida-
des adecuadas a las mujeres y remuneración justa, según sean las aptitudes
y la obra realizada". Teresa enfatiza que tal integración no tendrá efectos
negativos sobre la estructura familiar sino que, por el contrario, surgirá un
nuevo tipo de matrimonio y de mujer, colaboradora del hombre, "ni dueño,
ni enemigo, ni candidato explotable, sino compañero y amigo".

El segundo movimiento es enmarcar tales reivindicaciones en la moderación, y apartarse de un cambio violento que desborde a la ya agitada sociedad moderna:

> Mi feminismo es moderado. Para demostrarlo y para tratar, señores, ese
> punto tan delicado, de los nuevos derechos que la mujer moderna debe adquirir,
> no por revolución brusca y destrucción sino por evolución noble que conquista
> educando, aprovechando las fuerzas del pasado (...) había comenzado por prepa-
> rar en tres conferencias una especie de ojeada histórica sobre la abnegación
> femenina en nuestros países, o sea la influencia oculta y feliz que ejercieron las
> mujeres durante la Conquista, la Colonia y la Independencia.

Moderación que la distancia del sufragismo, impulsor de la igualdad de
derechos, de la participación organizada de las mujeres y de la intervención
pública en la política. Actividad, esta última, deleznable según Teresa: "Y es
porque creo en general, a la inversa de las sufragistas, que las mujeres debemos agradecerle mucho a los hombres el que hayan tenido la abnegación de
acaparar de un todo para ellos el oficio de políticos. Me parece, que junto
con el de los mineros de carbón, es uno de los más duros y menos limpios
que existen. ¿A qué reclamarlo?" (474).

El desmarque del feminismo radical, la ironización de la política y de la
intervención social organizada de las mujeres, producen un contradictorio
desgaje del logro de derechos civiles, el acceso al trabajo y de salarios dignos; esta contradicción evidencia un sustrato ideológico de corte tradicional
que podemos unir a sus resistencias ante los amenazantes cambios del presente. Por ello, Teresa construye una Arcadia edénica que ubica e idealiza
en la Colonia, infancia irremisiblemente perdida de la historia latinoamericana en las que las mujeres encontraron un reinado:

> (...) ingenua y feliz como los niños y como los pueblos que no tienen historia, la
> Colonia se encierra toda dentro de la Iglesia, la casa, el convento. Yo creo, podría
> simbolizarla una voz femenina detrás de una celosía. Desnuda de política, de

prensa, de guerras, de industrias y de negocios es la larga vacación de los hombres y el reinado sin crónica ni cronistas de las mujeres.

Frente a esta Arcadia, la modernidad que rompe los nexos con la tradición basamento del poso identitario, un presente de ventajas ineludibles pero, según Teresa, vacío de espiritualidad.

Si unimos este discurso público con algunos de los testimonios que arroja su correspondencia, la posición de Teresa sobre la situación de las mujeres aumenta en su ambivalencia. La popularidad alcanzada por *Ifigenia* sorprendió a la propia autora y en las cartas a Lidya Cabrera, a quien reseña su experiencia en Colombia, manifiesta su incomodidad por la invasión de un público femenino que la incomodaba –"¡Cómo anhelo verme dueña de mi persona!"–. Las demandas del público femenino le producían sentimientos encontrados de regodeo y rechazo, entre la identificación y el desprecio; un público vulgar al que no ella no había previsto como lector posible. Con sentimientos clasistas se refería así a las mujeres que la saludaban y se posiciona en el lugar de la dama escritora frente a la *chusma* mujeril:

> La llegada me conmovió; no aquí en Bogotá, sino en pueblecitos anteriores donde corrían al tren pobres muchachas cursis y feas que me dejaban las flores en la ventanilla del vagón y me gritaban cosas. ¡Todo el dolor de las desheredadas! ¿Cómo pude reflejarlo así en un libro que escribí casi inconscientemente y del cual me encuentro ya tan despegada y tan arrepentida? La exaltación me conmovía y me humillaba por excesiva (cit. en Hiriart: 131).

Luego, desde Tunja, en otra carta a Lydia, consigna una mayor identificación con sus lectoras:

> Me invitaron al cinematógrafo, único espectáculo que se ve allá y en la pantalla, a falta de otro medio de publicidad, anunciaron que se encontraba allí "la ilustre autora de Ifigenia". Estaba yo en el palco presidencial; si vieras los aplausos y los vivas (...) Luego me llevaron a un baile organizado en mi honor. Las mujeres que no salen nunca a la calle por el frío y porque la ciudad vive desierta, estaban de gala, con esa tristeza de las mujeres que no han vivido ni sospechan lo que es la vida; bonitas y tristes (en Hiriart: 131).

El desprecio o la condescendencia hacia su público femenino se asemeja al de Sor Juana hacia sus hermanas monjas que la incomodaban con su presencia pesada y su ignorancia, pero en las que depositó la custodia de su alma; como si el lugar de la mujer intelectual, en la medida en que implica una distinción y, por ello, la adquisición de un territorio en lo público, las envolviera con los valores del discurso falocéntrico y las autorizara a separarse de su pares.

El viaje a Colombia, el encuentro con las pequeñas ciudades, con la *otra* América Latina, en la cual la modernización no había producido cambios notables, la condujo a la constatación del atraso que afianzará sus nostalgias premodernas: "Regreso de mi viaje a Tunja encantada. Una ciudad que no se ha movido desde el siglo XVIII. Me conmovieron las calles, la gente, las iglesias, a pesar de las inevitables bombillas e imágenes nuevas (...) Tuve la suerte de que en la calle, cosa que ocurre a menudo, se fue la luz eléctrica y pude verla a la luz de la luna: encantadora de evocación". Pero, a la par de esta nostalgia del pasado, también la nostalgia del Gran Palace: "Cuando llegué a mi cama, un frío horrible, imagínate las casas coloniales con una temperatura de invierno".

Las críticas aristocratizantes a la modernización se unen, en un mismo arco ideológico, a la ambigua consideración de un público femenino de masas, que Teresa descubre alborozada por el éxito insospechado de su novela pero al que mira con compasión y desdén ¿Porque quiénes eran esas "pobres muchachas cursis y feas"; esas mujeres que "ni sospechan lo que es la vida"? Pues, una *masa* de lectoras conformada por los impulsos democratizadores, que ya habían tenido acceso a la educación y que el imaginario femenino de las élites –cosmopolitas, viajeras, refinadas, exitosas, degustadoras del Gran Mundo– no preveía. Lugar excéntrico de la señorita intelectual, no sólo del código estrecho de su clase, sino también de esa *masa* de mujeres. Imaginarios femeninos marcados por la jerarquización, *señoritas* y "esas pobres muchachas".

2.3. *Feminizar la transculturación: hacerse una historia*

No obstante, sobre esta trama contradictoria resplandece una intencionalidad clara: en sus *Tres conferencias* de la Parra puntúa un camino, guía de posteriores generaciones de mujeres, cuyo objetivo es la construcción de una historia de las mujeres latinoamericanas, de las que explora su aportación intelectual para señalar la cara oculta de la formación del *alma americana*. Además, una historia que plantea los apuntes generadores de una tradición, de un linaje intelectual atravesado por la demarcación genérica, no circunscrito a un espacio nacional, sino continental. Movimiento que aspira a construir una tradición de las letras de mujeres en un diálogo de religamiento intracontinental, poniendo en crisis hasta los diversos usos definitorios de la cultura: "latinoamericana, iberoamericana, hispanoamericana, indoamericana o indohispanoamericana". Todas le parecen restrictivas:

Considerando las diversas expresiones, vi que cada una, encerraba por oposición con las otras, una fórmula de disgregación. Pensé al azar en el poder de las palabras determinando los hechos, pensé en la dulce intimidad de las cosas con sus nombres, y pensé (por fin) en nuestra hermosa patria anónima, tan extensa, tan diversa y tan milagrosamente semejante (476-7).

y opta por la fórmula "alma americana" afirmando que la cuestión identitaria latinoamericana se sostiene sólo por la escucha amorosa y cómplice de su multitudinario auditorio.

Concentrarse en el "alma" no necesariamente implica hablar desde el tópico de la espiritualización de las mujeres, sino de un punto de vista que juzga y desecha las concepciones positivistas de la historia, para esbozar estructuras de sentimiento que deshacen la linealidad del discurso historiográfico. Este punto de vista se distancia de los antagonismos identitarios –indoamericanismo o hispanoamericanismo– entrando a saco en la polémica que señalizaba a la ensayística de su época[15].

Desde allí apunta una distinción genérica importante: frente a las acciones violentas producidas por los héroes masculinos de la Historia, incluso las que se erigen como defensoras de los oprimidos, reivindica la acción integradora y pacífica de las mujeres: "Contemporáneas del Padre Las Casas otras en silencio predicaron la clemencia y la paz. Fueron las mujeres de la conquista. Obscuras Sabinas, obreras anónimas de la concordia, verdaderas fundadoras de las ciudades por el asiento de la casa" (477). Una apropiación, entonces, de la idea latinoamericanista de unidad cultural supranacional que, por supuesto, Teresa había bebido del ideal bolivariano y martiano, pero reinterpretado desde una tradición femenina.

En cuanto al discurso de la Historia, Teresa propondrá un par dilemático, en el cual, creo, reside su posición más radicalizada: frente a la monumentalidad de la Historia, reivindica una historia *menor*, minúscula, popular, vivencial, que a veces llega a plasmarse en la escritura y da en ella sus mejores frutos, pero que, en la mayoría de los casos, se pierde por no tener su cronista. El método lo toma del sabroso Bernal Díaz del Castillo; su *Historia verdadera de las cosas de la Nueva España* será la inspiradora de su esbozo de historia de las mujeres. La crónica de Bernal, "llena de detalles triviales", "detalles que van pasando numerosos y evocadores en la corrien-

---

[15] Cabe recordar que la definición identitaria recorre el pensamiento latinoamericano desde la fundación de las naciones, pero alcanza momentos densos en los comienzos del siglo XX, en el que la polémica se extiende y permea los campos intelectuales y políticos tanto como los culturales. *Vid.* Rovira 1993.

te de los hechos", que se "quedan prendidos de la memoria como por capri-
chos de la gracia y que son en su humildad toda la poesía del recuerdo", es
un modo alternativo de contar la historia que tiene que ver con "la superioridad moral de este género de narraciones. Junto a ellos la verdad histórica, la
otra, la oficial, resulta ser un banquete de hombres solos". Banquete donde
la tonalidad, la fruición y recreación de una época, se pierden; donde la
vivencia humana del pasado queda oculta detrás de la épica de la violencia,
sepultada por "la pompa oficial de la historia cuyo campo de acción se
extiende con preferencia sobre escenas de destrucción y de muerte".

Una nueva mirada sobre la historia en la cual despunta su provocación
revoltosa:

> Yo creo que mientras los políticos, los militares, los periodistas y los histo-
> riadores pasan la vida poniendo etiquetas de antagonismos sobre las cosas; los
> jóvenes, el pueblo y sobre todo las mujeres, que somos muy numerosas y muy
> desordenadas, nos encargamos de barajar las etiquetas estableciendo de nuevo la
> cordial confusión (477).

Revisar, entonces, las historias oficiales implica mostrar y disolver los
límites dualistas del discurso historiográfico al uso. No se trata de *incluir* a
las mujeres en la historia, ni *rescatar* o *reconocer* sus aportaciones, sino de
elaborar nuevas miradas y modos de *hacer* historia. Perspectiva que se une,
entonces, a la construcción de un linaje femenino, marcando la *diferencia* de
las mujeres en la historia con una serie de gestos semánticos: en primer
lugar, así como Sor Juana hacía su historia con las mujeres sabias de la tradición religiosa, Teresa postula –ubicándose en un terreno laico, civil y
moderno– un nuevo origen de la cultura elaborando una feminización de la
transculturación latinoamericana[16].

La periodización que propone está marcada por los tradicionales cortes
de la historia oficial pero matizada por una imagen sensible que sintetiza el

---

[16] Este concepto fue forjado por el estudioso de las culturas afrocubanas, Fernando
Ortiz, en sus estudios antropológicos desde 1906, que culminaron en su "Contrapunteo
cubano del azúcar y el tabaco" (1940). Si bien la extensión de Ángel Rama, en los setenta, verificó la pertinencia del concepto para explicar los fenómenos culturales latinoamericanos, cabe recordar la fecundidad con la que Lydia Cabrera, discípula de Ortiz, lo desplegó en sus *Cuentos negros de Cuba* (1940) y su fundamental trabajo sobre las culturas
afrocubanas: *El monte, igbo finda, ewe orisha, vititinfinda. Notas sobre las religiones, la
magia, las supersticiones y el folklore de los negros criollos y del pueblo de Cuba* (La
Habana, ed. CR, 1954).

lugar de las mujeres: "Creo que pueden dividirse en tres vastos grupos. Las de la conquista: son las dolorosas crucificadas por el choque de las razas. Las de la colonia: son las místicas y las soñadoras. Las de la independencia: son las inspiradoras y las realizadoras" (479). Emergen, entonces, como figuras fundadoras de América: Isabel la Católica, "clásica matrona criolla, como nuestras abuelas de ayer", que describe apropiándose de las palabras de José María de Heredia: "Su espíritu fue superior al de su época. Amó en extremo los libros y el saber. Reina intrépida y sagaz conquistó Granada y comprendió a Colón" y las "discretas y veladas por los relatos de los Cronistas de Indias (...) las primitivas fundadoras. Sus vidas humildes llenas de sufrimiento y de amor no se relatan. Apenas se adivinan. Casi todas son indias y están bautizadas con nombres castellanos", fundamentales para la supervivencia de las culturas indígenas. Desde las madres indias de ilustres letrados o colonizadores (Fajardo, el Inca Garcilaso) a "las pobres esclavas o herederas del cacicazgo que comparten con sus maridos blancos", la transculturación se produce no por el choque racial y la eliminación del otro indígena, sino por la transmisión de las mujeres que, entre otras cosas, "les enseñan a usar los zaragüelles de algodón, la sandalia de henequén y el sombrero de palma" (478). Desde estas fundadoras edifica una línea genealógica que recorre la labor impulsora de la reina castellana y el saber de *lengua* de Marina-Malintzin, la india que acompañó a Cortés. Desde la brillante Sor Juana Inés a las más escondidas –la madre Castillo, aguda clarisa colombiana o la anónima poeta peruana Amarilis o la silenciosa *ñusta* Isabel, madre del Inca Garcilaso.

Desde las valerosas caraqueñas que acompañan a Bolívar en el éxodo de 1809 a las mujeres que lo construyeron como Libertador: la negra Matea, que le enseñó a vivir en el patio de los esclavos o la refinada Fanny Villars que lo alentó en París sobre el proyecto independentista, a su valerosa y agresiva compañera Manuelita Sáenz, quien abandonó los lugares tradicionales –matrimonio y vida social– para seguirlo en las campañas emancipatorias; quien, luego de la muerte de Bolívar, fue vilipendiada, arrojada a la miseria, y no obstante, rechazó el legado de su primer marido por considerar tal herencia una traición al Libertador y a sí misma.

Teresa destaca las aportaciones de las mujeres como determinadas por la *revuelta*, realza la mezcla y la resistencia cultural, la abnegación y la heroicidad no enfática, la acción eficaz silenciosa o la disidencia explícita, que va engarzando en relación al presente. Por ejemplo, apunta que Doña Marina "inicia la futura reconciliación de las dos razas e inicia además en América, aunque de forma muy rudimentaria aún, la primera campaña feminista"; o que las monjas de los conventos coloniales "sedientas de vida interior" son "precursoras del actual feminismo", o que Sor Juana vivió "el hastío de su gran triunfo intelectual" y fue víctima "del prejuicio de los hombres sobre la mujer intelectual".

El siguiente gesto es la fusión de lo histórico y lo autobiográfico. Todo el trayecto de las conferencias se entrelinea con recuerdos de infancia y adolescencia[17], de sus abuelas, de las mujeres de familias prestigiosas y sus particulares interpretaciones de la historia –su antepasada Francisca Tovar, "Mamá Panchita", "empedernida realista" y su tía bisabuela Teresa Soublette, "exaltada patriota", en cuyas anécdotas se extiende para "representar los dos extremos de la Independencia por su lado más íntimo" y las sabidurías populares mestizadas en la cocina, la vida cotidiana, la decoración, la medicina. Pone especial énfasis en los usos escriturarios cotidianos de las mujeres –la esquela, la carta circunstancial– o el recado oral voceado por las criadas: "Yo llegué a escuchar algunos de esos recados durante mi infancia. Hasta 1910 llegaron algunos. Se los mandaban entre sí las señoras viejas que sentían por el teléfono una repugnancia sagrada, y las negras que los daban solían llevar aún el paño blanco de las esclavas puesto en la cabeza" (498).

Pero, sobre todo esto, Teresa resalta una específica posición ante el lenguaje: el uso femenino del desorden, del revoltijo lingüístico, para eludir las taxonomías, para romper la linealidad intercalando el comentario; el regodeo en el detalle, en lo trivial o en la imagen sintética, que recrean el sabor y el saber de la lengua.

Del recorrido de estas dos facetas contradictorias en las conferencias de Teresa, se hace evidente que la problemática de género está atravesada por el conflicto y la jerarquización de los imaginarios sociales. En la medida en que la notoriedad institucional autoriza lo literario como valor-trabajo y valor-conocimiento, el lugar *escritora* se inviste del semblante fálico que, en los 20, trabajará con la construcción de diversas imágenes-máscaras de la mujer escritora. Exhibidas y construidas para el público tales imágenes toman su modelo del emergente *star system* de la cultura masiva de la ima-

---

[17] Dice de la Parra: "(...) pasé casi toda mi primera infancia en una hacienda de caña en los alrededores de Caracas, muchos de los recuerdos de esa primera infancia están encerrados en *Las memorias de Mamá Blanca*. Huérfana de padre a los ocho años mi madre se trasladó junto con mi abuela materna a una provincia de España para hacer allí nuestra educación. Tanto mi madre como mi abuela pertenecían por su mentalidad y sus costumbres a los restos de la vieja sociedad colonial de Caracas. Por lo tanto mi segunda infancia y mi adolescencia se deslizaron en un ambiente católico y severo. Las procesiones del Corpus y Semana Santa, las Flores de María, fiestas de Iglesia, además de los paseos por el campo fueron casi los únicos espectáculos y reuniones que conocí entonces" (504).

gen; imágenes de la mujer escritora que no recorreré, pero de las cuales existe un intenso testimonio en la prensa periódica, revistas literarias y documentos fotográficos y fílmicos[18].

Si lo público fascina y molesta, halaga y perturba, la escritura literaria se presenta como espacio interior, íntimo, uterino. De allí, también ¿la necesidad del silencio, de la celda, de la habitación propia, de la habitación en el Gran Palace? Considero que estos discursos y posicionamientos públicos encuentran su límite en las escrituras literarias, como si estas fueran antagónicas, la *otra cara*, el envés de la trama de lo público. Como si la experiencia literaria se conformara en una grieta dispar de estas escrituras públicas (ensayo, cartas, entrevistas). Justamente en las novelas que comentaré a continuación, la escritura literaria utiliza como material esta construcción de las mascaradas de la femineidad para, en su trayecto, denunciarlas y develarlas.

3. Teresa de la Parra: *Ifigenia*.
El espejo de la escritura, reconocimiento y extrañeza

> Creo en la superioridad absoluta de las
> fuerzas inconscientes sobre las intelectuales
>
> Teresa de la Parra

3.1. *Nominaciones del texto: la carta, el diario*

La escritura de de la Parra se caracteriza por la pregnancia de modalidades biográficas: el *Diario de una caraqueña por el Lejano Oriente*, inspirado en la experiencia de su hermana María, el *Diario de Bellevue-Fuenfría-Madrid* (1931-1936), testimonio de sus últimos años, su intenso epistolario, en los cuales Teresa mezcla los materiales de lo vivido, sus impresiones y reflexiones, con lo ficcional. De igual manera su primera novela *Ifigenia* lleva el subtítulo de *Diario de una señorita que escribió porque se fastidiaba* y la segunda incluye en su título otra de las formas de la autobiografía, *Memorias de Mamá Blanca*. Siguiendo ese gesto semántico que informa su

---

[18] *Vid.* al respecto de la construcción de la imagen-fetiche de la escritora: Cróquer 2000a: 31-52.

escritura, me interesa puntuar el *efecto de autobiografía* del texto ficcional, tal como lo trabaja en *Ifigenia*.

Lejeune enfatizó la coincidencia entre autor-narrador-personaje y el establecimiento de un pacto de lectura que se legaliza en el asentimiento a la identidad entre el que firma –yo autorial–, el que cuenta –yo narrador–, el que vive o vivió –yo personaje–. Sin embargo Jay y otros autores han problematizado esta coincidencia, señalando la no correspondencia entre sujeto y estrategias textuales de representación del yo, para desnaturalizar la relación de la firma (nombre propio, sujeto de la escritura) con el sujeto de la enunciación en el texto y el personaje. Con lo cual se abre la problemática definición del sujeto en el texto y con ella la demarcación entre vidas reales y vidas ficticias.

Lo cierto es que, en un segundo momento de su reflexión, Lejeune ya había puesto en cuestión sus primeras demarcaciones del yo textual, e introdujo el concepto de *autobiografías ficticias*[19] que desvincula la pragmática coincidencia entre autor-narrador-personaje y apunta a la figuración de una vida difuminando la distinción de Genette entre *dicción* –marcada por la intención de veracidad– y *ficción*[20].

Como ha señalado de Man, la problemática autobiográfica pasa por el establecimiento de una metáfora referida al sujeto, la de interior/exterior, nunca seriamente cuestionada, que es la que sostiene la armazón autobiográfica y se asienta en la demarcación subjetividad-objetividad. Como he señalado con relación a Sor Juana, la autobiografía apunta más que a la reconstrucción de una vida o a la afirmación de un sujeto, a una desapropiación. No solamente porque no se puede *reproducir* la totalidad de una *vida*, viejo sueño mimético, sino porque la autobiografía propone la construcción de un *yo* producido por el texto cuya apariencia de consistencia es efecto de la prosopopeya que produce una ilusión referencial.

Se puede objetar que toda la narrativa ficcional que trabaja con la fusión de un narrador-personaje y figura un *yo*, que se autorrepresenta en el texto, apunta a la producción de tal efecto. No obstante, no toda figuración del *yo* escenifica la construcción de una subjetividad, ni toda ella exhibe la escritura como gesto y acto de un narrador. Si la autobiografía es ese intento paradójico de dotar de una máscara textual a lo ausente –la propia vida, el pasado, lo muerto– y suturar así el borramiento del sujeto y de lo vivido, me interesa seguir el movimiento de construcción y develamiento de las másca-

---

[19] *Vid.* Lejeune 1994. Jay 1984. De Man 1990.
[20] *Vid.* Genette 1993: 11-33.

ras del *yo*, en el cual *Ifigenia* elabora una teoría del sujeto deseante y del posicionamiento femenino.

Algunos críticos han señalado cierta endeblez compositiva en *Ifigenia*. Araujo observa la diferencia formal entre la "Carta", Primera Parte de la novela, que "con digresiones de apariencia frívola", produce el relato psicológico de María Eugenia Alonso, frente al "Diario" que se instaura a partir de la Segunda Parte y mantiene un tono íntimo con notas coloquiales. Ambas partes configuran, según este crítico, una unidad basada en el habla familiar de la protagonista pero –afirma– esta unidad se rompe en la Cuarta Parte, "con los enviones románticos del apóstrofe amoroso, más bien metafísico, cuya interferencia quebranta la tersa frescura del relato" (1980: 157). Efectivamente, una dislocación progresiva se produce a lo largo de la narración, pero no responde a defectos de composición sino al seguimiento de las sutiles variaciones del punto de vista de la narradora-protagonista. *Ifigenia* despliega diversas posibilidades de la escritura autobiográfica, en consonancia con el proyecto que su autora ejercitó. La voz de María Eugenia Alonso se instala como voz emisora del relato y de una escritura que se nomina a sí misma como autobiográfica. Me detengo en las peculiares hibridaciones y las variaciones formales de la voz narrativa ya que en ellas se figura el proceso de construcción de la subjetvidad de una mujer, gesto semántico que informa a la novela[21].

Pouillon señaló diferentes posibilidades formales de expresión "del conocimiento del sí mismo" en la novela, en virtud de la distancia entre la voz narrativa, los hechos narrados y la interpretación de los mismos. Distingue tres tipos clásicos para la autobiografía: el *recuerdo*, las *memorias* y el *diario*. El *recuerdo* es una operación que siempre remite al que la efectúa; no hay recuerdos sino que *se* recuerda captando algo del pasado en el presente. En el *recuerdo* no cuentan los hechos ni los acontecimientos en sí, ni su cronología, sino en tanto significativos para el que narra; tampoco tiene especial relevancia la conexión entre las anécdotas, pues el hilo que las engarza es el que el narrador enhebra. En el *recuerdo* no se juzga el pasado sino que, a través de su surgimiento en la novela, se busca la desaparición del presente o se lo convierte en resorte para la recuperación de un tiempo perdido. El

---

[21] Aunque mi objetivo difiere del de Silvia Molloy, quien se concentra en las posibilidades de la autofiguración hispanoamericana a partir de textos autobiográficos, la lectura de *Acto de presencia. La escritura autobiográfica en Hispanoamérica*, me ha sugerido más de una de las reflexiones presentes, especialmente los capítulos III y VII, dedicados a Victoria Ocampo y a Norah Lange respectivamente.

conocimiento del narrador presente coincide con el del pasado, su impulso es de sinceridad: revivir el pasado en la escritura. Las *memorias*, en cambio, están guiadas por una voluntad interpretativa, analítica, ordenadora, selectiva; se dirige a dotar de significación al pasado; proponen una distancia que separa al que cuenta del sí mismo que fue. Su objetivo no es revivirlo sino significarlo desde el presente. Instancia intermedia, el *diario*, registra un pasado que aún es presente. Coincide con las *memorias* en su preocupación ordenadora e interpretativa, a la que se agrega la consignación cronológica, mientras que comparte con el *recuerdo* su ignorancia del futuro y la escasa distancia entre su narrador y lo consignado. Sin embargo, puntualiza Pouillon (44 y ss.)[22], en la voluntad reflexiva sobre el sí mismo el *diario* se acerca a las *memorias*: una visión que aspira a una comprensión totalizante los anima; mientras anota su pasada e inmediata vivencia el narrador se aprecia a sí mismo, se analiza; aunque escribe para sí, escribe para significarse.

Ifigenia consta de cuatro partes presentadas como instancias formales –*carta*, la primera y *diario*, las siguientes– que son revocadas desde el inicio en la composición del relato. La *carta* implica un emisor que escribe a un destinatario, con el que presupone un intercambio, para transmitirle mensajes. Toda carta es una demanda en espera, una apertura dialógica. Sin embargo, la carta de María Eugenia adquiere las características de unas *memorias*, un informe detallado, selectivo e interpretativo de aspectos fundamentales de la vida de la protagonista, escritora y narradora, desde su abandono del internado, sus andanzas parisinas, el retorno a la Caracas natal y al seno de la familia paterna. María Eugenia escribe a una compañera de Colegio –Cristina de Iturbe– con quien sólo ha compartido la experiencia del internado. La posibilidad de interlocución aparece diferida, la calificación de "carta muy larga" alude a una temporalidad extendida tanto en la escritura como en la narración.

La *carta* de María Eugenia, pregunta abierta a sí misma, es a la vez carta y mapa: interrogación y cartografía biográfica que siguen el itinerario del

---

[22] También Weintraub diferencia entre 'memorias', en las que "el interés del escritor se sitúa en el mundo de los acontecimientos externos y busca dejar constancia de los recuerdos más significativos" *y diario,* "interpretaciones momentáneas de la vida" (*Vid.* Weintraub 1991: 19 y 21). Pero, cabe enfatizar que la preocupación de Pouillon apunta a los modos que expresan el 'conocimiento de sí' que exhibe un narrador o un persoanje en la novela, y utiliza las formas canónicas de las autobiografías –*Los recuerdos de egotismo* o *La vida de Henri Brûlard* de Sthendal, o la ambigua posición del punto de vista en la *Autobiografía de Alice Toklas* de Gertrude Stein– para mostrar la relación entre narrador, conocimiento de sí y temporalidad en la novela.

recuerdo y la reflexión sobre el pasado y, al tiempo, relatan el viaje de regreso a casa de una heroína que, desposeída en el presente, debe aprender a sostenerse en la orfandad. María Eugenia comienza a escribir luego de la muerte de su padre –que motiva el regreso al seno familiar– y de enterarse de la pérdida de su herencia. La *carta* es espacio de nostalgias, de diseminación de deseos y lugar de objetivación de la propia vida. Escritura de la intimidad, la soledad y el desasosiego, es el espejo donde fluyen las contradictorias sensaciones y pensamientos de la protagonista. La carta es una mirada ante el espejo de la escritura, que recorta los límites y perfila la figura de esta 'nueva' María Eugenia, ahora señorita sin dote y escritora. El ejercicio de la escritura es refugio, espacio de resistencia y de comprensión, de reconstrucción y rearme de la identidad: "Por suerte inventaron la escritura y en ella va y viene algo de esto que tanto queremos en las personas queridas, esto que es alma y es espíritu, que así como dicen que no muere nunca, tampoco se ausenta del todo, cuando porque quiere, no quiere ausentarse" (205). De su lectura emerge el autorretrato de la protagonista presentado en una división: la actualización nostálgica, a través de la escritura, de sus experiencias de joven frívola y rica, despreocupada por su futuro, y la conciencia actual de pérdida. Entre las voluptuosos descripciones de su paso por París –fantasma espacial del primer atisbo de independencia– discurren las críticas a la educación tradicional de las *señoritas* recibida en el internado, cuyas Madres inculcaban el miedo al exterior con una moralina cursi y estereotipada; los comentarios irónicos sobre la mezcla de esnobismo y pacatería de las *elegantes* prisioneras en el cultivo de lo *chic*.

El envío de la carta significa una nueva pérdida que es restaurada por la escritura: "(...) cuando Gregoria al regresar de la calle me dijo con mucho misterio: "¡Ya la eché!", me quedé tristísima. Sentía que me faltaba algo muy grande y muy indispensable. Como no podía seguir escribiendo a Cristina por tiempo indefinido, hoy me dije de golpe: "¡Pues ahora voy a escribir mi diario!" (208). Como *diario* son nominadas la Segunda y Tercera Parte de la novela, pero la preceptiva se rompe por la dilatación temporal y la fragmentación en capítulos. Al igual que la carta, este diario no respeta fechas ni consigna el diario vivir sino que funciona como *memorias*, en las que la narradora reflexiona, en la Segunda parte, sobre un período largo pasado marcado por una experiencia central, el enamoramiento eufórico; en la Tercera, la decepción amorosa.

La Segunda Parte, "El balcón de Julieta", relata su salida del encierro de la casa familiar al mundo, representado por Mercedes Galindo, mujer que condensa todos los tópicos del *spleen* femenino de la *belle époque*: refinada, sensual, desgraciada en su matrimonio, hastiada de una vida reconcentrada en pequeños placeres. Su casa es un salón de recibo, en el que oficia de

Celestina moderna. Allí conoce María Eugenia a Gabriel Olmedo, con el que inicia un torneo coqueto, cercano a los trabajados por Colette[23], al que sigue la oposición familiar, el alejamiento de la ciudad y su reclusión en la hacienda. El tono expansivo del comienzo, plagado de detalles y de reflexiones sabrosas sobre el juego amoroso, va trocándose en melancolía cuando deja Caracas y se sume en el paisaje de la vieja hacienda familiar.

Pero, en la Tercera Parte, lo escrito –el pasado– es condenado al silencio. La escritura se suspende y el diario escondido en "un gran paquete" envuelto en papel de periódico en "el doble fondo del armario de luna". La escritura privada (el diario) es recubierta por la pública (el periódico). El *doble fondo* alude a ese doble ocultamiento del sí mismo desposeído para sí, en duelo, y perdido para la mirada en el espejo que se cierra. En consonancia la escritura y el diario desaparecen e instauran el vacío de una elipsis que divide la narración en dos.

"Largos meses", "dos años" de vacío de escritura, aludidos en el comienzo de la Tercera Parte, apuntan el silencio producido por la herida y el duelo amoroso, el borramiento subjetivo que la escritura no puede consignar. Cuando vuelva a aparecer la escritura ya no será espejo donde verificar y sostener la propia imagen, sino extrañeza: un lugar de desencuentro entre la María Eugenia del pasado y la que vuelve a escribir para manifestar su distancia. La escritura se desnuda, se autonomina "autobiográfico paquete" a la vez que hace explícita su condición de escritura para sí misma; se juzga como empresa trivial, como "la gran tontería de escribirse cosas a sí mismo"; se desliza hacia la escritura como mascarada, como espacio de representación, que exhibe –por tanto denuncia– su teatralidad.

La fusión de María Eugenia escritora y lectora de sus propios escritos acota la autorreferencialidad del discurso autobiográfico. Una María Eugenia transformada y crítica que, después de haber releído sus páginas antiguas, anota: "Ahora, consideradas psicológicamente, repito que me han sido de gran utilidad, puesto que gracias a su lectura he podido comprobar los inmensos progresos realizados por mí, en esta ardua y florida cuesta del bien" (402). Los progresos son evidentes; convertida en una joven formal y respetuosa de la tradición, que rechaza las grandes e inconvenientes pasiones, María Eugenia no sólo acepta un buen partido –"la muchacha que logre casarse con él pone un pica en Flandes", afirma tía Clara– sino que desplie-

---

[23] En su *Diario de Bellvue, Fuenfría, Madrid* la autora consigna: "Releída la segunda Claudine de Colette que no recordaba en absoluto. Creo debió tener influencia en mí: la leía creo en 1920" (11 de setiembre de 1931), 1992: 449.

ga una representación completa de la modestia femenina tradicional: cocina y borda, se viste recatadamente y llega hasta olvidarse de sus lecturas y afirmaciones de marisabidilla, para no molestar a su pomposo pretendiente que, no por azar, ostenta el nombre César Leal.

Sólo la Cuarta Parte coincide, y no del todo, con la forma canónica del *diario*: la consignación es cotidiana, los fragmentos se introducen con anotaciones que datan el momento de la escritura aunque eluden la precisión cronológica: "Un lunes en la madrugada", "un martes en la madrugada". Frente a la dilación temporal de las anteriores, la acción narrativa se precipita en una semana: la enfermedad y muerte de Tío Pancho, última ligazón con el ideal de independencia; el reencuentro con Gabriel Olmedo y el renacer del amor pasional; el plan de huida con el amado y la renuncia; se suceden en un tiempo acelerado de escritura en el que reaparece la sincera muchacha perdida. Pero la vitalidad renacida contrasta con las dudas y un fondo de desesperación y muerte que, al final, asaltan a María Eugenia. El tono es casi elegíaco, la exaltación amorosa se tiñe de la gravedad sensual del *Cantar de los Cantares*, con alusiones continuas a los amantes desdichados que pueblan la literatura. Finalmente, el destino se cumple en toda su dimensión trágica y produce el salto definitivo de María Eugenia, doncella y de cuna ilustre, a Ifigenia, la nacida fuerte, destinada por su fortaleza al sacrificio. Así, la peripecia vital de la protagonista, desde la coquetuela afirmadora de su independencia y rebeldía a la mujer que acepta el sacrificio y se rebela en la fuga mística, exige estas variaciones. Los cambios de tono, la elección de diferentes alternativas de composición y de estilo, se desenvuelven siguiendo la transformación del personaje.

Pero este juego de cambios formales se realiza desde una perspectiva de género. Teresa de la Parra se afirma en una novela anticanónica, que no se acopla con docilidad a las marcadas por la forma novela: utiliza y transgrede los modelos de la escritura autobiográfica, no cumple las expectativas de conclusión de la peripecia narrativa, cuya direccionalidad se apoya en un final, que aquí no funciona y se abre en una deriva inconclusa tanto de la trama argumental como del estilo. En un trayecto que va desde el regreso a la casa paterna a la desposesión, desde la construcción de una identidad y de un cuerpo unido al amor pasión, hasta el anuncio de la disolución en el silencio y la nada, la escritura de este *Diario de una señorita que escribió porque se fastidiaba* deriva hacia su límite, hacia su desaparición.

3.2. *Escritura secreta, lectura clandestina: espacios de la verdad*

Molloy apunta que en las autobiografías latinoamericanas

el acto mismo de leer, tratado como escena textual primitiva, puede colocarse en pie de igualdad con destacados elementos –el primer recuerdo, la elaboración de la novela familiar, la fabulación de un linaje, la escenificación del espacio autobiográfico etc– que recurren en estos textos como autobiografemas básicos. El encuentro del yo con el libro es crucial: a menudo se dramatiza la lectura, se evoca cierta escena de la infancia que de pronto da significado a la vida entera (28).

Señala que, a menudo, el libro al que se otorga esta significación se guarda en un lugar especial, que en el caso de Ocampo es también un lugar secreto.

La escritura autobiográfica se configura en *Ifigenia* como una escena secreta. Actividad oculta a los ojos de familiares y amigos, escondida en un espacio cerrado –"Te escribo en mi cuarto cuyas dos puertas he cerrado con llave", consigna en su carta a Cristina– que la protagonista reproducirá cuando sea desplazada a la hacienda de San Nicolás. Solidariamente, la lectura es también una actividad clandestina, oculta a las directrices sociales que pretenden enseñarle los modos de una señorita.

Escribir-leer, actividades que se llevan a cabo contra la norma social: "(...) si vieras lo que intriga a tía Clara esta vida de encierro, que por escribirte hago continuamente aquí, en mi cuarto (...)"; para las cuales María Eugenia inventa tácticas de ocultamiento y procuración que las garantizan:

> He descubierto que existe en Caracas una biblioteca circulante, en la cual, mediante un pequeño depósito, pueden tomarse todo género de libros, y mi rabioso afán de lectura tiene en ella libertad y campo abierto donde saciar su hambre (...) Gregoria (...) es la encargada de llevar y traer de la biblioteca a mi cuarto y de mi cuarto a la biblioteca, bajo el secreto de su pañolón negro, el divino contrabando intelectual. Gracias a tan liberal como discreto apoyo, leo todo cuanto quiero, todo, todo cuanto se me ocurre sin prohibiciones, índices, ni censura... (204).

La alianza entre una sirvienta negra y una señorita *bien* para infringir la convención social se fragua, desde el comienzo, en este tráfico ilegal de libros y pone de relieve la semejanza de la prohibición. Leer es una actividad disidente al status quo social y tal disidencia atraviesa las diferencias de clase por una problemática de género; en diferente grado, es obvio, la prohibición afecta tanto a la muchacha constreñida por el código estrecho de su clase como a la sirvienta negra. Más aún, esta alianza entre la joven letrada y la negra iletrada, redistribuye los saberes y adscribe la sabiduría verdadera a la negra, una sabiduría que no pasa por la letra sino que se extrae de la experiencia:

es actualmente mi amiga, mi confidente y mi mentor, pues aun cuando no sepa leer ni escribir, la considero sin disputa ninguna una de las personas más inteligentes y más sabias que he conocido (...) alma generosa, indulgente e inmoral. Su desdén por las convenciones la preservó siempre de toda ciencia que no enseñara la misma naturaleza (125 y 126).

Antes de ser escritora, María Eugenia fue lectora: junto con su amiga Cristina devoraba libros prohibidos por las Madres en el internado. Novelas que "debían estar bastante mal escritas" –dice desde la distancia–; pero, en esa época, la transgresión –leer novelas, ir al teatro– se reservaba para las vacaciones, períodos de relajación de la ley. En todo lo demás María Eugenia y Cristina eran unas niñas modelo: estudiosas, modestas, con "el pelo tirante" a diferencia de otras niñas de "pelo rizado". Justamente es esta alianza en la lectura la que las hace amigas y diferentes, lo cual explica la elección de Cristina como destinatario de su carta y de sus descubrimientos. Frente a las "malas novelas" de la infancia, María Eugenia lee en el presente un texto escandaloso, de circulación clandestina en su momento: el *Diccionario filosófico* de Voltaire, que aúna "el doble encanto de lo delicioso y lo prohibido", guardado como un tesoro en el "doble fondo" del armario, el mismo en el que esconderá, posteriormente, su diario.

La condición de "autor y público de mis obras" de la que goza la protagonista al recuperar sus escritos escondidos, produce un paradójico movimiento: escribir la lectura de su propio texto rescatado. Biografía, escritura, lectura, crítica, escritura, se anudan en un mismo gesto de distanciamiento. La extrañeza de María Eugenia ante la imagen de sí misma que sus escritos le muestran son juzgadas como "de gran interés psicológico" y la conducen a evaluar, con buen humor, "sus progresos en la senda del bien". La condición de *para sí* de estos papeles *privados* le permite cuestionar las prácticas sociales de la literatura: "los literatos que son muy honrados en sus convicciones suelen juzgar geniales todas aquellas obras que salen de su pluma, y por esta misma razón, con no menos honradez, suelen juzgar imbéciles y cretinos a todos aquellos lectores que no las juzguen geniales" (401). Esta escritura íntima, que no aspira a institucionalizarse, ratifica sin embargo su calidad literaria: "Consideradas literariamente, desde mi falsísimo punto de vista de autora, las he encontrado superiores a ciertas crónicas, cuentos y poemas en prosa con los cuales acostumbran engalanarse ciertos diarios y revistas" (402), a los que juzga "bastante malos".

La escritura y lectura *privada* se permite el enjuiciamiento de la escritura y lectura *pública*. Su misma condición de intrascendencia hacia el exterior abre las puertas a la crítica de la institución literaria ironizando la condición narcisista de sus ejercitantes y del circuito escritura, objeto literario, público lector. La transgresión no pretende solamente burlar lo prohibido por los códigos imperantes para una señorita, sino que apunta a un más allá de lo social: para María Eugenia el par escritura-lectura es espacio de construcción identitaria.

La identidad se fragua siempre por diferencia; es resaltar lo que separa, lo que hace contraste y al tiempo, marcar lo propio. En este sentido, la firma autorial es a la vez marca de propiedad y de identidad, afirma en el libro un más allá del texto: en *Ifigenia* el *yo* se levanta resaltando su firma, uniendo en un mismo gesto escritura, sujeto y vida: "Sin embargo voy a hacerlo. Sí, yo, María Eugenia Alonso, voy a escribir mi diario, mi semanario, mi periódico, no sé cómo decir, pero en fin, es algo que al tratar sobre mi propia vida, equivaldrá a eso que en las novelas llaman *diario*" (206). La identidad se recorta en el encierro, pasa por dotarse de un espacio físico –el cuarto de Woolf– y un espacio interior propio –las *Moradas* de Teresa de Ávila–: "porque a más de escribir, encerrada y a solas, es también aquí, en este cuarto, donde me aíslo para poder leer. Y en mi soledad, como el asceta en su celda, he aprendido ya a querer la vida interior e intensa del espíritu". El modelo de las reclusas de la Colonia, señoras y monjas, "sedientas de vida interior" y "precursoras del ideal feminista", como afirmaba en sus conferencias, está presente en la composición de *Ifigenia* en la cual lo propio se elabora escamoteando la mirada pública, rodeo de resistencia, de contestación y ejercicio de libertad. Ejercicio posible sólo en el espacio de la escritura, donde puede suturar la herida producida por la orfandad y la estafa: "Cuando estoy encerrada en mi cuarto, no leo, no; ¡escribo todo aquello que se me antoja porque el papel, este blanco y luminoso papel, me guarda con amor todo cuanto le digo y nunca, jamás, se escandaliza, ni me regaña, ni se pone las manos abiertas sobre las orejas...!" (237).

Escribir-leer es espacio de verdad. Si el habla está relacionada con la actividad social, con la representación ante la mirada de los otros, la escritura es ese lugar donde cae la máscara, donde es posible consignar la verdad en la letra silenciosa cargada de gritos: "Yo, que sé mentir bastante bien cuando hablo, no sé mentir cuando escribo (...) Por consiguiente he resuelto confesártela hoy a gritos si es que tú eres capaz de oír estos gritos que lanzan mis letras" (74).

Con la reaparición del antiguo enamorado y ante la presencia de la muerte de su tío, la escritura no sólo recupera a la *verdadera* María Eugenia, sino que exhibe la fragilidad de este *yo* construido desde la desposesión y la resistencia.

De la memoria al diario la escritura salta, se fragmenta y apunta la disolución del *yo*. En la Cuarta Parte, ya convertida en Ifigenia, María Eugenia consigna: "Tengo miedo... Sí... escribo por distraer el miedo" (482); ante el cadáver de su tío confiesa haber sentido "envidia de su muerte real" aunque ella está viva "como los supliciados antiguos" y tiene la "tranquilidad blanca de los cementerios". La escritura deja de ser espacio de identidad o de encubrimiento de las mascaradas de la femineidad, para convertirse en espacio de reconocimiento y de dispersión del deseo: "Escribo, porque el escribir como el llorar me calma más que el sueño, y me calma mucho más que todos los calmantes" (540).

Si en el comienzo de la novela María Eugenia aprende el placer de la "vida espiritual", al final escribe "con tinta de sangre", "entre lágrimas", "la última página de mi vida espiritual y vengo a guardar aquí, en esta blanca hoja tendida y en espera sobre mi escritorio confidente, el adiós que entre las manos me legó mi alma al expirar" (580). Páginas que señalan un límite, el deseo de un más allá del discurso:

> ¿Seguir...? ¡Seguir...! ¡Ah!, ¡la Vida...! ¡el Destino...! ¡La Muerte...! ¿Qué sé yo de mi misma, ni qué sabe nadie de nada...? ¡A andar, sí, a andar, a andar dócilmente en la caravana, como lo quiera la Vida, a quedarnos algún día inmóviles y helados al borde del camino, y eso es todo, triste cuerpo caminante (581).

La renuncia al amor es sobre todo renuncia al sí mismo heroico que María Eugenia ha levantado durante todo el relato, por ello la última carta de amor es testamentaria: "escribo yo misma mi epitafio" (543). La renuncia disuelve a este *yo* frágil; la página no es ya aquel papel brillante, resplandeciente, del comienzo sino "esta hoja blanca cuadrada, que tiene el tamaño y la blancura de esas pobres lápidas de mármol, que se pierden humildemente bajo la hierba de los cementerios". Han caído las sucesivas máscaras del *yo* autobiográfico; la dispersión del deseo se desliza hacia el discurso místico, a un más allá de la escritura: lo que queda son restos, metonimias del cuerpo con las que se escribe el fin del alma.

3.3. *El texto en espejo: el yo y su otro. Los textos extraños*

La escritura autobiográfica imposta una voz que pretende hacer resonar en la letra impresa. La figuración del *yo* –su verosimilitud– se afirma en ese intento de hacer pasar la voz como si estuviera en la letra. *Yo hablo, yo recuerdo, yo escribo, yo consigno* mis recuerdos, mi experiencia, trazan el decurso que va de las confesiones, al recuerdo, a las memorias, al diario. En *Ifigenia* la impostación de una voz convierte al personaje en narrador y dota al narrador de la máscara de la escritura.

Sin embargo, aparecen en el texto otras voces que contrapuntean el monológico efecto de la escritura autobiográfica.

3.3.1. LOS EPÍGRAFES

A las transgresiones e hibridaciones de los modelos autobiográficos, ya señaladas, cabe añadirle la incorporación de los epígrafes[24], que puntúan la escritura de María Eugenia desde una voz *otra*. La presencia de los epígrafes en *Ifigenia* muestra la división entre figuración narrativa –el *yo* narrador-escritor– y la ordenación compositiva de la narración representada por una tercera persona. Se evidencia así el carácter ficcional del efecto autobiográfico y se confronta al *yo* figurado con su espejo textual. Los epígrafes, que apelan a la historia de las formas narrativas utilizando el modelo de las crónicas, la novela de caballerías o la picaresca, funcionan como directrices de interpretación de la parte que les sucede.

Así, el primer epígrafe que precede a la carta: "Una carta muy larga donde las cosas se cuentan como en las novelas". "María Eugenia Alonso a Cristina de Iturbe" exhibe el juego anfibológico de la novela: su pretensión autobiográfica con carga verista y ese contar *como si* fuera una novela, juego que señala la frontera entre lo vivido y lo consignado, entre lo biográfico y lo inventado, entre la primera persona protagonista-narradora-escritora y ese *otro* en tercera persona de los epígrafes, voz enmarcadora y denunciante de la ficción autobiográfica.

En la Segunda y Tercera Parte, cada capítulo está inaugurado por un epígrafe y la fragmentación del texto se multiplica. Comento solamente los que introducen cada parte ya que remiten a dos escenas simétricas y especulares: el primero de la Segunda Parte –"Remitida ya la interminable carta a su amiga Cristina, María Eugenia Alonso resuelve escribir su diario. Como se verá, en este primer capítulo, aparece por fin la gentil persona de Mercedes Galindo"– apunta en dos direcciones: a la escena de la escritura, autonominada como diario y a la escena inaugural de la historia de amor con Olmedo. La continuidad de la escritura y su espacio –el cuarto de María Eugenia– se

---

[24] Los epígrafes que encabezan los capítulos no aparecían en la primera edición, de la Parra los agrega en la de 1928, y proponen una intervención directa de un supuesto compilador o editor del texto. Este procedimiento se ensanchará en *Memorias de Mamá Blanca* y las breves intervenciones de los epígrafes se condensarán en una *Advertencia*, a modo de prólogo, presentada por una *editora* de la novela.

enfrentan al espejo del epígrafe que no sólo presenta y anuncia, sino que califica de "interminable" la carta anterior e interpreta la ansiedad de la protagonista por salir al "mundo", coagulada en ese "por fin". El narrador del epígrafe no juega a la neutralidad, no aparece como una voz presentadora, ni como simple acotación indicial, sino que abre una hiancia en la lectura del texto, la dialogiza y carnavaliza.

El primero de la Tercera Parte: "Después de dormir profundamente durante largos meses, una mañana, del fondo de un armario, entre lazos, encajes y telas viejas, se ha despertado de golpe la verbosidad de María Eugenia Alonso. Hela aquí restregándose los ojos todavía", cambia de escenario. Hace evidente el hiato de la escritura –los largos meses del duelo– y avanza sobre una nueva escena, la de la lectura de sus propios escritos con la que se abre esta parte. El enmarque de la escena, apuntada por el epígrafe, equipara el texto *femenino*, rescatado de un armario de doble fondo junto a otros desechos frívolos –"lazos, encajes y telas viejas"– con los prestigiados por la institución literaria. Pero, y ahí va la finta, señala el funcionamiento especular, identificatorio, de toda lectura: la "verbosidad de María Eugenia" con la cual el epígrafe ironiza la inmediata afirmación de *calidad* promovida por la protagonista-lectora-escritora .

Nuevamente, la Cuarta Parte, se distingue por la ausencia de estos insertos de una voz *otra* que se difumina en la titulación de la parte *Ifigenia*, coincidente con la escritura íntima del diario, con el sacrificio y el silencio que al final se instaura en el texto.

3.3.2. Las *otras* letras: la copia, el intertexto

La carta, decía en un comienzo, es una interrogación en espera. La situación de espera es la base constructiva del personaje de María Eugenia Alonso. Justamente en esa dilación del cumplimiento del deseo se constituye la María Eugenia escritora: "(...) ya sabes cuál es la divisa actual de mi vida: ¡esperar!..." (205), consigna en su carta a Cristina de Iturbe.

La carta "muy larga" a Cristina en la que, como reseñé, en el decurso de su escritura se evidencia memoria y confesión, abre un tiempo de espera: la respuesta por venir; la carta emitida encuentra su espejo en la carta recibida de su amiga, que María Eugenia cita incompleta y comenta en la Tercera Parte. La respuesta de la amiga es ominosa por el contraste con el presente de la protagonista quien la describe como una traición: lo que Cristina gana –herencia, dinero y un novio rico– es lo que María Eugenia ha perdido. La carta recibida se transforma en un espejo invertido de la carta enviada. Pero, a su vez, el alarde de felicidad de su amiga se compensa por la traición que María Eugenia ejercita en su propia escritura al revelar un secreto de infancia confiado por su amiga en el Internado: Cristina es "hija natural", su madre es una desconocida. A diferencia de Eugenia, Cristina es una *mal nacida*, como suele decirse, y tanto el dinero como un buen matrimonio no cubren, no pueden cubrir esa falla. Todo un arte de injuriar, que nuestra protagonista despliega en más de un momento, difuminadas en chistes, alusiones o comentarios irónicos.

De igual modo, pero con una funcionalidad diversa, María Eugenia consigna una carta de amor no enviada a Gabriel Olmedo, escrita durante su estancia en la hacienda y en un tiempo de espera. Recordemos que la única señal que la protagonista recibe de su enamorado es una edición de lujo del teatro de Shakespeare, que devuelve con un poema de cosecha propia titulado, como el capítulo, "El balcón de Julieta". Un contenido *secreto* cifrado en el poema, escondido en un libro de *alta* literatura, que abre otra interrogación, otra demanda, cuya satisfacción se dilata. La respuesta del amado llega, pero es demasiado tarde: en la Cuarta Parte, después del reencuentro, Olmedo envía a María Eugenia una carta de amor en la cual la invita a saltarse las convenciones y huir con él. Carta pasional que contrasta con el escueto telegrama que le envía su novio oficial. Su respuesta será un no rotundo y la aceptación del matrimonio de conveniencia.

Si "escribir es, en cierto modo, fracturar el mundo (el libro) y rehacerlo" (Barthes1972: 79), esta escritora-lectora que es María Eugenia Alonso no puede dejar de consignar las numerosas lecturas con las que ella misma se construye una nueva identidad y se dota de los atributos de la autoridad literaria. El trabajo intertextual[25] es, por una parte, un muestreo de lo permitido y lo censurado en el aprendizaje de una de señorita; de allí la abundancia de referencias a escritos sobre la mujer que María Eugenia utiliza como espejo o como arma arrojadiza –Voltaire, Schopenhauer, Panhurst–. Por otra, la densa heterogeneidad de las referencias culturales y literarias van perfilando el itinerario de su subjetividad: de las novelas rosas, el cuento de hadas, la novela inglesa sentimental, Bécquer a la literatura de la rebelión. De los tópicos de la literatura amorosa a la tragedia clásica, a las referencias bíblicas, al Cantar de los Cantares, a las escrituras místicas.

Dos corolarios de esta inclusión de *otras* letras en la letra propia. Estas letras, cartas de traición, de pasión, de amor, que contienen mensajes secre-

---

[25] *Vid.* los numerosos textos citados o nombrados y autores consignados en "Notas críticas" de *Ifigenia* Mattalia, S. 1992: 633 a 659.

tos, convierten a la escritora-narradora –personaje en copista y comentadora. Copiar los escritos de otros es un acto de apropiación; con él *Ifigenia* restituye al Libro las funciones totalizadoras que tenía en la Edad Media: el *scriptor* (reproductor de un texto), el *compilator* (que no podía agregar nada propio), el *commentator* (que intervenía en el texto para hacerlo inteligible) y el *auctor* (que expresaba sus propias ideas, apoyándose en otras autoridades)[26].

En *Ifigenia* se ejercita una escritura anacrónica y atópica que recusa a la modernidad su prepotencia de objetividad y su ingenuidad admirativa por lo original y lo propio. Además estos diálogos entre letras propias y letras de otros dejan entrever una teoría sobre el deseo: al igual que las cartas, que las citas, que las lecturas, el deseo se desplaza, cuando parece que va cumplirse y encontrar su objeto es rechazado o derivado. Como la escritura y la lectura toda demanda es diferida, toda respuesta a una demanda de amor es una respuesta deceptiva: o no cubre lo esperado o llega tarde.

4. Teresa de la Parra: *Ifigenia*.
Las máscaras del yo: construcción de una erótica

4.1. El dinero y el espejo: darse un cuerpo

Frente al bildungsroman que, a menudo, utiliza el motivo del viaje como salida del lugar de origen y de formación del héroe en el exterior, donde adquiere experiencia y madurez, el de María Eugenia es un viaje de vuelta, regreso decepcionante porque el bagaje vivencial, adquirido en el extranjero, no le servirá en su nueva situación de señorita venida a menos. Incluso, la integración en el espacio de los afectos familiares son contradictorios: a la alegría de recuperar al paternal y aquiescente tío Pancho, al descubrimiento de las viejas mujeres portadoras de la tradición, Abuelita y tía Clara –a las que incomoda con sus novedades de jovencita moderna, pero a las que admira– y la sabiduría de la negra Gregoria, se une el desprecio por la cursilería de la familia de tío Eduardo, autor del expolio de su herencia y mentor del sacrificio. Por ello, el itinerario de su escritura, *este diario de una señorita*, se plantea como espacio de construcción identitaria y de deslizamiento del deseo como resistencia al *adentro*.

La escritura arranca en el momento en que María Eugenia es informada por su abuela de la pérdida de su herencia. Desde esa desposesión escribe,

---

[26] *Vid.* Barthes 1972: 80.

desde una doble pérdida: la muerte del padre y la posterior expoliación de la herencia paterna a manos de su tío Eduardo. El tema del dinero –poseído y perdido– se relaciona directamente con el cuerpo, su construcción y desestructuración en el espejo. Si la escritura funciona como espejo del *yo*, la historia duplica esta imagen en un periplo que podemos puntuar a partir de la presencia en el espejo.

Traversa ha detectado el cambio que se produce en la representación del cuerpo de la mujer en la publicidad –dirigida al consumo de cremas, afeites y correctores corporales– entre los años veinte y los treinta. En los veinte la presencia de la representación de los espejos como objetos que reflejan la transición del cambio hacia *la mujer moderna* es intensa, mientras que en los treinta tiende a desaparecer:

> El resultado que patentiza el espejo juega en el terreno de la autoevidencia. Pensado en términos de un decurso social del cuerpo, se sitúa antes de la exposición en público. Al contrario de los dramas de la década del 30 (en historieta o fotonovela), donde el cuerpo se muestra inserto en una secuencia de carencias y reparaciones, los espejos de los 20 nos muestran el momento de la labor sobre el cuerpo: un momento anterior al del riesgo social, a la exposición a la mirada de los otros, suerte de camarín del actor donde se alista para entrar en escena (Traversa: 130).

La primera imagen que María Eugenia recuerda de sí misma es la de un reflejo en el espejo del tren que la conduce del internado a París: "miré frente a mí en el espejo del vagón y que vi mi pobre carita tan triste, tan pálida, entre aquellos crespones negros que la rodeaban que tuve por primera vez la conciencia inmensa de mi soledad y abandono" (79). Esta "imagen de la orfandad" se convierte muy rápidamente en una imagen gozosa pues, en París, recibe el dinero enviado por su familia, que considera sólo el avance de una parte de su herencia. Poseer dinero cambia el lugar de una mujercita:

> desde el día en que murió papá a mí no se me había ocurrido pensar que yo era lo que puede llamarse una persona independiente, más o menos dueña de su cuerpo y de sus actos. Hasta entonces me había considerado un objeto que las personas se pasan, o se venden unas a otras... bueno lo que he vuelto a ser ahora y lo que somos en general y desgraciadamente las señoritas bien (83).

El dinero trueca la orfandad en independencia y su primer ejercicio es dotarse de un cuerpo nuevo: guiada de la mano de su acompañante –Madame Jourdan– la joven se prepara para un regreso triunfal. Pelo corto *a la garçonne*, sombreros, trajes, maquillajes, una imagen para "dejar épaté a toda mi familia de Caracas con mi elegancia parisiense". María Eugenia descubre que está "bien faite!" y comprueba, reiteradamente su nuevo cuerpo, hiperbolizado "ante las hojas bien abiertas del espejo de tres cuerpos". Dinero, libertad y un cuerpo nuevo que se da a ver por las calles de París y en el barco de regreso. Un cuerpo que se reconoce potente en su belleza e independiente en su deseo.

Pero, ante la pérdida de su herencia, estos descubrimientos se transforman en conciencia desgraciada. De hecho, el tema que conforma el aprendizaje, la escritura y la necesidad de afirmación identitaria parten de esta pérdida. La herencia paterna sustraída produce "la dependencia completa con todo su cortejo de humillaciones y dolores". La reconstrucción de la historia familiar, en sus dos versiones, la de Abuelita que tapa y defiende la dignidad pública y la de Gregoria, que desliza sus comentarios sobre la ligera vida de los padres, coincide en un punto: las mujeres siempre han sido expoliadas. Abuelita, tía Clara, la madre muerta, todas, han perdido sus dineros propios en la relación con los hombres de la familia. Una genealogía femenina del abuso económico precede a María Eugenia. Los hombres de la familia han dilapidado las fortunas de sus mujeres –el abuelo, el padre, Tío Pancho– o las han acaparado –Tío Eduardo–. Eugenia envidia la alegre vida que estos herederos llevaron en París y exclama: "Lo que debió divertirse esta Sagrada Familia y el gusto que debe dar tener dinero y ser hombre!" (152).

Centro de la acción narrativa, la biografía y el aprendizaje de las obligaciones de una joven, la adaptación a los requerimientos de su familia y sus arrebatos rebeldes, están marcados por el robo de su herencia, dote mágica perdida, pero que puede ser recuperado por algo que la protagonista sí posee: un cuerpo agraciado. Sólo este cuerpo, convertido en valor de cambio, puede recuperar el dinero escamoteado.

"¡Nunca es pobre una mujer, cuando es tan linda como tú, María Eugenia!", apostrofa Tío Pancho e incluso la alienta a ponerle precio, a "avaluarlo caro". El periplo heroico que la protagonista emprende es, justamente, el de un ajuste de cuentas: cómo hacer pasar el cuerpo como valor a cambio de dinero. Periplo deceptivo que conduce a esta *Ifigenia* contemporánea a entregarlo a la máquina social, ese Moloch devorador de sus hijas al que alude al final de la novela.

El tránsito de la independencia económica a la conciencia de la pobreza produce un salto cualitativo en la subjetividad: luego del primer fracaso amoroso María Eugenia, a la caza de un buen partido, se dará a ver como un objeto. Sentada ante la ventana abierta del salón, expuesta a los ojos de los paseantes, reflexiona: "Sí. Soy un objeto fino y de lujo que se halla en venta en esta feria de la vida" y, haciendo gala del humor ácido que ha ido aprendiendo, pregona: "¡Estoy en venta...! ¿Quién me compra...?, ¿quién me compra?" (411).

El esfuerzo de adaptación ante un destino previsible ha convertido a la joven en una mujer postiza que no sólo acepta la normatividad y la doble moral impuesta sino que la sobreactúa. La escena, la representación, el cuerpo que se da a ver, pero ahora enajenado en la mirada de los otros. El *yo* escindido y simulador que niega su verdad, produce también una división del cuerpo: la sensualidad es reprimida, no sólo por su familia, sino por el nuevo novio que ejerce una estentórea retórica disciplinadora. Al final de la novela, el alborozado cuerpo cubierto por el atrezzo de ropa interior ante el espejo se desdobla, se extraña y estalla: frente al *trousseau* de novia, confeccionado en París, lo observa separado de su cuerpo: "Pero así como me gusta mi trousseau puesto sobre la cama, no sé por qué no me gusta mi trousseau puesto sobre mi cuerpo."

4.2. *La compensación en la escritura: darse nombres*

Si la independencia no es posible y tampoco tener un cuerpo propio; si para hacerlo pasar "por el aro" –como dice Tío Pancho– hay que alienarlo en la mirada de los otros, la escritura se abocará al deslizamiento de nombres que sustituyan al nombre propio. Nombres ligados a la tradición cultural circulan progresivamente por el diario en el que María Eugenia Alonso se rebautiza varias veces. Desplaza su nombre, su marca identitaria, por nombres robados a la tradición, nombres que alcanzan en la nueva escritura significaciones que la cuestionan. Este desliz de los nombres propios dota al *yo* de nuevas máscaras y al cuerpo de diversas veladuras: muestran los desplazamientos de la identidad y los modelos de identificación propuestos por la cultura. Rebautizarse es nombrar los diversos cuerpos que transitan bajo el nombre de María Eugenia Alonso.

En la carta a Cristina se nombra a sí misma como una mujer que, entre bordados y lecturas, espera: "Sí, esperar como Penélope, tejiendo y destejiendo pensamientos, estos que te envío a tí, y otros que voy devanando en la madeja escondida de mis libros" (241). Tejer, devanar, enviar mensajes en el tapiz de la escritura. Como la heroína clásica, el tejer y el escribir son ejercicios de resistencia, también lugares donde se puede esbozar una verdadera historia –biográfica, familiar, nacional–.

La relación entre tejido y escritura está contenida en la noción misma de textualidad, como lo señalara Barthes. Dos vertientes posibles de este registro: la noción del texto como producto y la del texto como idea generativa, como productividad. Si la primera apunta al velo, al lugar donde se encuentra "más o menos oculto el sentido (la verdad)", la segunda provoca un movimiento que señala la pérdida del sujeto en la maraña del tejido, "el texto se hace, se trabaja, a través de un entrelazado perpetuo; perdido en ese tejido –esa textura– el sujeto se deshace en él como una araña que se disuelve en las segregaciones de su tela" (Barthes 1991: 104)[27]. En estos sentidos, la escritura del diario de María Eugenia enhebra las dos vertientes del tejido textual: elaborar un producto que, por su distancia crítica, irónica y malévola, propone una versión disidente de la historia familiar y nacional y, al tiempo, es un espacio de construcción y pérdida del sujeto de la escritura. La Penélope pasiva de la espera es la activa disolvente de la tradición; pero, en el tejido de su propia tela deja sustancias de su propio cuerpo y se disuelve en él. El periplo escriturario de María Eugenia sigue esta estela.

No casualmente su siguiente nombre será el de Julieta. El drama shakespeareano brinda el intertexto del tapiz. María Eugenia asume ese nombre para escenificar la espera del amado y luego su muerte subjetiva anunciada en el poema y al final del capítulo: "(...) pensé con envidia en el silencio eterno de los cementerios y fingiéndome muerta, inmóvil bajo los sauces, con pañuelos de sombra y sol sobre los ojos, me lloré un largo rato a mí misma" (353). Cuando vuelva a encontrarse con Gabriel, en su negativa a continuar le anuncia que "Julieta se murió, Gabriel".

Pero también, en la intensidad de la espera, en la carta secreta no enviada, se apropia del *Cantar de los Cantares*. María Eugenia es la Sulamita, sensual, ansiosa, y Gabriel es investido con la sabia boca de Salomón: "Gabriel: con la pompa de la desposada y con la humildad de la hierba yo soy tu Sulamita y te espero noche y día, mi glorioso Salomón. Oye, oye bien esta voz que te llama en mi carta, amado mío, hermoso mío, baja a toda prisa como las corzas y los gamos del monte de Betel" (343). Después de la renuncia a la fuga pasional se nombra como una pobre Cenicienta que observa "la desnudez eterna de su pie". Finalmente, María Eugenia será Ifigenia, la que acepta el sacrificio y se apresta a ser devorada por la tradición: "Soy Ifigenia; navegando estamos en plenos vientos adversos".

---

[27] Cabe además anotar que el tejido ha constuido una forma de escritura disidente en la cultura occidental y muy especialmente en la latinoamericana. Como señala Marjorie Agosín, la disidencia y las historias silenciadas han sido, con frecuencia, vehiculizadas en América Latina a partir de la confección del tapiz; es el caso de las arpilleristas chilenas que denunciaron los abusos de la dictadura pinochetista con la difusión de sus escenas tejidas. (Agosín 1985 y 1993).

Todos los nombres del cuerpo. Un cuerpo que se reconstruye, se rebauti-za en la escritura y se disuelve en ella. Darse un cuerpo, hacer pasar el cuer-po como valor, ofertarlo en sacrificio, es también darse nombres. Los nom-bres: diversas máscaras del *yo*, en las cuales la escritura apura todo el imaginario amoroso construido por la literatura, para compensar la pérdida –del dinero, de la libertad, del sí mismo.

4.3. *Dos versiones del amor: el beso*

El *yo* surge *entre* la escritura y la lectura, "entre mis libros y mi carta". El acto de escritura y de lectura escanden la historia de la heroína-narrado-ra-escritora-, la puntuan y dividen; cuando adviene el duelo por la pérdida del amado Olmedo, en la Segunda Parte, la escritura desaparece y con ella el *yo* es sepultado en el silencio, como ya señalé. Al final de esta sección la decepción amorosa se acompaña con el anuncio de la tragedia y María Eugenia comienza a esbozar su teoría del amor: "Ah! el amor...! el amor! ¿Por qué preguntárselo al balanceo de la hamaca...? Si lo he sentido ya...! Si es esta tragedia subterránea y callada sobre la cual todos pasan su indiferen-cia como se pasa por sobre el suplicio macabro del que enterraron vivo...", para concluir "(...) es esta quemadura dolorosa y ardiente, que me hace sen-tir el dolor terrible de la carne y me pone a pensar con ansia y con infinita nostalgia, en el dulce silencio de la nada" (399).

La escritura reaparece en la Tercera Parte, después de una elipsis de dos años, y el *yo* se escinde entre el *yo* social, que juega a la simulación, y el *yo* del diario que denuncia la impostura. La aceptación del juego ritual de joven casadera implica negar en público sus actividades intelectuales. El fantasma de la *mujer bachillera*, tan caro al Siglo de Oro español, aparece como insul-to y amenaza en el pliego de condiciones que le impone el candidato a futu-ro marido.

Sin embargo, la fabulación del amor como pasión narcisista no está excluida de esta relación oficial: para complacer a su prometido, María Eugenia decide fingir incultura y modestia. Las artes del fingimiento y el desparpajo en la asunción de la máscara de indocta son presentados en el diario como "una muestra de talento", una maestría "en el arte divino del teatro, arte que en mi opinión es el más sublime de cuantos existen", que se completa con la belleza: "este talento mío, que escudado en mi belleza, podría haberme llevado quizás, quizás, hasta el nivel de una Sarah Bernard o de una Duse" (467).

A pesar de la deliberada voluntad de ignorancia y de la máscara social, la escritura sigue diciendo la verdad y denuncia al amor como una puesta en escena, con sus costes para la subjetividad femenina –*fastidio*, incomodidad, instatisfacción–. El cambio de lugar que produce la máscara de la femineidad como señuelo se expone en la escritura con crudeza: así en el primer encuentro con el candidato *ideal*, cuyo escenario es la salita de la casa familiar, María Eugenia, ataviada con todos los atributos del semblante femenino –vestido rosa, flores, suspiros–, se conduce con "la humilde docilidad de los reos" (...) "de dominadora me convertí en dominada, de victoriosa en vencida, de carcelera en encarcelada" (...) "en mi ser interno tuvo lugar una absoluta inversión de términos operada subconscientemente y con la rapidez fulgurante de un rayo"(436).

Ya en el interior de su cuarto, ante su diario, María Eugenia analiza esta transformación para la cual no tiene una explicación convincente y, comparándose con la Cenicienta que de princesa retorna a su posición de pobre pastora, expresa su perplejidad en unas "filosóficas y espontáneas consideraciones", que revelan la verdadera causa del anonadamiento de la subjetividad femenina, esto es la potencia masculina cifrada en los atributos fálicos de su futuro marido:

> ¡Ah! ¡Cómo lo infinitamente pequeño domina e impera sobre lo infinitamente grande! ¡Qué arcanos los del amor, y qué influencia, sí, qué influencia, no ha de ejercer en mi vida entera, y quizás también en la misteriosa combinación de muchas generaciones futuras, un cuello de encaje de Bruselas, los dos ojos brillantes y luminosos de unos impertinentes de carey; el perfume turbador de una gardenia, el claro destello de un solitario colocado en un dedo meñique; el paso de una figura que avanza ceremoniosamente a través del salón, y la vista de un Cadillac, que más allá de una ventana abierta, brilla reluciente bajo el arco voltaico de una calle...!(438).

La posesión de su *actitud exterior* queda, a partir, de esta escena en manos de la "majestuosa presencia de Leal", que logrará una domesticación de la fierecilla María Eugenia "como la fiebre posee al cuerpo y como la mano vigorosa pone riendas".

Negarse a ser besada, después de los primeros "tres besos", es la primera "desobediencia" de María Eugenia a su novio. En un reiterado "–¡No, no y no!–", acompañado de una invocación a la máscara de la virtud que el propio juego social le ha impuesto, pone una tachadura sobre el contacto físico: "¡Quiero que el día de mañana tengas confianza en tu mujer! Y para que veas ya lo terminante de mi resolución y la solidez inquebrantable de mi virtud, entre mis besos, tú y yo, voy a abrir inmediatamente un abismo" (463). La reacción masculina, obvia, es redoblar las exigencias y adelantar la fecha del matrimonio; la de María Eugenia, aumentar la teatralización de la virtud y del "repertorio de guiños, sonrisas y mohines". Con este escamoteo del contacto, María Eugenia pone en práctica su condición de gran actriz y renuncia a exhibir sus lecturas anteriores o a dar opiniones, haciendo gala de ignorancia.

El fantasma del amor anula al "sabio, vigilante, celoso y agudísimo cerebro" que "en amor siempre camina en retaguardia". El cuerpo –tocado por amor– se desgaja de la racionalidad; pero aún más, el semblante de la femineidad –timidez, turbación, sonrojo, torpeza de movimientos– lo invade, lo ocupa. La dicharachera María Eugenia, locuaz, discutidora, se convierte en una sierva de Leal, ese portavoz caricaturesco del semblante fálico. Su lengua no responde a sus pensamientos, piensa respuestas irreverentes pero se escucha decir sentencias acatadoras que incluyen frases hechas de Abuelita. A partir de esta escena inaugural del noviazgo oficial la protagonista sólo puede resistirse en retirada, escamoteando su cuerpo a los ansiosos labios y manos del candidato, negándose a ser tocada en nombre de la buena crianza.

La primera versión del amor, entonces, excluye el contacto físico y propone una pasión amorosa cuyo objeto exterior poco importa, se borra al novio y se simboliza en una abstracción: la flecha de Cupido. El cuerpo reconcentrado en sí mismo es atravesado por la pasión imaginaria –"todos los puntos sensibles de nuestro cuerpo, aun los más insignificantes y los más despreciables"– y esta potencia produce un oscurecimiento del cerebro, "el cual, como se dice de los maridos engañados, es siempre, siempre, el último que se da cuenta". El narcisismo y el regodeo del cuerpo se consigna en la escritura que despliega una sensualidad ejercida en el interior de su cuarto: tendida en la cama envuelta en un deshabillé de seda, perfumada con *Nirvana de Bichara*, devora bombones de "perfumado y sabrosísimo dulce marca Boissier" y lee novelas inglesas. Un cuerpo que no puede ser tocado por las manos o los besos pero adquiere su ser en la mirada del otro: "Pero lo que sobre todo me encantaba era pensar que mis vestidos, mi cabello, mis ojos y mi busto griego tenían por fin su razón de ser, puesto que había alguien que los veía y los admiraba como es debido y como ellos se merecen". (448)

Sin embargo, esta *nueva* María Eugenia escribe en su diario la división de su deseo: pronto descubre que el noviazgo y el matrimonio incluyen el placer de ser vista pero sólo para un hombre, el despótico César. Por ello, al final del capítulo I, como conclusión de este período frívolo y sensual, anota lo que "una voz misteriosa" le "ha dicho muy quedo al oído": "Ah!, felices las desgraciadas que no tienen la gran suerte de poseer el tesoro completo del amor, y que siendo bonitas, en medio de su infortunio podrán siempre, siempre, bailar en los bailes y escotarse en el teatro!" (459).

De allí: "El amor no existe". Esta es su conclusión después de los primeros escarceos del noviazgo oficial, con la que abre el capítulo II de la Tercera Parte de su diario. "Piadosas mentiras", "espejismo que fulgura a lo lejos
en el árido desierto de nuestra vida", "utopía, un El Dorado y un fuego
fatuo". Con estas frases escribe, no sólo la decepción de la experiencia amorosa, sino toda una refutación de la literatura dedicada a su exaltación. Citas
explícitas de Bécquer o Rostand y la experiencia decepcionante del beso,
símbolo reiterado de la junción de los amantes, cuyas sensaciones no se
corresponden con las imágenes de comunión fraguadas por la tradición literaria, la fundamentan: "¡El beso, ¡ah!, lo digo ahora y lo repetiré toda mi
vida; el beso, 'ese secreto de amor, en que se toma la boca por oído' ¡no es
nada, pero absolutamente nada interesante!" (461). El espejismo amoroso, a
partir de la experiencia del beso, se conmueve por una decepción sensorial
que María Eugenia describe con rigor: "si al menos no existiera en el mundo
el horrible vicio del cigarro y si al menos los hombres no tuviesen la manía
de cortarse los bigotes a la americana erizados y duros como esos cepillos
de frotar a los caballos" (462). Pero también porque el contacto físico puede
provocar un resquebrajamiento de la máscara de la representación femenina: "¡Ah! Y no es nada, si al cigarro y al cepillo de frotar caballos, viene a
sumarse este temor horrible de que pueda descubrirse lo del Rouge vif de
Saint Ange...".

En la Cuarta Parte la narradora presenta otra versión del beso. En una
situación no banal –la enfermedad de su tío– María Eugenia es besada por
Gabriel Olmedo, el hombre ahora prohibido. Su primera reacción, salvar la
virtud; la consecuencia, una escena de llanto y la escapada a su habitación
donde recuerda y escribe en su diario: "le dije mal caballero; le dije que se
marchara en seguida de la casa de tío Pancho porque aquí mandaba yo, le
dije hipócrita, le dije farsante, le dije canalla, le dije traidor, le dije que lo
odiaba con toda mi alma..." (533). Pero enseguida concluye una refutación
de su primera versión de la pasión:

> me acosté en la cama, escondí de nuevo la cabeza entre las abolladuras de la almo-
> hada, con la cabeza escondida fui cesando de llorar, y poco a poco, a solas, sobre
> la almohada, comencé a sonreír... hasta que al final acabé por reírme a carcajadas,
> burlándome de mí... sí... de mí misma que un día, no hace aún mucho tiempo,
> poco antes de enfermarse tío Pancho, sintiéndome de humor filosófico, había
> escrito una mañana las opiniones más absurdas y ridículas acerca del beso (535).

A pesar de parecer opuesta, esta escena tiene una semejanza con el beso
de César Leal: esta nueva versión del amor se sustenta también en una ami-

noración del *yo* por el reconocimiento de la potencia y del dominio del otro masculino:

> la persona toda de Gabriel despedía tal fuerza de atracción y de dominio que yo, como una pobre paloma fascinada de muerte, sentía un deseo vehemente y misterioso de que las garras del águila me arrancasen de este yermo donde vivo, y me llevasen en ellas al vértigo de las alturas (...) aunque sólo fuese para luego desgarrarme y atormentarme, y devorarme cruel en un festín sangriento (p. 553).

"Los ojos brillantes y negrísimos" de César Leal y la mirada penetrante de "águila" de Gabriel, mirada del *otro* bajo la cual la máscara de la femineidad se construye como velo del cuerpo.

Dos versiones del amor a través de la metonimia del beso: el amor como legalidad institucional, escenificado como farsa, como juego de estrategias, de avances y negaciones, como escamoteos del cuerpo femenino que se da a ver, engalanado, pero se niega al contacto; y el amor pasional, prohibido, clandestino, donde el cuerpo se expone para ofrecerse como señuelo, pero en el que se reconoce el propio deseo y donde se juega la "vida entera": "porque no podía mentir a mi deseo, y porque tampoco pude ocultar la fuerza de tan gran fascinación" (553).Este par dilemático entre amor institucional y amor clandestino, ilegal, no se resuelve en una elección: si para María Eugenia la legalidad es un peso insostenible y un camino directo a la infelicidad, modelo de Mercedes Galindo, o a la vulgaridad, el matrimonio de su tío Eduardo y María Antonia, la propuesta de Olmedo de un amor pasional, fuera de lo social, consagrado al placer y bendecido por la autenticidad –así es como lo presenta en su carta a María Eugenia– es un camino hacia el desarraigo y la muerte social. Por ello, la renuncia, el denominado sacrificio del final se despega de este par y avanza hacia el encuentro místico.

4.4. *La* locura *del texto: de la erótica a la revancha mística*

En una revisión somera de las lecturas sobre *Ifigenia*, sobre todo las que evalúan el proceso de María Eugenia e interpretan su final, se puede observar que, o se alude a él dando por sentada la consumación del sacrificio y la entrega, sin más, de María Eugenia al matrimonio, que convierte a la novela en un *bildungsroman fracasado* (Aizenberg: 539)[28] o se lo describe como

---

[28] También Martín 1995: 43 y ss.

un desliz hacia la lírica, con la consecuente descompensación de la estructura narrativa y de la frescura del relato[29] o, simplemente, los críticos pasan de puntillas obviando las últimas páginas de la novela. Sin embargo, en sus últimas páginas, se produce un doble salto al vacío –de la protagonista y de la escritura– donde podemos leer un significativo gesto de resistencia y revancha. La rotura de la escritura como espejo del *yo* –trabajosamente elaborado, encarnado, vestido, nominado– produce una *mise en abime* que lanza un discurso que se revuelve contra el sacrificio y anula la escritura. La fábula identitaria y las estrategias de figuración del *yo* autobiográfico se deshacen en esta revancha final que anuncia la disolución de la identidad y el advenimiento de un lugar de difícil enunciación: el de la mística.

Como ha señalado de Certau, la mística se articula como un discurso *moderno* que, aunque tiene una tradición desde los albores del cristianismo, se configura como tal en el siglo XVI y alcanza su apogeo en el XVII. Dos prácticas se recortan en su configuración, cuyo efecto es la literatura mística:

> una sustracción (extática) operada por la seducción del Otro, y una virtuosidad (técnica) para hacer confesar a las palabras lo que no pueden decir. Arrebato y retórica. Estas dos prácticas aparentemente contradictorias se refieren a aquello en que se convirtió el lenguaje en el umbral de Renacimiento. Síntoma de una evolución más vasta, el ockhamismo desterró del discurso su última verificación. De ahí la separación progresiva que se efectuó entre un absoluto incognoscible del Querer divino y una libertad técnica capaz de manipular las palabras que ya no están ancladas en el ser (De Certeau 1993: 43).

4.4.1. SENSUALIDAD, NATURALEZA Y PASIÓN

Antes de su conclusión, dos tipos de desplazamientos avanzan en *Ifigenia* hacia el discurso místico: la sensualidad difuminada en la naturaleza y el reconocimiento-rechazo del deseo en las escenas pasionales con Olmedo.

En la hacienda de San Nicolás, especie de exilio al que la somete su familia para separarla de Gabriel, María Eugenia lee, escribe y pasea por el campo aguijoneada por la nostalgia y la espera de noticias de su amado. El agua, la luz cegadora del trópico, la proliferante vegetación, le provocan "estados de arrobamiento", en los que se pierde a sí misma y se siente un "pedazo inconsciente de la naturaleza" fuera del espacio familiar y sus restricciones:

---

[29] *Vid.* Araujo 1980: 157.

En ese momento ya no existe para mí, ni Abuelita, ni María Antonia, ni la casa de abajo, ni mi cuarto, ni mis libros, ni mis penas, ni yo misma, porque de tanto mirar el río me parece que también me fui caminando en su corriente, y que junto con las piedras y las arenas del fondo, junto a las frutas caídas y las ramas secas, y los azules pedazos de cielo que se reflejan desde arriba, el agua lleva también en sus entrañas este divino torturante poema de mi amor (330).

La disolución de los límites del propio cuerpo y la fusión con la naturaleza desplaza el descubrimiento de la sensualidad y comienza a desenredar esa vertiente mística de la protagonista –ya apuntada en el aprecio de la vida espiritual y la reclusión en el inicio de la novela– y señalan un desplazamiento que se acerca al éxtasis: "Y recuerdo aquel día, sumergida en el pozo, perdí como nunca la noción de mi propia existencia, porque el rodar del agua me tenía la piel adormecida en no sé qué misteriosa delicia, y porque mi ojos vagando por la altura, olvidados de sí mismos, se habían puesto a interpretar todos los amores de aquella muchedumbre de ramas que se abrazan y se besan sobre su lecho de río" (331). La sensualidad confundida en las sensaciones del cuerpo le revela la doble cara de la pasión amorosa: deliciosa y doliente. La carta de amor secreta, no enviada a Gabriel, se escribe sobre una piedra, en la espesura del monte, casi dictada por esa naturaleza "que es profundamente inmoral, puesto que desdeña las más elementales conveniencias". El amor no correspondido, su silencio, la noticia de que el amado ha elegido a otra para un matrimonio *rumboso*, decía, provocan la suspensión de la escritura y una larga elipsis produce una hendidura en la narración que la divide en dos: el hiato de la escritura escenifica el duelo; pero no sólo por la pérdida del amor, sino también por la deflación del ideal de un amor fusionado a su objeto.

La lectura del pasado consignado en sus papeles guardados aparece como una conclusión del duelo; la *nueva* María Eugenia se manifiesta extrañada ante la *vieja* que deseaba, imaginaba, un amor *total* y la nueva María Eugenia, entre cínica e irónica, se entrega a los juegos de máscaras de la señorita a la caza de marido. Como sus títulos expresan –"El balcón de Julieta" y "Hacia el puerto de Áulide", respectivamente– entre la Tercera y Cuarta Parte, ha muerto María Eugenia y ha surgido Ifigenia.

En el reencuentro con Gabriel el amor pasional aparece como un rayo fulgurante que conmueve al cuerpo y por el que asoma un mundo de *delicias*, renace así el ansia de alcanzar la unidad en la fusión amorosa. Sin embargo, el recuerdo de la herida dejado por el abandono anterior hace que, en el mismo instante en que se fragua y reconoce este deseo, emerja su imposibilidad: "Y fue entonces... ¡ah!, sí... creo que debió de ser entonces, en el espacio brevísimo que duró mi beso, cuando miré cruzar con la rapidez violentísima de los relámpagos, esa dicha infinita y ya imposible para mí, que es el verdadero amor sobre la tierra" (546). La irrupción de la pasión desencadena la tragedia porque transgrede la norma familiar y social, es verdad; también porque la fuerza de la pasión y el consiguiente descontrol de la subjetividad hacen caer la máscara femenina mostrando a la protagonista la enajenación del cuerpo en una faz horrorosa del amor: "¡Ah, pero mi cuerpo se ha de morir de sed! (...) ¡No pueden mirarlo más, porque estos ojos, que ya no son míos, al sentirlo, se van en su seguimiento, como canes desatados, y tengo miedo, sí muchísimo miedo (...) que mis ojos que lo obedecen y lo siguen, tan alegres y sumisos, se lleven también con ellos (...) a mi cuerpo entero que se abrasa y se consume en su gran sed de amor..." (551). En el último capítulo, cuando ya ha fracasado en su intento de romper el cerco social y decidido continuar con su compromiso matrimonial presentado como una condena, el amor pasión será denunciado como "la fascinación de un espejismo", como potencia narcisista; se desnuda la ladera imaginaria del amor que fracasa en su aspiración de unidad.

4.4.2. VELAR, DEVELAR: PALABRA ENIGMÁTICA, ARREBATO DE LA PALABRA

La tragedia cuaja en un cruce de fatum inexorable: la aceptación del destino social y la imposibilidad de un amor pasión de "delicias ignoradas", de "hosanas y de glorias". La escritura, ese estilo deshilado del sujeto, reniega de sí, de su sensualidad y espontaneidad, de su ironía y sus humoradas, para virar hacia la palabra enigmática. "Entre el silencio que se le impone y el logos que se le niega, siempre queda para la mujer la posibilidad de expresarse enigmáticamente. La palabra enigmática, cuya función es disimular, e incluso oscurecer la idea que transmite, aparece como una de las características del universo femenino, pensado con frecuencia como tenebroso", dice Iriarte en su estudio sobre las voces femeninas en el universo griego. Agrega, remitiéndose a la *Ifigenia en Áulide* de Eurípides, el contrapunto entre las palabras enigmáticas que Clitemnestra dirige a Agamenón tratando de convencerlo en lo que respecta al sacrificio de su hija Ifigenia y las que anuncian sus palabras claras, decididas, para inculparlo de asesinato: "(...) descubriré mis propósitos, sin andar con rodeos ni enigmas". La palabra enigmática es descubierta (*anakalýpto*) y este *descubrir* remite al *anakalýpterion*, momento de la ceremonia de bodas en las que la novia se quita el velo nupcial –cuya función es impedir la contemplación y la comprensión– y muestra su faz por vez primera. Concluye que el traje nupcial, "más allá de esta relación metafórica, aparece repetidas veces como el cómplice ideal de la palabra enigmática" (Iriarte: 126).

Palabra enigmática/palabra clara, dualidad establecida por la tradición griega para el discurso femenino. La primera asociada a la ocultación y a la veladura del cuerpo; la segunda a la resistencia, a la maledicencia, a la violencia. Iriarte agrega que, por ejemplo para las Danaides, tanto en las *Suplicantes* de Esquilo como en las de Eurípides, el lujo en el atavío anuncia una protesta que culminará en suicidio o muerte, acciones siempre condenadas por las instituciones cívicas. La palabra enigmática, concebida como un tejido de palabras de difícil interpretación, es "la sola vía para la transmisión del saber que poseen" las mujeres; pero la palabra directa, denunciante, anuncia un poder mortífero que será revelado en el "combate verbal" y en la violencia de la Esfinge[30]. Herencia que opera en el final de nuestra *Ifigenia*.

La última página de *Ifigenia* es una página loca: en ella se opera una sustracción y se despliega una técnica que da cuenta de un salto, de una revuelta del discurso místico contra el autobiográfico-histórico. O mejor: revela al discurso autobiográfico como una construcción yoica y, por tanto, limitada al espacio de la experiencia y de lo decible. El *yo* de la autobiografía se sutrae en los místicos para hacerse cargo de un lugar de enunciación que no le pertenece –el Otro habla por él– y se autoriza a sí mismo por la potencia de la fusión con Dios –la palabra revelada–[31]. "La última página de mi vida espiritual" va precedida por una rajadura, un desgarro, que no es simplemente una elipsis de la historia y una suspensión en la escritura como en el caso del duelo amoroso, sino un salto discursivo, representada en el texto por una línea continua de puntos suspensivos. Esta línea separa dos escenas: la de una muerte y la de una revelación.

Por encima de la línea, María Eugenia consigna la muerte del *yo* autobiográfico: el vestido de novia, recién entregado por tía Clara, es abandonado en el sillón; María Eugenia rehúsa probárselo y mientras escribe los últimos avatares de su historia en "largas horas nocturnas llenas de fiebre,

---

[30] En el caso de las Danaides de Esquilo, éstas desgarran sus ropas para recusar la institución matrimonial que les repele y la Evadne de Eurípides anuncia, vestida con un lujoso atrezzo, su suicidio. *Vid.* Iriarte: 127 y ss.

[31] Dice de Certeau: "la relación de la propia vida, la autobiografía, es para Teresa de Ávila y para otros muchos antes de Descartes, una manera de 'ordenar su alma' y 'su espíritu' y ello da lugar a la construcción de diversas tópicas que apuntan a consignar, a partir de una ordenación de la heterogeneidad de la experiencia, un discurso en el que el 'yo locutor' habla en el lugar (y en lugar) del Otro" (1993: 223).

llenas del dolor de recuerdo, y llenas del enigma obsesionate de mí misma ", lo olvida. Pero, al final del trayecto, se le impone "la majestuosa presencia blanca" del vestido a la cual interroga. Esta presencia la representa en un siniestro grupo amoroso:

> El sillón parece un amante sádico que abrazara a una muerta. El vestido desgonzado, con sus dos mangas vacías que se abren en cruz y se descuelgan casi hasta llegar al suelo, es un cadáver... parece el cadáver violado de una doncella que no tuviese cuerpo... ¡sí! (...) uno de esos cadáveres que se entierran en los sacrificios incruentos donde no se mata el cuerpo (623).

Metonimia del cuerpo convertido en cadáver, violado, ofrecido en sacrificio, la contiene toda, incluye la totalidad del yo: "Toda yo, de la cabeza a los pies me siento vivir ahora en el grupo amoroso...". Un *yo* representado por un vestido vaciado; frente al cual, "con la mirada fundida en él", expresa su no saber, el anuncio de una revelación: "(...) veo mucho, siento más y no comprendo bien". La respuesta se expresa como el "misterio" de un símbolo cuya vaciedad admite la doble posibilidad de una pregunta: "(el vestido) ¿es el símbolo de mi alma sin cuerpo en los brazos de Gabriel, o será el símbolo de mi cuerpo sin alma en los brazos de Leal?" (623). Un símbolo hueco que contiene un *toda-nada yo* y habla en la disyunción: sin el cuerpo *o* sin el alma.

Si la búsqueda de María Eugenia se dirigía a una construcción identitaria –dotarse de un *yo*, nominarlo, construirlo, referenciarlo a un cuerpo, erotizarlo en la escritura– en el final de la escritura este *yo*, cuya función ha sido la de mostrar ocultando, se dice totalmente en un velo que cae como una cáscara. Velar: nuevamente en el sentido de *velar a un muerto*. Mientras escribe "engolfada en el correr de mis recuerdos", observa que el "sillón confidente, se ha quedado *velando* cuidadoso mi lindo huésped de nieve". Y más adelante, cuando anuncia su protesta final, "pero antes de entregarme a los verdugos, frente a esa blancura cándida *que ha de velar mi cuerpo,* quiero gritarlo en voz alta, para que lo escuche bien todo mi ser consciente" (624, cursiva mía). El vestido de novia –metonimia del cuerpo, del alma y del *yo*– cae como un desecho y revela su función: velar la nada.

... ...[32]

---

[32] Esta línea de puntos reproduce la del texto que, a su vez, señala su división. Es la única que aparece en la novela.

Debajo de la línea de puntos aparece un *yo* puramente ilocutorio que asume el lugar del enunciante del discurso místico[33]. La línea, hiperbolizada por la reiteración, representa en el texto la sustracción del *yo* histórico-auto-biográfico, ilusión de la prosopopeya. En un presente sin historia, un *yo* sin referente, escribe una complementaria división entre la "fruición altísima de las almas que se entregan intangibles, sin haber sentido nunca el contacto impuro de los cuerpos" y la "voluptuosidad perversa, hondísima de los cuerpos destinados a retorcerse de fingimiento bajo la repugnancia de unos besos que no tocan el alma" (623).

Es evidente que el sacrificio a la institución del matrimonio anuncia el destino denigrado del cuerpo propio –fingimiento y repugnancia–; pero la alternativa de un amor pasión, capaz de aunar la voluptuosidad del cuerpo con la fruición del alma, está cancelada. El cuerpo será impuro, perverso, fingidor; el alma, altísima, intocada, insensible. La escritura consigna la última protesta de este *yo* sin cuerpo y sin alma: encuentra su último nombre propio, la Ifigenia trágica, que entrega "en holocausto" su "dócil cuerpo de esclava" (...) "a las iras de ese dios de todos los hombres (...) dios de siete cabezas que llaman sociedad, familia, honor, religión, deber, convenciones, principios".

La escritura, en esta sustracción, deja constancia de su última protesta y recusa el acto del sacrificio:

> Pero antes de entregarme a los verdugos, frente a esa blancura cándida que ha de velar mi cuerpo, quiero gritarlo en voz alta para que lo escuche todo mi ser consciente: –¡No es al culto sanguinario del dios ancestral de siete cabezas a quien me ofrezco dócilmente para el holocausto, no, ¡no...! Es a otra deidad mucho más alta que siento vivir en mí.

Como en la tragedia clásica esta Ifigenia moderna renuncia a la aventura heroica –yoica– del deseo, brinda su cuerpo y su nombre al sacrificio; pero lo hace para obtener una ganancia suplementaria que refuta: la identificación a

---

[33] "Puesto que debe existir la Palabra, aun cuando ya no se le oiga, el místico coloca transitoriamente su yo locutor en lugar del Yo inaccesible divino. Convierte este yo en la representación de lo que falta –una representación que marca el lugar de lo que no reemplaza–. Siendo pues contradictorio, el yo locutor (o escritor) toma el relevo de la función enunciativa, pero en nombre del Otro. Como lo hace la posición (también contradictoria) de 'autor', el yo mantiene la cuestión que no puede olvidarse, pero tampoco resolverse, la del sujeto hablante. Se 'aferra' a ese vacío, en suspenso", señala de Certeau en relación a las *Moradas* de Teresa de Ávila. (1993: 223).

un Otro amante/amado en el cual se disuelve. El sacrificio es recusado desde la violencia de otro discurso con el que se cancela la autobiografía: un discurso de sustracción que anuncia una muerte –la del cuerpo, del *yo* narrador, de la escritura– pero, también, una revelación: el encuentro con un Otro absoluto, más allá de cualquier mascarada fálica –femenina o masculina.

   Un *yo* ilocutorio sustrae al *yo* histórico. Un *yo* sin tiempo, "ahora ya, en éxtasis"; coagulado y sin nombre –"iluminada por tu nombre"– afirma el advenimiento de un goce imposible en el cuerpo y más allá del cuerpo: un goce que se describe como "esta ansiedad inmensa que al agitarse en mi cuerpo es más poderosa que el amor, me rige, me gobierna y me conduce hacia unos altos designios misteriosos que acato sin llegar a comprender". ¿Dónde colocar este goce? ¡No en el cuerpo muerto, develado tras sus máscaras; ni en la fruición pura del alma que se entrega a un más allá!, sino en un nuevo objeto efectivo de la pasión. Este vacío entre el cuerpo impuro y el alma intangible encontrará en el éxtasis místico una figura en la que reunirse y disolverse. Este *yo* ilocutorio organiza un Otro absoluto que

> no está fuera del texto. No es el objeto (imaginario) que se distingue por el movimiento por el cual eso (Es) se traza. Localizarlo aparte, aislarlo de los textos que se agotan al decirlo, es identificarlo con un resto dejado por racionalidades constituidas, o es transformar en una representación religiosa particular (excluida a su vez de los campos científicos o fetichizada como sustituto de una carencia) la cuestión que aparece bajo la figura del límite (De Certeau 1993: 26).

   La búsqueda del *yo* autobiográfico, sus construcciones y sus máscaras, la de los objetos –rechazados– del amor, se presentan como la "carrera loca de una sierva enamorada" tras un objeto sin nombre –"era a ti a quien perseguía sin saber quién eras"– y que, una vez encontrado, es bautizado con un nombre plural y elusivo: "¡Oh, Amante, Señor y Dios mío: yo también te he buscado, y ahora que te he visto te imploro y te deseo". El cuerpo fugado se entrega al voluptuoso rapto del Espíritu, al único "Amante", a un "Esposo más cumplido que el amor" y se dispone a ser "besado eternamente" sobre "mi boca de silencio".

   La escritura ha cumplido la tarea de construir una erótica que se ha ido erosionando. Más allá de esa erótica, la escritura mística de esta última página revela la impotencia de tal empresa, la coagula en un *yo* extático que detiene la narración de vida y consigna su desaparición. Un *yo* atemporal que ficcionaliza un Otro absoluto en el cual reúne la "belleza de tu hermoso cuerpo cruel que abraza y besa torturando" y la potencia de su "belleza infinita". El *yo* autobiográfico no puede contener esta figura ni expresarla y es

sustituido por un *yo* des-ligado, que surge en el texto como detención después del peregrinar autobiográfico en la exploración de las pasiones de ser.
Un *yo* sin referente, sin historia, cuya pasión se autoriza a sí misma bajo las
figuras del suplicio y el sacrificio; un *yo* escrito en ex-tasis que suspende el
movimiento de la escritura. Escritura que también cae como una cáscara.

5. María Luisa Bombal: "abeja de fuego"...

5.1. *"Me comparan con Rimbaud"*

> A mí me comparan con Rimbaud y yo me siento halaga-
> dísima, pero me comparan en la parte mala, porque Rimbaud
> escribió y después ¡plaaf! desapareció; se hizo comerciante el
> pobrecito... el niño se desapareció, se metió en la marina mer-
> cante y de ahí no salió más...¡un chispazo y fuera!

> María Luisa Bombal

Con el romanticismo el arte se convierte en espacio privilegiado de reflexión sobre el enigma del mal, decía. A fines del XIX se consolida la imagen
del escritor como sujeto dislocado socialmente, conciencia desgraciada y
excéntrica, en cuya vida se conjuga el fustigamiento crítico a la sociedad con
conductas *malditas*. El Fin de Siglo dualiza las imágenes de la mujer y llega
a un extremo que "consiste en representar la resistencia o la ambición femeninas como desafíos, cuando no desacatos, al mando masculino y, en ese sentido, considerarlas monstruosas, vampíricas, castradoras o abyectas", señala
Antelo siguiendo el rastro de Salomé; imágenes que "la tradición operística
de la Kundry de Parsifal, o de Carmen, Lulú, Salomé" sostienen y difunden.

Avanzado el XX se produce un deslizamiento, que la cultura de masas
comienza a expandir, la presencia social de la mujer se representará en la
mujer-pulpo o araña, tentacular e invasora o la mujer-pantera[34], asesina

---

[34] Modélica y magistral *Cat people* (1942) de Tourner. La imagen de la mujer pantera auna lo enigmático y lo seductor, lo agresivo y lo débil, la alteridad y el primitivsimo
cultural de la *extranjera* de lengua incomprensible. Mujer pantera que enamora tanto a
un aburrido ingeniero como a un transgresor psicoanalista. Dos frases ejemplares sintetizan el juego de verdades del film y su desenlace: la del psicoanalista que le confiesa
"Nunca creí en su historia" y la besa –por ello muere–; la del ingeniero que, ante el cadáver de la pantera, afirma "Ella nunca nos engañó" y se aleja, acompañado por su desabri-
da secretaria.

seductora, difundidas por las películas de los años cuarenta que, a bajo precio, mostraban las lides de héroes modernos –buzos, exploradores, científicos, periodistas, psicólogos– luchando contra "el monstruo inevitable" que decía Caillois (cit. por Antelo: 39). De allí el salto, en nuestra cercana contemporaneidad, a los monstruos madres-progenitoras de todos los *Aliens*. O mejor: *It. Eso* femenino que seduce a los niños desde las cloacas. *Eso*, receptáculo subterráneo de pulsiones ocultas bajo una chata ciudad de provincias, norteamericana claro[35].

Del lado de las mujeres escritoras estas imágenes afectan al reconocimiento de sus obras, estigmatizadas y encasilladas por un "régimen autoritario de subjetivización, pasividad, pasión" (Antelo: 28); ejercicio de una violencia simbólica que coagula, aminora o restringe la potencia crítica de las mujeres. Sacar los pies del plato le significa a una mujer la mutilación o la exclusión, y si es *pública*, exhibe su disidencia o se exhibe su vida, aún más.

Escojo como presentación de María Luisa Bombal el siguiente fragmento:

El sol del día 27 de enero es alto y vertical en la calle Bandera, desnuda de árboles. María Luisa se encuentra sola. Como autómata, vuelve hacia el Crillón y toma una copa de cointrau. Empieza a escribir una carta para Eulogio, pero se arrepiente. Incapaz de hacer otra cosa, abandona la habitación.

Minutos antes de las cinco de la tarde deja el hotel y ve salir del espacio situado en Agustinas 1070 a Eulogio Sánchez, acompañado de Francisco Cuevas Mackenna. Se encaminan a la calle Bandera.

"Lo puedo encontrar hoy, mañana o dentro de diez años", había escrito en La última niebla.

María Luisa corre detrás.

"Eulogio", llama.

Él no oye.

María Luisa saca la pistola de su bolso y dispara.

Eulogio cae.

---

[35] Me refiero a la saga de las películas sobre *Alien*: la primera, *Alien el octavo pasajero* (1979), dirigida por Rydley Scott, presenta la lucha de una científica contra un monstruo extraterrestre, invasor de cuerpos humanos, y logra rescatar y proteger a una niñita y su gato; la última, *Alien IV* (1997), dirigida por Jean Pierre Jeunet y Marc Caro, convierte a la protagonista salvadora en madre-monstruo-araña ella misma, progenitora de colonias de *alien*.También a la novela *It* de Stephen King, en la cual un *Eso* amorfo mata a niños, atrayéndolos hacia las alcantarillas, hasta que una pandilla de niños *con problemas* se atreven a enfrentarla y encuentran una especie de araña-madre a la que reducen. Años después, estos niños ya adultos, deberán regresar para exterminarla.

"Vi que un señor estaba en el suelo, al mismo tiempo que una señorita huía hacia la calle Ahumada; corro al sitio del suceso y detuve a la señorita a pocos metros, la que había sido atajada por el público. La niña, al disparar, botó la pistola, la que yo recogí", declara el carabinero del tránsito René Arancibia.

"Yo disparé, soy la única culpable, yo lo maté", dijo textualmente. "Estaba en estado de suma nerviosidad y no pudo hablar una palabra más, dándole enseguida una fatiga", continúa relatando el carabinero.

Francisco Cuevas sube al herido a un taxi para llevarlo a la Asistencia Pública. En el trayecto Eulogio pregunta quién disparó, pues cree no tener enemigos. Al oír el nombre, dice: "¡Qué raro que me haya disparado María Luisa Bombal! ¡Hace tantos años que no sé nada de ella!"

El mayor Juvenal Garrido Osses, del Grupo Móvil del Tránsito, al que María Luisa es conducida, declara no haber podido interrogarla, "pues se encontraba en estado de extrema nerviosidad y contestaba sólo palabras incoherentes, dado el estado de nervios en que se encontraba no se distinguía si la nerviosidad era producida por el estado propio de ella o por efecto de algún narcótico".

María Luisa es conducida a la Primera Comisaría de Santiago. Vicha Vidal de Hübner logra pasar las vallas de la incomunicación. La encuentra pálida, inmóvil, con la vista fija, incapaz de hablar.

De la comisaría la detenida es enviada a la Casa Correccional de Mujeres, y puesta a disposición de la justicia.

Eulogio Sánchez Errázuriz no se querella, pero el Primer Juzgado del Crimen de Santiago inicia de oficio el Proceso Nº 32.400 contra María Luisa Bombal Anthes, por lesiones graves en tentativa de homicidio (Gligo 1984: 107).

Este fragmento, contado en tono melodramático y extraído de una biografía reciente de María Luisa Bombal, describe el intento de homicidio que la autora chilena infligió a su ex amante, el senador nacional Eulogio Sánchez Errázuriz, diez años después de haber terminado con la relación amorosa y de alejamiento del mundo santiaguino. Elijo este fragmento porque muestra la eficacia de las imágenes de la mujer creadas en las décadas del 20 y del 30 que, aún hoy, siguen demarcando un lugar de enunciación de la crítica sobre las figuras de las autoras, cuya presencia aluvial perturbó y perturba el estable parnaso de la institución literaria. Aparecen casi todos los tópicos que, desde la prensa periódica, la publicidad o la crítica literaria de los 20, delinearon el espacio de la mujer y los estereotipos femeninos generados por la modernización: una mujer extraviada, enajenada que responde al *dictum* desesperado de la pasión.

A la presentación de la autora como un personaje, a la que se nombra con el nombre de pila como si de una novela se tratara, agresora enloquecida de un hombre sorprendido que "no creía tener enemigos" y que no la reconoce, se agrega una *reconstrucción de los hechos* con testimonios policiales y jurídicos extraídos del acta judicial, a los que se suman los de declarantes de apellidos reconocidos de las elites chilenas que se aprestaron para proteger a esta señorita. Hipersensible pero bondadosa, un poco rebelde pero afable, entre protagonista y víctima de una relación *inconveniente* a sus veintiún años, que la marcaría para siempre –dicen–. Todo ello conduce al *perdón*, a la exculpación del crimen y a la reclusión de la autora en una clínica psiquiátrica.

Se incluyen también fragmentos del informe del psiquiatra que describe a Bombal como "persona de despejada inteligencia, sin petulancias, cuyas declaraciones hacen en todo la impresión de ser veraces y sinceras" y que "fuera de las secuelas que le dejara su intento de suicidio en el brazo izquierdo, nada de somático puede comprobarse ni nada objetivo en cuanto a su estado moral, si se exceptúa una manifiesta debilidad del dominio de sí misma (abulia) y un temperamento de gran sensibilidad". Más adelante, la biógrafa consigna interpretando el suceso:

> Lo que María Luisa no dice, lo que es imposible confesar en un proceso judicial, es que en el momento de disparar vio a Eulogio como la encarnación real de la desgracia de su vida, como un ser maléfico, premunido del perenne e inagotable poder de dañarla. Su sensibilidad de artista, capaz de descubrir en los sucesos cotidianos símbolos de realidades, o fuerzas superiores, le juega una mala pasada: la visión de lo esencial, de la realidad interior, oscurece y borra la realidad objetiva (186).

Por otra parte, la cita textual de una frase de *La última niebla,* insertada en el discurso de la biografía como perteneciente a la voz de la autora y no a su personaje, atribuye a esta historia –el encuentro, amor ilegal, desamor y agresión a Eulogio Sánchez Errázuriz– el origen de la escritura en el que la ficción se revela como espacio de canalización de la propia vida. Estereotipo de la escritura femenina: las mujeres escriben, fundamentalmente, sobre lo que les pasó porque su universo simbólico se reduce a la estrechez de su biografía.

Este texto de Gligo tiene en sí su pequeña historia: en la primera edición de 1984 su subtítulo –*Sobre la vida de María Luisa Bombal*– evidencia una cierta intención interpretativa, mientras que la segunda edición lo hace saltar directamente a la *Biografía de María Luisa Bombal.* Una *edición corregida*, con algunas diferencias de la anterior versión, cuyo cambio más significativo es la utilización de *Biografía* que enfatiza la objetivación de una vida. El procedimiento es autorizado, a su vez, por el prologuista quien previene "de un malentendido" y justifica la tarea difícil y dolorosa de rastrear "ese hemisferio oculto de la vida que el escritor siempre ensaya enmascarar mediante la escritura", argumentando que "el texto (literario) dice más que la biografía del hombre que lo escribió"[36]. La experiencia literaria es, en efecto, un más allá del sujeto empírico de la escritura y *dice más* de lo que el escritor reconoce, pero justamente lo que cuestiona –en tanto experiencia del límite de lo decible– es la ideología de un sujeto unitario y la transparencia referencial del lenguaje. De hecho, en la selección de fragmentos de *vida* y fragmentos *literarios* de Bombal, Gligo hace su propio recorte y su propio juego intertextual en el que se afirman los tópicos construidos sobre las mujeres escritoras.

Decía Schwob: "El arte del biógrafo consiste precisamente en la selección. No debe preocuparse por ser verdadero; debe crear, dentro de un caso, rasgos humanos (...) Por desgracia a los biógrafos les ha dado por creer que son historiadores. Y nos han privado, así, de retratos admirables" (1978: 13). La *Biografía* de Gligo apunta en los dos sentidos: por un lado, levanta una verosimilitud de historiador, asentada en dos procedimientos básicos del modelo de representación realista. Uno afecta a la reconstrucción de los avatares personales de la autora, verosimilizados por *testimonios autorizados* de personas que la conocieron. Tales testimonios funcionan como interpretaciones que juzgan, a favor o en contra, el modo de ser de la escritora, su carácter, sus conductas, y sostienen una imagen central, la de la excentricidad enfermiza de Bombal. El otro procedimiento postula una transitividad directa entre la obra literaria y la propia vida de la autora: los sucesos biográficos están interlineados con citas recortadas de novelas y cuentos de Bombal que, ya sea como premoniciones o como explicaciones, atribuyen a la autora las características y peripecias de sus heroínas. Hasta el relato del embarazo y parto de la autora están mechados por párrafos de *La amortajada*. Por otro lado, esta *biografía* se muestra y se lee como *novela histórica*: a partir de un recorte de datos e interpretaciones fragua un relato lineal que propone a la escritora como *personaje*. Este entramado entre discurso histórico y ficción biográfica revela la fragilidad del ideologema de la *objetividad*.

Tanto en este relato, como en las noticias publicadas en diarios santiaguinos, en 1941, se puede observar la construcción de las imágenes de la mujer escritora: María Luisa Bombal aparece como una mujer inestable, extremadamente sensible, reconcentrada en su vivencia interior, circunscrita a una interpretación *fantasiosa* de la vida cotidiana y centrada en la pasión amorosa como modo central de relación con la realidad. En la *Biografía* de Gligo se despliegan todas estas imágenes en una acumulación que trama

---

[36] Prólogo: "Dicha de escribir, dicha de vivir" por Martín Cerda (11-14).

sobre la vida de Bombal un trayecto que va desde la señorita de alta cuna a la *femme fatal*, a la homicida enfermiza, a la madre conflictiva y, finalmente, a la mujer desecha, estragada por el alcohol y la impotencia.

Es cierto que en varias entrevistas la autora misma autorizó tales interpretaciones, afirmando su malestar y su sentimiento de *no ser como las demás* y relacionó permanentemente vida y obra, confesando la fuente de sus novelas en vivencias propias de amores contrariados. Se explayó más de una vez en la primacía de la afectividad femenina frente al pragmatismo masculino; su rechazo al feminismo de la época y su escasa preocupación por la problemática socio-histórica de su entorno fueron constantes. Bombal disemina opiniones sobre las costumbres, sociales y sexuales, de su juventud como un chaleco de normas dirigidos a las muchachas de las clases medias y señala la diferencia de su vida bohemia con la de otras escritoras. Por ejemplo, considera a Alfonsina Storni una gran poeta, pero como una mujer que "era profesora y tenía muchas obligaciones" y no podía participar en la alegre despreocupación de sus amigos artistas[37].

Se refería a la política como un terreno poco interesante para las mujeres: "Mi compromiso era de tipo moral, no político y en eso coincido con la actitud de Borges. Además pensaba que la política era cosa de hombres, "¡qué se ocupen ellos! A mí me gusta este árbol, este río, voy a ir a la estancia, a un concierto... ¡qué se frieguen los hombres!" Y afirmaba tajantemente: "No me inspiró para nada el feminismo porque nunca me importó. Sí leía mucho a Virginia Woolf, pero porque sus conceptos los hacía novelas y no daba sermones (...) Además, no sentía que la mujer estaba subordinada, me parece que cada una siempre ha estado en su sitio, nada más". Sin embargo, afirma su *diferencia*: "Victoria Ocampo no me quería, yo creo, porque yo era tan distinta... Ella era tan solemne, tan gran señora y yo estaba en otra onda, como dicen ahora" (337). Como se puede espigar hay una cercanía con lo expuesto sobre Teresa de la Parra.

Me interesa resaltar que, tanto en cartas como en entrevistas, reitera una expresión popular que, creo, explica la posición de Bombal frente al normativismo social o cultural: "eso me latea". Expresión chilena que significa que

---

[37] Cuenta Bombal: "Ya te conté cuando Neruda como a las cuatro o cinco de la mañana, me hizo que la llamara por teléfono para que viniera al restaurante donde estábamos. Era un lugar bohemio, un ambiente intelectual, un poco loco... Y ella me pitó porque me respondió que lo sentía mucho, pero acababa de ponerse el sombrero para salir a dar clases al liceo... ¡A las cuatro de la madrugada!" en Bombal, María Luisa: *Testimonio autobiográfico*, entrevista de Lucía Guerra y Martín Cerda de 1979 (1996: 330).

algo *da lata*, es insustancial o cursi, aburre o molesta, semejante al *fastidiar-se* utilizado por Teresa de la Parra. La *latean* tanto Thomas Mann como Victoria Ocampo, la problemática social como los *sermones* feministas. Hablar de sus propias obras o de autores que no le interesan o los conferenciantes, los filólogos y los críticos, tanto como las minucias de la vida cotidiana, la *latean*. Este sentirse *lateada* expresa tanto el gesto de displicencia bohemia y aristocratizante, como una posición educadamente irónica, distraída o prescindente. Una forma especial de denegación escurridiza que utilizó quizá como arma defensiva para no ser encasillada. Mezcla de *Madame Merimée* y de *abeja de fuego*, dos apelativos que le daba Neruda, mantuvo una relación disonante con todas las conductas y papeles estipulados por las instituciones sociales, el matrimonio, la maternidad, las buenas costumbres, la literatura, el arte y el mundo solemne de los intelectuales. En las entrevistas de sus últimos años deja entrever en anécdotas de su juventud la alternancia de un vitalismo risueño y festivo con una persistente melancolía.

En la reseña que Borges hizo para *Sur* sobre *La amortajada*, señala la peculiaridad de los libros de Bombal:

> En nuestras desganadas repúblicas (y en España) sigue privando el melancólico parecer de aquel vindicador de Góngora, que a principios del siglo XVII dijo que la poesía 'consistía en el conceptuoso y levantado estilo' –o sea, en el manejo maquinal de un repertorio de inversiones y de sinónimos. Infiel a esa tibia tradición, los libros de María Luisa Bombal son esencialmente poéticos (1939: 80-81).

Con esta denominación de *libros poéticos*, Borges elude el encasillamiento en las variantes del género novela, *nouvelle* o cuento. No es casual este desmarque de Borges, quien señalaba en 1932 como camino ineludible para las nuevas formas del narrar "la primitiva claridad de la magia"; y proponía un nuevo tipo de causalidad de asociación remota, deconstructora de "la morosa novela de caracteres" (1976: 230).

Si bien es cierto que la prosa modernista latinoamericana ya había avanzado magistralmente en dicha deconstrucción, con la denominada *novela lírica*, en el tiempo de las vanguardias el procedimiento de la metáfora de libre asociación desplazado a la narrativa provoca una verdadera revuelta de los modos del narrar y configura, a partir de los 30, lo que Rama definió como un *realismo del imaginario*[38]. *La última niebla* y *La amortajada* pro-

---

[38] *Vid.* Rama, Ángel: "Origen de un novelista y de una generación literaria", postfacio a la edición de Onetti (1965).

ponen una serie de derivas –de la trama argumental, de la composición, de los estilos– en las que me concentraré, leyéndolas como textos contiguos.

5.2. La última niebla: *realismo del imaginario*

La última niebla edifica un espacio narrativo dual: el del mundo *real* y el de la *ensoñación* que, progresivamente, se van imbricando hasta disolver sus límites. En el primer fragmento una narradora femenina, cuya voz será la única relatora de la novela, cuenta su noche de bodas con su primo, viudo desde hace un año de otra "muchacha huraña y flaca a quien adoraba, y que debiera morir tan inesperadamente tres meses después". Escena que configura el primer triángulo amoroso, un hombre y dos mujeres –el marido, la nueva esposa y la esposa muerta–. Producto del espanto, en el cual despunta la crítica al lazo social del matrimonio, esta unión revelará a lo largo del texto la división entre amor y sexualidad.

El segundo fragmento se abre con una escena de contemplación de una joven muerta en su ataúd blanco que, por contigüidad con el anterior se asocia a la esposa muerta. Al huir de esta escena la niebla va cubriendo el espacio: "Y porque me ataca por primera vez, reacciono violentamente contra el asalto de la niebla. –¡Yo existo, yo existo –digo en voz alta– y soy bella y feliz!. Sí, ¡feliz!, la felicidad no es más que tener un cuerpo joven y esbelto y ágil!". Refugiada en el interior de su cuarto, frente al espejo, desata sus cabellos que solía llevar sueltos como "un casco guerrero" y desobedece por primera vez el mandato patriarcal: "Mi marido me ha obligado después a recoger mis extravagantes cabellos; porque debo esforzarme en imitar a su primera mujer, que según él, era una mujer perfecta"(58-9).

Más tarde, luego de una reunión familiar, escapa nuevamente esta vez al bosque cubierto de bruma:

> Cierro los ojos y me abandono contra un árbol. ¡Oh, echar los brazos alrededor de un cuerpo ardiente y rodar con él, enlazada, por una pendiente sin fin...! (...) Entonces me quito las ropas, todas, hasta que mi carne se tiñe del mismo resplandor que flota entre los árboles. Y así, desnuda y dorada, me sumerjo en el estanque. No me sabía tan blanca y tan hermosa. El agua alarga mis formas, que toman proporciones irreales. Nunca me atreví antes a mirar mis senos; ahora los miro. Parecen diminutas corolas suspendidas sobre el agua. Me voy enterrando hasta la rodilla en una espesa arena de terciopelo. Tibias corrientes me acarician y penetran. Como con brazos de seda, las plantas acuáticas me enlazan con sus largas raíces. Me besa la nuca y sube hasta mi frente el aliento fresco del agua (61-2).

Este segundo fragmento configura el cuerpo propio como cuerpo hurtado a la muerte, reconocido vivo en la confirmación narcisista del espejo. Cuerpo sensual que se interna en el espacio brumoso y táctil de una naturaleza irreal, con la que se mimetiza y se funde en explícito autoerotismo.

Este espacio del imaginario, fraguado en la imagen ensoñada y en la concentración erótica de la sensorialidad corporal, anuncia el lugar de fuga de los encuentros con un amante, mantenidos en la niebla. Espacio compensatorio de la insatisfacción matrimonial y en el que el marido le recuerda las ventajas de no "ser una solterona arrugada, que teje para los pobres de la hacienda", donde todo es demasiado *familiar*, donde el cuerpo sensual es tratado como un cuerpo muerto, donde emerge lo siniestro. En los encuentros con el amante se establece el segundo triángulo: una mujer y dos hombres, la esposa viva, su marido real y su amante imaginado o real.

El primer encuentro con el amante se producirá en la ciudad, espacio opuesto al campo y a la familiar casa en la hacienda, también difuminado por la neblina. Pero los sucesivos encuentros tendrán un espacio privilegiado donde la fiebre, la vigilia alucinatoria, la ensoñación, el sueño, la ciudad, la naturaleza afantasmada se confunden. La soledad reconcentrada en el interior de un cuerpo librado al devaneo imaginario se fuga: "La hora de la comida me parece interminable. Mi único anhelo es estar sola para poder soñar, soñar a mis anchas. ¡Tengo siempre tato en qué pensar! Ayer tarde, por ejemplo, dejé en suspenso una escena de celos entre mi amante y yo" (72).

Un tiempo no recursivo se sostiene contra el tiempo cronológico; un tiempo fuera del tiempo, donde lo ensoñado tiene la consistencia de la realidad:

> Pasan los años. Me miro al espejo y me veo, definitivamente marcadas bajo los ojos, esas pequeñas arrugas que sólo me afluían, antes, al reír. Mi seno está perdiendo su redondez y consistencia de fruta verde. La carne se me apega a los huesos y ya no parezco delgada, sino angulosa. Pero ¡qué importa! ¡Qué importa que mi cuerpo se marchite si conoció el amor! Y qué importa que los años pasen, todos iguales. Yo tuve una hermosa aventura, una vez... Tan sólo con un recuerdo se puede soportar una larga vida de tedio. Y hasta repetir, día a día, sin cansancio los mezquinos gestos cotidianos (70).

Contra la realidad, contra las costumbres, contra los rituales familiares, contra el tiempo: *yo* imagino, *yo* sostengo a mi fantasma, *yo* me erotizo, *yo* ex-isto.

5.2.1. La maldición del sexo

El disparador del primer encuentro con el amante es la certeza de la muerte producida por la repetición de las ceremonias cotidianas: "Y pasado mañana será lo mismo, y dentro de un año, y dentro de diez; y será lo mismo hasta que la vejez me arrebate todo derecho a amar y a desear, y hasta que mi cuerpo se marchite y mi cara se aje y tenga vergüenza de mostrarme sin artificios al sol" (66). La alternativa es otro espacio, una ciudad innominada, una plaza donde es asaltada y guiada por un desconocido, casi una sombra. Una casa espectral, una habitación de "no sé qué encanto anticuado, no sé qué intimidad melancólica", conjura el espanto del tiempo repetitivo y de la muerte: "Todo el calor de la casa parece haberse concentrado aquí. La noche y la neblina pueden aletear en vano contra los vidrios de la ventana; no conseguirán infiltrar en este cuarto un solo átomo de muerte" (67).

También lugar de dominio, donde la potencia masculina impone y da sentido al cuerpo de la mujer. Exponer el cuerpo que se da a ver a la mirada del otro, que se ofrenda en un despliegue, en un trenzar y destrenzar de la seducción femenina:

> Ardo en deseos de que me descubra cuanto antes su mirada. La belleza de mi cuerpo ansía, por fin, su parte de homenaje (...) Bajo su atenta mirada, echo la cabeza hacia atrás y este ademán me llena de íntimo bienestar. Anudo mis brazos tras la nuca, trenzo y destrenzo las piernas y cada gesto me trae consigo un placer intenso y completo, como si, por fin, tuvieran una razón de ser mis brazos y mi cuello y mis piernas. ¡Aunque este goce fuera la única finalidad del amor, me sentiría ya bien recompensada! (68).

Allí, en ese encuentro, el cuerpo de la protagonista experimenta su primer y único momento de placer sexual. La representación de la sexualidad femenina en acto se concentra en una prosa de alta eficacia sensorial:

> Entonces él se inclina sobre mí y rodamos enlazados al hueco del lecho. Su cuerpo me cubre como una gran ola hirviente, me acaricia, me quema, me penetra, me envuelve, me arrastra desfallecida. A mi garganta sube algo así como un sollozo, y no sé por qué empiezo a quejarme, y no sé por qué me es dulce quejarme, y dulce a mi cuerpo el cansancio infligido por la preciosa carga que pesa entre mis muslos (69).

En la última visión del amante ya dormido, como un niño plácido, la escena concluye con la detención en lo minúsculo: "Advierto que, prendida de una finísima casi invisible cadena, una medallita anida entre el vello castaño de su pecho; una medallita trivial, de esas que los niños reciben el día de su primera comunión. Mi carne toda se enternece ante este pueril detalle (...) Me visto con sigilo y me voy. Salgo como he venido, a tientas" (69). Sensorialidad polimorfa y trascendencia del detalle trivial.

A lo largo de los años el amante retorna, viene con el viento, en coche de caballos, le susurra palabras en el bosque, aparece en la niebla, la toca y la enardece. ¿Existe? ¿Hubo una primera vez en la realidad o siempre ha sido una fantasmagoría? El relato, en la amalgama de la niebla que lo empasta, trabaja con lo indecidible. Hace compartir al lector las mismas dudas que tiene su narradora, quien busca pruebas de su existencia y, al igual que en el sueño de la rosa de Coleridge, las encuentra en la desaparición de un sombrero de paja que olvidó en la casa-escenario del amor-pasión en la ciudad: "Además de un abrazo, como a todos los amantes, algo nos une para siempre. Algo material, concreto, indestructible: mi sombrero de paja". Prenda de amor perdido, se reencuentra sólo su ausencia, sólo ese vacío da testimonio de lo real, que está en ese lugar donde la no proporción sexual lanza a los sujetos al juego del amor para tapar la inexistencia de relación.

El juego –dramático– de la histérica es "hacer al hombre", ella es discurso, está por esencia en el lazo, lo bendice o lo maldice; pero, en la separación, acecha el acto mortífero o la precipitación suicida[39]. El juego del amor a veces cubre los diferentes modos de gozar, tapa la disparidad entre la erotomanía femenina que va al sexo por el amor imaginario y el fetichismo masculino que recorta un rasgo de la amada para procurarse un goce.

---

[39] Dice Soler: "(...) Ese partenaire, que Lacan escribe en la primera línea del discurso histérico con el significante amor ($\$ \rightarrow S_1$) tiene muchos nombres. Es el significante amo, o el amo mismo, por excelencia el hombre, y el primero de todos, el padre. La histérica está enferma del hombre, dice Lacan. Ése es el nombre de su síntoma (...) Nos obnubilamos mucho con "la histérica hace al hombre" y con su calidad de verdadera mujer –(es decir, ser toda una mujer)–, pero es una expresión muy ambigua que quiere decir a la vez que lo sostiene, en el sentido de estimularlo, ¡arriba los valientes! Es el lado simpático de la histérica, después de todo, es buena hasta cierto punto. El otro sentido de la expresión, naturalmente es que "hace el hombre" en el sentido de darle una lección acerca de cómo ser hombre. Sin embargo es más esencial destacar que es un sujeto enfermo del hombre y que recae en síntomas de separación, sobre todo si no hay hombres, cuando falta para el sujeto histérico la encarnación del Uno, del significante amo. A menos que logre inventarlo (...) Cuando el sometimiento al Otro se hace en el consentimiento, en los placeres del amor, la cosa funciona. Pero cuando ese sometimiento revela su cara de angustia y de falta de recursos, hay un intento de separación por medio de un objeto que, en sí mismo, no tiene ningún interés" (2000: 159).

Esta "maldición del sexo" se representa en *La última niebla* en las relaciones maritales, humillantes y vacías. En el centro del relato, los tintes difusos del amor sumido en la niebla desaparecen y se describe la primera relación sexual matrimonial: "Hace años que Daniel no me besaba y por eso no me explico cómo pudo suceder aquello". Una caída del cuerpo de la protagonista, fornicado como si fuera el cuerpo de la *otra* mujer muerta, que Bombal consigna con singular precisión:

> Mi cuerpo y mis besos no pudieron hacerlo temblar, pero lo hicieron, como antes, pensar en otro cuerpo y en otros labios. Como hace años lo volví a ver tratando furiosamente de acariciar y desear mi carne y encontrando el recuerdo de la muerte entre él y yo. Al abandonarse sobre mi pecho, su mejilla, inconscientemente, buscaba la tersura y los contornos de otro pecho (...) Y lloró locamente, llamándola, gritándome al oído cosas absurdas que iban dirigidas a ella (78).

Humillado, sollozante, ese cuerpo no es nada más que un lugar vacío, violentado por otro. Sólo caída de un cuerpo desnudo, al descubierto, expuesto como puro *real*: "muerta de desaliento y de vergüenza. No traté de moverme, ni siquiera de cubrirme. Me sentía sin valor para morir, sin valor para vivir. Mi único anhelo era postergar el momento de pensar." Suturar esta herida implica restaurar el fantasma del amante: "Y fue para hundirme en esa miseria que traicioné a mi amante", al que le dedicará sus sentidos y sus pensamientos más sensuales. De ahí en más, el sexo y el amor se escinden y el escepticismo avanza junto con el desgaste cotidiano, la insatisfacción, la vejez, el aburrimiento. La escena contigua señala el retorno de la ley, del mandato paterno: el marido niega el posible encuentro: "¡Estás loca! Debes haber soñado. Nunca ha sucedido algo semejante..." y esgrime con una prueba fulminante: "–¿No te habló? Ya ves, era un fantasma–". Esta sanción de inexistencia califica a la fantasía, al sueño, al imaginario como engaños y avanza el desenlace deceptivo de la novela.

La incierta existencia del amado afantasmado, la costumbre de errar por los campos gritando palabras de amor, convierten a la protagonista en una *loca*: "Ayer una voz lejana respondió a la mía: 'Amooor' Me detuve, pero aguzando el oído percibí un rumor confuso de risas ahogadas. Muerta de vergüenza caí en cuenta de los leñadores parodiaban así mi llamado" (76). Sus encuentros se transforman en *visiones*, fantasías delirantes de una mujer sola, que se sostiene en su pasión: "Y si llegara a olvidar, ¿cómo haría para vivir? Bien sé ahora que los seres, las cosas, los días, no me son soportables sino vistos a través del estado de vida que crea mi pasión. Mi amante es para mí más que un amor, es mi razón de ser, mi ayer, mi hoy, mi mañana" (86).

Trayecto de mujer: de mujer viva a mujer casi muerta, de mujer joven, rebelde y resistente, a mujer vieja que paga el precio de una vida insustancial, sostenida por un cuerpo histérico; una mujer que decide seguir viviendo para sortear la mirada asqueada de los otros: "Me asalta la visión de mi cuerpo desnudo y extendido sobre una mesa en la Morgue. Carnes mustias y pegadas a un estrecho esqueleto... El suicidio de una mujer casi vieja, qué cosa repugnante e inútil" (94).

5.2.2. "ESCRIBO Y ROMPO"

Ensoñar, escribir y borrar. Necesitar escribir; escribirle –a él– y borrarlo: secuencia del acto de escritura en *La última niebla*, que se desarrolla en una línea independiente del cuerpo de la narración. Secuencia en progreso que puntúa y guía la fractura tempoespacial de la novela. El primer impulso es el de escribir para retener la aventura del amor imaginario; para actualizar, decir, fijar las sensaciones del cuerpo y sostener el deseo. Cuando el acto de escribir aparece por primera vez en la novela, es presentado como una actividad repetitiva, realizada en un presente continuo desde hace tiempo:

> Noche a noche, Daniel se duerme a mi lado como un hermano. Lo abrigo con indulgencia porque hace años, toda una larga noche, he vivido del calor de otro hombre. Me levanto, enciendo a hurtadillas una lámpara y escribo: 'He conocido el perfume de tu hombro y desde ese día soy tuya. Te deseo. Me pasaría la vida tendida, esperando que vinieras a apretar contra mi cuerpo tu cuerpo (...) (71).

Lo recién escrito se entrecomilla, es un texto dentro del relato; casi una salida de la diégesis narrativa que acepta a regañadientes esta detención. Espacio de la escritura escondido como los juegos sexuales infantiles, hurtado al padre-hermano-marido cuyo ojo vigilante duerme. Espacio blanco donde se cerca al deseo; también lugar donde se deja testimonio de la espera imaginaria que invade la vigilia: "todo el día me persigue el recuerdo de cuando me suspendo a tu cuello y suspiro sobre tu boca".

Sin embargo, escribir es también un borrado de las huellas. La primera consignación del acto de escribir es doble: construyo-destruyo, *escribo y rompo*. Antes de esta primera escena de escritura, ella piensa: "Trato de convencer a Daniel para que abandone un poco el jardín. Siento nostalgia de parques abandonados, donde la mala hierba borre todas las huellas (...)". La mala hierba se asocia a aquella primera escena autoerótica en el estanque; agua en la que, a lo largo del relato, esta mujer permanece inmersa "largas horas, el cuerpo y el pensamiento a la deriva" (74). Escribir *la mala hierba* para no dejar huellas. Rompo, pero lo escrito permanece como una palabra extranjera disimulada en la historia de realidades y ensueños.

En un segundo momento cuando la ensoñación adquiere certeza de realidad, cuando vuelve el amante entresoñado, la escritura certifica su existencia: "Hoy he visto a mi amante. No me canso de pensarlo, de repetirlo en voz alta. Necesito escribir: hoy lo he visto, hoy lo he visto" (74). Ratificar en lo escrito la certeza de la pasión para testificar la presencia quimérica del amado. Finalmente, escritura confesional que da cuenta de la fidelidad al propio imaginario: "Hace ya un tiempo que no distingo las facciones de mi amigo. Le escribo para disipar un naciente malentendido". El amado ausente o inexistente es el receptor de un *pecado*: la realidad del sexo con su marido, "ese feroz abrazo hecho de tedio, perversidad y tristeza", del cual no puede abstenerse y del que obtiene un placer denegado: "Es cierto que hemos permanecido a menudo encerrados en nuestro cuarto hasta el anochecer, pero nunca te he engañado (...) Mi querido, mi torpe amante, obligándome a definir y a explicar, das carácter y cuerpo de infidelidad a un breve capricho de verano" (79). La secuencia de la escritura, entonces, consigna un pacto: sacrifico en la escritura algo de mi pasión imaginaria para reafirmar la idealización narcisista de un objeto imposible. También para justificar denegando el goce en el sexo –real.

La escritura dice el duelo del deseo. En su trayecto el deseo se dispersa en los pensamientos a la deriva, en la palabra gritada al aire, en la escritura que lo acota; pero, por debajo, el goce acechante y maldito que fluye hacia la muerte: "Hace algunos años hubiera sido tal vez razonable destruir, en un solo impulso de rebeldía, todas las fuerzas en mí acumuladas, para no verlas consumirse, inactivas. Pero un destino implacable me ha robado hasta el derecho de buscar la muerte, me ha ido acorralando lentamente, insensiblemente, a una vejez sin fervores, sin recuerdos... sin pasado", resignarse a las "frivolidades amenas, para llorar por costumbre y sonreír por deber". Muerta de humillación, muerta de vergüenza, muerta de espera, muerta de fingimiento; en esa entre vida-muerte por venir, "la niebla presta a las cosas un carácter de inmovilidad definitiva" (94-5).

Final de *La última niebla* que profetiza una segunda muerte: *La amortajada*.

5.3. La amortajada: *una muerta "sensible y meditabunda"*

En una de sus entrevistas, María Luisa recuerda su amistad con Borges: "Georgie no era aficionado a las tertulias en los cafés o en casa de Girondo.

Pertenecía a un grupo mucho más cerrado, más intelectual. Mi amistad con él era una amistad personal, particular". Pasatiempos comunes los ligan: el cine, el tango, largos paseos por la ciudad y el Riachuelo. A él le confía Bombal el tema de *La amortajada*. Cuenta Bombal: "Una tarde le hablé de *La amortajada* y me dijo que ésa era una novela imposible de escribir porque se mezclaba lo realista y lo sobrenatural, pero no le hice caso y seguí escribiendo" (331).

Poco después la novela se publica y Borges recuerda, en la reseña que hace para *Sur*, sus prevenciones. Reproduzco el fragmento inicial que incluye una magistral síntesis del argumento:

> Yo sé que un día entre los días o más bien una tarde entre las tardes, María Luisa Bombal me confió el argumento de una novela que pensaba escribir: el velorio de una mujer sobrenaturalmente lúcida que en esa visitada noche final que precede al entierro, intuye de algún modo –desde la muerte– el sentido de la vida pretérita y vanamente sabe quién ha sido ella y quiénes las mujeres y los hombres que poblaron su vida. Uno a uno se inclinan sobre el cajón, hasta el alba confusa, y ella increíblemente los reconoce, los recuerda y los justifica... Yo le dije que ese argumento era de una ejecución imposible y que dos riesgos lo acechaban, igualmente mortales: uno, el oscurecimiento de los hechos humanos de la novela por el gran hecho sobrehumano de una muerte sensible y meditabunda; otro, el oscurecimiento de ese gran hecho por los hechos humanos. La zona mágica de la novela invalidaría la psicológica o viceversa; en cualquier caso la obra adolecería de una parte inservible. Creo asimismo que comenté ese fallo condenatorio con una cita de H.G. Wells sobre lo conveniente de no torturar demasiado las historias maravillosas... María Luisa Bombal soportó con firmeza mis prohibiciones, alabó mi recto sentido y mi erudición y me dio unos meses después el manuscrito original de *La amortajada*.

Luego de describir la eficacia de la resolución de estas prohibiciones y la perfecta ejecución de la novela, su carácter de resaltar frases y páginas memorables, finaliza con un elogio que proyecta la novela hacia el futuro: "Libro de triste magia, deliberadamente suranée, libro de oculta organización eficaz, libro que no olvidará nunca nuestra América" (1939: 80-81).

5.3.1. TRABAJO SOBRE EL DOBLE

Efectivamente, Borges no se equivocaba; la ejecución de un punto de vista que oscila entre el de la propia amortajada y el de un narrador exterior, focalizado e identificado con esa mirada, es uno de los aciertos de la novela.

El que da unidad a un relato articulado por el ejercicio de un punto de vista desdoblado y solidario: una memoria imposible –la de una muerta– y la de una exterioridad omnisciente pero concentrada en las sensaciones, los recuerdos, los sentimientos, la voluptuosidad y la sensibilidad de la protagonista-narradora. Una muerta viva y un narrador identificado con una muerta; una oscilación constante del sujeto de la enunciación del relato entre una primera y una tercera persona.

En esa oscilación se cuenta una doble historia: la historia secreta de Ana María, la amortajada, que la memoria y el memorialista reconstruyen; y la historia de superficie, la del velorio, en cuyo decurso –desde el cuerpo muerto en la cama matrimonial, el traslado al ataúd, los rituales y visitas del velorio, el camino al cementerio y el final enterramiento– marcan la linealidad del tiempo. Dos tiempos, entonces: el discontinuo de la memoria, que se cuenta en bloques independientes entre sí, y el continuo del velatorio. Ambos confluyen al final: la reconstrucción discontinua de la vida se estructura como una novela de aprendizaje y el trayecto del velorio es, también, un aprendizaje de la muerte que concluye con la dispersión del cuerpo en el todo inanimado.

La dualidad de las voces narrativas, de la historia que se cuenta, de los tiempos del relato marcados por la memoria y el velorio, se produce en un desplazamiento espacial –de la casa al cementerio– que, en la escritura se verifica en los estilos. La deriva estilística de Bombal en *La amortajada* parte de una prosa sensualista, rítmica, eufónica, cercana a la del modernismo, cultivada en los fragmentos del comienzo pero que, progresivamente, asume una imaginería surrealista, próxima a las metáforas materialistas del Neruda de la primera *Residencia*[40].

El retrato de grupo familiar del comienzo, en que aparecen retratados los personajes fundamentales de la historia de Ana María y ella misma, es de clara ascendencia modernista:

> Y es así como se ve inmóvil, tendida boca arriba en el amplio lecho revestido ahora de sábanas bordadas, perfumadas de espliego –que se guardan siempre bajo llave–, y se ve envuelta en aquel batón de raso blanco que solía volverla tan grácil. Levemente cruzadas sobre el pecho y oprimiendo un crucifijo, vislumbra

---

[40] Bombal cuenta: "Comencé La última niebla mientras Pablo (Neruda) estaba haciendo los poemas de Residencia en la tierra, los dos escribíamos en la cocina de su casa. Recuerdo que un día me mostró un poema en que tenía la imagen 'asustar a una monja con un golpe de oreja', yo la encontré horrorosa, grotesca y Pablo se enojó mucho. Claro que, en el fondo, eran discusiones amistosas, nos queríamos mucho" (1996: 336).

sus manos; sus manos que han adquirido la delicadeza frívola de dos palomas sosegadas (96).

Cuando se representa la definitiva integración del cuerpo muerto en la tierra se radicalizan las asociaciones inéditas:

Cayendo, a ratos, en blandos pozos de helada baba de diablo. Descendía lenta, lenta, esquivando flores de hueso y extraños seres, de cuerpo viscoso, que miraban por dos estrechas hendiduras tocadas de rocío. Topando esqueletos humanos, maravillosamente blancos e intactos, cuyas orillas se encogían, como en el vientre de la madre. (...) Vertientes subterráneas la arrastraron luego en su carrera bajo inmensas bóvedas de bosques petrificados. (...) Pero, nacidas de su cuerpo, sentía una infinidad de raíces hundirse y esparcirse en la tierra como una pujante telaraña por la que subía temblando, hasta ella, la constante palpitación del universo. Y ya no deseaba sino quedarse crucificada a la tierra, sufriendo y gozando en su carne el ir y venir de lejanas, muy lejanas mareas; sintiendo crecer la hierba, emerger islas nuevas y abrirse, en otro continente la flor ignorada que no vive sino un día de eclipse. Y sintiendo aún bullir y estallar soles, y derrumbarse, quien sabe adónde, montañas gigantes de arena (175).

5.3.2. EL DOBLE EN EL CUERPO: VER/SER VISTA/DARSE A VER

El descubrimiento atroz del placer en un cuerpo detestado.

(J. L. Borges 1939)

En su *Elogio del maquillaje* Baudelaire inscribe la artificialidad del maquillaje en un impulso hacia el ideal del arte como opuesto a la malignidad de la naturaleza, de la cual provienen los impulsos salvajes y bajos de la condición humana. Arte trivial, ejercido por las mujeres, que las coloca en vecindad con el poeta:

(...) para limitarnos a lo que nuestra época llama vulgarmente maquillaje, ¿quién no sabe que la utilización de los polvos de arroz, tan neciamente anatemizados por los filósofos cándidos, tiene como finalidad y resultado hacer desaparecer de la tez todas las manchas que la naturaleza ha sembrado de manera ultrajante, y crear una unidad abstracta en el tono y color de la piel, unidad que, como la producida por la envoltura, aproxima de inmediato al ser humano a la estatua, es decir a un ser divino y superior?

El negro que marca los ojos y el rojo de mejillas y labios, dice, satisfacen una necesidad completamente opuesta:

El rojo y el negro representan la vida, una vida sobrenatural y excesiva; ese marco negro hace la mirada más profunda y más singular, da al ojo una apariencia más decidida de ventana abierta hacia el infinito; el rojo, que inflama el pómulo, aumenta más la claridad de la pupila y añade a un bello rostro femenino la pasión misteriosa de la sacerdotisa.

Afirma: "el maquillaje no tiene que ocultarse, que evitar dejarse adivinar; puede, por el contrario, mostrarse, si no con afectación, al menos con una especie de candor" (385).

Este arte del maquillaje acerca a la mujer no sólo al poeta sino también a la divinidad, a lo sagrado, y se opone a la moral ilustrada dieciochesca exaltadora de las bondades del hombre *natural*. Este salto, producido a fines del XIX, propone imágenes del cuerpo femenino como cuerpo que se ofrece a la mirada del otro; en la poesía finisecular la mujer aparece como una de las vías de acceso a la divinidad o a lo sublime. Esta imaginería se desarrolla en consonancia con una nueva nosología del cuerpo femenino, promovido por el discurso médico y psiquiátrico, que ocupa un lugar discursivo preeminente: los estudios sobre la histeria[41].

Más cercano, Israel en su *elogio* de la histérica señala que el maquillaje apunta una doble denuncia. Señala la femineidad como máscara y, al tiempo, muestra un agujero del que no se quiere saber nada: la pulsión de muerte. En la máscara del maquillaje la pulsión de muerte encuentra su explicitud:

> Sabemos que la histérica provoca, mediante la palabra, sus actitudes, su aspecto. (...) Desde siempre las ojeras han jugado un papel importante en el maquillaje. Debemos considerar que las ojeras no son esa zona que roza los ojos y que da testimonio de la consumición de la grasa en el juego del amor, sino que las entendemos en su sentido etimológico, como el círculo que limita, que recorta. (...) El maquillaje recorta, y para mostrar hacia dónde lleva el maquillaje yo diría que el maquillaje despedaza. (...) El maquillaje tiene la función de una verónica, para usar el lenguaje de las corridas de toros. La verónica sirve para hacer que el toro pase de largo; para llevar la atención hacia esos afeites que se exhiben y no hacia otra cosa. (...) Ese maquillaje, ese aparente llamado de atención sobre ciertas partes, centra el interés, trata de hacer olvidar que entre esas

---

[41] En los estudios de Charcot y en el espectáculo de sus clases magistrales en las que presentaba a sus pacientes, registradas por un nuevo medio de representación –la fotografía–, se reconstruye el proceso de "invención" de la histeria; creación de un modelo paradigmático del cuerpo femenino, que establece un nexo entre enfermedad, deseo y voluntad de saber. *Vid.* Didi-Huberman 1982.

partes existen zonas intermedias que gracias al fantasma del maquillaje o a su fantasía, desaparecen (Israel: 56-58).

En el comienzo de *La amortajada* se nos presenta a una mujer en un ataúd. Una muerta que se da a ver y reflexiona sobre su imagen, atendiendo a uno de los recortes del maquillaje: el peinado, que separa el rostro del cuerpo y lo enmarca[42]:

> Ya no le incomoda bajo la nuca esa espesa mata de pelo que durante su enfermedad se iba volviendo, minuto por minuto, más húmeda y más pesada.
> Consiguieron, al fin, desenmarañarla, alisarla, dividirla, sobre la frente.
> Han descuidado, es cierto, recogerla.
> Pero ella no ignora que la masa sombría de una cabellera desplegada presta a toda mujer extendida y durmiendo un ceño de misterio, un perturbador encanto.
> Y de golpe se siente sin una sola arruga, pálida y bella, como nunca.
> La invade una inmensa alegría, que puedan admirarla así, los que ya no la recordaban sino devorada por fútiles inquietudes, marchita por algunas penas y el aire cortante de la hacienda.
> Ahora que la saben muerta, allí están rodeándola todos (97).

La muerte ha devuelto a esta mujer la belleza de su juventud; su fragmentado y recuperado rostro vuelve a funcionar como un señuelo que captura las miradas de los visitantes y los distrae de lo real de la muerte. Si hay máscara, si hay semblante, hay discurso; por ello este cuerpo muerto puede recuperarse desde la memoria. Lo que la memoria despliega, como una cabellera, es todo el tránsito de construcción del cuerpo de una mujer que se *da a ver*, desde el aprendizaje de la sexualidad con su primer amante a su negación frígida en el matrimonio. Cuerpo hecho de pérdidas —la sangre menstrual, el primer hijo abortado, los hijos crecidos, un matrimonio convencional donde ella resiste a la pasión— este cuerpo histérico de una mujer viva, renace en el cuerpo amortajado. Pero renace, no para revivir, sino para denunciarse a sí mismo como construcción. El pasaje que realiza este cuerpo es el de la negación: un cuerpo construido para *darse a ver* pero que se resiste —agresivamente— a ser poseído; que es fragmentado y fetichizado, pero que la histérica expone como una toda-mujer.

El dispositivo del relato nos pone en el camino de una subjetividad femenina construida como dispositivo de resistencia: un cuerpo vivo despedaza-

---

[42] La cabellera femenina como fetiche persistente en la representaciones occidentales guían el interesante recorrido de Bornay 1994. *Vid.* especialmente: "Geometrías de la seducción".

do que se da a desear, para llevar al propio deseo –obliterado, negado– hasta su límite: el goce mortífero del cadáver. "La histérica nos obliga a una nueva lectura del cuerpo y, a menudo, a una lectura de los signos inscritos en el cuerpo. Lo que ella inscribe es la división, la escisión, el despedazamiento o la fragmentación del yo (...)", la que su cuerpo da a mirar denuncia, pone ante nuestros ojos, la ficción de que puede haber un objeto satisfactorio. "Lo que se despedaza ante nuestros ojos, lo que se desmorona ante los ojos del hombre, frente al maquillaje de la mujer histérica es su propio fantasma: el de una totalidad que vendría a completarnos, a darnos el sentimiento de completud" (Israel: 60).

Por ello, la culminación de su historia es una negativa definitiva, que intenta ir más allá de la castración siendo ella misma una toda-naturaleza, integrándose en la Cosa primigenia: la no-vida, la muerte, la tierra. Un *no* que está más allá de la muerte y de la disolución del cuerpo: "No tentó a la amortajada el menor deseo de incorporarse. Sola, podría, al fin, descansar, morir. Había sufrido la muerte de los vivos. Ahora, anhelaba la inmersión total, la segunda muerte: la muerte de los muertos" (176).

5.4. *Cuerpo muerto y naturaleza*

Este periplo que señala el traslado de un cuerpo que se da a ver desde el lecho mortuorio hasta su lecho definitivo en la tierra, escenifica la construcción de la subjetividad de una mujer y sus sucesivos desdoblamientos hasta alcanzar la unidad en el cuerpo muerto. Junto al proceso de transformación y recuperación de la memoria vital de la protagonista, se va conformando una representación del espacio de la naturaleza, no entendido como espacio natural exterior, sino como contrapunto y fusión entre subjetividad, cuerpo propio y naturaleza.

Hacia el espacio natural se desplazan sensaciones, emociones, vivencias de dicha subjetividad desde el comienzo de la novela: el cuerpo yacente de la amortajada en el ataúd es un cuerpo sensible que se contrapuntea con el espacio natural, que se constituye como el *otro espacio* de la memoria, en el que se desplazan las sensaciones recuperadas del cuerpo muerto:

> El murmullo de la lluvia sobre los bosques y sobre la casa la mueve muy pronto a entregarse en cuerpo y alma a esa sensación de bienestar y melancolía en que siempre la abismó el suspirar del agua en las interminables noches del otoño. La lluvia cae fina, obstinada, tranquila. Y ella la escucha caer. Caer sobre los techos, caer hasta doblar los quitasoles de los pinos y los anchos brazos de

los cedros azules, caer. Caer hasta anegar los tréboles, y borrar los senderos, caer. Escampa, y ella escucha nítido el bemol de lata enmohecida que rítmicamente el viento arranca al molino. Y cada golpe de aspa viene a tocar una fibra especial dentro de su pecho amortajado (...) No recuerda haber gozado, haber agotado nunca, así, una emoción (98).

Esta escena que fusiona sensorialidad y temporalidad abre la reconstrucción de las sensaciones corporales y así se puntúan las etapas de la vida de la protagonista.

Desde la infancia, elementos de la naturaleza emblematizan el descubrimiento de la sensualidad. Primero con el aterrador compañero de juegos infantiles, convertido en primer amor pasional de la adolescencia: "La época de la siega nos procuraba días de gozo, días que nos pasábamos jugando a escalar las enormes montañas de heno acumuladas tras la era y saltando a otra inconscientes de todo peligro y como borrachas de sol". Montañas en las que descubre el cuerpo dormido del niño, luego amante adolescente:

Aniñado, desarmado por el sueño, ¿me pareciste de golpe infinitamente frágil? La verdad es que no acudió a mi una sola idea de venganza. Tú te revolviste suspirando y, entre la paja, uno de tus pies desnudos vino a enredarse con los míos. Y yo no supe cómo el abandono de aquél gesto pudo despertar tanta ternura en mí, ni por qué me fue tan dulce y tibio el contacto de tu piel (102).

El descubrimiento de la sensualidad y de la pasión amorosa se escenifica en un contrapunteo de ida y vuelta con la representación de la naturaleza. El cuerpo adolescente se devela, en su sensualidad lánguida, a partir de la sensualidad misma del espacio natural. Cuando Ana María se da cuenta de su primer embarazo, producto de su amor adolescente, será la naturaleza quien la invita a leer los signos de su propio cuerpo: "¿Qué día fue? No logro precisar el momento en que empezó esa dulce fatiga. Imaginé al principio que la primavera se complacía, así, en languidecerme (...)".

Cierta mañana al abrir las celosías de mi cuarto reparé que un millar de minúsculos brotes, no más grandes que una cabeza de alfiler, apuntaban a la extremidad de todas las cenicientas ramas del jardín. (...) Era curioso, también mis dos pequeños senos prendían, parecían desear florecer con la primavera. Y de pronto, fue como si alguien me lo hubiera soplado al oído. –Estoy... ¡ah!– suspiré, llevándome las manos al pecho, ruborizada hasta la raíz de los cabellos (109).

El cuerpo grávido, en tránsito de la incompletud adolescente a la completud maternal; cuerpo ensimismado, reconcentrado en sus sensaciones, encuentra su sentido en el paisaje:

Ignoraba por qué razón el paisaje, las cosas, todo se me volvía motivo de distracción, goce plácidamente sensual: la masa oscura y ondulante de la selva inmovilizada en el horizonte, como una ola monstruosa, lista para precipitarse; el vuelo de las palomas, cuyo ir y venir rayaba de sombras fugaces el libro abierto, sobre mis rodillas; el canto intermitente del aserradero (...) que hendía el aire hasta las casas cuando la tarde era muy límpida (110).

La representación de completud se desgarrará poco después en la desesperación por la pérdida del amor-pasión y, al tiempo, en el desgarro del cuerpo que conjuga la tormenta de la naturaleza y los ríos de sangre de un aborto:

Temblaban las celosías, crepitaban las puertas, me azotaba el revuelo de invisibles cortinados. Me sentía como arrebatada, perdida en el centro mismo de una tromba monstruosa que pujase por desarraigar la casa de sus cimientos y llevársela uncida a su carrera (...) Zoila vino a recogerme al pie de la escalera. El resto de la noche se lo pasó enjugando, muda y llorosa, el río de sangre en que se disgregaba esa carne tuya mezclada con la mía.

La vida de Ana María se escande, en el relato, en sucesivos desgarros: en la subjetividad, en el cuerpo mismo y en el espacio de la naturaleza que lo representa. Por ello, la aspiración a la completud sólo se alcanza en la reintegración con la cosa primigenia, la tierra convertida en un sedante paisaje de la muerte; ese paisaje del mundo subterráneo de los cuerpos muertos, que no es ni aterrador, ni monstruoso:

(...) María Griselda, me voy.
Una corriente la empuja, la empuja canal abajo por un trópico cuya vegetación va descolorándose a medida que la tierra se parte en mil y mil apretados islotes. Bajo el follaje pálido, transparente, nada más que campos de begonias. ¡Oh, las begonias de pulpa acuosa!
La naturaleza entera aspira, se nutre aquí de agua, nada más que de agua. Y la corriente la empuja siempre lentamente, y junto con ella, enormes nudos de plantas a cuyas raíces viajan enlazadas las dulces culebras.
Y sobre todo ese mundo por el que muerta se desliza, parece haberse detenido y cernirse, eterna, la lívida luz de un relámpago.
El cielo, sin embargo, está cargado de astros; estrella que ella mira, como respondiendo a un llamado, corre veloz y cae (160-161).

El espacio de representación apuntado en *La amortajada*, perseguido por la escritura de Bombal, habla de un goce más allá del cuerpo mismo, también de un placer del cuerpo reencontrado en su disgregación: reintegración del cuerpo sensible en el sensible cuerpo de lo innominado; rodeo de lo no nombrable, edificación de un paisaje de nuda existencia, deseo de suturar en la muerte la escisión del cuerpo vivo de la histérica.

Capítulo VII

Escrituras de la revuelta
(Cristina Peri Rossi, Reina Roffé, Marta Traba, Luisa Valenzuela, Clorinda Matto, Elena Poniatowska, Carmen Boullosa, Paquita la del Barrio, La Lupe)

1. Cristina Peri Rossi: el "elusivo nombre del deseo"

1.1. Contorno de Peri Rossi: los viajes, el mar, los barcos, las ciudades, el museo, el tapiz...

> El asombro es que las revelaciones sean oscuras.
>
> Cristina Peri Rossi

Cuestionando las definiciones encasilladoras de una escritura *femenina*, Peri Rossi replicaba, en el comienzo de los '80, a cierta crítica que cargaba sobre la escritura de mujeres la característica de ser "lineal y excesivamente denotativa en narrativa", y afirmaba:

> Creo que no he empleado jamás, en mis siete libros de narrativa, una técnica denotativa y que, por el contrario, hago una literatura claramente simbólica. No hay nada biográfico en mis libros de narrativa (en el sentido lato de la palabra, no en el de la percepción: toda percepción es biográfica) y es más: procuro establecer un universo alegórico (1983b).

Lúcida descripción de una escritora que, en densa trayectoria, ha conjugado el ejercicio de la reflexión crítica con la construcción de un mundo –narrativo y poético– de una coherencia deshilachada. Tensión y alegoría, dos sustantivos plenos para definir el gesto semántico que informa su escritura. Tensión: una poesía tersa[1], evocadora e implacable, en la que una voz

---

[1] La obra poética de Cristina Peri Rossi comprende: *Evohé* (1971); *Descripción de un naufragio* (1974); *Diáspora* (1976); *Lingüística general* (1979); *Europa después de la*

trabaja el límite de lo personal y lo impersonal, haciendo un relevo minucioso de los fragmentos de un sujeto indefinible desde el intimismo o el objetivismo. Una voz que registra no sólo el resultado de una percepción operando sobre el lenguaje, sino también la huella de una larga historia: la de otras escrituras (de Lewis Carroll a Borges, de los románticos alemanes a Rimbaud, a Kafka, a Woolf, a Paz, a Onetti, a Pizarnik...) tamizadas por la pasión de un bisturí, casi disector. Una trama que se organiza alrededor de los nudos clásicos de la poesía (el viaje, el mar, el amor, el sueño, la locura, la muerte) soñando, como ella misma afirma, crear metáforas que abran nuevas asociaciones sobre las antiguas. Una de esas metáforas impregna la poesía de Peri Rossi: el espejo. Por él deambula un innominado Narciso, imagen del sí mismo y soñador de un *otro* con el que alcanzar la Unidad, "uno de los mitos más importantes, en contraste con la Dispersión, con la Pérdida, y una de sus representaciones posibles es la búsqueda del otro como representación de una misma" (Golano: 1982).

Con *Viviendo* (1963) y *Los museos abandonados* (1968) se inicia su andadura como narradora, colecciones de relatos que develan su original concepto del cuento. Para Peri Rossi, el relato breve se conecta compositivamente con la escritura poética, se desliga de la propuesta maquinista de toda una tradición de narradores rioplatenses –Quiroga, Borges, Cortázar– inspirados en la composición del relato como artefacto eficaz a lo Poe y trabaja ya en sus primeros libros de cuentos la construcción de climas cargados de presagios, cercanos a los de su magistral compatriota Felisberto Hernández. La intensidad de los cuentos de Peri Rossi surge de las resonancias de esas atmósferas que trascienden la pequeña historia de sus personajes y se convierten en alegorías congeladas de contextos históricos e imaginarios sociales.

Indicios pánicos (1970) agrega a este principio alegórico una tendencia expresionista –no casualmente los editores españoles eligieron como portada de esta colección *El grito* de Munich– que acentúa los rasgos, exaspera las descripciones y animaliza a personajes, ambientes y situaciones sin marcas contextualizadoras; seres metidos en situaciones vagamente amenazantes pueblan estos relatos, en los cuales la acción se condensa en una anécdota, en una breve situación cargada de extrañeza: una mujer a punto de saltar de una cornisa es interpelada por un paseante que intenta convencerla de la intrascendencia del suicidio ("La deserción"). Dos viejos, sentados en una plaza, dan de comer a unas reflexivas palomas que comentan la situación

---

lluvia (1987); *Babel bárbara* (1991); *Otra vez Eros* (1994); *Aquella noche* (1996); *Inmovilidad de los barcos* (1997); *Las musas inquietantes* (1999).

crítica internacional ("¿Qué está pasando?"). Pájaros azules controlan los escritos cifrados de una ciudad para acabar con ellos, mientras una mujer cultiva la semilla de un futuro superviviente ("Sitiado"). Grupos urbanos se rebelan cometiendo pequeñas transgresiones –pisar el césped, desnudarse en público– después de ver *El séptimo sello* de Bergman ("La desobediencia y la cacería del oso"). La arbitrariedad autoritaria, la inquietud cotidiana, los pequeños gestos de resistencia, hilan los indicios de una violencia difusa que no termina de ser nombrada. Esquirlas de una cosmogonía siniestra –filtrada a veces por un breve destello de esperanza– que se continuará en sus libros de relatos posteriores: *La tarde del dinosaurio* (1976) y *La rebelión de los niños* (1980). *Indicios pánicos* ejercitaba una mezcla formal que Peri Rossi ya había comenzado a explorar en su primera novela y que adensará posteriormente: prosa narrativa y poemas se integran en un conjunto homogéneo, sin diferencias, sin transiciones. Veinte años después de la publicación de *Indicios...*, en la reedición española de su primera novela *El libro de mis primos*, Peri Rossi reflexionaba al respecto:

> Los jóvenes son audaces y seguros de sí mismos: yo escribí esta novela al borde mismo de los géneros, mezclando deliberadamente prosa y poesía. No era un invento personal: los escritores románticos lo habían practicado, mucho antes, proponiendo una literatura de fragmentos y fronteriza, donde la poesía y la prosa se confundían para ampliar cada registro (...) El propósito no era tanto la ruptura formal como unir aquello que frecuentemente el lector encuentra por separado: la narración y el lirismo, la prosa y la poesía. Todo se funde en la redoma del tiempo, ¿por qué no en el texto? (1989: 12)[2].

y esta violencia ejercida contra el canon incrementa la temperatura expresiva.

Con *El libro de mis primos* inicia Peri Rossi una línea temática que mantiene a lo largo de la siguiente década: la crítica oblicua a la institución familiar; la novela anuda las relaciones de una familia burguesa cuyo horizonte se va nublando con la presencia insurgente de los jóvenes. Precedida por un inquietante epígrafe de Arreola –"En casa me esperaba la familia: un pasado remoto"– semblanzas y recuerdos se acumulan hasta llegar a los últimos capí-

---

[2] Esta novela, juzgada por un jurado al que la propia autora definió "tan exigente como insobornable" –Juan Carlos Onetti, Angel Rama y Jorge Ruffinelli–, obtuvo en 1969 el premio de la prestigiosa revista *Marcha*, nucleadora del movimiento intelectual latinoamericanista más interesante y crítico desde 1939 hasta su clausura por la dictadura militar en los 70.

tulos, en los que se anuncia el advenimiento de la violencia social –el auge de los movimientos guerrilleros, el comienzo de las desapariciones y detenciones, la agitación y angustia instaladas en la ciudad, en el interior mismo de las instituciones– hasta llegar a un final abierto en el que los jóvenes protagonistas son empujados a elecciones revulsivas y peligrosas: el desbordamiento de la pasión amorosa y la opción política radicalizada. Si la infancia y la adolescencia han sido a menudo reservorio de evocaciones ternuristas, de nostalgias, de paraísos perdidos, de inocencias improbables, en esta primera novela Peri Rossi ponía al desnudo el terror soterrado que envuelve a la familia y la convierte en una lenta iniciación en el horror. Tanto en *Indicios pánicos* como en *El libro de mis primos* la carga histórica, que alude al ambiente del Uruguay a fines de los 60, se difumina al evitar los detalles directos y proponer una apertura que las transforma en alegorías premonitorias de un futuro dolorosamente comprobado en la historia sudamericana de la década siguiente.

En narraciones posteriores, como el libro de relatos *La rebelión de los niños* (1980), ahonda en la contraposición entre el mundo de los adultos y el de la infancia desde una perspectiva con ribetes irónicos, incluso humorísticos. Historias extraídas de las situaciones más inmediatas y cotidianas adquieren en estos relatos una honda resonancia existencial: un padre da de comer a su hija pequeña y la sorda lucha –contada desde el punto de vista de ambos– para que abra la boca y entre la cucharilla se convierte en un diálogo sordo entre dos visiones de la realidad ("Ulva lactuca"). Un niño fascinado con la figura de su padre, descubre el extraño mundo de las niñas, sus vestidos, sus hábitos diferentes, su sensualidad ("El laberinto"). Un niño, enamorado de su madre, reflexiona sobre el tiempo y el placer ("Feliz cumpleaños"). En el relato que da título al volumen, casi una 'nouvelle' por su extensión y su desarrollo pausado, un chico cuenta su encuentro con una muchacha: dos adolescentes, hijos de desaparecidos, viven bajo un estado totalitario y participan en una exposición de Arte, organizada por sus opresores para mostrar los efectos de su reeducación. La admiración y dulzura del encuentro, el reconocimiento de sus orígenes perdidos, el tono laxo del relato, contrasta con un final abrupto en el que los jóvenes incendian el edificio utilizando la escultura con que la muchacha ha obtenido el primer premio y que se revela como una infernal máquina de guerra. Una inmensa pira funeraria pone fin a un volumen que engarza la reflexión sobre el poder y las sutiles inventivas de la rebelión.

El museo de los esfuerzos inútiles (1983), *Una pasión prohibida* (1986) y *Cosmoagonías* (1988) marcan una nueva inflexión en los cuentos de Peri Rossi: sus temas, sus referencias culturales y filosóficas se ensanchan; la violencia contenida de sus relatos anteriores cede paso a un humorismo que se hace estilo desnudo y perfilado. Personajes y situaciones se adensan en la abstracción y se despojan de atributos contextualizadores. Intromisión de otros lenguajes: de la publicidad, del cine, de la pintura. Relatos cortos –algunos brevísimos– que se plasman casi como estampas del vasto fresco contemporáneo, marcado por motivos recurrentes.

Los viajes. "Pasaba largas horas sentado en un sofá, frente al mapamundi, intentando descifrar el código de rutas, cordilleras, lagos, monumentos históricos o religiosos, museos" ("El viaje", *Una pasión prohibida*) Viajar para no saber: deliberadamente, pausadamente, desconocer las primicias del conocimiento. Celebrar cada encuentro y desecharlo para encontrarle un lugar en el moroso, amoroso, espacio de la memoria.

El mar, los barcos. "Entonces aparecen las cosas que viven en el fondo del mar su secreta existencia clandestina". "El anónimo pintor del cuadro ilustra el momento en que la nave, cargada de locos, parte de un puerto de Flandes". "La sirena del barco había comenzado a aullar exactamente en el verso número dieciocho del canto VI de La Ilíada". Un sonido remoto, un pitido ronco que anuncia una fuga acuática, un magma de humores por los que desplazarse. Un enorme objeto agregado al mundo; un cetáceo artificial que dice sólo una partida: "(...) estaban sumidos en sus propios sueños, para los cuales no existe el concepto de costa o de orilla, ni siquiera, quizás, el de la muerte". *(La nave de los locos)*

Las ciudades vacías. "La declinación de las ciudades se extendió como una mancha de petróleo sobre las aguas" ("Rumores", *Cosmoagonías*). "En el sueño, recibía una orden. "La ciudad a la que llegues, descríbela". Obediente pregunté: "¿Cómo puedo distinguir lo significante de lo insignificante?" (*La nave de los locos)*. No poblar el espacio: vaciarlo, dejarlo solo; separar cada casa, cada plaza, cada calle; recontar los huecos, recorrerlos.

El museo. "(...) entre las paredes grises y polvorientas del museo de los esfuerzos inútiles" (*El museo de los esfuerzos inútiles*). "Tú no te mueves: como una enorme estatua romana, yaces en el lecho blanco, mientras yo te toco" (*Solitario de amor*). "¿A quién podría confesarle mi pasión por los cuellos masculinos, sólo por los cuellos, si no es a Roberto, que colecciona zapatos de charol negro, de mujer, que correspondan al pie izquierdo, o a José, que adora los sujetadores, o a Francisco, el fotógrafo, dispuesto a dejarse matar por fotografiar unos ojos estrábicos? De mujer, naturalmente: es del todo insensible al estrabismo masculino" ("Fetichistas S.A.", *Desastres íntimos*). No encontrar un lugar para cada cuerpo. Sacarlos de quicio. Coleccionar los despojos: harapos, retazos, un alfiler, una uña mal pintada; construir un lugar gélido donde cada trozo de algo tenga su lugar y marque la falta de todo; la huella o su alusión a nada.

Núcleos de un vasto tapiz que Cristina Peri Rossi va construyendo con la tenacidad de una antigua tejedora artesanal –confiesa no usar el ordenador, haber desdeñado la máquina de escribir y haber reconquistado el lápiz. Adora la letra 'a' y los nombres fugaces y densos–. Deshilachada alegoría de un mundo poblado por ex-: "Extranjero. Ex. Extrañamiento. Fuera de las entrañas de la tierra. Desentrañado: vuelto a parir"

1.2. *Erótica-poética:* Evohé

¿Qué es lo que quiere, esa poeta?

Peri Rossi[3]

Aunque es cierto que la insistencia en encontrar en los inaugurales escritos de un autor el germen de lo que luego vendrá, es un mito organicista –ejercitado a menudo por la crítica literaria– me arriesgo, asumo el *apres coup* de la interpretación para marcar líneas de fuga sustentadas a partir del primer libro de poesía de Peri Rossi, *Evohé* (1971). *Evohé* elabora una erótica poética que Peri Rossi no abandonará y que desarrollará en sus novelas de los 80 y 90, a las cuales me referiré extensamente y leeré en continuidad como un tratado de las pasiones del ser.

Como astutamente advierte la autora en el prólogo a la reedición de 1994, Peri Rossi no había leído a Lacan en 1971:

> En más de una ocasión los críticos literarios han señalado que este libro, con su violencia metafórica y su constante búsqueda del nombre elusivo del deseo, es un libro lacaniano. Todo lo que puedo decir como respuesta es que primero sentimos y luego sabemos. He ahí por qué el arte es superior a la teoría, la poesía a la filosofía. El amante que balbucea, que murmura dulces tonterías y persigue al objeto de su deseo comprende, aunque de manera oscura, el fracaso último del lenguaje y del deseo: no podemos decir qué es eso que queremos, no sabemos lo que queremos. Sin embargo, en nuestra angustiosa ignorancia, podemos conjurar el espejismo de un objeto y lo investimos con la capacidad de encarnar nuestro deseo. Esto es lo que llamamos amor.

Este regateo, sin embargo, no puede ocultar que, en párrafos anteriores, Peri Rossi inscribe su primer libro en una tradición larga –desde las fiestas

---

[3] *Vid.* Peri Rossi: 1994. Cito por la edición bilingüe inglés-español, ya que la primera se me extravió en un naufragio y la generosidad de Cristina me ha permitido recuperarlo en su reedición bilingüe (1994).

báquicas, que su título evoca y la cita de Safo que lo precede, a los poetas del Dolce Stil Novo, los románticos alemanes, los místicos cristianos– que culmina con una explícita alusión a Freud, quien "no se equivocaba cuando consideraba al arte y a la creación literaria como una manifestación de la libido. Cuando sus estudiantes le preguntaban sobre la naturaleza del amor, él respondía: "Pregunten a los poetas" (7)[4]. Si no lacaniana *avant la lettre*, algo del psicoanálisis ronda en la obra de Peri Rossi; creo que, junto a la de Tomás Segovia, la suya es la escritura más entrelineada por esta filiación en la Latinoamérica última.

Pero, reconocimientos aparte, este escandaloso libro de una poeta que habla del amor y elige como objeto del deseo un cuerpo de mujer, se propone como un manifiesto a contrapelo y cuestiona tópicos clasificatorios muy al uso actual al postular que la elección de objeto es aleatoria para la pasión:

> Creo que en la descripción de los mecanismos psicológicos de la pasión la cuestión de género es irrelevante. Hay hombres que, enloquecidamente, se enamoran de las mujeres; mujeres que se enamoran, enloquecidamente, de otras mujeres; gatos que aman a sus amos; sin mencionar a aquellos obsesionados pasionalmente con la pesca, el juego o las computadoras. No obstante, cuando este libro se publicó en 1971 en Uruguay provocó un escándalo considerable. Las condiciones de aquel tiempo –justo antes de la dictadura militar– no eran favorables para la poesía o la erótica.

Más allá de las manías clasificatorias que pretenden estratificar y encerrar en *ghettos* la potencia transgresora de la pasión, "lo que importa es que por doquier –en una barraca o en un hotel, en el campo o la ciudad, en lunes o en miércoles– escuchamos una voz humana lanzando un grito contra la represión del deseo: Evohé, Evohé" (8). En la enumeración que estas combinatorias sugieren algo se perdió: que las mujeres pueden amar, enloquecidamente, a los hombres y los hombres a otros hombres. No me parece casual, la teorización sobre la pasión amorosa en Peri Rossi tocará tangencialmente el amor heterosexual desde las mujeres –por ello sus protagonistas amantes serán, preferentemente, hombres o mujeres que aman a mujeres– y el amor homosexual masculino se desliza desde la fascinación a la amistad en la pareja masculina[5].

---

[4] La traducción del prólogo en inglés es mía.
[5] Este posicionamiento de no formular una poética marcada por atribuciones a las conductas sexuales –'lesbiana', 'gay','masculina', 'femenina'– ha producido más de una lectura –¿de reproches?– sobre la 'ambigüedad' de Peri Rossi frente a las reivindicacio-

1.2.1. Epigrama y acumulación. Intercambio y espejo

Concentración frente a expansión constituye la polaridad formal que atraviesa *Evohé*. Dos fórmulas se imbrican en el libro: una tiende al epigrama sentencioso, a la contención formal que comprime las significaciones y otra apunta a hacerlas explotar y se sustenta en la acumulación de series que disparan asociaciones en fuga. Si la primera juega con la condensación simbólica, la segunda se abre al encadenamiento en el que predomina el gesto metonímico. Dos tradiciones líricas se entrechocan entonces, la clásica y la vanguardista; desde las cuales podemos leer emblemáticamente los epígrafes de Safo y de Cocteau[6] que encabezan el volumen; el primero, de la poeta griega, señala el carácter invencible de la pasión amorosa condensada en el grito báquico, el segundo se pregunta por el acto mismo de la creación poética y de su necesariedad.

En su ordenamiento el libro alterna series epigramáticas que enmarcan los poemas largos, de tal manera que la progresiva acumulación de concisos epigramas va urdiendo el estallido que culmina en un poema enumerativo, luego sucedido por una nueva serie de epigramas. Por otra parte, *Evohé* recorre las puntuaciones clásicas de la forma 'libro' que va desde *Definiciones*, *Dedicatoria*, *Prólogo* a la *Composición*, para desembocar en *Las Palabras*, donde el poema se desbarata y se dispone ocupando el espacio de la página en series simultáneas, entrecruzadas, mezcladas para, finalmente, regresar a una serie conclusiva.

El ritmo compositivo de *Evohé* se regula, entonces, como los ascensos y descensos del cuerpo apasionado, de las olas de la pasión y el sexo, de los remansos y los estallidos del placer que van de la contención al grito –recordemos que *rithmós* es en griego repetición, pulsación, y alude tanto a la respiración como a la cópula–.

---

nes. Amy Kaminski en su libro *Reading the body politic* (1993) califica a los poemas del primer libro como "aparently male-identified poems of Evohé" y atribuye una exploración más abierta de la sexualidad lesbiana a los poemas escritos en el comienzo del exilio: "When Peri Rossi comes back to lesbianism in Lingüística General, it is to celebrate an openly lesbian relationship, in which part of the pleasure of the lovers is flaunting their transgressive relationship. On the one hand, there is a recognition that their sexual liberation is in fact part of revolution, but on the other, the lesbian poems are parenthetical" (131).

   [6] Reproduzco los epígrafes en inglés: "Once again Eros, loosener of limbs, tortures me, sweet and bitter, invincible creature" (Sappho) y "Poetry is indispensable, but I'd like to know for what" (Cocteau).

Una mujer escribe el cuerpo de una mujer, una poeta retoma la freudiana pregunta –"¿Qué quiere una mujer?"– puesta en tarea de hacer saltar el lenguaje del deseo al de la poesía. El "elusivo nombre del deseo" tiene en *Evohé* pronombre femenino; un pronombre que desde el primer poema une cuerpo de mujer y escritura, en una definición de "Palimpsesto: –Escrito debajo de una mujer" (10) y recupera una definición mítica desde la tradición de las Escrituras en Lucas VI, 44: "Y dijo el profeta: "Por su sexo las conoceréis" (12).

Evohé no propone un trayecto unidireccional. El grito de placer se convierte en evocación y puntúa la escena inaugural de la seducción que se retrae a las primeras palabras originarias, infantiles, escuchadas en el comienzo del primer amor. Palabras dichas pero que sin transición se convierten en "letras", "sílabas y consonantes", en las que la voz poética ocupa el lugar de una potencia fálica capturada por esa danza "en los oídos / palabras de la infancia":

> Una mujer me baila en los oídos
> palabras de la infancia
> yo la escucho
> mansamente la miro (...)
> una cosa indefinible
> melaza de palabras
> puesto que ella, hablando,
> me ha conquistado
> y me tiene así,
> prendida de sus letras
> de sus sílabas y consonantes
> como si la hubiera penetrado (24).

La escritura transforma la voz oída, el cuerpo sentido y explorado, en otra materia: la letra como cuerpo que traduce en líneas el volumen del mundo-cuerpo amado, mas en la transmutación de la palabra proferida, del cuerpo vivo a la letra, media la violencia: la escritura, ejercicio de traducción, es un acto de violencia; borra la presencia para trabajar la ausencia, la muerte. Las palabras dichas por la mujer amada capturan a la amante pero traspasadas a la letra se convierten en instrumentos fálicos que penetran, golpean, poseen, matan; se convierten en féretro del cuerpo amado:

> La mojo con un verso,
> y ella, húmeda de mí,
> rencorosa, me da la espalda.

Le digo que prefiero las palabras,
entonces se burla de ellas con gestos obscenos.
La persigo por el cuarto con una letra aguda y afilada,
ella se defiende con una cancioncilla mordaz.
Cuando damos el combate por finalizado,
tiene el cuerpo lleno de palabras
que sangran por el cuarto (...)
Un día seré una escultora famosa
y ella posará para mí,
    muerta de palabras,
llena de letras como despojos (32).

Una lógica de intercambio: pronunciación por letra, cuerpo por libro. Al haber de la literatura se carga la fuerza de un acto de despojamiento, de saqueo de lo vivido, en un fluido ir y venir la experiencia de la pasión se demora, se resiste a ser escrita, se cancela en la letra que la compensa. En este intercambio –sujeto lírico/objeto del deseo; cuerpo amado/escritura– se establece una equivalencia especular que juega con la inversión. Así en una serie de breves poemas se exhibe este intercambio especular: donde hay mujer, no hay poesía; donde hay poesía, se ha perdido a una mujer y vice-versa ad infinitum:

En las páginas de un libro que leía, perdí a una mujer.
En cambio, a la vuelta de la esquina, he hallado una palabra (36).

Las mujeres son todas pronunciadas,
y las palabras, son todas amadas (38).

Las mujeres vienen de lejos,
a consolar a los poetas
de la decepción de las palabras (44).

Las palabras vienen de lejos,
a consolarnos de la decepción de las mujeres (46).

Por otra parte, el polo acumulativo de la tensión formal está presidido por el inventario, desarrollado posteriormente de manera recurrente en la poesía y prosa de la autora en el motivo del museo. Rueda, en su estudio sobre esta arista en los cuentos de Peri Rossi, ha señalado que

el museo abre nuevos mundos repletos de posibilidades significativas que se potencian al infinito en virtud de la operación lingüística que encierra el lengua-

je inventarial. Su doble gesto –acumulativo y taquigráfico al mismo tiempo–
recoge y disemina. Es un lenguaje expansible al infinito, pero contenido en un
tácito etcétera capaz de convocar las cosas más insospechadas.

La tensión entre tradición –búsqueda del origen en la armonía cósmica– y
una estética de la rebelión –inarmónica, desajustada, negativista– conmueve
el basamento mismo de la aspiración al absoluto. "La escritura inventarial
pertenece a una estética de disconformidad que destruye el modelo orgánico
de la obra –aquél que se funda en la capacidad infinita de significar que tiene
el cosmos. El afán por querer nombrarlo todo crea una discontinuidad radical
en el proceso temporal, lo cual afecta a la obra orgánica." (Rueda: 203).

Con relación a la teoría amorosa que Peri Rossi elabora, el inventario se
inscribe en su fundamento: el amor cubre una falta en el sujeto amante,
quien fragmenta el *todo* del otro, aísla rasgos significativos en virtud de su
falta y los captura en su imaginario. El sujeto lírico se recrea en la expansión inventarial de tales rasgos de la mujer amada y recoge su cuerpo en
esquirlas: cabellos, boca, garganta, senos, piernas, pubis; con ellos cubre al
objeto amado, convertido en objeto absoluto y absolutamente estimable, al
que rebautiza: gata, lupa, enjambres, paloma, santa, templo, estatua, torre,
pueblo, ciudad. La recolección de objetos valiosos por inútiles –el museo– y
la de rasgos amables –la amada– se unen en una lógica amorosa de despedazamiento y autonomización de fragmentos en la que despunta el fetichismo,
al que aludiré en la narrativa de la autora.

Pero esta pasión, cobertura de la falta en ser, señaliza al amante como
incompleto:

> Me miró y supe que me hacía falta.
> Tanto tiempo me hacía falta (28).

Falta que se expande en el hacer y el placer minúsculo, cotidiano, en el
poema consecuente:

> para escribir
> para comer
> para ir al cine
> para escuchar música cualquiera
> para dormir
> para hacer vigilia
> para pasear por las estatuas
> para meterme adentro de una casa
> para adquirir gato (...)

naturalmente para hacer poesía,
naturalmente para creer en la mujer,
para amarla todo un día
y después desconformarme,
para amar a otras mujeres,
para dejar su amor por otro (...)

para morirme unos cuantos días más,
y quizás –si nos llevamos bien–
para morirme hasta unos años (30).

1.2.2. DEL DESORDEN AMOROSO AL ORDEN DEL DISCURSO

La tensión entre concentración y expansión, entre epigrama y enumeración, atraviesa este libro y se coagula en una alegoría del Amor, heredera del romanticismo, para disolverla. Una alegoría que pretende y no llega a ordenar el desorden amoroso en la palabra poética. Un acto la preside: la necesidad de nombrar, de poner cotas a la proliferación del deseo y a la construcción imaginaria del otro; pero el mismo acto de nombrar al objeto amado es un acto desvencijado que recupera el gesto adánico, introduciendo una torsión del mito genesíaco. Dios le otorga a Adán el lenguaje no para nombrar y organizar el mundo, sino para nombrar a Eva que *es* el mundo.

Este acto de nominación culmina en una doble fractura: por una parte, la indefectible entre el amor y el discurso amoroso[7], siempre insuficiente, siempre diferido; pero sobre todo solitario, ya que el otro (la otra) ni escucha ni contesta:

(...) pero ella nada oyó
porque El Señor la había hecho sorda (52).

---

[7] Apunta Barthes: "Lo que la escritura demanda y lo que ningún enamorado puede acordarle sin desgarramiento es sacrificar un poco de su Imaginario y asegurar así a través de su lengua la asunción de un poco de realidad. Todo lo que yo podría producir, en la mejor de las hipótesis, es una escritura de lo Imaginario; y para ello me sería necesario renunciar a lo Imaginario de la escritura –dejarme trabajar por mi lengua, sufrir las injusticias (las injurias) que no dejará de infligir a la doble Imagen del enamorado y de su otro. El lenguaje de lo Imaginario no sería otra cosa que la utopía del lenguaje; lenguaje completamente original, paradisíaco, lenguaje de Adán, lenguaje *natural*, exento de deformación o de ilusión, espejo límpido de nuestros sentidos, lenguaje sensual" (119).

El nominar es denunciado, así, como una jugarreta de la herencia paterna con sus consecuencias tragicómicas: el mundo –*La* mujer– no puede ser nominado desde esta herencia. La palabra poética –*toda* palabra– no lo dice. Si la palabra poética es la que, por vía paterna, pretende hacer inventario del mundo, o sea de *La* mujer, la existencia de las mujeres *sordas* la desautoriza.

Además, las mujeres recusan el inventario del mundo en el lenguaje, entre otras cosas porque representan un lenguaje olvidado –¿arcaico?, ¿que remite al continente materno de sensorialidades exquisitas?– o un desorden del lenguaje que se evapora como una voluta en el narcisismo femenino:

> Las mujeres, son palabras de una lengua antigua
> y olvidada.
> Las palabras, son mujeres disolutas (60).

> Los poetas aman las palabras
> y las mujeres aman a los poetas
> con lo que queda demostrado
> que las mujeres se aman a sí mismas (54).

Una teoría sobre el amor como aspiración a la completud atraviesa la obra de Peri Rossi, que no sólo ansía una infinita imagen especular: una mujer ama a una mujer que ama a una mujer... sino que se dirige a una hiperbolización del amor como carencia del tener y convoca al amor homosexual femenino.

Homosexualidad femenina postulada como amor ideal, como "un desafío reemplazado", diría Lacan, "un desafío que toma su punto de partida en una exigencia del amor en lo real y que no se contenta con nada menos que con permitirse los lujos del amor cortés"[8].

---

[8] "Si este amor (el amor cortés) más que ningún otro se jacta de ser el que da lo que no tiene, esto es ciertamente lo que la homosexual hace a las mil maravillas en cuanto a lo que le falta. No es propiamente el objeto incestuoso el que ésta escoge a costa de su sexo; lo que no acepta es que este objeto sólo asuma su sexo a costa de la castración. Lo cual no significa que la homosexual renuncie por ello al suyo: al contrario, en todas las formas, incluso inconscientes, de la homosexualidad femenina es a la femineidad adonde dirige el interés supremo, y Jones en este aspecto ha localizado muy bien el nexo de la fantasía del hombre, invisible testigo, con el cuidado dedicado por el sujeto al goce de su compañera (...) Tal vez se descubra por ahí el paso que lleva de la sexualidad femenina al deseo mismo. En efecto, lejos de que a ese deseo responda la pasividad del acto, la sexualidad femenina aparece como el esfuerzo de un goce envuelto en su propia contigüidad (...) para realizarse a porfía del deseo que la castración libera en el hombre dándole su significante en el falo" (Lacan 1998: 713).

Pero en una imperceptible y progresiva traslación *Evohé* va mudando los lugares del motivo *La* mujer a través de un deslizamiento de los artículos y los plurales al singular y los posesivos: *las mujeres, una mujer, mi mujer,* y del pronombre con el que se designa al objeto: *ella, tú.* En tal desplazamiento se implica la construcción del sujeto lírico que sale del anonimato sentencioso para asumir el pronombre personal de la enunciación –*yo*– en un movimiento de avance a lo largo del libro. En el poema titulado "Composición" se condensan las diversas traslaciones señaladas que posibilitan el intercambio: *mujer/cuerpo* por *palabras, ella* por *tú, él* por *yo*:

> La única realidad es el lenguaje.
> Ella me ha mirado.
> Yo he creído temblar.
> UUUUUUUúúúú aúlla ¿el barco?
> > Mi mujer.
> La única
> > ¿realidad?
> > > las palabras (106).

La lógica especular coagula en una imagen de fusión que abre, al mismo tiempo, el orden del discurso, la emergencia del sujeto lírico personal y el poema. El orden del discurso poético –la nominación– no puede acotar el desorden amoroso pero convoca a un sujeto lírico, particularizado, cuya ansiedad de nominar se coagula en una alegoría –codificada por la tradición pero expropiada desde el yo– del grito de placer: "Evohé, Evohé".

> Mujer   Mi mujer es una palabra
> > Palabra de mujer, me oye.
> Palabra   Ella me escucha.
> > Le digo palabras amorosas,
> > mi mujer se tiende, ancha, como una esdrújula.
> > Luego que se ha tendido bien,
> > la abro, como una palabra,
> > y ella, como una palabra,
> > gime, llora, implora, tarda, se desviste,
> > nombra, suena, grita, llama, cruje, relincha,
> > vibra, amonesta, imparte órdenes (...)
>
> > Luego que la he hecho versos se duerme. (...)
>
> > Cuando despierta lo ha olvidado todo
> > y yo la nombro,
> > Evohé, Evohé (124).

1.2.3. PALABRA: DISFRAZ DE MUJER

La palabra emerge, entonces, como disfraz, aquello que recubre a una mujer aunque no la dice. Un conjunto de tres poemas trabaja el tema del disfraz uniendo palabras y mujer.

> Los ciegos no pueden amar a las mujeres
> porque no ven las palabras, bajo las que ellas andan
> disfrazadas (64)

> Tenía un disfraz de frase bonita.
> – Mujer– le dije– quiero conocer el contenido–
> Pero ninguna de las palabras con que ella se había vestido,
> estaba en el diccionario (66).

> Perdí el sentido en un baile de disfraz
> en que todas las mujeres cambiaron las palabras
> de su apariencia,
> y en la confusión,
> extravié mi propio nombre,
> las letras aquellas con las que había nacido
> y hasta ese momento me defendían.
> Desde ese entonces, amo a todas las mujeres,
> no escucho más palabras,
> muero detrás de cada frase
> que esconde a una mujer (68).

Justamente la recusación de la herencia paterna, del lenguaje como modo de apropiación del mundo, desnuda esta condición de las palabras como disfraz, en el sentido de simulación, de engaño, de mascarada, pero también de cobertura, de velo sagrado. Pero el juego de disfraces, señuelos que las mujeres hacen circular, estalla cuando las mujeres los intercambian entre ellas como intercambian sus vestidos. Entonces, entre mujeres anda el juego. La asociación entre "frase bonita" y "vestido" apunta a señalar un contenido escondido, el "vestido" como lenguaje cifrado, no reconocible, que está fuera del código normativo y que "los ciegos" no pueden comprender.

> Era ciego, y como la única realidad es el lenguaje,
> no veía una mujer por ningún lado (62).

La mítica imagen del ciego no cegado por el deslumbramiento del mundo, el que puede conocer más allá de la imagen, la configurada en los mitos oraculares del no ver para ver más allá, de la cual Tiresias es emblema y Edipo consecuencia –el que sabe, el que accede a su verdad, se castiga apartándose del mundo cegándose– aparece aquí como una negación de la posición mujer. Las mujeres se dan a ver, sus disfraces de palabras son lo que dan a ver. No verlas, cegarse, es rechazar lo que las mujeres hacen circular para capturar el deseo del otro, es negarse al juego imaginario del amor; es rechazar el lugar mujer en ese juego que, a veces, consienten jugar. Perder el nombre propio, esas letras que particularizan e identifican a un sujeto, es perder también un escudo defensivo frente al juego de los semblantes femeninos, es poner en riesgo la virilidad.

Una mujer escondida detrás de cada frase, una pasión que engloba a todas las mujeres: apertura al juego amoroso de Don Juan, el más femenino de los hombres, el que corre detrás de cada frase y de cada semblante femenino para, extenuado, jugarse la vida en cada uno. Desde *Evohé* la persecución del *nombre elusivo* del deseo en la literatura de Peri Rossi estará asociada a ese devenir funambulesco de las correrías de sus personajes detrás del falo-mujer.

1.2.4. TRISTE, SOLITARIA Y FINAL

Inscrito en la mejor tradición romántica este libro postula una teoría del amor unida a la de la escritura: si el amor es una pasión que anuda imaginario-simbólico, podemos decir que amor y escritura no son sincrónicos. La escritura del amor se realiza desde su fin. La mujer es, entonces, un libro por leer, un libro por escribir:

> Desde que la he escrito, nuestro amor ha finalizado (100).

Pero al mismo tiempo, disolviendo tal tradición y distanciándose del héroe nerudiano de la canción desesperada, la decepción del amor no se produce por el abandono, ni por el final apocalíptico del amor, sino por el fastidio que la amada misma produce –el cansancio de lo cotidiano, la demanda infinita, el hartazgo de los sentidos– donde despunta la finta cínica de la posición mujer. La utopía de la fusión absoluta se transmuta en utopía degradada:

> Cansada de mujeres
> de historias terribles que ellas me contaban,
> cansada de la piel,

> de sus estremecimientos y solicitudes,
> como una ermitaña,
> me refugié en las palabras (22)

Si el sujeto lírico –ese *yo* conquistado a lo largo del libro– enuncia desde una posición fálica, también se cuestiona a sí mismo desde el cinismo femenino en un develamiento que descoyunta lo sublime de la locura amorosa y de la escritura, mostrando que el amor es "cuestión de palabras", esto es de disfraces, de semblantes:

> Veníamos con un aire de baile de disfraz.
> Veníamos aún.
> En la madrugada las calles estaban tristes.
> Me aconsejó ver a un psiquiatra
> Le tiré un verso a la cara,
> como una piedra.
>
> El amor es cuestión de palabras (92).

En fin:

> De esas que fueron en otro tiempo canciones.
> De esas que son pasto de olvido (140).

1.3. *Tratado de las pasiones: la literatura delira, la escritura deviene*

> El lenguaje debió nacer así, de la pasión, no de la razón
>
> Cristina Peri Rossi

El concepto de *tratado*, más allá de sus usos jurídicos y contractuales, extendido hacia la filosofía implicaba la voluntad de una exhaustividad conclusiva; se puede leer como una reflexión que fija el punto de mira en un objeto del pensamiento y, a su alrededor, construye un andamiaje demostrativo, de tal modo se relaciona con el concepto unitario de *Libro*. Intento recuperarlo aquí en sus sentidos más débiles: manejo, disposición, convenio. También convite, invitación, que la narrativa de Peri Rossi convoca.

Disociados, separados, 'distraídos' –como diría Derrida– los once libros en prosa, se espacian en el tiempo, desde *Viviendo* (1963) a *Cosmoagonías* (1989), sin dispersarse, porque no constituyen únicamente una sucesión cronológica de títulos, sino una 'formación' que avanza como un conjunto, con cada obra incorporada al todo, explicando y completando textos anteriores, organizando la dispersión y disparidad de pistas, formando esa 'teoría distraída' de la que habla Derrida (Ainsa: 74).

Sí, una teoría distraída que se revela en la persistencia y cuyo basamento es la *deriva*.

"Los libros hermosos están escritos en una especie de lengua extranjera", decía Proust. Apunta Deleuze sobre esta afirmación: "El escritor, como dice Proust, inventa dentro de la lengua una lengua nueva, una lengua extranjera en cierta medida. Extrae nuevas estructuras gramaticales o sintácticas. Saca a la lengua de los caminos trillados, la hace delirar" (Deleuze1997: 9). Es sobre este delirio de la lengua en la literatura en el que deseo concentrarme, delirio que implica la noción de *deriva*: deriva del lenguaje, deriva del sentido, imperio de la fuga, esa manera de construir las creencias que ha dado lugar a una "nomadización del pensamiento, que se ha vuelto distribucional y sectario, renegando las consideraciones de la grupalidad como todo, se ha vuelto fraccionario (...) que intenta derogar la sede, destituir el imperio de la razón analítica o dialéctica, privilegiando el bies, el sesgo, el contorno y el desequilibrio..." (Rosa 1997: 48) y que en los libros actuales "más hermosos", para retener el apasionado epíteto proustiano, encuentra en la escritura literaria una especial manera de construirse como devenir. La intensidad de las escrituras más radicales se asienta en esta conciencia de la deriva que señala un proceso siempre en curso; de una escritura que apunta no a un *hacer*, no a una *obra*, sino a un devenir: "Devenir no es alcanzar una forma (identificación, imitación, mímesis) sino encontrar la zona de vecindad, de indiscernibilidad" (Deleuze 1997: 12): el devenir anuncia el surgimiento del indefinido *un*, *una*, es decir, de un *entre*.

Si seguimos el trayecto, cronológico y semiológico, de las novelas últimas de Peri Rossi –*La nave de los locos* (1984), *Solitario de amor* (1988), *La última noche de Dostoyevski* (1993) y *El amor es una droga dura* (1999)– asistimos a un incansable rondar alrededor de las pasiones. Amor, odio, ignorancia: pasiones del sujeto que se imbrican y se apuntan en un deambular, cada vez revisitado, cada vez descompletado, en una deriva que deja atisbar sus continuidades pero no concluye. Cada una de estas novelas trabaja los mismos núcleos, pero cada una produce variaciones que, sin refutar las anteriores, los desdicen y vuelven a decir.

También cada una trabaja con una serie de intertextos explícitos –en sus títulos y sus epígrafes–. Literatura, cine, pintura, música... Desde las "naves de locos" que deambulaban por los ríos de la Europa medieval y *La nave de los locos* de Katherine Anne Porter a la película homónima, protagonizada por Vivien Leigth. Desde las teorías del gasto y la experiencia interior de Bataille a las pasiones del ser de Lacan y las historias de amor de Kristeva. Desde las pinturas de David Caspar Friedrich, Ingres, Courbet a las imágenes de Marlene Dietrich y Julie Christie o los anuncios publicitarios. De las *Escrituras* a *El jugador, El idiota* o *Diario de ultratumba* de Dostoievski y los dados de Mallarmé; de Platón a Pessoa, Valèry, Borges. Una trama de intertextos inestables, entremezclados en cada novela y que cada una revuelca, retruca, rearma, actualizándolos; poniéndolos en contacto con las nuevas sensibilidades de una cultura cada vez más distanciada de sus fundamentos. No es su propósito restaurarlos; sino mostrar esa distancia, para apuntar *qué es lo que falta* en estos tiempos apocalípticos e inaugurales, produciendo lo que Ainsa describe como

> una literatura no sólo de denuncia, sino de 'alarma' sobre un mundo en vías de extinción, no por falta de lucidez, sino por estar inmovilizado en las estructuras lingüísticas que impiden la comprensión de situaciones existenciales diferentes a las que debe hacer frente. Y a esta limitación inmovilizadora Cristina Peri opone una vocación transgresora del lenguaje en el espacio disociado del otro territorio que habita desde la publicación de uno de sus primeros textos, Los museos abandonados (1968) (75).

1.3.1. *LA NAVE DE LOS LOCOS:* ALEGORÍA Y DERIVA

Tensión y alegoría condensan los polos de la producción de Peri Rossi. Una voluta: la alegoría aspira a culminar con una metáfora concentrada del todo pero la tensión apunta a la deriva. Un contrasentido: en principio, lo tenso implica una fuerza que culmina en un objetivo o explota o se extingue, y la deriva es lo que se desvía de su curso y deambula sin timón. Sin embargo, *La nave de los locos* (1984) juega justamente con este aparente contrasentido, a partir de su propuesta compositiva que trabaja los dos polos –la alegoría y la deriva–, produciendo un texto fisurado. Expongo este juego en diferentes niveles.

– La partición del texto

La novela construye la *aventura* –lo que adviene, el eje metonímico, la historia, el relato– y su otro, la *alegoría* –lo fijo, el eje metafórico, la descripción, la interpretación, la exégesis–; se escinde en dos: el viaje, móvil, temporal; y el tapiz: fijo, espacial. La *aventura* de Equis, su protagonista y conductor, encadena la historia del exilio como un periplo heroico, que retoma las pruebas iniciáticas y los pasos del viaje odiseico. Equis, moderno Ulises –o sea Nadie– es lanzado a la mar, es literalmente *desterrado*. Pero el deambular de Equis no conduce a un retorno al lugar de partida para exhibir la sabiduría adquirida, sino a una renacimiento, a un devenir otra cosa que se produce por la deriva a través de diversos significantes que la novela condensa en su comienzo: extranjero, exiliado, extrañado, desentrañado, vuelto a parir. A diferencia de la culminación heroica del retorno del Odiseo clásico, el aprendizaje de este Equis transmoderno se hace indefinido, implica un nuevo nacimiento que anuncia, en su final, un reinicio del periplo de un héroe transformado que ha develado el enigma de su identidad anterior, y deviene otro, para recomenzar desde cero: vuelto a parir, desentrañado, extrañado, exiliado, extranjero. Ser exiliado, desterrarse, desenterrarse, volver a nacer es el movimiento perpetuo –no necesariamente repetitivo– donde la deriva agujerea, desestabiliza permanentemente el espacio de *lo mismo*, de lo identitario.

La *alegoría*: la descripción minuciosa del medieval Tapiz de la Creación, ubicado en la Catedral de Girona que impresionó a Equis por su austeridad armoniosa y al que "contempló como una vieja leyenda cuyo ritmo nos fascina, pero que no provoca nostalgia", hace de contrapunto a la deriva del viaje. Nos remite a un mundo "perfectamente concéntrico y ordenado"; pero que, despedazada su descripción en fragmentos que enmarcan cada período de un periplo heroico también fragmentado, señaliza pero no acota, no limita la deriva, no la coagula en un mundo simbólico acabado, como lo hacía la alegoría clásica, sino que anuncia su propia deriva. La novela acaba mostrando lo que le falta al tapiz: "Faltan enero, noviembre, diciembre y, por lo menos, dos ríos del Paraíso"(198).

Esta partición de la narración postula una división de los cuerpos que se juega tanto en la aventura como en la alegoría. La clasificación inventarial y proliferante, en la que no me detengo, de los cuerpos –animados e inanimados–, de los sexos –femenino, masculino–, de los sujetos por nacionalidades, profesiones, condiciones, estatutos etc., se produce tanto en el tiempo del relato como en la distribución espacial del tapiz y encuentra su realización contrapuntística en la impresión del libro mismo, que exhibe la partición de los cuerpos materiales de la letra. La letra marcada, la *cursiva*, ese cuerpo íntimo –de la palabra proferida, del pensamiento, de la cita, de la Escritura, del Libro– es el cuerpo de letra con que se expone el método alegórico y remite a una simbolización codificada y estable; mientras que la aventura, la historia, el relato, se presenta en el cuerpo *normal* de letra, presuponiendo una naturalización de la deriva.

– La partición de la aventura: viaje y detención

El deambular de un exiliado –llamado Equis–, sus viajes, encuentros, amores; su vida sacada de quicio; su paso por ciudades desconocidas de las que se guardan algunos gestos aislados, algún rasgo desgajado; se convierte en hilo de la aventura y en metáfora de la anomia, la extrañeza, la volatilidad de la identidad del antihéroe transmoderno. Pero frente a este movimiento, la detención de Equis en una isla, se ubica en el centro estructural y físico de la novela: centro estructural porque divide el viaje en dos y porque esta detención en la isla le abre a Equis su deriva futura.

La detención de Equis en la isla, la pausa del viaje, su reconocimiento y su revelación, se encuentra enmarcada entre dos fragmentos descriptivos del Tapiz de la Creación que aluden a la traslación del mundo de las tinieblas al de la luz:

> (...) en otro segmento del círculo que rodea al Pantocrátor ordenando a la luz que exista, se encuentra representado un ángel, con sendas alas sobre los hombros, largos vestidos y una mano sobre el pecho. El ángel levita sobre un campo verde de juncos y bambúes florecidos. (...) El ángel representado en ese segmento del tapiz es el ángel de las tinieblas. En la mano izquierda sostiene una antorcha. Inscrita sobre el fondo ocre del tejido (descolorido por el tiempo), se lee una frase: Tenebre erant super faciem abissi: Las tinieblas cubrían la superficie del abismo (73).
>
> Al lado del Ángel de la Luz que peregrina, en el segmento a la derecha que corresponde simétricamente con el que se ha descrito antes, también hay un círculo; en su interior, está representada la cabeza de un hombre que termina en llamas, y la palabra Sol; al lado, en otro círculo pequeño, la cabeza de una mujer, en cuya parte superior se apoya el cuadrante de la luna, palabra que acompaña a la imagen (...) Entre las estrellas se lee, abreviada, la palabra firmamentum (112).

La alegoría circunscribe la detención del viaje y configura una isla textual en la cual se escenifica otro recorrido: un viaje iniciático donde se elabora el destierro y se reencuentra la tierra, diferente del deambular espaciotemporal del héroe; también, la reunión con los otros, en la cual el peregrino se reconoce y ancla nuevos puntos de partida.

La isla es el lugar donde el exilio cambia de signo: de la expulsión violenta y dolorosa al devenir de un flujo rítmico de nuevos comienzos. La detención de la *aventura*, del viaje heroico, abre el devenir del héroe hacia *otra cosa*. La llegada y partida de la Isla, configurada como una secuencia autónoma, es simétricamente, el espejo del viaje: la isla es un lugar excéntrico del peregrinar. Sólo por haber pasado por ella, Equis –y con él su *pueblo*– puede proseguir su camino hacia "el ombligo del mundo" –la ciudad– y ser un "vuelto a parir".

En su arribo a la Isla, Equis recuerda su origen literario. Cuna de un místico especial, antiguo cortesano disoluto, "teólogo y sabio destilador de cognac que alababa a Dios en distintos idiomas" quien, al tiempo que funda una lengua y su literatura, estudia su flora, escribe un *Ars navegandi* y una teoría de las mareas: Raimon Llul –Raimundo Lulio, como Borges gustaba nominarlo– en cuyo honor Equis se bebe un cognac doble, bajo una báquica parra mediterránea. Es en la Isla donde el lenguaje de *La Nave de los locos* fabula sobre sí mismo, donde la escritura delira, se sale de su surco, fabula una lengua transnacional y un lenguaje translingüístico.

Dos mujeres son sus guías: una vieja y una joven que poseen el don de lenguas.

La primera: un ángel viejo y regordete; una extranjera. Ella es la introductora en el mundo de la isla, quien le señaliza su entrada. A ella le confía su condición de hombre sin rumbo en un diálogo amoroso que va más allá de la lengua propia. El desconocimiento de las lenguas respectivas produce un intercambio sígnico que se remonta a la *chora* arcaica entre madre e hijo:

> iban caminando despacio, como un hijo solícito que acompaña a la madre anciana; como un huérfano que ama a la madre; cada uno hablaba en su lengua, pero de vez en cuando la vieja dama hacía un gesto, para que Equis observara el tronco ancho y retorcido de un algarrobo, o mirara un olivo centenario, o contemplara el vuelo de un halcón, cerca de la cima de la montaña y que ella divisaba perfectamente, con sus dulces ojos celestes (81).

Con ella "el apareamiento fue lento y difícil, pero lleno de esas delicadezas e intimidades que tanto seducían a Equis". Mundo de carne, espacio materno, casa de la infancia, posesión beatífica; un diálogo más allá de las palabras entre dos cuerpos, uno que acoge y se derrama y otro que se sumerge. Diálogo translingüístico entre un cuerpo exiguo –el de Equis– y un cuerpo excesivo que se abre como una gruta a asociaciones mitológicas:

> Espléndida en su gordura, sin ropas, las piernas muy juntas (...) imberbe, con los pocos pelos claros del pubis casi imperceptibles; con delgadas venas azules y pequeños pezones malvas desproporcionados para su figura, Equis la contem-

pló como a una de esas maravillosas criaturas mutantes, como a los seres imaginarios que aparecen en los sueños y en las láminas (83).

La otra mujer, una joven en el "esplendor de la edad", "un animal espléndido", "una nereida"; de lengua afilada y extremo realismo, interrogadora "del origen de las lenguas". Una mujer definida como anterior a "la contaminación (...) antes de los choques en alta mar de grandes petroleros; antes del plástico, la ortopedia, la gasolina y los yates. Antes de la loción bronceadora, los tratamientos para rejuvenecer el cuerpo y de la marihuana en los quioscos. Como un pensamiento exonerado de su circunstancia", que lo conduce a las entrañas de la Isla. A una gruta, profunda, "una garganta excavada en la roca", en la cual accede a la Historia de la Isla –defendida y salvada por las mujeres en el siglo XVI–. Esta mujer será la introductora de Equis en *Pueblo de Dios*; un pequeño pueblo blanco y marinero, bañado por la transparencia azul de la luz mediterránea.

Pueblo de Dios, construido sobre las diferencias, compuesto por extranjeros recluidos y nostálgicos de utopías, donde Equis puede fabular una comunidad. Morris, coleccionista de mapas en los que marca –en sus tierras, en sus costas– el avance de la violencia y de la muerte. Gordon, el astronauta, que ha escuchado "el silencio de las esferas" de Pascal, el primer hombre que pisó la Luna, su Paraíso perdido y su lejana interlocutora nocturna. Equis recupera en Pueblo de Dios su salud o, mejor, la reconstruye en la deriva fabuladora de las lenguas, los cuerpos, los extranjeros, los otros.

Y eso es lo que hace la escritura en los libros hermosos: hace delirar la lengua, justamente, porque construye una salud:

> La salud como literatura, como escritura consiste en inventar un pueblo que falta. Es propio de la función fabuladora inventar un pueblo. No escribimos con los recuerdos propios, salvo que pretendamos convertirlos en el origen o en el destino de un pueblo venidero sepultado por sus traiciones y renuncias (...) Pero todo delirio es histórico y afecta a la historia universal (...) El delirio es una enfermedad, la enfermedad por antonomasia, cada vez que erige una raza supuestamente pura o dominante. Pero es el modelo de la salud cuando invoca esa raza bastarda que se agita sin cesar bajo las dominaciones, que resiste a todo lo que aplasta o la aprisiona y se perfila en la literatura como proceso (...) (Deleuze 1997: 16).

Cuando señala este devenir de la creación entre el Ángel de las Tinieblas y el Ángel de la Luz; cuando construye un pueblo menor; cuando elabora la lengua de un pueblo menor, en la cual bastardo, extranjero, exiliado, no designa la primacía de un estado familiar.

La nave de los locos produce, en este sentido, una inflexión de apertura en la concepción, reiteradamente escenificada en la literatura latinoamericana desde el XIX, del exilio, la extranjería, el trasterramiento, como caracterizadores específicos de la identidad latinoamericana; por decirlo así: hace salir de su surco a la literatura latinoamericana fabulando un pueblo *menor* sin marcas raciales, nacionales, sin nombres, sin estados ni familias, en el cual la condición de expulsado, bastardo, extranjero es la condición común. Es en la Isla, en ese trozo de tierra precaria asediada por el movimiento perpetuo, donde es posible intuir que las identidades, los límites, las fronteras, las lenguas, las culturas, son enfermas cuando se empeñan en construirse como fijaciones. Desde este espacio matricial, cavernoso y heterogéneo, anterior al Uno, de creación de un nuevo origen, de una nueva comunidad, de una nueva lengua, se puede partir hacia una nueva vida. Sólo desde la isla es posible para Equis abrirse a la deriva, a lo indeterminado, al delirio del devenir como salud.

– Despejar Equis: lo que queda del Rex-Rey

Equis: su nombre proviene de lo que queda de una marquesina rescatada entre los escombros de un cine –el cine ReX–, en el cual vio una película mala. La única escena fascinante que Equis salva de aquel "pésimo film" es aquélla donde Julie Christie, secuestrada, es "empalada por una máquina fálica" que la posee en una monstruosa cópula: "Todo parecía irremediablemente estúpido alrededor en la pantalla, salvo aquel acto descomunal y polimorfo, brutal como la conquista de Leda por el cisne" (24).

Nuevamente, el problema de la nominación invade las fábulas identitarias, buscarse nombres es una nueva forma de peripecia; no casualmente el primer epígrafe que consigna la autora como frontis de la novela es una cita de Pessoa sobre el viaje: "La vida es un viaje experimental hecho involuntariamente". Un viaje sin direccionalidad prevista, en el cual los nombres, etiquetas del origen y fijaciones de identidad, se deslizan en el sin rumbo de la aventura. Equis imagina nombres que digan algo de su ser, pero no los encuentra: el de Ulises le parece apropiado para su condición de viajero, "pero sus resonancias literarias lo determinaban demasiado. Se hubiera sentido en la obligación de reescribir la Odisea, como peripecia moderna: cualquier motivo es bueno para huir de una esposa abnegada". O Archibaldo, pero le suena demasiado antiguo. "También le hubiera gustado llamarse Iván, pero estaba seguro de que a alguien se le iba a ocurrir que se trataba de un fugitivo del Este. Y Horacio era imposible, después de Rayuela" (25).

Para este héroe transmoderno no sirven los nombres de la tradición que concitan interpretaciones estrechas. "En cuanto a los nombres, Equis piensa que en general son irrelevantes igual que el sexo, aunque en ambos casos, hay gente que se esfuerza por merecerlos". Nombre y sexo, efectos arbitrarios y mutantes. Pueden coagular por un instante y definir a un sujeto para luego deshilacharse o deshacerse; o pueden mantenerse a costa de un trabajo que pone fronteras a la deriva, la encauza en caminos elegidos por el deseo.

Al igual que las ciudades y las naciones, los nombres y los sexos delimitan sujetos marcados, circunscritos, *castrados* según Peri Rossi. La búsqueda será justamente la apertura a un deambular que no prevé un cierre, ni una llegada ni un final: la Equis se despeja y se vela cada vez, en cada instante; el peregrinar de Equis no tiene un punto culminante: es el viaje de la nave de los locos. No hay iluminación o sabiduría porque el viaje y la alteridad no tienen fin.

Pero, los restos de esa película y esa X que anudan nombre y sexualidad no se acaban con un despojo extraído de los escombros identitarios: en la salida de aquel viejo cine, "unas mujeres" han colgado un cartel: "El hombre es el pasado de la mujer". Consignada en el comienzo de la novela, esta frase opera como señalador de la peripecia de Equis, un secreto hilo que recorre su historia y anuncia su transformación. En el capítulo final como en el primero de la novela, después del desconcierto que le produce el amor, Equis bucea en sus sueños, enigmas cifrados del sujeto, para encontrar o recordar sus claves. El último capítulo, titulado "El enigma", desata un acertijo que, venido desde el sueño, se revela como un mandato paterno:

> Hay un sueño que se repite, opresivo, recurrente. En el sueño, un viejo rey enamorado de su hija (y su hija eres tú, apareces en el sueño como la hija deseada por el rey que no se atreve a llamarla por su nombre, pero equivoca el de sus esposas y concubinas) propone una adivinanza a los pretendientes: Yo tengo que resolver el acertijo si quiero ser digno de la hija del rey. El enigma dice: ¿Cuál es el tributo mayor, el homenaje que un hombre puede hacer a la mujer que ama?" (195).

La conclusión a este enigma es una revelación, una respuesta que viene del *otro* viaje de Equis: el de la deriva del sueño, del inconsciente. Viaje hecho de desvíos, de extravíos. Mutación de *una* identidad hacia identidades flotantes o, más bien polimorfas, pues la nostalgia del deseo perverso del niño asociado a una inocencia originaria, se desliza en la escritura de Peri Rossi. "Esta noche podré tener el sueño y en él inscribir la solución. Es curioso: la respuesta estaba en mí desde hace tiempo, pero en el sueño no me animaba a pronunciarla. Porque seguramente es a la princesa a quien debo dársela primero puesto que ella ha inspirado el enigma. De modo que si tú recibes la contestación adecuada, yo me habré liberado de la opresión en el sueño".

La respuesta al mandato paterno que propone y dispone enigmas sobre La Mujer es: "El tributo mayor, el homenaje que un hombre puede hacer a la mujer que ama, es su virilidad" (196). La palabra proferida, al deshacer el enigma de una esfinge fraguada por el interdicto paterno, disuelve al Rey del sueño: "el rey como un caballito de juguete, el rey como un muñequito de pasta, el reyesito de chocolate, cae de bruces, vencido, se hunde en el barro, el reyesito derrotado, desaparece. Gime antes de morir".

Entre la imagen fascinante y prohibida de la cópula monstruosa conservada como resto –la X del cine Rex, la X de las películas *no aptas* para menores, la X que queda de esa caverna oscura productora de deseos– y este Rey que, en el sueño, crea a La Mujer y formula preguntas sobre las mujeres para asegurarse la posesión de todas, se despeja el nombre del padre: de este Rex-Rey, esa Equis que nomina al sujeto; pero que, finalmente, se disuelve en su banalidad. Al resolver el enigma del sueño, Equis –transEdipo– atraviesa el fantasma masculino de amenaza de castración, salta sobre el mandato paterno, se hace cargo de su propio destino y vuelve a partir. Con la caída del rey del sueño se abre el devenir: devenir mujer, devenir pueblo, devenir comunidad.

La nave de los locos escenifica la traslación desde *El* Hombre a *un* hombre, incluso a un más allá: a un hombre no todo, a un hombre que se transforma en el pasado de sí mismo para renacer, que puede "dar lo que no tiene". Entre el odio y el amor: la X despejada de su ignorancia –develada en su procedencia– disipa la angustia de la anomia, la aspiración de un reconocimiento genealógico y, creo, este es el núcleo más revulsivo de *La nave de los locos*: la disolución de la problemática identitaria, sustentada por el conglomerado ideológico de sexualidad-familia-estado, presentada aquí como insulsa mitología burguesa.

La X despejada disuelve el concepto mismo de *anonimato* –todo origen es siempre una fábula postulada como comienzo– ya que abre la transformación de un sujeto en otros nuevos sujetos, en nuevos nombres, esto es en Ulises, Archibaldo, Iván, Horacio... "vuelto a parir", vuelto a partir. Siguiendo los pasos de un secreto antecesor, Brausen de *La vida breve* onettiana[9], el

---

[9] Dice Brausen: "No se trata de hombre concluido. No se trata de decadencia. Es otra cosa, es que la gente cree que está condenada a una vida, hasta la muerte. Y solo está condenada a un alma, a una manera de ser. Se puede vivir muchas vidas, muchas vidas más o menos largas" (Onetti 1994: 195).

X de esta nave de los locos se abre a la transformación pronominal y nominativa, deriva en multitud de *otros*.

1.3.2. *SOLITARIO DE AMOR*

– El amor: ese viejo solitario

Un extenso, exasperante monólogo, pretende retener –cubrir– con palabras el mensaje cifrado de la amada: *Solitario de amor*. El cuerpo de una mujer, en el acto de amar, en su banalidad cotidiana, en sus palabras y gestos, constituyen el objeto discursivo de un narrador. De él no sabremos nada, no tendremos más datos que la presencia obsesiva de su voz rodeando el mundo de Aída, la amada. Una voz que no avanza, que se atranca; un sujeto que se repite, que se dice vivir solamente en el intenso momento de la luz amorosa.

Presentadas en treintaicinco fragmentos y un epílogo, las variaciones dispositivas del juego amoroso pueden ser leídas al azar: contadas en un estricto presente iterativo se despliegan en un tiempo detenido en cada instante por el sujeto que lo vive en un *fuera del tiempo* y que escoge, siguiendo la arbitrariedad del goce pulsional, un detalle, una reflexión, una anécdota, que rodea a un objeto causa del deseo que se escapa, que se niega a ser atrapado, que siempre lo deja insatisfecho. Tal como los naipes de un solitario contingente, cada fragmento sugiere un orden secreto pero inexpugnable para el amante.

Como efecto de lectura, tanto la omnipresente mirada como la voz dolorida o exultante del narrador convocan a un lector detenido, sin trayecto que recorrer, que sólo puede aceptar la identificación para entrar en el texto como un amante más: seducido y solitario. "Sólo el lirismo es secreto, inconfesable– le digo a Aída" (...) "que no puede creer en el lirismo de nadie. Ni del mío. De modo que estoy condenado a vivirlo en soledad"(Peri Rossi 1988b: 8). Lector: mi hermano, mi creyente, mi amante, podría ser el frontis de esta novela concentrada en la ladera imaginaria del amor. Salimos de ese lugar junto con el narrador: el fragmento final funciona como un epílogo y, claro, escenifica la pérdida y el comienzo del duelo amoroso.

Es en su final donde comienza el tiempo de la narración: *Solitario de amor* termina con el comienzo de un viaje en el que la escritura se propone como un futuro que es el recuento del pasado y trayecto de un duelo. Recién desde allí seremos lectores fuera del texto, separados de la fascinación de la voz narrativa podemos recuperar la letra, testigo de la historia, donde la ficción se recupera como testimonio, como

(...) esa especie de imperativo categórico que es la literatura para los escritores cuando consideramos un deber moral dar testimonio. Dar testimonio quiere decir, no solamente hablar de la opresión, de la injusticia, sino también de nuestras dudas, de nuestras obsesiones que son las de todos. (...) Creo que la necesidad de testimoniar, que sigo reivindicando, está presente desde los antiguos escribas. La figura del escritor surge en la cultura egipcia, en la cual se designaba con la palabra escriba a unos funcionarios con una actividad muy específica; los faraones establecieron que los escribas debían realizar dos tareas: consignar el presente y prever el futuro. Consignar el presente. Les puedo asegurar que he publicado veinticinco libros y he tratado de consignar el presente. Pero ¿qué es el presente? El presente es todo. El presente es tanto mi nacimiento en Montevideo, mi doble exilio, mis amores, mis incertidumbres, mis enfermedades: la historia que nos atraviesa, el deseo que nos atraviesa (Peri Rossi 2000: 7 y 9).

Desde ese final rehacemos algunas de las cartas de este solitario devaneo para reconstruir ese Tratado del amor *fou* que la novela despliega.

– La economía de Narciso: el gasto

El anónimo narrador de la novela no tiene nombre, ni profesión, ni anclaje social. Es sólo un amante. La narración se sostiene en este *yo* que describe los síntomas de su enamoramiento de una manera casi programática: desde la investidura imaginaria del cuerpo de Aída hasta las afecciones del enamorado como un adicto, un enfermo, un sujeto improductivo y desgajado de la sociabilidad. Su desarrollo, en un monólogo moroso y concentrado, expone la dialéctica del amo y del esclavo en la pasión amorosa; escenificación casi apologética de la locura de amor, el *ser* del sujeto se define por el *tener* atribuido al otro –el objeto amado–. En el sufrimiento sustentado en lo que *me* falta que *ella* debe proveer*me* y *me* niega, la imagen de este Narciso amante se asienta en la proyección especular que fabula en su amada. Como todo enamorado vive en la división del esclavo: la presencia de la amada lo rapta, lo sumerge en el éxtasis, en la contemplación; separado de ella reflexiona y teoriza sobre su economía libidinal. Es esclavo justamente porque puede elaborar su dispendio, a pesar de su enajenación se mueve en la ambivalencia: entre la inversión excesiva (en el objeto de amor) y la no gratificación esperada (del Otro) que lo sume en la insatisfacción y la minoridad.

Excedido, excesivo, extraordinario, este narrador se consigna en un *yo* que oscila entre el lugar del místico y el del contable:

El amor es derroche, es exceso. No se puede estar enamorado y al mismo tiempo preservarse, guardar algo, producir, lucrar, invertir, enriquecerse. Yo me gasto, me derrocho, me excedo: no me canso ni siquiera cuando estoy cansado; el amor es antieconómico, inflacionario. Cualquier reflexión que venga de una economía que no sea la del gasto pertenece al sistema del desamor, no del amor (...) Es porque me siento rico (es decir: porque puedo derrochar mi energía, mi atención, mi sueño, mi dolor, mi alegría), es porque estoy en el exceso que amo, no lo contrario. No quiero guardar nada para mí y, a la vez, esta disposición me aterroriza; doy lo que no tengo, por lo cual puedo decir que me despojo como el Nazareno (119)[10].

¿Qué le aterroriza? Justamente, la deflación; el no poder recuperar sus inversiones, no tener beneficios... ser un *yo* inmolado, crucificado, un Cristo; divino mientras se despoja, pero desesperado y sin certeza de resurrección.

En esta cadencia de derroche y necesidad de ahorro se señaliza la construcción del objeto amado: la amada es vestida –de negro, mensajera de una muerte anunciada– enjoyada, invadida... en su cuerpo, en su intimidad, en su casa. De ella nos quedan estos fragmentos recortados, obsesivamente acotados, por este *yo* que se debate entre la necesidad de nombrar el cuerpo amado en esquirlas y el quejoso lamento por sus negaciones.

Aída: diosa y diablesa. Paradigma de la construcción de la histérica desde la perspectiva masculina: ella consiente a la fragmentación y agrede, seduce y castiga, es un *todo para mí* y, a la vez, *me niega todo*, *me* absorbe o *me* excluye, se cierra o se abre. Entre este narrador ensimismado y esta *Ella-tú*, atrapada en su red de palabras, serpentean la sexualidad y el sueño. "El sexo que nos destierra", decía Vallejo. "El sueño, autor de representaciones", decía Góngora. Ambos se alternan en *Solitario de amor* y escenifican los núcleos formativos de la subjetividad.

---

[10] Me parece evidente la ascendencia del Bataille de "La noción de gasto" (1933): "El término poesía que se aplica a las formas menos degradadas, menos intelectualizadas, de la expresión de un estado de pérdida, puede ser considereado como sinónimo de gasto; significa, de la forma más precisa, creación por medio de la pérdida. Su sentido es equivalente a 'sacrificio' (...) para los pocos seres humanos que están enriquecidos por este elemento, el gasto poético deja de ser simbólico en sus consecuencias. Por tanto la función creativa compromete la vida misma del que la asume, puesto que lo expone a las actividades más decepcionantes, a la miseria, a la desesperanza, a la persecución de sombras fantasmales, que sólo pueden dar vértigo, o a la rabia" (1987: 30). También el Bataille que expone: "(...) nada resiste a la refutación del saber y he visto que en último extremo que la idea misma de comunicación me deja desnudo, sin saber nada. Sea lo que fuere, a falta de una revelación positiva presente en mí en extremo, no puedo darle ni razón de ser ni fin. Permanezco en el intolerable no saber, que no tiene otra salida que el éxtasis mismo" (1989: 22).

– Escopia e invocación: cadencias del sexo y el sueño

Del sexo: un minucioso discurrir descriptivo ocupa al narrador, abismado en exhibir su mirada y construir a Aída. Exquisito en la precisión de su lenguaje es el primer hombre poniendo nombres al mundo –el cuerpo de Aída–: "Cobro una lucidez repentina acerca del lenguaje. Como si las palabras surgieran de una oscura caverna, arrancadas con pico y martillo, separadas de las otras, duras gemas cuya belleza hay que descubrir bajo la pátina de sarro y ganga" (15). La descripción ocupa la escritura, expone el cuerpo amado asignándole a cada parte una proliferante sucesión de atributos: sus gestos más cotidianos, su dieta, sus vestidos; la fabulación de sus entrañas, el movimiento de sus músculos, sus humores, sus excrementos, los recovecos escondidos... Junto a ellos el narrador se dice a sí mismo en su mirada: "te miro desde la vejez que a veces (...) hipnotizada, la sigue, perruna, hambrienta, pasiva y paciente: así algunos ojos al pez en el acuario, sus sinuosos movimientos; así el apóstol las parábolas rojas del fuego; así el puma la huella de la sangre..." (12).

La mirada, la pulsión escópica que construye al objeto del amor, viene investida por la Cosa, continente materno que solivianta al narrador y lo asalta en cada instante. La intensa descripción del acto amoroso es una intercadencia entre pulsión y expulsión; el orgasmo, una de las formas del nacimiento; la amada, la paridora que lo remonta a un más atrás del lenguaje:

> Ascensión y descenso acompañados por un sordo, hondo rugido entrecortado que me arroja al nacimiento, que me devuelve al natalicio, a los primeros días (...) Empapado en sudor, pegado a su pelvis, soy el hombre que se transforma en niño (...) No cabalgo sobre Aída, me deslizo con ella, en la pequeña balsa de su sexo, hacia los remotos orígenes, antes de que el grito fuera canto, antes de que el rugido fuera sonido articulado (...) Ahora mi sexo (mi sexo de extranjero, de apátrida, de otro) es un cordón. Hilo umbilical que enlaza el sexo de Aída (casa) con el mundo exterior. Yo soy el afuera, ella es el adentro. Yo vengo del 'dehors', ella es el 'dedans'. Condenados a este solo ligamen, a esta sola juntura: ser la llave cualquiera que abre la casa, el cordón umbilical que cortarás implacablemente, para separar al hijo de la madre, al recién nacido de la placenta, al para siempre huérfano de la para siempre paridera (37-39).

Salir de la casa-sexo de Aída es ser expulsado a un exterior "donde la vida bulle, grasienta, maloliente, sonora"; es nacer cada vez, ser "destetado demasiado pronto" (...); ser "el huérfano de Aída en un mundo que no conozco y que me hiere con su luz violenta, con su precipitación y su ruido" (13).

El sujeto enamorado se sostiene, contra toda evidencia, en un aserto imaginario: hay una llave para cada cerradura, *yo* soy la llave de *tu cerradura*.

El sexo de Aída es una cerradura. Intervengo en él como el extranjero dotado de una llave que abre la puerta para explorar la casa extraña. Yo soy ese extranjero, ese explorador (...) apátrida (...) extraño. Hablo una lengua que no conoce, puesto que mi cuerpo es diferente al suyo y mi sexo es una llave, no una casa (...) Y aun cuando mis labios carnosos se fijan como ventosas a la pulpa de su sexo, succionando el jugo marino de la concha, aun entonces mi lengua es otra, diferente a su lengua, diferente a su habla.

Por el contrario, Aída, lúcida en su desilusión, dueña de su casa, "ama" de su "templo", de su "masía", *sabe* de la no proporción de los sexos y certifica la extrañeza, ese hiato que el enamorado no puede soportar: "Otra es la tradición de las llaves, otra es la tradición de las casas –dice Aída" (35). Este hombre, "hipnotizado por la contemplación de Aída", autodefinido como "de ningún lugar, de cualquier tiempo" (27), está preso en la deriva de la pulsión escópica. Su deseo es "fijar la mirada" que, indefectiblemente, se desliza y fragmenta; fetichiza cada rasgo ansiando aprehender la *toda* Aída, la Aída que es ella y *todas ellas*. Repite, insiste, repite... tropieza, una y otra vez, con la misma piedra: "–No me amas a mí, amas tu mirada– dice Aída inseducible".

"¿Hay alguien que haya amado otra cosa que no sea su mirada?" (28), pregunta central que busca una salida de la cárcel de Narciso: capturado en su mirada, ante un objeto inaprensible que nunca alcanza a saciar el deseo del gran Otro, desea la mirada de los ciegos, una mirada táctil, encendida y trascendida por "modelos ideales, abstractos", los de la "caverna" platónica (16). Mirada que no ve, privilegiada frente a su propia mirada de vidente, engañada con "la diversidad de lo aparente, la multiplicidad de lo sensible, lo engañoso particular" (17). "Toco a Aída como un ciego: lenta y minuciosamente, para reconocerla. No necesito elevar los ojos, porque miro con dos miradas simultáneas: la aparente que recorre la superficie y la mirada del ciego, que remite lo mirado a la memoria de la especie. La palpo como quien ha de (re)conocer antes de nombrar" (17). Pero esta añoranza de un retorno a aquella caverna intrauterina, anterior al *yo*, pre-humana, no puede ser distinta a la del melancólico que constata la imposibilidad de un deseo que no logra *cubrir* la potencia pulsional, que no puede cicatrizar la mordedura de la Cosa materna perdida.

Frente a la deseante insatisfacción de ese objeto actual, pequeño *otro* construido por la escopia, emerge como fuga la pulsión invocante: la voz, la monológica voz que rodea, tantea, prolifera, intenta nombrar, describir, avanzar... La palabra proferida como vector que remite, nuevamente, a la Cosa, a la oralidad del infante que absorbe –"Lamo tu ropa"(...) "Sorbo, chupo, bebo, beso, babeo, estrujo, saboreo, absorbo, relamo, paladeo, huelo. El delgado bretel se humedece entre mis labios" (88)– o escupe fóbicamente.

> No como o como demasiado. (Fobia alimentaria: no puedo aceptar los alimentos –sólo quiero alimentarme de Aída, de sus jugos, de su carne, de sus secreciones, de su voz, de sus emanaciones (...) O bien, padezco de ansiedad oral: devoro grandes cantidades de alimentos indiscriminados, trato de llenar el tiempo de la ausencia de Aída devorando la comida como si ésta fuera grandes porciones de horas y minutos que ingiero velozmente para apresurar el reencuentro) (39).

O la fantasía de ser devorado por esa Aída, araña, *comadreja* escondida, agazapada en su casa, *madriguera*. Entre la mirada y la voz el enamorado narrador oscila entre la descripción enumerativa y la plegaria, entre el canto y el grito, entre la fusión absoluta y la separación absoluta.

Del sueño: los sueños del narrador elaboran los desvíos y realizaciones de su deseo; consignados como momentos de autonomía subjetiva siempre remiten a la relación amorosa actual y la metaforizan como síntoma del sujeto. Un sueño centraliza el motivo de la mujer-casa: el narrador vive en una casa entre la de su madre y la de Aída; casas que, como "los burdeles de Amsterdam", tienen ventanales hasta el suelo y se "puede ver el interior". Él está en la calle, aparece un hombre "feo", "vulgar", "con granos en la cara" que lo interpela y le solicita las llaves de la casa de Aída: "Me informa que es el nuevo amante de Aída". Estupefacción, dolor, celos. El narrador nunca ha tenido esa llave. "Entonces, el hombrecito, decidido entra por la ventana". Comentario de la madre, espectadora de la escena: "Es muy raro que nunca hayas tenido la llave de Aída". Comentario del narrador, ya despierto: "Soy un hombre sin llave, es decir, soy un hombre sin sexo." (63-64).

Este sueño desenvuelve el triángulo edípico en una torsión del fantasma masculino: "Entre" dos mujeres, entre la madre y la amada, entre una casa y otra, hay un hombre castrado (sin llave, sin sexo, sin falo)... por las mujeres. El pánico a la castración no proviene de la ley paterna ya que ese "hombrecito" lo interpela "con cierta gentileza: no es algo personal contra mí, sino una orden de Aída". Tampoco él tiene llaves pero –más astuto o más viejo– se cuela como un ladronzuelo por la ventana.

En *Solitario de amor*, como en las novelas posteriores de Peri Rossi, el modelo de mujer es el de la mujer fálica: madre, amiga o amada, ellas portan y esgrimen el falo como una espada. Los hombres –padres, amigos o amantes–, raptados en la contemplación o concentrados en desentrañar el enigma de La mujer, son sumisos, demandantes, quejosos, alterados, adictos, descontrolados en pasiones mortíferas en las que se juegan la vida. Héroes "feminizados", adheridos a sus madres, casas, cavernas. Héroes atrapados que buscan escapar y, para ello, necesitan elaborar su ignorancia apelando a un "tercero" –amigo, compañero o psicoterapeuta– al que se confían y al que escuchan, autorizándose para huir de los templos-mujer construidos por ellos mismos.

– Interpretación, escritura y muerte de Narciso

Si las cadencias del sexo remiten y actualizan la Cosa materna, las de los sueños escenifican el trayecto del Edipo, concentrado en una figura: la pareja y el tercero. La encerrada pareja del narrador y Aída tiene sus terceros en el discurrir de la historia de amor: el ex-marido y el hijo de Aída con los cuales tiene encuentros de competencia y agravio, sintetizados en dos frases: "Quiero ser tu marido". "Quiero ser tu hijo". Pero más significativa es la presencia de otra voz que agujerea el monólogo del narrador con la interpretación: la intermitente voz de Raúl –¿amigo?, ¿confidente?, ¿psicoanalista?

Voz también focalizada sobre la relación amorosa. Una voz sin cuerpo, sin relato, casi fuera de la diégesis narrativa; oráculo que condensa o avanza las conclusiones del enamorado. Sus comentarios, descontextualizados de una situación factual de diálogo, funcionan como puntuaciones analíticas; escanden la obsesiva voz del narrador y lo conducen en su travesía pasional. La reminiscencia del continente materno, las teorías sexuales infantiles –la mujer cloacal, la mujer nutricia, la mujer castrada–, los miedos y riesgos de la castración masculina, la no proporcionalidad de los sexos, el juego especular de la vertiente imaginaria del amor, son aislados por la palabra de este interpretante que, subrepticiamente, opera como generador del tratado de la pasión que es *Solitario de Amor*.

Un tercero que emite la ley paterna para liberar al narrador de la tiranía del amor (definido como "adicción", "toxicomanía", "droga dura", "delirio") y propone la evasión del magma de los afectos, del circuito femenino la Cosa/madre/mujer: "–Contra la neurosis y el delirio, lo mejor es someterse a una rutina, como a una dieta –dice Raúl–. Si se consigue ordenar los actos, día a día, posiblemente se organice la estructura interior" (15). De hecho es él quien baraja los naipes del solitario y abre las puertas al fin de la pasión: "Hay una sola casa en la vida de cada uno –dice Raúl, repartiendo las cartas sobre la mesa, para resolver un solitario–. Y es la casa de la infancia. En ésa nos quedamos para siempre. Las demás sólo son simulacros, sucedáneos" (36). La casa de Aída es el sucedáneo. Cuando Aída lo expulse, cuando cierre sus puertas y clausure los encuentros, el narrador recibirá de sus labios una orden que inaugura el duelo, el tiempo de la narración y de la escritura.

La escritura se postula desde el final como sutura de la herida narcisista del amor perdido: el último fragmento de *Solitario de amor*, precedido por un proverbio hebreo – "Cuando la pasión te ciegue, vístete de negro y vete a donde nadie te conozca"– escenifica el motivo del viaje como paliativo del duelo, postulado ya por Ovidio. En el "tren que está a punto de arrancar" el narrador recuerda un viaje anterior, acompañado por Aída, en el que floreció la pasión. Último viaje, huida para resistir el dolor de la pérdida y comienzo de la elaboración del duelo. Último viaje, donde el esclavo amante saltará hacia otro lugar, el del escriba, y comenzará una nueva travesía, la escritura, donde dejará constancia de su pasión, donde la construcción imaginaria será sacrificada, donde el puro gasto de la pasión narcisista será acotado, contenido, se hará soportable: "Iré sentado como quien ha hecho una promesa. Soy el velador de Aída. Soy su guardián. Soy el soldado alerta de su memoria. He de escribir cada uno de nuestros recuerdos. Condenado al olvido por su áspero corazón, condenado al olvido por su cuerpo, seré el escriba de este amor. No imagino ninguna otra tarea en que pueda concentrarme" (183).

La partida final enlaza, paso a paso, el movimiento del tren y el del recuerdo –las caricias, el recorrido del cuerpo ahora vedado y el estallido del sexo– donde se revela el mandato materno-femenino: "¿Adónde he de ir, que nadie me conozca?" –"A la casa de tu madre, me parece oír que murmura Aída, en el orgasmo" (185). Retorno al origen, trayecto del duelo, inauguración de la escritura. Cierre del círculo: amar, velar, escribir.

Fin del viaje. Pero este viaje recién comienza: como el *fort-da* del niño que funda el placer y el displacer de la separación de la madre, el texto anuncia su comienzo, su regreso. En algún lugar resuena la Voz: aliento, exhalación, suspiro; inspiración, expiración. Este es el ritmo de la Voz en el cuerpo, en el sexo, en el ritmo compositivo de un texto. Rithmós: cuerpo, sexo, vida, escritura. Apertura hacia la literatura como testimonio de una experiencia.

Si *La nave de los locos* dirimía la constitución del sujeto y el conflicto identitario –extranjeridad, extrañeza, renacimiento– con la deriva de los sexos, de las identidades, de los nombres, *Solitario de amor* postula una teoría de la sublimación: la literatura devela la pasión de la ignorancia, es un bien-decir que se alcanza por medio de la experiencia de escritura entendida como modulación de las derivas pulsionales y pasionales del sujeto. Testimonio de las pasiones de ser que no se agota aquí sino que anuncia su despliegue en la obra posterior de Peri Rossi, *Solitario de amor* avanza los nódulos centrales de la posterior producción de Peri Rossi, *adviene* las siguientes secuencias de este develamiento que apunta a la salud.

Un fragmento contiene el núcleo de la novela contigua en el tiempo, *La última noche de Dostoievski*, concentrada en la pasión del juego, donde el orden excrementicio –nuevamente ligado a la figura materna– se exhibe en el tema del gasto libidinal y el dinero (129-135) y propone una teoría del goce mortífero de la pulsión escópica que expande en *El amor es una droga dura*, título tomado de una frase de *Solitario de amor* (135). Otro: teoriza sobre el fetichismo (139-142) como forma específica de la escopia que se desarrollará en las novelas y en algunos cuentos de *Desastres íntimos,* por ejemplo en "Fetichistas S. A."

1.3.3. *EL AMOR ES UNA DROGA DURA:* LOS DESVELOS DE UN DON JUAN TRANSMODERNO

– Don Juan y el límite de la belleza

Después de analizar agudamente la relación de Don Juan con la ley del padre y la transgresión que la burla en secreto, de dibujar el cuadro genealógico del donjuanismo para llegar a la conclusión de que "el libertino comparte la 'errante inconstancia' del poeta barroco" y así "todo arte es esencialmente barroco, es decir, donjuanesco", Kristeva nos conduce a la ecuación *seducción-sublimación*. Señala que el fin de Don Juan

> colgado del brazo de piedra del comendador, condenado a las llamas y a la muerte, no es quizás simplemente una condena moral convencional para dar gusto a los devotos y bienpensantes. Se podría ver en este final de hecho un final extático, más bien el final del hombre para que perdure la música del seductor. Para que se desprenda la significación profunda del mito: la seducción es la sublimación (Kristeva 1991: 177).

En el deambular de su deseo, en el ejercicio de su poder seductor, en la imposibilidad de escapar a la búsqueda insaciable de la belleza, el mito de Don Juan construye sobre todo una instancia estética que trasciende la moralina jurídica para desnudar y anudar la pulsión erótica con la pulsión de muerte. Las diversas interpretaciones, Don Juan como un niño insensible, incluso impotente; como un hermano mayor celoso de sus hermanos, o como hijo de una madre insatisfecha por su marido que transmite el deseo de conquistarlas a todas, "son plausibles a condición de leer en la leyenda sólo el mensaje, no la representación formal". Don Juan –él o ella– juega con los diferentes señuelos y los seduce para derrocharlos. Es el gasto de energía, de interioridad, de placer, lo que Don Juan afirma, "una vía láctea, la vía materna, que toma toda sublimación. Sólo yo me alimento de la madre– declara dignamente el sabio taoísta del Tao te-king, pero quizá por saberlo, este chino es menos feliz" (179). Don Juan, el nuestro, el occidental, no lo sabe. Por ello, ebrio insaciable de oralidad, busca, goza, prueba, degusta.

También, juego escópico, dialéctica frenética entre el ojo y la mirada, en la que Don Juan deambula detrás de los semblantes femeninos, jugando a estar en dos lugares: viendo y viéndose ver. Fascinándose con el enigmático velo de la mujer sin sospechar la nada que hay detrás y fascinándose con la mirada que lo constituye como ser que se da a ver, como ser "mirado en el espectáculo del mundo", ya que "lo que nos hace conciencia nos constituye al mismo tiempo como speculum mundi" (Merleau-Ponty: 84).

División entre visión y mirada producida por la pulsión escópica, que Freud puso en primer plano porque es la que mejor elude la castración. Si la visión "se ordena de un modo que en general podemos llamar la función de las imágenes" en el punto óptico que ordena las impresiones captadas, la mirada organiza o desorganiza el campo de la percepción ya que el sujeto que mira "no es el de la conciencia reflexiva, sino el del deseo" y la mirada misma es lo que lo causa[11].

De hecho, la belleza, concepto que ha atravesado siglos de reflexión estética, siempre se relaciona con el límite de la mirada y se ubica, más allá del principio de placer, en el espacio del goce donde despunta la pulsión de muerte. "Puedo morir por cosas así", exclamaba Pizarnik ante una lila que se despedaza y cae. Desde los diálogos platónicos hasta la *Crítica del Juicio* kantiana, la problemática de lo bello se relaciona con el amor y, en ambos casos, el tema de lo bello atañe al lugar de las mujeres; en el *Banquete*, cuando Sócrates cede la palabra a Diótima, es ella la encargada de elaborar la unión entre amor y belleza. En su elaboración Kant delimita el lugar de la

---

[11] La reflexión histórica de Lacan relaciona el surgimiento de la óptica geometral con la perfilación del sujeto y la representación de la esquizia entre la función del ojo y la mirada; que ejemplifica con el cuadro *Los embajadores* de Hollbein, en el cual la 'nadificación' del sujeto se escenifica en el engaño de la mirada, en el *trompe l'oeil* que distrae al ojo de la verdad que organiza el cuadro: la figura de una calavera difuminada en sus entresijos. (*Vid. La anamorfosis* en Lacan 1992: 90-98).

belleza sostenido por la mujer y atribuye el de la sublimación al hombre, en tanto que la belleza hace de velo al enigma de lo infinito y la potencia sublimadora apunta a la afirmación de la razón desde la libertad[12].

Comentando el cuadro *Los zapatos* de Van Gogh, Lacan conmemora, siguiendo a Heideguer, su inquietante belleza:

> Están ahí, nos hacen un signo de inteligencia, situado, muy precisamente a igual distancia de la potencia de la imaginación y de la del significante. Ese significante ni siquiera es ya el significante de la marcha, de la fatiga, de todo lo que ustedes quieran, de la pasión, del calor humano, es solamente significante de lo que significa un par de zapatones abandonados; es decir, al mismo tiempo una presencia y una ausencia pura-cosa, inerte, hecha para todos, pero cosa que por ciertos aspectos, por muda que sea, habla –impronta que emerge de la función de lo orgánico y, en suma, del desecho que evoca el comienzo de una generación espontánea (...).

De lo cual se infiere "que lo bello nada tiene que ver con lo que se llama bello ideal", cualquier objeto puede ser el significante que haga vibrar "(...) ese espejismo, ese brillo más o menos insostenible que se llama lo bello."

La tradición de las *naturalezas muertas* –desde los pintores flamencos a Cezanne– escenifican ese cruce de línea: "La naturaleza muerta a la vez nos muestra y nos oculta lo que en ella es amenaza, desenlace, despliegue, descomposición, ella presentifica para nosotros lo bello como función de una relación temporal. Asimismo, la cuestión de lo bello, en tanto que hace entrar en función el ideal, sólo puede encontrarse a ese nivel en función de un paso al límite". La belleza se establece en una especial relación temporal, en la cual el objeto representado, aunque sea el más trivial, espejea como objeto prestigiado porque hace de pantalla y refracta el agujero donde nada hay. El efecto de lo bello es el de un "enceguecimiento", "una violenta luminosidad" y es una "ilustración del instinto de muerte", tal como se anuda en la *Antígona* de Sófocles. Solamente "a partir de la aprehensión de lo bello en la puntualidad de la transición de la vida a la muerte, podemos intentar restituir lo bello ideal y, en un primer plano, la famosa imagen humana"[13]. Representación privilegiada en la cultura visiva de Occidente: el cuerpo o mejor, la imagen del cuerpo humano.

---

[12] *Vid.* los comentarios de Kauffmann a la *Crítica del juicio* y el lugar de la mujer en la belleza: Lacan *La ética del psicoanálisis,* Seminario 7, ed. de la Escuela de Psicoanálisis de Buenos Aires, no icluido en la edición de Paidós. También: Trias 1982, primera parte.

[13] Las citas precedentes de Lacan se extraen de "La función de lo bello" y "Antígona entre dos muertes" (1992).

Ella fue, porque ya no lo es más, forma divina. Es la envoltura de todos los
fantasmas posibles del deseo humano. Las flores del deseo están contenidas en
ese florero cuyas paredes intentamos fijar (...) la forma del cuerpo, muy precisamente la imagen tal como la articulé en la función del narcisismo, como lo representa la relación del hombre con su segunda muerte, el significante de su deseo,
de su deseo visible. 'Hímeros enargés', ése es el espejismo central, que a la vez
indica el lugar del deseo en tanto que deseo de nada, relación del hombre con su
falla en ser, e impide verlo (Lacan 1992: 354-5).

En las sociedades actuales es frecuente la (con)fusión de lo bello y lo
abyecto. El reciente filme *American Beauty* desarrolla esta paradoja de los
sujetos transmodernos que devoran o vomitan la belleza: en una de sus
secuencias más agudas un joven *borderline*, vapuleado por la banalidad
social y la violencia familiar, muestra a su amiga un video casero en el que
ha capturado las volutas de un trozo de periódico bailando al ritmo del viento en una calleja sucia. Si bien la modernidad hizo del desecho un material
fundamental del arte, hoy la basura es una *naturaleza*, convertida en este
film en testimonio de inusitada belleza y producida –¿aún?– por una mirada
melancólica.

Oralidad-literatura: sabores-saberes de la literatura, sublimación seductora que nos desvía, nos divierte, nos distrae, con diversas estrategias para
lanzarnos a laberintos de goce o para encaminarnos por senderos del placer
y que nos provee de ese regusto donjuanesco, en permanente insatisfacción
(si somos seducidos) o en instantánea alegría (si somos seductores, esto es
lujuriosos degustadores de palabras e imágenes).

Escopia-lectura: palabras que concitan imágenes, imágenes visionarias
que nos identifican a una mirada. La lectura hace síntoma porque une dos
glotonerías: la oral y la visiva. Leer es, justamente, deslizar la mirada sobre
signos que sólo están ahí, titilantes y mudos, pero que nos hacen *signos de
inteligencia*.

Sobre estos hilos maestros que unen oralidad y escopia, literatura y lectura, Peri Rossi teje la red que exhibe en su novela *El amor es una droga
dura* (1999): actualiza el mito de Don Juan, entrelineado con la particular
imbricación de Eros y Tánatos en la transmodernidad y, a la vez, desnuda la
función de la belleza como límite, en el despliegue de la mirada como objeto causa del deseo.

– Proezas de un seductor

Dos citas presiden *El amor es una droga dura*; citas que conjugan saberes antiguos con los actuales: una del *Fedro*, "El amor es quien ama, no lo

amado", nos remite al basamento platónico de la idealización del amor; la otra, un fragmento del libro de la psicóloga italiana Graziella Margherini, *El síndrome de Stendhal*, nos recuerda la función de lo Bello y las afecciones que produce la belleza en los sujetos que son, "*salvajemente* retirados de ella, refugiados en la enfermedad, por la imposibilidad de tolerar la relación apasionada con el objeto estético, que fascina con sus cualidades formales, pero que produce dolor por los enigmas que genera y los dilemas que plantea", cita que reseña las preocupaciones sobre la relación entre placer y cuerpo en los discursos contemporáneos.

Enamoramiento y belleza llevan al límite el goce mortífero del cuerpo. El efecto de la belleza –el enceguecimiento extático– traspasa el cuerpo, lo afecta, lo enferma: el protagonista, Javier, hombre maduro, fotógrafo prestigioso retirado de la profesión por una cardiopatía, se prenda de una joven modelo o actriz o, simplemente, buscadora de un lugar de reconocimiento. Javier, donjuanesco degustador de bellezas, sustenta su hedonismo narcisista en la negación del horror, en una complaciente resignación ante el odio que planea en el actual orden mundial. Odio que, no obstante, conoce bien:

> Le gustaba la vida que llevaba y nunca se le había ocurrido cambiarla por otra. Había visto demasiadas cosas terribles en la otra parte del mundo para pensar que existía una clase de vida mejor en algún lado. Además, la reflexión no era su fuerte. Confiaba muy poco en la reflexión. Él era una lente montada sobre el trípode del cuerpo y se limitaba a registrar las cosas que ocurrían en el mundo. Mientras fue joven, prefirió las guerras lejanas. Pero cuando llegó a la cuarentena, decidió cambiarlo por algo más placentero y menos agotador: fotografías de modelos, de ropa, de autos. Tenía prestigio en la profesión, y ganaba bastante dinero. Le gustaban mucho las mujeres, demasiado para tener una sola, de modo que no se había casado (10-11).

¿Si la muerte es "algo que sólo concierne a los pobres" (11) cómo protegerse de ella si uno es rico? Pues, con la coraza del consumo: incorporar y hartarse. Pero el exceso sorprende al cuerpo con la enfermedad y lo envía a un retiro tan provisional como aburrido: casa en el campo, perro y pareja estable –eso sí, con mujer independiente y poco demandante. Un solo descuido, una breve visita a la ciudad, una casual salida de ese retiro terapéutico, lo hace tambalear: la brutalidad del impacto de la belleza de Nora –descrito en su inmediatez arbitraria ¿por qué no otra?– lo paraliza. Durante días espera, encerrado en una habitación de hotel, a que la joven le conceda una cita y se produzca un encuentro sexual.

Hoteles y aeropuertos: nuevos templos de la desubjetivización, donde los sujetos se ensimisman y distancian de sí, donde alcanzan un estado anestésico y sinestésico que apunta al ex-tasis. Lugares de desplazamientos melancólicos donde los degustadores de la *sociedad del ocio* consumen la diversidad, cercados en su propia mismidad y celebran el gasto, a la vez que hacen un duelo por el ocio perdido –el viaje hacia lo exótico, el descanso, lo lúdico, característicos de los viajeros acomodados del XVIII y XIX[14].

La espera acerca a Javier al místico. La profusión de imágenes que produce él mismo y las que, vertiginosamente, consumen sus contemporáneos, se cristalizan en las fotografías de la joven, con las que ha empapelado las paredes del cuarto del hotel. Espacio *interior*, recinto sagrado, casi ascético. El narcisismo de este Don Juan transmoderno lo lanza nuevamente al gasto: necesita poseer, consumir, agotar la belleza encarnada en esta *candidata*, una más de las que deambulan por las ciudades, portando su cuerpo para hacerse un lugarcito en el corazón de la riqueza y ser tragada por ella. A partir de este encuentro Javier busca –y casi lo consigue– el abrazo de la muerte. La avalancha pulsional lo lanza de nuevo al consumo devorador y devorante de las sociedades del lujo; vuelve a consumir todo aquello que lo enfermó en el pasado –drogas, objetos, imágenes, relaciones sexuales, sociales–. La enfermedad se reproduce en el límite de la tensión del deseo, más allá de lo soportable. Un nuevo infarto.

Escindida su interioridad entre dos voces, la de una especie de instancia superyoica que le predica austeridad y otra, proveniente de su pozo pulsional que le grita "¡goza!" hasta el fin, este Don Juan anudado por la oralidad

---

[14] "El animal turístico es la representación del deseo mercantilista del capitalismo avanzado, quiere consumir los cuepos vertiginosamente, no ya uno a uno, sino en una serie ex-temporánea donde se diluye la identidad de los mismos y donde siempre es un usufructo rentable. El deseo mercantilista es simultáneamente un trato y un tratado anatómico de los cuerpos (...) La circulación humana como fenómeno de desplazamiento es un fenómeno histórico y social (...) Pero la circulación social, como materia prima del turismo, remite simultáneamente a un ocio perdido –el ocio actual está ocupado por el trabajo frenético del viaje (...) La lejanía es la garantía de la existencia y al mismo tiempo de una fluctuación del deseo: nunca habrá un 'único lugar' que colme nuestras expectativas, que nos pertenezca, siempre serán otros lugares y el lugar de otros (...) lo que lleva a la exhaustación de las visiones del pasado para reemplazarlas por una vertiginosa fuga de contornos. (...) El turismo no devela el misterio de los lugares (lo exótico), sólo es el consuelo visivo de la inquietud humana contemporánea, el salirse fuera de sí, y un subrogado de otras necesidades, de otros apetitos, de otros desplazamientos históricos propios de la criminalidad de la guerra y el desamparo" (Rosa, en Mattalia y Alcázar 2000: 308-310).

y el narcisismo corre detrás de una belleza fabulada en su necesidad de incorporar, consumir, expulsar. Todo es deglutido y, finalmente, vomitado:

> Se puso de pie, fue hasta el lavabo, levantó la tapa del inodoro y se echó a vomitar. "Ahí van las piezas de Nora" le dijo la voz interior. –Vomita sus ojos de gacela, escupe sus labios carnosos y suaves, arroja sus párpados, destila su piel, lanza al inodoro sus pezones, descarga su cintura y luego que la hayas expulsado bien, sentirás un agradable vacío, una cómoda relajación–. –Siempre he detestado el vacío– respondió la otra voz (...) Soy un adicto, tengo que llenarme de algo. De humo, de alcohol, de objetos capturados por la mirada, de cocaína, de deseo. No hay nada que tense más que el deseo, que llene más (...) La voz, las voces, no balbuceaban (130).

– Las identificaciones de un *voyeur*

Junto a la historia de amor como síntoma del sujeto se desarrolla el de la afección producida por la belleza, *el síndrome de Stendhal*. Amor y belleza encuentran su límite en el goce mortífero del cuerpo enfermo. La alternancia de capítulos en los que se traza el trayecto del síntoma desde la infancia no apuntan ya a la pasión amorosa, sino a la emergencia de un nuevo objeto: la mirada.

Una serie de escenas dan cuenta de la formación de un *mirón* y puntúan la representación de la mirada como objeto causa del deseo; configuran en la novela una especie de historia *privada* de este testador de belleza desde su niñez, una trama paralela a la historia de amor loco actual, señalizada por la cursiva: a los seis años Javier sintió por primera vez los efectos de la belleza cuando, al salir del colegio, "de pronto contempló –unos metros más adelante– la hermosa cabellera color castaño de una niña un poco menor que él. Sintió una excitación tan grande que se echó a correr. Corría hacia un lado y otro, sin ton ni son, sin detenerse como si la única manera de soportar las emociones que sentía fuera el movimiento frenético" (77). Posteriormente, adulto ya, encontrará en las fotos tomadas por Lewis Carroll a sus niñas "a una niña semejante" que "estaba rodeada de una cabellera tan vasta que parecía corresponder a una mujer adulta" y se reconoce en el deseo perverso del presbítero por esas "niñas hembras, ajenas –inocentemente ajenas– a los deseos que despertaban, a las analogías que despertaban. La belleza es siempre ajena a sus efectos, permanece inmutable, seductora pero inseducible" (78).

Esta escena infantil, que culmina con un violento rechazo de la niña, le descubre el poder de la mirada; de la mirada como potencia fálica, como "erección del ojo" dirá en otro fragmento, cita de Lacan con la que titulará una de sus exposiciones de fotografía. La belleza tiene, desde ese momento inaugural, "un revulsivo insoportable. Pero él era un valiente: no huía (...) su desafío mayor era atrapar, analizar, descubrir la belleza. Poseerla para dominarla, para desentrañarla" (83).

A los diez años, experimenta la violenta separación de un objeto estimable; un juego de agua que contempla reiteradamente en un escaparate, es lo que se puntúa como su primera experiencia de lo infinito: sentirse consustanciado con el objeto, ser él mismo el agua deslizándose por las paredes del juego. Al desaparecer el objeto –vendido por el dueño de la tienda– aprende que no importa tanto lo mirado sino ese "cordón umbilical" de la mirada que une en un vaivén el afuera con el adentro:

> Javier no quería fotografiar sólo el objeto sino la mirada que iba del ojo al objeto y era el cordón umbilical del deseo. Como si la mirada pudiera desentrañar la causa del deseo. Hasta que se dio cuenta de que para desentrañar la causa del deseo tenía que fotografiar al deseante, no al deseado. Aún así, la causa del deseo permanecía como una incógnita. Salvo en el caso de que la belleza, en sí misma, justificara la proyección colectiva del deseo en ese objeto (110).

Dos figuras de la femineidad se perfilan en estas escenas fundacionales: la cabellera de una *niña-hembra* y el agua, líquido primordial en el que se disuelve la subjetividad. Entre esas dos figuras la escenificación de la mirada como objeto y las identificaciones nodales de este sujeto *nadificado* en su propia mirada. Figuras que reaparecen en otra escena: el adolescente Javier contempla una reproducción, en blanco y negro, de *El baño turco* de Ingres. Reproducción, imagen del cuerpo de una mujer desnuda y cabeza tocada "por un pañuelo"[15], el agua del baño. Escena que enlaza la primera contemplación de un desnudo femenino con la prohibición paterna: el abuelo de Javier lo descubre mirando y, después de una ojeada despectiva, sanciona: "Esas mujeres no existen".

"Las mujeres no existen, las mujeres no existen, pero si yo las vi en el cuadro, en el cuadro del Inglés, en el cuadro de Ingles, en el cuadro de Ongles, en el cuadro de Oncle, las mujeres no existen, ¿quién las inventa?", se pregunta Javier (153). Ingres, ingles, uñas, tío... la secuencia hace cadena: captura de la mirada del pintor, encrucijada del sexo, las mujeres, el parentesco y... la mirada masculina como falo erecto. Esta secuencia significante, casi una *boutade* del texto, señala la ascendencia de la prohibición paterna y produce una identificación que, años más tarde, vuelve a jugar con

---

[15] *Vid.* Bornay 1994, especialmente "Las cancelas de la cabellera: el velo y la toca".

el desplazamiento, esta vez hacia "Lacan –ese misógino, al fin de cuentas– había dicho: Las mujeres no existen. Son la fantasía de los hombres". Esta desviación del aserto lacaniano opera como construcción de la genealogía de la prohibición y delinea el lugar de la posición masculina frente a la representación de la mujer: la fotografía en escorzo de Nora conduce a Javier hacia el recuerdo del *Desnudo* de Tamara de Lempicka, desde el cual se desliza al recuerdo infantil del cuadro de Ingres para llegar a "El origen del mundo" de Courbet[16] y, finalmente, hacia el deseo de la mirada del "maestro" Lacan.

A lo largo de la novela se alude, repetidamente, a una escena en la que Lacan mira, todas las tardes, en un escondido gabinete situado "detrás" de su consultorio de psicoanalista, el cuadro de Courbet que exhibe un sexo abierto de mujer. En un reconocimiento identificatorio Javier *es* Lacan:

> Mirara donde mirara, en su habitación, se encontraba con Nora. 'Es un susti- tuto', le dijo la voz (...) Nadie tenía acceso a la habitación, nadie sabía a qué se dedicaba durante el paso de las horas, como la hija de Lacan –y sus pacientes y sus amigos– ignoraban que el maestro se encerraba, cada tarde, a contemplar el sexo entero, entregado, desnudo, abierto, misterioso y seductor que Courbet había pintado (...) (154).

Compartir, en secreto, el deseo del *voyeur* con Ingres, Courbet, Lacan, lo inserta en una genealogía de la mirada masculina que busca *la llave* del enigma de La Mujer. Pintar-escribir es controlar el deseo. Representar el objeto del deseo es el intento de apropiarse del enigma radical del Otro (sexo), para encontrarse, siempre con el autoerotismo: la propia mirada. Reflexiona Javier: "Aunque el pintor no está presente, lo más curioso de *El origen del mundo* es que, al elegir ese ángulo, Courbet consigue que su mirada se instale en el cuadro. No sólo ha pintado el sexo de su amante; ha conseguido que su mirada –invisible en la tela– esté presente" (155).

Puesta en escena de la división entre el ojo y la mirada descrita por el propio Lacan:

> En la relación escópica, el objeto del que depende la fantasía a la que el suje- to está colgado en una vacilación esencial, es la mirada. (...) Desde el momento que el sujeto intenta acomodarse a esa mirada, se convierte en ese objeto punti- forme, ese punto de ser desvaneciente, con el que el sujeto confunde su propio

---

[16] Sobre la secuencia de los cuadros y su significación en la novela *Vid.* Llorens 2000: 29-38.

desfallecimiento. Por eso, de todos los objetos en los que el sujeto puede reconocer la dependencia en la que está el registro del deseo, la mirada se especifica como inasequible. Por ello, más que cualquier otro objeto, es desconocido, y quizás por esta razón el sujeto encuentra felizmente el medio de simbolizar su propio rasgo desvaneciente y puntiforme en la ilusión de la conciencia de verse ver, en la que elide la mirada (Lacan 1991b: 93).

Representarse en la ausencia presente de la mirada muestra la condición de ser del deseo que el sujeto humano es.

También, la fuga imaginaria del *verse ver* se convierte en potencia simbólica, sublimación en la belleza como una pantalla refractante, a partir de la cual es posible hacer circular el falo de mano en mano –masculina– para que no decaiga... *eso*:

> Las hazañas del pene son dramáticas, trágicas e incluso cómicas. El falo, potencia simbólica, es el verdadero seductor. Sin saciar, sin defraudar, no se dirige a ti más que para abandonarte a tus propias capacidades más que autoeróticas, imaginarias y simbólicas. Si no las tienes, eres víctima seducida: hombre o mujer. Si las tienes, te conquistan riendo, es decir apuntándote la victoria mediante una identificación atónita. Así puede hablarse de una libertad: no obtención de un sentido, sino suspensión de las represiones y los resentimientos. El poder del pene actúa con su cortejo de melancolía, precio del placer. El poder fálico puesto en juego, final de la interioridad, muerte del Yo, es la realización del Amor en sí, el goce en Acto. Pero eso no existe... más que en la fascinación estética y en su apogeo, la fascinación musical. Todo lo demás es fantasía entre amos y esclavos (...) (Kristeva 1991: 178 y ss.).

El Don Juan de *El amor es una droga dura* está henchido, harto; su vida bascula entre la máxima saciedad y la enfermedad. El retorno de la salud –final de la novela– se acompaña con un nuevo proyecto sublimador, más arriesgado que la confiscación del enamoramiento e hipérbole de un falicismo sustentado en la proeza: Javier se propone fotografiar un *sunami*, nunca fotografiado "antes por nadie"; capturar una avalancha de agua, representante de una Naturaleza hecatómbica portadora de la muerte y el horror. Apertura, nuevamente, de la pulsión escópica que se abre al goce mortífero ¿soñando con yacer definitivamente, cubierto por unas aguas primordiales de belleza indecible?

Si la belleza hace velo, si es el límite de borramiento donde el placer contacta con el goce y nadifica al sujeto en el enceguecimiento de la mirada, *El amor es una droga dura* trabaja la banalidad del concepto apariencial de la belleza desgajada de la verdad. El héroe amoroso transmoderno no se ciega para alcanzar la sabiduría como el héroe trágico, ni enloquece de amor como el héroe romántico, sino que está metido en la cadena del cambalache fálico. Las imágenes de la mujer construidas por la mirada masculina circulan de mano en mano en el circuito fálico, como la carta de Poe: Lacan roba la imagen de Courbet, Javier roba las imágenes de Ingres, de Courbet y de Lacan; por si fuera poco, Francisco –psicoanalista, amigo y confidente de Javier– le roba las fotografías-imágenes de Nora, mujer de papel –para contemplarlas él también en la ensoñadora y oculta antecámara de su consultorio.

La tragedia de *Solitario de amor* se ha trocado en comedia. La peripecia de Javier es la de un héroe cómico, permanentemente defraudado en sus erecciones. Su pene es el protagonista de esta comedia, siempre erecto y siempre chasqueado. Cuando finalmente logra consumar el acto sexual con Nora lo hace en trío con otra mujer y ni siquiera recuerda a quien penetró. La belleza funciona como verónica y lo hace llegar a las puertas de la muerte: la ebriedad, la droga, la anestesia, el quirófano... Su siguiente proyecto artístico –capturar el *sunami*– no es otra cosa que el deseo de poner en marcha nuevamente la máquina pulsional, de ejercitar de nuevo la prepotencia de una mirada erecta que anhela ser divina sin tragedia.

Una parodia ácida de lo sublime kantiano.

2. El esplendor de las voces: Marta Traba, Reina Roffé, Luisa Valenzuela, Clorinda Matto, Elena Poniatowska, Carmen Boullosa, Paquita la del Barrio, La Lupe

2.1. *La Voz*

"Uno tiene muchos ojos dentro del cerebro como un atadijo de estrellas. Por eso hay que cerrar los ojos corporales, macizo, aunque venga la anochecida, aunque no sea de día, para poder ver detrás. Lo digo aunque no tengo don de lenguas", dice Jesusa Palancares en el comienzo de *Hasta no verte Jesús mío* de Elena Poniatowska.

"La conversación marchó. Una vez perdida la timidez, la muchacha podía ser muy buena interlocutora, sobre todo porque escuchaba con una estimulante atención intensa. La mayor era, por su parte, una conversadora profesional. Mientras manejaba las frases, especulaba con los silencios, creaba suspensos, recordó que hacía dos semanas que sólo hablaba por teléfono, repitiendo siempre lo mismo; cómo los dejé en el aeropuerto de Santiago, qué habrán hecho cuando se enteraron (...) ¿tuvieron tiempo de esconderse?" despliega el narrador concentrado en una *Conversación al Sur* entre dos mujeres que esperan la llegada de la muerte, de Marta Traba.

"Ha dicho, dijo y dirá, claro, pero tuvo que contradecirse y negarse a sí misma muchas veces y volverse a aceptar y negarse de nuevo y de nuevo contradecirse, desdecirse, hasta poder recuperar el tiempo lineal en el cual los recuerdos y las interferencias no se circunvalan, no se espiralan alrededor de una hasta hacer del tiempo sólo un gran ahogo" consigna la narradora de *Cuarta Versión* de Luisa Valenzuela, empecinada en perseguir la forma de contar el horror.

"Digamos que, si la charla es en ellas puros sobreentendidos, guiños a otros días en común, la escritora (que soy yo) muestre, con economía de líneas, el marco en que la charla se entiende. Las palabras de la escritora reunirán lo necesario para que el lector pueda hacerse amigo también", desea la "escritora" dedicada a plasmar el corto *Llanto* de Carmen Boullosa.

"Respira hondo y exhala lentamente esa pregunta que la persigue: hallaré, a dónde vaya el esplendor de una voz?", final de *La rompiente* de Reina Roffé.

A menudo se ha señalado como característica de la escritura de mujeres en la América Latina de los últimos años, el intento de capturar la oralidad en la letra, de hacer ingresar las tradiciones orales de las mujeres en la escritura. Tales intentos pueden enmarcarse en un proyecto global que caracteriza a la utopía escrituraria del siglo XX, cuyos primeros brotes se producen con la vanguardias históricas en los años 20 y se profundizan en las búsquedas de las décadas siguientes: escrituras como las de Baroja, Arlt, Onetti, en el contexto narrativo hispánico, se dirigen a acortar las distancias entre el texto escrito y las prácticas lingüísticas sociales. Estos autores, desdeñando el mimetismo dialectal, trabajan sobre los restos de las diferentes jergas sociales, desjerarquizándolas, buscando para la palabra literaria la *naturalidad* de los lenguajes sociales[17].

Pero, el listado de citas con las que encabezo esta sección da cuenta de una búsqueda que va más allá, que intenta capturar la Voz en la Letra y nos remite a la idea de la escritura como construcción-deconstrucción identitaria a la que han aludido numerosas narradoras. La Voz, esa instancia que marca el ingreso del sujeto en el orden simbólico, es el mito de origen de la escritura.

---

[17] *Vid.* el desarrollo del concepto "naturalización de las escrituras literarias" en Barthes 1973: 83 y ss.

Rossolatto puntúa que las marcas de redundancia (precisión de las concordancias verbales y genéricas, signos de puntuación, espacios entre palabras o párrafos) que caracterizan al código gráfico tienen como objetivo no solamente asegurar la cohesión sintagmática, menos importante en el código hablado, sino también son marcas compensatorias que intentan capturar en la escritura lo que pertenece al espacio del habla (entonaciones expresivas y significativas, referencia al contexto hablado, situación de interlocución, gestos). Tales marcas son la huella, el recuerdo de un origen acusado por la escritura, en el sentido de que la captura del habla por la escritura está precedida por la idea de anterioridad de la Voz, de la escritura como transcripción de la fonía:

> La escritura se convierte, en último extremo, en un residuo laborioso, una representación siempre imperfecta y que exige unas correcciones en la que la Palabra cede el paso a la Voz que se separa de ella para no ser ya más que un vector, una abstracción que emana de un origen, de una unidad primera y de una original adhesión al sentido del sentido.

Para Rossolatto la Voz remite al mito de origen y "de modo más general es también una pregunta implícitamente planteada" a este mito. Un mito que nos sitúa no tanto en la anterioridad real del lenguaje parental o en la aparición de la primera palabra en el niño, sino que "el mito estaría más bien en la nostalgia idealizada de una unidad original que mantiene el fantasma infantil de la Escena Original".

La unidad originaria que este mito convoca, intenta remontarse a una fuente primera, exacta, procura "fundir –y fundar– las generaciones, las diferencias de los sexos, el amor y el odio y en especial los tres polos edípicos, estando el niño presente no sólo en la unión de sus padres sino también en su propia concepción". De hecho este mito se opone a la resolución edípica de la separación, de la diferencia de sexos adquirida y de la castración. Tal invocación de una unidad originaria tiende a borrar una huella, central para la organización de todo lenguaje: la huella de la separación. Como huella, la Voz es esa palabra depurada, puro vector que une al individuo con su origen, en la que "la unión de sentido es entonces inmediata, de completa intuición. Se comprenderá, entonces que la Voz en ese refinamiento desborde la particularidad de los fonemas: idealmente no sería más que un vector del sentido, y sentido como vector"[18].

---

[18] Las citas precedentes provienen de Rossolatto 1974: 339 y 341.

En este sentido, leeré las novelas de algunas escritoras latinoamericanas en las cuales la reproducción de la Voz, el encuentro de una Voz, la búsqueda de una Voz propia, se explicita como eje central del trabajo narrativo. La voz, la conversación, el don de lenguas, poder hablar; encontrar una voz que defina al sujeto, construir una voz que atrape la interioridad, la biografía, la historia, las voces de los otros... son los nódulos que unifican estas novelas. Lo que quiero realzar es justamente esta relación entre voz y letra, entre voz y narración, entre voz y cuerpo que estos textos plantean, que expondré como si de una secuencia se tratara para llegar a la voz pelada de dos cantantes populares.

2.2. *Una voz propia: Marta Traba, Reina Roffé, Luisa Valenzuela*

2.2.1. MARTA TRABA: LAS VOCES DE LAS MADRES

Creo que podemos leer *Conversación al Sur* de Marta Traba, *La nave de los locos* de Cristina Peri Rossi, *La rompiente* de Reina Roffé, *Cambio de armas* de Luisa Valenzuela, como narraciones-ficciones que sortean la épica denuncia del horror y se asientan en la necesidad de articular, formular, desde la escritura literaria una nueva ética de la enunciación. No es casual la cercanía temporal de la publicación de estos textos, evidentemente no lo es que las autoras sean rioplatenses y acudan a la ficción para señalar los miedos, angustias y monstruosas agresiones a las que nos sometieron las dictaduras del Cono Sur en los setenta[19]. Pero, además, en estos textos aparece una nueva forma –¿una enunciación "mujer"?, ¿una reformulación y rearme de las escrituras políticas?– de trabajar sobre el horror, no señalizándolo, ni describiéndolo, ni pretendiendo referirlo unívocamente en una voz testimonializada, sino haciéndolo pasar por la ficción literaria e introduciendo las huellas de la experiencia en sutiles insertos.

Comienzo con una alusión a *Conversación al Sur* (1981) de la argentina, uruguaya, colombiana, en fin, latinoamericanísima Marta Traba.

Dos mujeres conversan en una casa-refugio en la playa, una mujer joven y una mujer madura. La madura, Elena, ex-actriz, espera noticias de su hijo y de su nuera embarazada secuestrados en Chile. La joven se llama Dolores y su cuerpo ha recibido y conserva como estigmas sangrantes los horrores

---

[19] *Vid.* Sosnowski 1988. En cuanto a la producción narrativa, *vid.* Girona Fibla 1995. Perilli 1994.

de la tortura. La casa está en un Montevideo cercado por la dictadura. Diálogo tenso entre estas dos mujeres; tenso e identificatorio: ambas recuerdan momentos vividos en el Buenos Aires de la euforia de los comienzos de los 70. Diálogos y recuerdos puntuados por el cuerpo, por la insidiosa presencia de los cuerpos: el de la mujer madura que siente el peso del suyo, envejecido y gordo; el de la joven que, con frecuencia, interrumpe la conversación: "Disculpame, tengo que ir al baño a menudo, es otro de los regalos que me hicieron". "Y si le rompieron la vejiga –se pregunta Elena en silencio– Se comentó que el bazo se había salvado de milagro, porque prefirieron saltar sobre la barriga protuberante (...) Ya vuelve, parece tranquila, ¿tendrá un tubo y una bolsita de goma externa para orinar?" (16). Entre ambos cuerpos, los del hijo y la hija desaparecidos en Chile, que irrumpen en memoria de cuerpos torturados.

Curiosa y patética inversión: el cuerpo de la mujer madura es un cuerpo bello y sano. El de la joven, un cuerpo envejecido por la violencia. Y, también, entre ellas otros cuerpos viejos que recuerdan cuerpos jóvenes. Elena evoca un espacio vacío, un agujero en el centro mismo del poder político, una plaza cuyo nombre conmemora los primeros gritos de intedependencia de las "provincias del Sur" en 1810, convertido en un desierto:

> ¿Así que estas eran las locas de Plaza de Mayo? Increíble tal cantidad de mujeres y tanto silencio; sólo se oían pasos rápidos, saludos furtivos. Ni un carro celular, ni un policía, ni un camión del ejército en el horizonte. La Casa Rosada parecía un escenario irreal, con las ventanas cerradas por espesos cortinajes. Tampoco los granaderos estaban montando guardia en la puerta. Fue cuando advirtió la ausencia de granaderos que la operación del enemigo se le hizo horriblemente transparente: se borraba del mapa la Plaza de Mayo durante las dos o tres horas de las habituales manifestaciones de los jueves. No podían ametrallar a las locas ni tampoco meterlas presas a todas (...) (87).

Una manifestación de las Madres de Plaza de Mayo.

> Aturdida sacó su pañuelo blanco de la cartera y se lo anudó (...) En un segundo que ella se quedó atrás, sin saber muy bien qué diablos hacer una mujer que pasaba apresuradamente con un fajo de hojas mimeografiadas le alargó una. Era una lista de veintitrés páginas (...) De repente se fijó en las edades: la mayoría oscilaba entre los quince y veinticinco años; siguió leyendo. Una mujer de 68, otra de 75. Un bebé de cuatro meses, una niña de dos años, otra de cinco, dos hermanitos de cuatro. Empezó a temblarle la mano que sostenía la lista (81).

Elena está entre las Madres, las *Locas* de Plaza de Mayo. Mujeres que, durante años, hiperbolizaron el lugar sagrado de las madres para sobreponer sobre la locura del Estado, un silencio denunciante y atronador. Dueñas de su hogar, esposas, madres, abuelas... arrojadas a un exterior hostil que convierte en ficción lo doméstico y las lanza a una lucha por hacer valer la razón de la vida sobre la sinrazón del Estado autoritario[20].

En una publicación que recopila cuentos y poemas trabajados desde l990 en el Taller de Escritura de la Asociación de las Madres de Plaza de Mayo, uno de los relatos recuerda, desde una voz autobiográfica, la alianza entre letra y voz del origen. Cito fragmentariamente:

> Los mayores, en mi época, l928-l936, nos ocultaban a los chicos todo sobre la vida, sexo o nacimiento, y también sobre la muerte. Y entonces uno se imaginaba todo. A los tres o cuatro años, nos decían "vienen en el pico de una cigüeña". ¿Cuánto tiempo puede estar ese animal sin abrir el pico? se los encuentra debajo de un repollo? (...) En cuanto al sexo y a la menstruación todo era secreto y misterio: te vas a hacer señorita, sentate bien, ¿sabés? si un día ves tu bombacha manchada de sangre no es nada, no es una enfermedad, ni una herida, es que ya sos grande. (...) Y por último el misterio de la muerte, que también cuando uno es chico, "se fue al cielo", "se escondió". ¿Y cómo habrá hecho para volar si estaba encerrado? (...) La muerte siempre llega macabra y siniestra, a veces la sentís cerca y ves cómo se lleva a tus seres más queridos. Pero con respecto a los hijos desaparecidos la muerte llega todos los días, desde el mismo momento en que se los llevaron. Pero nosotras inventamos la Plaza y el pañuelo, y cada vez que viene la destruimos, y allí estamos dando vida frente a la muerte, dando marchas frente a la horrible muerte (Hebe: 62).

De la casa a la política. Una particular forma de política, ya anunciada por Rosanda, cuando preguntaba a comienzos de los 80:

> ¿Y si la contradicción mujer, hoy, en su radicalidad, no fuese sino el emerger de la estrechez repentina que adquiere la política tal como la hemos conocido, al irrumpir en escena nuevos sujetos y figuras sociales, masas, necesidades, también (y por eso ahora) las mujeres? ¿Y si ellas no sólo fuesen el síntoma de una crisis más general de la política, como la clase obrera revolucionaria fue la crítica de la economía? (Rosanda 1981: 102)

---

[20] En cuanto al nexo sexualidad, cuerpo y violencia en esta novela de Traba, *vid.* Girona 1996. Para seguir el trayecto de la novela argentina escrita por mujeres en este período: *vid.* Gimbernat 1992. Agradezco a Angélica Gorodischer este libro.

2.2.2. REINA ROFFÉ: VOZ Y CUERPO

En el prólogo que encabeza *La rompiente* (1987) de Reina Roffé, cuyo título es "Itinerario de una escritura", la autora hace un recorrido autocrítico de su propia producción y señala que sus dos novelas anteriores –*Llamado al Puf* (1973) y *Monte de Venus* (1976), esta última prohibida por la dictadura militar– muestran dos momentos diferentes de un aprendizaje: si la primera estaba centrada en los "contenidos personales" y era, por tanto, una novela "primeriza y de adolescencia", la segunda se dirigía a los "contenidos sociales" y se enmarcaba en un cierto realismo crítico que pretendía "una pintura realista de los avatares de una franja social inmersa en y condicionada por las convenciones absolutistas de toda una sociedad". Esta segunda novela es presentada por la autora como una "traición a lo 'personal' que resultó un fiasco".

En este breve itinerario autocrítico, Reina Roffé agrega al efecto de la censura estatal que le significó adquirir "plena conciencia de que era imposible escribir lo que quería", el efecto de autocensura que planea sobre la escritura de mujeres:

> Como mujer que escribe había recibido el bagaje de una serie de dichos y entredichos: que la escritura femenina carece de nivel simbólico, que está sujeta al referente, que abusa de interrogantes, repeticiones y detalles, que se caracteriza por un tono de enojo y resentimientos.

Esta conciencia la lleva, afirma, a descubrir un peligro: el de tomar una voz prestada que respondiera a "expectativas y exigencias del medio, de la crítica y de ciertos interlocutores que funcionan como marco de referencia". Frente a esta "voz prestada" Roffé se plantea la indagación de una "voz propia" y presenta a *La rompiente* como un paso más en la recuperación de lo que la alentó a la escritura de su primera novela: "la integración, por medio de lo escrito, de un mundo personal alienado y en fragmentos" (Roffé: 9-11).

La rompiente puede ser leída, propone Szurmuk, como un "Ars-poetica de la autora; una contribución al conocimiento de los procesos de elaboración, creación y textualización dentro de un contexto sociopolítico violento y hostil" (Szurmuk: 124) y a las posibilidades mismas de una escritura-mujer. Sin embargo, como se deduce del prólogo, la voz propia/prestada, su captura, su esplendor son los ejes semánticos de construcción de la novela, los límites y aperturas de una búsqueda que, creo, trasciende lo programático de una escritura-mujer y se sitúa en una ambición mayor: la de mostrar, entre los intersticios del texto escrito, esa Voz –vector del sentido, sentido pleno– que nos lleva al mito de origen de la escritura.

La rompiente cuenta un doble itinerario: el viaje del narrador (la novela juega con una indeterminación genérica que, progresivamente, se va perfilando como femenino) al país extranjero, que pone la distancia necesaria para poder tomar la palabra frente a los *hechos* (la biografía, la historia nacional, la pregnancia de los modelos de escritura canonizados). En paralelo, el itinerario de escritura de una novela de la que se pergeñan fragmentos, síntesis, esbozos, escenas... La primera y segunda parte de la novela son el espacio de estas dos travesías; desplazamientos geográficos, topo y tipográficos que desembocan en una tercera parte, donde la novela se abre a la Historia, conquistada desde el terreno de lo *personal* –la biografía– y lo *social* –el referente histórico de violencia y represión–.

Este movimiento se acerca a otros similares de algunas novelas canónicas de la literatura rioplatense. Avellaneda ha indicado la revisión que *La rompiente* hace del modelo de *Los siete locos* de Roberto Arlt y su "sociedad secreta", el robo y el juego. Concluye: "Pero si en Arlt el puente de sentido se establece con el gran núcleo metafísico de la humillación, en Roffé la fusión del significado se establece con la persecución de ese *otro texto* que destrabe y arme la lengua: con el escribir mujer" (Avellaneda: 90). En efecto, funcionan en *La rompiente* modelos implícitos a los que se recupera y se subvierte: al igual que *La vida breve* (1950) de Onetti, esta novela de Roffé escenifica el difícil proceso de transformación, tanto en la fábula como en el desplazamiento pronominal (yo, usted, él, ella) que debe padecer un sujeto para alcanzar el estatuto de narrador y construir la ficción. En relación a la *Rayuela* (1961) cortazariana, trabaja el espacio extranjero y el espacio propio ("el lado de allá" y "el lado de acá") como una escisión necesaria para la construcción del relato, al tiempo que se escenifica también la dualidad entre novela y metanovela, ficción y reflexión sobre los principios constructivos del género novela-antinovela, centrales en Cortázar.

Pero, a diferencia de la propuesta onettiana, Roffé no escenifica progresivamente esa conquista del lugar del narrador; sólo elide o expone fragmentariamente los ritos de iniciación que implica la conquista de la escritura. Frente al monologismo reflexivo de Cortázar, Roffé elige el diálogo: los comentarios e intercambios del narrador y un interlocutor, lector, crítico, sobre la propia novela, puntúan el texto. La novela presenta el avance dificultoso de la escritura entre ese *yo* que cuenta y ese *usted* que pregunta, comenta e, incluso, narra, se mechan fragmentos de la *novela*. Cuando la primera persona retoma la narración suprime, sintetiza, presenta fragmentos, de la *historia* que se está construyendo como *ficción*. La ficción no se muestra en su desarrollo, sino en lo que queda de ella en el texto, en restos, casi despojos, demostrativos de una posible novela que no arranca, que se atranca, que se paraliza.

La tercera parte cuenta la historia, desde una voz *otra* que, a veces, funciona desde la tercera persona narradora utilizando "las ventajas de lo verosímil", y otras asume la voz de un narrador que arroja la historia sobre la protagonista utilizando el *usted* que la interpela. Esta historia de la tercera parte cuenta el tiempo anterior a la escritura, cuenta lo que no se podía decir, lo que no se podía representar: una pérdida original, central, en la vida de la narradora ahora protagonista, la muerte de la abuela, "Ela", la Gran Madre y la casi muerte de la narradora, su enclaustramiento, su depresión, su enfermedad, su fobia al afuera. Junto a esta pérdida *personal*, el filtrado del amenazante exterior; tamizado por el cuerpo propio que incorpora el horror del cuerpo social (mutilado, torturado, enclaustrado).

Inversión del itinerario heroico clásico de aprendizaje: desde el espacio extranjero y lengua extranjera hacia el espacio y la lengua propia –el país, la biografía, las pérdidas primordiales– y, finalmente, hacia el cuerpo propio. Cuerpo desde el cual se vuelve a comenzar y se abre el juego de un eterno retorno; *La rompiente* finaliza con un enigma que nos enfrenta al origen:

> Oye una sirena quebrar la noche. Su cuerpo se repliega, sin embargo es inútil evitar el escalofrío y una puntada en el bajo vientre que las manos no componen con sus friegas. Respira hondo y exhala lentamente esa pregunta que la persigue: ¿hallaré, a dónde vaya, el esplendor de una voz? El dolor se disipa como si ese esplendor incierto contuviera una sustancia benévola que pondrá otra vez su vida en juego. Ahora, sangra.

La Voz, ese soplo del puro espíritu, ese respiro, esa exhalación, ese sentido pleno del sentido, se difiere hacia el comienzo –el viaje, la escritura, la novela. Una Voz, "substancia benévola" que calma al cuerpo acosado por la amenaza del exterior hostil; un cuerpo inflamado por sus dolores y humores que, ante la promesa de la Voz, se abre, sangra, vive, escribe.

2.2.3. LUISA VALENZUELA: HACIA UNA NUEVA ÉTICA DE LA ENUNCIACIÓN

En el año 1982, en Estados Unidos, aparece por primera vez *Cambio de armas* de Luisa Valenzuela. Libro compuesto por una *nouvelle* y cuatro cuentos, publicado en Ediciones del Norte, Hanover, que fue y es lugar de acogida de intelectuales latinomericanos expuestos a diversos exilios. Me concentraré en tres estancias, tres relatos de este libro de Valenzuela que pondré en contacto, intentando desenvolver estos procesos creativos de nuevas éticas de la enunciación narrativa, en las cuales se despliegan los cruces entre narración e historia.

– Agujerear la ficción

La *nouvelle* que abre *Cambio de armas*, titulada "Cuarta versión" escenifica, justamente, un ajuste con la barra de la significación a la vez que bascula sobre los polos pasionales del sujeto. La pequeña historia de amor de Bella, bella y seductora actriz, y su amante, embajador de innominado país, discurre en un Buenos Aires en el que conviven los fastos y las fiestas diplomáticas con la presencia cada día más aluvional de asilados políticos que permanecen en los sótanos de la embajada esperando ir a ninguna parte, en ese espacio de la supervivencia que desnuda la nuda vida. No sintetizaré los avatares de tal historia sólo quiero puntuar su posición enunciativa:

> Hay cantidad de páginas escritas, una historia que nunca puede ser narrada por demasiado real, asfixiante. Agobiadora. Leo y releo estas páginas sueltas y a veces el azar reconstruye el orden. Me topo con múltiples principios. Los estudio, descarto y recupero y trato de ubicarlos en el sitio adecuado en un furioso intento de rearmar el rompecabezas. De estampar en alguna parte la memoria congelada de los hechos para que esta cadena de acontecimientos no se olvide, ni repita. Quiero a toda costa reconstruir la historia ¿de quién, de quiénes? De seres que ya no son más ellos mismos, que han pasado a otras instancias de sus vidas. Momentos de realidad que de alguna forma yo también he vivido y por eso mismo también a mí me asfixian, ahogada como me encuentro ahora en este mar de papeles y de falsas identificaciones. (...) Uno de los tantos principios –¿en falso?– dice así: Señoras y señores: he aquí una historia que no llega a hacer historia que pelea por los cuatro costados y se derrama con uñas y dientes. Yo soy Bella, soy ella, alguien que ni cara tiene porque ¿qué puede saber una del propio rostro? (Valenzuela: 3-4).

Este primer movimiento del relato presenta una voz personal que consigna el acto de la escritura, sus vacilaciones y denuncia su fiabilidad, al tiempo que hace evidente la solidaridad e identificación con los personajes de la historia y el salto hacia otra instancia, esta vez la de la protagonista que se presenta en el espejo de la escritura como la *otra* que participa; para luego saltar, más adelante, a una voz impersonal que cuenta los avatares de la historia contada. Fracturas de un discurso inseguro, colocado en una oscilación dudadora, que afirma y desafirma, arma y desarma, concluye y vuelve a comenzar.

Pero esta escenificación del acto de escritura, de lo indecible, de lo historiable, no es el único agujero que este relato contornea: la historia misma de seducción y amor loco se va contaminando de "momentos de realidad": la presencia de los asilados políticos en la embajada y de la violencia militar van apareciendo, progresivamente. Primero en líneas breves, como amenazantes indicios que fracturan la excitación de los encuentros y los juegos amorosos, hasta que en su final cubre, como una marea, la escena del relato y culmina con la invasión –programada por la protagonista– de acosados, que disfrazados de invitados a un sarao diplomático, ocupan la embajada para escapar del país.

En esta atmósfera plagada de "indicios pánicos", otro tipo de agujero desconcierta y cuestiona el estatuto trágico de la ficción: el humor. Valenzuela es magistral en la introducción de pequeños insertos humorísticos que desestabilizan la homeostasis tranquilizante de la ficción. Ejemplos: en cuanto la protagonista se llama Bella y se configura con los atributos de su nombre, inmediatamente el humor cuestiona ese estatuto tópico de la belleza: "Bella la aguerrida y bastante bella aunque muchas veces aclaró Bel/la, sobrina nieta de Lugosi" (Bela Lugosi) o hilachas de juegos infantiles, chispazos cargados de miedo infantil, o insertos tópicos del humor coloquial popular que se manejan en diversas direcciones de sentido – "La mujer es como el indio, se pinta cuando quiere guerra", reflexión popular que se hace Bella frente al espejo mientras se maquilla y que luego se recupera como "premonitoria advertencia" en dos campos de batalla: el de la seducción y el de la violencia dictatorial. Todas estas estrategias narrativas apuntan a la refutación de *un* punto de vista, de *un* tono, de *una* historia homogénea y estable.

– Mujer tachada-mujer sin tacha

Una escena tópica precede al comienzo del relato "Ceremonias de rechazo": una mujer espera la llamada de su amante, nombrado "infame Coyote". Precede a la historia que se contará, esta *summa teológica* de la promesa masculina en versión rioplatense: "Mamacita, estar lejos de usted es como vivir en suspenso, pero debe entender que mis deberes me reclaman. En cuanto acabe la reunión le pego un golpe de teléfono y acá me tendrá de nuevo, para servirla. Dos, tres horitas, a lo sumo" (87).

Pero el comienzo del relato se inaugura con un acto de rebelión de la protagonista, no en vano bautizada "Amanda": "Siendo el esperar sentada la forma más muerta de la espera muerta, siendo el esperar la forma menos estimulante de la muerte, Amanda logra por fin arrancarse de la espera quieta y pone su ansiedad en movimiento" (87). A partir de este primer rechazo se sucederán una serie de *ceremonias*. Una sucesión de rituales: primero atacar al propio imaginario y desinflar la imagen idealizada del otro (Amanda desecha las delicias que le proporciona el Coyote y se concentra en sospechas, hasta piensa que es confidente o policía). Luego se pone en movimiento y ejercita rituales para provocar la llamada telefónica: danzar para "olvidar con el baile el rigor mortis de la ausencia y de la espera, sacudir la peluca, sacudirse las ideas"; encender velas, hacer un círculo de tiza alrededor del teléfono; pero, lentamente estos conjuros de llamado se van deslizando hacia "ceremonias de rechazo" y éstas a su vez se convierten en *ceremonias de liberación*: desconectar el teléfono es la acción que anuncia el corte.

De allí, una serie de regocijos con el propio cuerpo, una buena mascarilla. "Digamos, la máscara. Las máscaras son imprescindibles para entrar en escena o para salir de escena y meter la patita en otra vida donde no hay coyotes, coyones, vampiros de sus más secretos líquidos" (95). Quitarse la mascarilla es comprobar que aún falta más limpieza y ejercita un *peeling* para arrancar la propia piel, borrarse la cara. Ya con el pellejo enrojecido, descubre que no es ese su deseo sino el dibujarse de nuevo. Luego de una buena crema hidratante comienza el dibujo de un nuevo cuerpo: quitarse los pelos, el baño que disuelve el cuerpo en espuma perfumada, el sueño reparador y un buen día de sol, un paseo y, finalmente, una coreografía de libertad en la que Amanda hace uso del único don que le ha hecho el ahora ya "anulado Coyote": la manguera para regar las plantas de su jardín aéreo.

> Baila Amanda con la manguera, la florea, por fin libre, se riega de la cabeza a los pies, se riega largo rato y baila bajo esa lluvia purificadora y vital. Libre, libre, canta aún en el baño mientras se quita las ropas empapadas, las sandalias empapadas. Libre sin siquiera secarse, poniéndose a hacer gimnasia desnuda frente al espejo de cuerpo entero. Libre, mientras flexiona las rodillas, libre, libre, cantando. Y el espejo paso a paso le devuelve las formas y le confirma el canto (101).

Hacerse un cuerpo nuevo, borrarse y dibujarse de nuevo, conjurar el agujero que la pasión amorosa produce en la pérdida y restaurar a Narciso; pero también asumir el juego fálico –el *illudere* que caracteriza al lado femenino del semblante– en el que la máscara de la histeria aparece, se devela y se desmorona.

– Testimoniar

Cambio de armas: leo el último relato con el que concluye este volumen de cuentos:

No le asombra nada el hecho de estar sin memoria, de sentirse totalmente desnuda de recuerdos. Quizá ni siquiera se dé cuenta de que vive en cero absoluto. Lo que sí la tiene bastante preocupada es lo otro, esa capacidad suya para aplicarle el nombre exacto a cada cosa y recibir una taza de té cuando dice quiero (y ese quiero también la desconcierta), cuando dice quiero una taza de té (113).

Arranque del relato.

Una voz anónima, en tercera persona, consigna focalizadamente los descubrimientos interiores de una "mujer llamada Laura". Una mujer que, desde este inicio, lenta, trabajosa y prolijamente, va desanudando el olvido que la hace vivir sin memoria. Encerrada en una estancia vigilada por dos matones y una criada, vive en presente absoluto una ficción de relación amorosa violenta con un militar que la secuestró y le ha injertado una memoria apócrifa –con foto de boda incluida– provocando una amnesia absoluta.

Fragmentado en breves capítulos el relato consigna el proceso de recuperación de la memoria, pero me interesa señalar cómo, qué es lo que desencadena el proceso. La secuencia de los capítulos titulados nos provee del primer hilo para recomponer el tapiz de la impostura que, lentamente, va destejiendo Laura. En el índice de los títulos de cada fragmento se sigue una gradación oscilante que va de las palabras a las imágenes, de las imágenes a las cosas, de las cosas al cuerpo y a la violencia escrita sobre el cuerpo, a la memoria que desencadena más memoria y reconstruye la escena originaria del secuestro y su desenlace: "Las palabras", "El concepto", "La fotografía", "Los nombres", "La planta", "Los espejos", "La ventana", "Los colegas", "El pozo", "El rebenque", "La mirilla", "Las llaves", "Las voces", "El secreto (los secretos)", "La revelación", "El desenlace".

Me detengo: esa mujer que no posee nombre propio, la "llamada Laura", manifiesta una primera sorpresa: la eficacia de las palabras para producir actos. La sorpresa ante la capacidad comunicativa de las palabras abre en esta mujer, amnésica pero no afásica, una primera pregunta: si las palabras tienen nombres precisos –una taza, por ejemplo, o la sirvienta que la atiende, Martina, o ella misma–; por qué el hombre que la visita responde a cualquier nombre. Por qué este hombre es un "sinnombre al que le puede poner cualquier nombre que se le pase por la cabeza, total, todos son igualmente eficaces y el tipo, cuando anda por la casa le contesta aunque lo llame Hugo, Sebastián, Ignacio, Alfredo o lo que sea" (114). Interrogaciones que comienzan a filtrar en el discurso de esta mujer "llamada Laura" una serie de sospechas y certezas: por qué le produce desesperación la "llamada puerta", cómo se llama eso que el hombre le hace "en una progresión no exenta de ternura". De allí a la certeza de que no está loca sino solamente ausente de recuerdos;

a un ir y venir entre el deseo de encontrar la palabra clave en la que se contengan todos los recuerdos borrados y la necesidad de no encontrarlos, de seguir poseída por el olvido "que no le resulta del todo desagradable".

Entre certezas y sospechas aparece la propia imagen, devuelta como un espejo desde una fotografía. Imagen extraña que la lleva al espejo real y a un trazo en el cuerpo: "Extraña es como se siente. Extranjera, distinta. ¿Distinta de quiénes, de las demás mujeres, de sí misma? Por eso corre de vuelta al dormitorio a mirarse en el gran espejo del ropero". En la visión en el espejo emerge un trazo enigmático, una especie de grafo sin sentido, en su cuerpo: "Una cicatriz espesa, muy notable al tacto, como fresca aunque ya esté bien cerrada y no le duela", y una pregunta que anuda los signos del cuerpo con el olvido –"¿Cómo habrá llegado ese costurón a esa espalda que parece haber sufrido tanto?". Una palabra chisporrotea nombrando el origen del signo: "Una espalda azotada. Y la palabra azotada, que tan lindo suena si no se la analiza, le da piel de gallina. Queda así pensando en el secreto poder de las palabras, todo para ya no, eso sí que no, basta, no volver a la obsesión de la fotografía" (119).

Es allí, en ese cuerpo cruzado, barrado, tachado por una cicatriz reside la memoria del horror. Es allí donde Laura encuentra su primer "recuerdito" que la llevará a una palabra clave: "el rebenque", el arma, la violencia depredadora, el odio. El recuerdo del amado muerto en la tortura; el de la propia Laura ejerciendo la violencia con quien ahora la violenta. Ese signo en el cuerpo hace posible el cambio de armas: el arma del poder es el olvido; pero los cuerpos guardan memoria, una memoria que permite comprender. Después de la revelación de la intriga que le hace el militar (Laura fue detenida en el momento en apuntaba a matar al coronel que luego la secuestró) "empieza a entender algunas cosas, entiende sobre todo la función de este instrumento negro que él llama revólver. Entonces lo levanta y apunta" (146). Fin del relato.

La interrogación, esa forma de la espera, decía Sartre. La espera de que otro ponga sentido a mi pregunta. La pregunta sobre las palabras y su poder, pero también sobre la memoria escrita en el cuerpo; el cuerpo, mapa sígnico, enigmático, desde el cual se desata la memoria. Si el olvido es el azote de la historia privada y colectiva, el cuerpo-los cuerpos guardan memoria del origen violento del olvido. Si el olvido desarma los cuerpos y el lenguaje, recuperar la memoria implica rearmarse[21]. La escritura en Valenzuela no

---

[21] *Vid.* la lectura sobre la verticalidad-horizontalidad de las figuras de los personajes en el proceso del relato que realiza Niebylski, Diana: "Rearmando a la mujer desarticula-

sólo se esboza en este ajuste con la barra de la significación, sino que muestra, evidencia, denuncia, testimonia, la caída y recuperación de la barra: una buena parte de sus historias y de sus personajes abren una brecha en las relaciones naturalizadas entre significante/significado y escenifican el agujero de la significación. Agujero que, una vez expuesto se vuelve a velar, sugiriendo así el infinito movimiento de alternancia entre la pasión más persistente del ser hablante: la ignorancia y su otro, el saber. Más: el saber, en Valenzuela, conduce necesariamente a la acción.

2.2.4. CODA

Cuenta Agamben que, en su primer regreso después del fin de la guerra, le preguntaron a Hanna Arendt "¿Qué queda de Alemania después de Auschwitz?". Ella contestó: "¿Después de Auschwitz?: la lengua materna". La *experiencia literaria* de Traba, Roffé, y Valenzuela nos recuerda que siempre se vuelve a esa lengua materna.

2.3. *¿Modernas, transmodernas? La voz del "otro": Clorinda Matto, Elena Poniatowska y Carmen Boullosa*

2.3.1. LA CUESTIÓN DEL *OTRO*

En la tradición occidental se han construido, señala de Certeau, dos posiciones reductoras ante el *otro*: el *otro* es alguien que tiene rasgos semejantes al sí mismo o alguien que todavía no los tiene. Es decir, el *otro* es reconocido por su posible parecido o el *otro* es el que todavía no es parecido. La primera establece un espacio de semejanza, reconociendo un cierto estatuto ontológico a la otredad que la acerca al sí mismo, trabaja con la analogía y la identificación parcial; mientras que la segunda desconoce un estatuto ontológico a la otredad, de tal manera que su esfuerzo pone el énfasis en la diferencia para su conversión en semejanza y procura la apropiación de tal diferencia[22].

Bartra, asentándose en los asertos anteriores, propone que el estatuto del *otro* se articula como una necesidad interna en la estructuración de la cultu-

---

da: estrategias de de (con)strucción-reconstrucción en Cambio de armas de Luisa Valenzuela", en Mattalia, S. y Aleza. 1995: 46-53.

[22] *Vid.* de Certeau 1985 y 1986.

ra occidental; en el corazón de la cultura europea, como nódulo fundacional, se desarrolla un mito que, a la vez, oculta y revela la naturaleza de esta cultura que se ha dotado de consistencia identitaria basándose en un mito fundador: el del *salvaje*[23].

En el inicio de su recorrido sobre la construcción del *salvaje* recuerda un pasaje de Bernal Díaz del Castillo en su *Historia verdadera de la Conquista de la nueva España*. Aquél donde el popular cronista consigna los festejos, celebrados en México con motivo de la firma del tratado de paz en 1538 entre Carlos V y Francisco I de Francia. Bernal describe la representación de un bosque artificial, implantado en la plaza central de la antigua y ya conquistada Tenochtitlán, que contenía, además de "venados, conejos y liebres y zorros y muchos géneros de alimañas chicas y dos leoncitos y cuatro tigres pequeños", "otras arboledas muy espesas y algo apartadas del bosque, y en cada una un escuadrón de salvajes con sus garrotes anudados y retuertos, y otros salvajes con arcos y flechas" (Cit por Bartra: 10 y 15). Este testimonio de Bernal se completa con el de la fachada plateresca de la casa de Montejo en Mérida, Yucatán, en la que se representa a dos de estos exóticos salvajes: hombres barbados, con el cuerpo cubierto de vello y armados de garrotes retorcidos, semejantes a los "bastos de naipes" que consigna Bernal.

Numerosas crónicas del primer siglo de la colonización americana describen, como características de los indios americanos, su profuso vello y vestimentas aleonadas parecidas a las del *homo silvestris* medieval. Representantes de una especie imaginaria, preexistente y persistente en el imaginario europeo, que acompañó a los europeos en la empresa conquistadora y se superpuso como figura desplazada sobre los indios americanos. Bartra recorre la construcción europea del hombre salvaje que atraviesa la cultura griega, se encarna en el *homo sylvestris* medieval, florece en el Renacimiento, es alentado por el descubrimiento del Nuevo Mundo y llega hasta nuestros días.

El hombre llamado civilizado no ha dado un solo paso sin ir acompañado de su sombra, el salvaje. Es un hecho ampliamente reconocido que la identidad del civilizado ha estado siempre flanqueada por la imagen del 'otro'; pero se ha creído que la imaginería del 'otro' como ser salvaje y bárbaro –contrapuesto al hombre occidental– ha sido un reflejo –más o menos distorsionado– de las

---

[23] *Vid.* Bartra 1996 y 1997. Agradezco a Álvaro Contreras el señalamiento de este texto.

poblaciones no occidentales, una expresión eurocéntrica de la expansión colonial que elaboraba una versión exótica y racista de los hombres que encontraban
y sometían los conquistadores y colonizadores (Bartra: 16).

Desde los faunos, silenos, centauros, los *agrioi* griegos, que se enlazan
al *homo sylvestris* medieval y la tradición judeo-cristiana del *desierto* con
sus ermitaños y anacoretas, y que llega a las *mujeres salvajes* del Siglo de
Oro español, se verifica

> que la cultura europea generó una idea del hombre salvaje mucho antes de la
> gran expansión colonial, idea modelada en forma independiente del contacto
> con grupos humanos extraños de otros continentes. (...) Los hombres salvajes
> son una invención europea que obedece a la naturaleza interna de la cultura
> occidental. Dicho en forma abrupta: el salvaje es un hombre europeo, y la noción
> de salvajismo fue aplicada a pueblos no europeos como una trasposición de un
> mito perfectamente estructurado cuya naturaleza sólo se puede entender como
> parte de la cultura occidental. El mito del hombre salvaje es un ingrediente ori-
> ginal y fundamental de la cultura europea.

En cuanto a la investidura de los indios americanos como salvajes, Bartra postula que

> esos rudos conquistadores habían traído su propio salvaje para evitar que su ego
> se disolviera en la extraordinaria otredad que estaban descubriendo (...) como si
> los europeos tuviesen que templar las cuerdas de su identidad al recordar que el
> 'otro' –su 'alter ego'– siempre ha existido y con ello evitar caer en el remolino
> de la auténtica otredad que los rodeaba (17).

En el trayecto de la modernidad se produce una variación: el *salvaje
artificial*. Montaigne y su discurso sobre el canibalismo, Defoe y su Vier-
nes, el *buen salvaje* de Rousseau, son algunos de sus hitos. En las postrime-
rías del XIX, el mito del salvaje coagula en expresivas metáforas sociales
–"la lucha por la vida" o "la ley de la jungla"– que perviven en el cercano
siglo XX, por lo pronto en algunos superhéroes de la cultura de masas, como
el medievalizante *Conan, el bárbaro*[24]. Cabe agregar que a fines del XIX se

---

[24] Matizo una diferencia entre el concepto de *bárbaro* y el de *salvaje* que, a menudo,
se utilizan como sinónimos. Si el bárbaro define a los extranjeros que no forman parte de
la cultura propia y no poseen su lengua; el salvaje –de *selvaticus, silva, selva*– se compone de una serie de ingredientes que apuntan a una dualidad natural *animal-humano* y
connota vidas primitivas, atrasadas o, simplemente, cercanas a la animalidad.

produce una internalización del *salvaje* en la figura finisecular del *doble*, salvaje bifaz que reúne en un mismo personaje al *yo* civilizado con su *otro* desbridado y monstruoso, expresado en la potente exclamación de Rimbaud: "Je suis l'autre. J'ai fait le bond sourd de la bête féroce" o en la peripecia hacia el corazón de las tinieblas de Conrad.

Depués de estas reflexiones: una cita abre algunas preguntas sobre este tema que he denominado la *cuestión del otro*, eco de aquél en el que Marx se concentraba en la *cuestión judía*, ya que con frecuencia la representación del *otro* se acerca al asesinato... simbólico.

> Arden ya en medio del campo
> cuatro extendidas hogueras,
> cuyas vivas llamaradas
> irradiando, colorean
> el tenebroso recinto
> donde la chusma hormiguea.
> En torno al fuego sentados
> unos lo atizan y ceban;
> otros la jugosa carne
> al rescoldo o llama tuestan.
> Aquél come, éste destriza,
> más allá alguno degüella
> con afilado cuchillo
> la yegua al lado sujeta,
> y a la boca de la herida,
> por donde ronca y resuella,
> y a borbollones arroja
> la caliente sangre fuera,
> en pie, trémula y convulsa,
> dos o tres indios se pegan,
> como sedientos vampiros,
> sorben, chupan, saborean
> la sangre, haciendo murmullo,
> y de sangre se rellenan.
> Baja el pescuezo, vacila,
> y se desploma la yegua
> con aplausos de las indias
> que a descuartizarla empiezan (Echeverría 1986a: 137).

El largo poema de Esteban Echeverría, *La cautiva*, se publica en 1837 y es considerado uno de los textos fundacionales de la cultura argentina independiente y la primera textualidad moderna que fusiona el proyecto romántico-liberal de la llamada Generación del 37, enucleada primero en el Salón Literario y luego en la oposición al gobierno de Juan Manuel de Rosas. *La cautiva* desarrolla en sus siete cantos una puesta a punto o si se prefiere una aclimatación del romanticismo en el Río de la Plata[25]. La operación ejercida por Echeverría se asienta en la apropiación de la densidad estética del paisaje pampeano, de la cual partirán diversas líneas de la naciente literatura argentina y en la épica actuación de los héroes –blancos– contra la bestialidad de los indios, que apuntan ya la fórmula *Civilización vs. Barbarie*, que Sarmiento sistematizará en su *Facundo* (1845)[26]; fórmula ideológica de alta eficacia, vertebradora de una buena parte del pensamiento de las elites criollas latinoamericanas, hasta bien entrado el siglo XX. Se han rastreado las ascendencias diversas de Echeverría, desde los ecos de Schlegel, Byron, Lamartine, el *Prefacio* del *Cromwell* de Hugo y *El Arte y lo Bello* de Lamennais, a más del análisis de la originalidad de la construcción literaria, del posicionamiento del intelectual que delimita el espacio de acción estética y política esbozado por Echeverría y que cala en los llamados *fundadores de la Nación*; pero, a pesar de montañas de crítica e historiografía, sorprende la escasa atención que se ha brindado a la construcción del *salvaje* en este primer texto.

El fragmento citado escenifica una doble contraposición que el desarrollo del poema desplegará: la de individuo vs. masa –la pareja del guerrero Brian, quien muere finalmente en el desierto, y de su prometida María, angelical criatura engrandecida por el amor que la potencia para salvar obstáculos poderosos, contra la masa de indios que habitan y recorren la llanura, con esporádicos saqueos en las fronteras citadinas– y la de civilizado vs. salvaje. En la primera, la masa india –el *malón*– se perfila en figuras sin espesor ni historia que hacen de contrapunto al valiente individuo –María y Brian– enfrentamiento que se coagulará en el de civilizado-salvaje. En el juego dualista se apuntalará tanto la necesidad de la ocupación y capitalización de las extensas llanuras pampeanas como el exterminio de las tribus indígenas que culminará con la Campaña del Desierto del general Roca en 1912.

La descripción del *festín* canibalesco de los indios, después del saqueo de yeguas, bastimentos y cautivas blancas, cargada de elementos grotescos, casi expresionistas, adquiere los tonos demoníacos de una zarabanda medieval, donde los indios son representados como fieras vampirescas. No deja

---

[25] *Vid.* Jitrik: 139-178.
[26] He desarrollado este tema en Mattalia S. 1994: 251-266.

de sorprender que tal descripción sea presentada por algunos críticos e historiógrafos como veraz e, incluso, se citen experiencias biográficas del propio Echeverría para afirmar la realidad de la ficción. Y sorprende aún más cuando este "Canto II" de *La cautiva*, avanza los tonos subidos de la novela corta de Echeverría, *El matadero*, publicada en 1871 pero escrita entre 1839-40. En el trecho que va desde el poema *La cautiva* a la novela *El matadero*, el salvajismo del festín indio, canibalístico y animalizado, se desplaza hacia la masa urbana suburbial. La *chusma*, que participa de la matanza de reses en un matadero de Buenos Aires se compone de negros y criollos, unidos por su carácter incivilizado y por su adscripción política federal de seguidores de Rosas, al que también se describe como partícipe de este festín de sangre[27].

No es mi objetivo extenderme sobre las abundantes y heterogéneas representaciones del *otro* –indio, negro, mestizo, inmigrante o, simplemente, opositor o contrincante ideológico– que se construyeron y representaron, con funcionalidades diversas, en las textualidades decimonónicas latinoamericanas –desde Bolívar a Martí o González Prada, de Sarmiento a José Hernández o Cambaceres– en el amplio abanico de los procesos de construcción y afianzamiento de los Estados Nacionales a lo largo del XIX en América Latina, y en los procesos de modernización y democratización del XX. El ejemplo de Echeverría me sirve para situar un problema que quiero reenfocar en las construcciones del *otro*, de la mano de la escritura de mujeres, para tomar como núcleo la representación del *indio* que, desde el *Diario de Colón*, se configura como un *otro* topificado de la cultura latinoamericana. No aspiro a hacer una arqueología de este tópico, ni señalar una genealogía de la *diferencia* femenina en tales representaciones, sino solamente una puntuación a partir de un montaje y una elipsis de casi un siglo. Tres autoras y tres novelas, entre dos fines de siglo: *Aves sin nido* de Clorinda Matto de Turner (1889), *Hasta no verte Jesús mío* (1969) de Elena Poniatowska y

---

[27] Cito una de sus tantas descripciones: "La perspectiva del matadero a la distancia era grotesca, llena de animación. Cuarenta y nueve reses estaban tendidas sobre sus cueros y cerca de doscientas personas hollaban aquel suelo de lodo regado con la sangre de sus arterias. En torno de cada res resaltaba un grupo de figuras humanas de tez y razas distintas. La figura más prominente era el carnicero con el cuchillo en mano, brazo y pecho desnudos, cabello largo y revuelto, camisa y chiripá y rostro embadurnado de sangre. A sus espaldas se rebullían, caracoleando y siguiendo los movimientos, una comparsa de muchachos, de negras y mulatas achuradoras, cuya fealdad trasuntaba las harpías de la fábula, y entremezclados con ella, algunos enormes mastines olfateaban, gruñían o se daban de tarascones por la presa" (1986: 94).

Llanto de Carmen Boullosa (1992). Momentos históricos: el fin del siglo XIX con el primer gran impulso modernizador que conlleva el asentamiento de los Estados Nacionales; y el fin del siglo XX en el que se asiste a la quiebra de estos estados, en el cual se elabora el duelo por el fracaso del proyecto de revolución continental, que ocupó las décadas de los 60 y 70, cuya búsqueda de apertura hacia la inclusión del *otro* se expresa en la novela de Poniatowska y que la novela de Boullosa problematiza. Con la concentración en estos momentos pretendo emblematizar los bordes de la peculiar modernidad latinoamericana y su quiebre.

2.3.2. CLORINDA MATTO: "EL DESCOLORIDO LÁPIZ DE UNA HERMANA"

> Si la historia es el espejo donde las generaciones por venir han de contemplar la imagen de las generaciones que fueron, la novela tiene que ser la fotografía que estereotipe los vicios y las virtudes de un pueblo, con la consiguiente moraleja correctiva para aquéllos y el homenaje de admiración para éstas. Es tal, por esto, la importancia de la novela de costumbres, que en sus hojas contiene muchas veces el secreto de la reforma de algunos tipos, cuando no su extinción (...) (3).

Con estas palabras comenzaba Clorinda Matto de Turner su conocido y citado *Proemio* a *Aves sin nido* (1889)[28]. Su publicación le valió una intensa reacción conservadora que logró apartarla de la dirección del importante semanario *El Perú ilustrado*, revista excomulgada por el Arzobispo de Lima en 1889 e inició una serie de agresiones contra la autora que culminaron en 1895 con el saqueo de su casa, la quema de su imprenta, así como su exilio en Buenos Aires, donde residirá hasta su muerte en 1909[29].

Como señaló Cornejo Polar, la obra de Matto, como una buena parte de la literatura latinoamericana de fines del XIX, puede ser leída como una reflexión sobre la modernidad. Clorinda oscila entre los dos polos liberales que escinden a la nueva burguesía peruana: sus primeros textos, las *Tradiciones cuzqueñas* (1884-1886) siguen la estela de las de Ricardo Palma con una visión hispanizante que desproblematiza el pasado colonial e intenta "restaurar los vínculos entre la República y los siglos coloniales, nacionalizando esa experiencia y haciéndola parte del proceso de gestación del país" (Cornejo Polar 1974: XI).

---

[28] Cito por la edición de Cornejo Polar 1994.
[29] *Vid.* Núñez 1976 y Tauro 1976.

Pero, posteriormente, la participación de Matto en el *Círculo literario*, durante su estancia en Lima entre 1886 y 1895, la escora hacia el ideario reformista radical, con tintes anarquistas, de González Prada que lo dirigía. *Aves sin nido* nace marcada por dos sucesos diversos: la derrota del Perú en la guerra con Chile que, a más de la derrota militar, produce un creciente malestar contra los terratenientes y oligarcas que la habían sostenido y la publicación, un año antes, del famoso "Discurso en el Politeama", en el cual González Prada, afirmaba que el "verdadero Perú" no eran los hijos de extranjeros y mestizos que ocupaban el Perú costeño, sino los indígenas del área andina que debían ser la base de refundación de la Nación[30]. Por otra parte, la firme adhesión de Clorinda a las tendencias emancipatorias de la mujer, fraguada en su amistad con Mercedes Cabello de Carbonera y con la argentina Juana Manuela Gorriti, a quien conoció en Lima y en cuyas *Veladas Literarias* participó[31] y que luego la acogió en su exilio en Buenos Aires, la posiciona como precursora de los movimientos reformistas y de lucha por los derechos de las mujeres, que madurarán en los 20.

Volviendo al citado *Proemio*, una torsión lo encabeza: la vocación referencialista de la novela realista era ser el espejo de la vida, según el mandato sthendaliano; pero Matto distribuye las funciones, por una parte, otorga a la historia la función de conservar la memoria y por otra, reserva para la novela un papel didáctico y reformador. El valor que otorga a la *novela de costumbres* se sustenta en dos elementos ejercitados en la composición de su novela: la introducción de la fidelidad referencial, reivindicando su condición de escritora testigo, y el de la estereotipia para conformar el mundo ficcional; fórmulas que la autora ejercita jugando entre la novela de tesis y el decálogo de la novela experimental a lo Zola.

La figura del escritor que emerge del *Proemio* es la del que se autoriza en la convivencia con sus personajes, que Clorinda resume en una perfilada síntesis de estereotipos: "Amo con amor de ternura a la raza indíge-

---

[30] *Vid.* Cornejo Polar 1977, 1974 y 1992.

[31] La reconstrucción del Salón ilustrado y del ambiente cultural peruano del momento se sigue con verdadera fruición en la *Antología* de algunas de las Veladas Literarias organizadas por Juana Manuela Gorriti durante su estancia en Lima, en las que participó Clorinda y que Graciela Batticuore recoge al final de su ensayo: *El taller de la escritora (Veladas Literarias de Juana Manuela Gorriti: Lima-Buenos Aires (1876/7- 1892)* (1999). En cuanto a la amistad e intercambios entre Clorinda y otras escritoras: *Vid.* Canepa, Gina: "Escritoras y vida pública en el siglo XIX. Liberalismo y alegoría nacional", en Pizarro 1994: 271-281.

na, por lo mismo que he observado de cerca sus costumbres, encantadoras por su sencillez, y la abyección a que someten esa raza los mandones de villorrio que, si varían de nombre, no degeneran el epíteto de tiranos. No otra cosa son, en lo general, los curas, gobernadores, caciques y alcaldes" (3-4).

Es, justamente, esa experiencia de testigo la que autoriza a la voz narrativa a introducir comentarios y juicios morales, políticos y religiosos, a escindir el mundo narrativo en un juego de enfrentamiento de tipos en el espacio de un pueblo de los Andes: los *malos* –que presiden la sociedad y la política civil, pertenecientes a las castas asociadas a la explotación lanar y agrícola en las zonas interiores y el clero– y los *buenos* que incluye no sólo a los indios, sino también a los liberales representados por los ingenieros y la burguesía minera quienes, por venir de una cultura industrial y urbana, representan el ideal de educación y progreso. Estos últimos, ejemplarizados por dos familias –los Yupanqui y los Marín– encabezan el enfrentamiento contra la arbitrariedad y el abuso de los gamonales.

Matto focaliza el enfrentamiento sobre dos protagonistas mujeres, las dos madres de familia: la dulce, inteligente y culta Lucía Marín y la emprendedora india Marcela Yupanqui. Aliadas llevan adelante una acción de denuncia y resistencia en las que enganchan a sus maridos –el ingeniero y el indio agricultor–. Marcela y su marido morirán en el enfrentamiento, y los Marín adoptarán a las hijas de los indios y se las llevarán a la ciudad. Allí el relato se desplaza hacia una historia de amor entre Manuel, hijo legítimo de una familia notable y Margarita, hija de los indios. Amor imposible en el que despunta el incesto y la bastardía pues ambos resultan ser hermanos ilegítimos del mismo padre, y esta es la finta folletinesca: Manuel no es, como se creía, hijo del Gobernador, ni Margarita del indio Juan Yupanqui, sino del párroco de Killac, don Pedro Miranda. Ambos "dos aves sin nido" que completan un desdichado círculo.

En cuanto a la construcción del *otro*, en esta novela Matto se hace cargo de las imágenes tópicas que, a lo largo del XVIII escinden la figura del salvaje: el *buen salvaje* rousseauniano, adscrito a un ideal de comunión con la naturaleza e integración social armónica (los indios) y el salvaje hobbesiano, definido por los códigos de la codicia y la violencia (la "trinidad embrutecedora del indio", frase de González Prada, de jueces, gobernadores y curas). Tal escisión se adensa con el positivismo, a fines del XIX, como un determinismo social y biológico que Matto explorará de manera crítica en sus dos novelas siguientes, *Índole* y *Herencia*.

La representación del *otro*, entonces, se divide: el *otro* indígena aparece como *inocente*, "de costumbres encantadoras por su sencillez" y los *otros* opresores, definidos como "ignorantes", "violentos", "lascivos", "sucios", "borrachos", "codiciosos". La identificación con el *otro* oprimido y la distancia condenatoria hacia el *otro* opresor abre un espacio de legitimidad al reformador social. La voz narrativa parte de la legitimación de la escritora que, desde el Proemio, reivindica su verdad partiendo de la experiencia vivida: "Para manifestar esta esperanza me inspiro en la exactitud con que he tomado los cuadros, del natural, presentando al lector la copia para que él la juzgue y falle" (4). La voz narrativa, entonces, propone un movimiento en el mundo novelesco que parte del *denunciar*, que construye dos representaciones de la otredad y apunta al *reformar*. Surge, así, un narrador que asume la voz del testigo testimonial y, al tiempo, se propone como representante de un *nosotros* político reformador.

Pero, a más de esta ubicación que convierte a *Aves sin nido* en una novela antecesora de las novelas indigenistas y testimoniales posteriores, que juegan con la autorización del letrado para asumir la voz en nombre del *otro* desvalido y saqueado por el poder, señalo dos aspectos que, creo, particularizan la novela de Clorinda. Su heterogeneidad formal que la desmarca de su propia propuesta –la novela de costumbres– y el escoramiento del punto de vista narrativo hacia el universo femenino que difumina al *otro* masculino y se focaliza sobre *las otras* mujeres. Ambos transgreden la voluntad de referencialidad y la esterotipia.

La heterogeneidad de esta novela fue apuntada ya por Varela Jácome:

> la novelista parte de unas realidades observadas y de la situación política proyectada sobre el ámbito provinciano. Pero en la exploración de estos contextos se mezclan elementos costumbristas, enfoques realistas, huellas románticas y funciones folletinescas que contrastan radicalmente con ciertos alardes biologistas del naturalismo (723).

Clorinda misma adelanta en su *Proemio* una intención formal híbrida que, por una parte, afirma: "En los países en que como el nuestro la Literatura aún se halla en su cuna, tiene la novela que ejercer mayor influjo en la morigeración de las costumbres" y, al tiempo, aspira a presentar una "obra con tendencias levantadas a regiones superiores, aquellas en que nace y vive la novela cuya trama es puramente amorosa o recreativa, bien puede implorar la atención de su público para que extendiéndole la mano la entregue al pueblo" (4). Doble filiación entonces: una novela de denuncia, pedagógica, reformista, y una novela de "regiones superiores", de trama amorosa y recreativa. ¿Una novela sentimental?, ¿una novela que trace el dibujo de afectos y pasiones?

A partir de esta matización de su proyecto Matto propone dos preguntas desiderativas que apuntan una denuncia a diferente nivel: "¿Quién sabe si después de doblar la última página de este libro se conocerá la importancia de observar atentamente al personal de las autoridades, eclesiásticas y civiles, que vayan a regir los destinos de los que viven en las apartadas poblaciones del interior del Perú? ¿Quién sabe si se reconocerá la necesidad del matrimonio de los curas como una exigencia social?" (4). La imbricación de ambas produce un doble fondo de la denuncia: el atraso económico de las provincias andinas frente a las de la costa, la explotación y violencia contra los indios; y, en la trastienda, la exasperación de la violencia ejercida sobre los cuerpos de las mujeres indígenas. La primera señaliza la necesidad de una articulación del poder político y de la construcción nacional, extendiéndola a las regiones interiores menos integradas en el proceso modernizador del Estado, para la cual provee un modelo civilizatorio de cohesión basado en la educación y el acriollamiento, semejante al que propondrán, décadas más tarde, las novelas indigenistas y regionalistas.

La segunda, apunta al forzamiento de las mujeres indígenas, la no institucionalización de sus familias que se mantienen en el concubinato y la bastardía de los descendientes de mujeres indias que desestructura la cohesión familiar. *Aves sin nido* denuncia los abusos de los representantes de la oligarquía rural y sus aliados sobre el cuerpo de las mujeres indias, denuncia explicitada por la india Marcela: "Ahora tengo que entrar en la mita a la casa parroquial, dejando mi choza y mis hijas, y mientras voy ¿quién sabe si Juan delira y muere? ¡Quién sabe también la muerte que a mí me espera, porque las mujeres que entran de mita entran con la cabeza alta y salen... mirando al suelo!". Frase que evidencia la prolongación de una institución colonial –la mita– en el entramado republicano, fusionada a la política de abuso sexual sobre las mujeres indígenas.

Aves sin nido establece una particular alianza entre Lucía, la mujer ilustrada de la nueva burguesía urbana que reivindica la equiparación de derechos –la educación, la participación social y política– y la india subalterna que padece, entre todos los abusos, además, el sexual: Lucía paga la deuda de la india y con eso la salva de la mita; pero este acto no se presenta como un acto simplemente caritativo, sino como una insubordinación contra los atropellos de las autoridades provinciales. Acto que desencadena la reacción represiva y mortífera, central de la trama narrativa en las primeras partes de la novela.

Si el proyecto modernizador de las nuevas burguesías identifica, alegóricamente, la construcción nacional con la familiar y, en el caso del Perú, una fluidez mayor en el trato interétnico, metaforizada por la adopción de las hijas de la pareja india asesinada que pasan de apellidarse Yupanqui a Marín[32]; Matto introduce una cuña especial, esto es, una alianza de género que pone en evidencia una falla en dicho proyecto y postula una nueva vertiente del proyecto civilizatorio liberal: una racionalización de las políticas del cuerpo y de la sexualidad, cuya desarticulación atenta contra el proceso mismo de ligazón nacional. Alianza entre las mujeres de las clases burguesas –críticas con su condición de exclusión pública– y las subalternas de los estratos populares –indias, negras o criadas– que la escritura de mujeres posterior escenificará profusamente hasta consolidarse en novelas de los años 20, como he señalado, en Teresa de la Parra y María Luisa Bombal.

Esta alianza señaliza un específico posicionamiento de la letrada frente al imaginario de construcción nacional: la autorización a sí misma para unir a dos clases de mujeres en un conflicto común. Alianza que Clorinda explicita en su *Proemio* y delinea como un especial lugar de enunciación: su denuncia es escrita "por el descolorido lápiz de una hermana".

2.3.3. ELENA PONIATOWSKA: QUE HABLE "ELLA"

Como la de algunos otros escritores latinoamericanos, la biografía de Elena Poniatowska está marcada por la diglosia. Fue su infancia un aprendizaje dual de dos culturas separadas, entre otras cosas, por la barrera lingüística: nacida en Francia en 1933, de padre francés de origen polaco y madre mexicana, también de origen francés, llegó a México a los nueve años. Durante tres años sólo habló inglés y francés, las lenguas habituales en su familia y en su colegio. El castellano sólo lo hablaban las criadas y con ellas aprendió esa lengua amasada de cultura criolla que, muchos años más tarde, utilizaría en sus libros. Incluso después de casi veinte años de ejercicio del periodismo, en 1976, confesaba que pensaba a menudo en los dos idiomas, francés y español, recurriendo más de una vez al diccionario; datos sorprendentes después de leer a Poniatowska, una mujer cuya escritura transpira arraigo y un conocimiento intenso del espesor de la cultura mexicana.

La escritura es, para Poniatowska, una actividad heterogénea que incluye en un mismo arco voltaico, marcado por la energía y la sensibilidad de su prosa, una variada gama de prácticas. No existen líneas demarcatorias que jerarquicen lo *literario*; para Poniatowska la urgencia de la escritura periodística, la agilidad de una entrevista, la investigación de una crónica, la

---

[32] *Vid.* Cornejo Polar 1974: XVIII-XXV.

composición de un texto ficcional, son diferentes maneras de responder a un mismo impulso: la necesidad de encontrar la verdad. La novela es una forma de acercar los pueblos a su propia historia, una forma de reconocimiento no sólo del pasado sino del presente en carne viva. Por ello su producción se ha repartido entre el ejercicio del periodismo, los libros de entrevistas y reportajes, la crítica cultural, la crónica de denuncia y la narrativa.

Se inicia en el periodismo en 1954, año en el que realizó nada menos que 365 entrevistas. Pero, como ella misma señala, esta agitada práctica fue la base de sus proyectos futuros. En ese aprendizaje elaboró sus conceptos centrales del quehacer intelectual: el escritor como un cronista atento, no sólo a los supuestos grandes acontecimientos que son señalados por las historias oficiales como centrales en el acontecer de los pueblos, sino a los sucesos que penetran la vida de los silenciados, aquéllos que no tienen un lugar en los discursos hegemónicos. Desde este punto de vista compuso *Todo empezó el domingo*, en el que la autora exponía el resultado de una experiencia singular: acompañada por el dibujante Alberto Beltrán, se dedicó a recoger los testimonios del quehacer de los pobres en domingo, del cual surgió aquel originalísmo libro de reportajes. También el escritor debe ejercitar su sensibilidad para captar entrelíneas lo que el discurso explícito no dice, para hacer emerger la verdad de las palabras entre la hojarasca de la palabrería acartonada: como ejemplo su *Domingo 7*, libro en el cual recogía, en l983, siete entrevistas a los candidatos a la Presidencia de México, hiladas desde una supuesta ingenuidad curiosa, que iban desmigajando al *personaje* entrevistado hasta dejarlo en carne viva.

Un hecho histórico, que marcaría la vida y la conciencia del México actual, la matanza de estudiantes en la plaza de Tlatelolco en l968, donde murió su hermano Ian, la llevó a escribir *La noche de Tlatelolco* (l971), crónica basada en testimonios directos, que puso en evidencia la monstruosidad de la represión. Su estilo ágil, comprometido, en permanente identificación con las víctimas, une en un sólo trazo la indagación de los hechos con el ejercicio de un concepto férreo del papel de la escritura: inquisición crítica de la realidad. A ella se refirió Octavio Paz comparándola con las crónicas que Carlos de Sigüenza y Góngora escribió, en el siglo XVII, sobre los motines de l692. Le siguieron *Fuerte es el silencio* (1980) y *Nada, nadie* (l988), basada esta última en el terremoto que asoló la capital mexicana. El primero, compuesto de cinco crónicas sobre los marginados, los presos políticos, los desaparecidos y los movimientos populares, mostraba la otra cara de México, oculta por el triunfalismo oficial. En ese mismo año, junto a Rosario Ibarra y a Isabel Letelier, fustigaba la conciencia intelectual americana con un encendido informe, ante el PEN Club Internacional, sobre la represión en su país y en todo el continente: "Aunque estos desaparecidos no sean escritores, entre las tareas fundamentales del escritor está el darle voz a los que no la tienen, hablar por aquéllos cuyos derechos –los de todo hombre– son aniquilados"[33].

En l969, Elena Poniatowska publica *Hasta no verte Jesús mío*, en la que reelabora sus largos encuentros y charlas con Josefa Bórquez (Jesusa Palancares en la novela), a quien había conocido en una prisión y por la que se sintió profundamente atraída. Como ha señalado Franco (175 y ss.), la novelista se propone alejarse de las particularidades jerárquicas entre informante y transcriptor del texto etnográfico o testimonial, y mostrar la individualidad de esta vida privada, a la cual no se presenta como representativa de una comunidad o de algún grupo social; así, desdeña la alegoría o la tipificación y salta hacia la ficción, dejando atrás al testimonio.

Novela centrada en una mujer de vida azarosa y ambulante, cargada de violencia y sabiduría popular. Novela que evidencia ese sabio ejercicio de tamiz de la realidad, de los 'hechos', de las experiencias de los otros, que caracteriza a Poniatowska como escritora. Lo cierto es que *Hasta no verte...* nos mete de lleno en la intimidad de una peripecia vital, contada por su protagonista. Una única voz: la de Jesusa. Una sola mirada: la de Jesusa. A través de su entrecortado, saltarín, deshilado relato, asistimos al desarrollo de un duro aprendizaje: el de la supervivencia. En la trastienda: la Revolución Mexicana enjuiciada en su revoltijo, contada desde sus miserias, palabra en acto desmitificadora de los de arriba y de los de abajo; antiépica de lo cotidiano que replica al épico friso construido por los narradores de la Revolución Mexicana.

Ahora bien: la confesión de Jesusa, que cité en el principio, la búsqueda de captura de la Voz en la escritura. Su conciencia de no tener "don de lenguas" es la que autoriza la presencia del texto escrito, en realidad autoriza la tarea del narrador que intenta reconstruir su *habla*. Justamente, el intento de fijar la Voz –su inflexión, su sentido completo– como vector que dirige el sentido más allá del texto escrito, es lo que explica el borramiento parcial del narrador. Inversión de papeles: en la crónica tradicional el *otro* es el indio, el mestizo, el pobre, el mísero, que cumple con el papel de mero *informante* ante el letrado, el cronista, el intelectual quien, a su vez, filtra, realza un dato o lo oculta, ironiza o hace gala de una mayor comprensión, esto es,

---

[33] Poniatowska, Elena: "La desaparición, una refinada fórmula de represión política", texto leído en las jornadas del Pen Club Internacional, Nueva York, el 7 de febrero de l980.

exhibe el poder con que lo inviste la Cultura. Por el contrario, en esta nove-la Poniatowska instaura un novedoso juego: articula un diálogo elidido en el que la voz de Jesusa se dirige a un *usted* silencioso, que no aparece como sujeto de la enunciación.

Sin embargo, en esta inversión no cabe la lectura ingenua; un deliberado ejercicio narrativo la aleja del reportaje, del supuesto *testimonio*, de la *palabra viva*. Poniatowska pone en juego y desenmascara el código férreo al que nos ha acostumbrado este mundo televisado y telecomandado: la ficción del *directo*, la ficción del telediario que reproduce voz e imagen de los protagonistas para crear ilusión de autenticidad, de fragmento de vida plasmado en imágenes. Esa presencia débil –el *usted*– del letrado nos recuerda que estamos ante una transcripción no literal, ante la reelaboración de un material, ante una interpretación, una representación, en fin, ante una novela, ante un laborioso trabajo de escritura. El letrado se difumina en ese *usted* al que se dirige, ocasionalmente, la protagonista.

Un *usted* definitivamente *otro*, diferente, ajeno, incluso ridiculizado desde el punto de vista de Jesusa. Débil rastro, imperceptible traza del que escribe. Es como si la escritura hubiera pretendido capturar la huella de la Voz, convirtiéndose ella misma en huella pulsátil del escribiente que aparece así en el hueco instaurado por la segunda persona. Una novela que termina con un agresivo mazazo en el rostro del escribiente, ese *usted* al que va dirigida la historia de Jesusa: "Ahora ya no chingue. Váyase. Déjeme dormir".

Desde la palabra agresiva de Jesusa que deja fuera al sujeto de la escritura, releo el epígrafe de la propia Jesusa que el escribiente pone como sello precediendo al texto:

> Algún día que venga ya no me va a encontrar; se topará nomás con el puro viento. Llegará ese día y cuando llegue, no habrá ni quien le dé una razón. Y pensará que todo ha sido mentira. Es verdad, estamos aquí de a mentiras; lo que cuentan en la radio son mentiras, mentiras lo que dicen los vecinos y mentira que me va a sentir. Si ya no le sirvo para nada, ¿qué carajos va a extrañar? Y en el taller tampoco. ¿Quién quiere usted que me extrañe si ni adioses voy a mandar? (10).

Lo leo en dos direcciones: como denuncia del lugar del letrado que utiliza el relato de Jesusa, su vida, sus padecimientos, para producir un objeto prestigioso; el epígrafe cuenta lo real que precede a la elaboración de la escritura: una situación de interlocución, de entrevistas. Una voz que condensa el sentido de una vida y una mano que procura capturarla en escritura. Pero, también, como una confesión de impotencia, la ratificación de una definitiva desaparición: la de la Voz. Porque qué es la Voz, sino exhalación, aliento, "puro viento" dice Jesusa.

Acota Rossolatto: "Si fisiológicamente ese aliento es la Voz misma, modulando los sonidos se reduce, en la extrema pequeñez del hombre, en esa alma silenciosa, como el ánima de un cañón, rendida en sus últimos instantes –de último aliento. Así el mito ha realizado la separación del alma del cuerpo, del neuma del soma en función de la unidad original" (Rossolatto: 340). La Voz no se confunde con las voces del texto, del narrador o de los personajes. La Voz no encuentra un lugar fijo en lo escrito, porque en la escritura –en su linealidad, pero también en su redundancia– no se pueden capturar las dos concentraciones máximas del sentido que la Voz, como vector provoca: el fragor del grito, coagulado, intensamente expresivo, o el silencio. En el oscilar permanente de la marcha estética "entre una función de continuidad lineal –metonímica– y una función de ruptura, de sustitución, de efecto secante y, por tanto, de articulación multilineal –polifónica–, función metafórica", entre ellas la Voz como médium "o más bien como el testigo o el indicio de una serie de oposiciones gracias a las cuales el sujeto, en relación al discurso, ejerce un movimiento de desaparición y de retorno, de pulsación" (Rossolatto: 346-7). Esa Voz, el aliento de Jesusa, queda fuera del texto. Lo que escuchamos o leemos es sólo la ilusión de un silencio; lo que el epígrafe denuncia es que el sujeto que pulsa en *Hasta no verte...* no es identificable con el que enuncia –Jesusa–, sino con un *otro*, más presente cuanto más ausente del relato: el del escribiente.

2.3.4. CARMEN BOULLOSA: *LLANTO*.
ENTRE EL FETICHISMO LITERARIO Y EL DUELO DE LA HISTORIA

Comentando la específica posición enunciativa que adopta Carmen Boullosa, señala Cróquer que es "la imagen-posición de la *salvaja* la que puede permitirnos atravesar su delirante escritura". Apunta: "Este neologismo no sólo sitúa a las voces líricas del poemario La salvaja (1989) –les otorga un lugar frente a la cultura y a la palabra–, sino que aparece en alguna entrevista como propósito enunciativo y marca de la identidad de la propia autora" y cita fragmentos de una entrevista de la autora en la que afirma: "Soy mujer, escribo desde mi cuerpo y desde mi memoria. Pero procuro pulir mi 'feminidad' asalvajándola". Cróquer propone sobre este posicionamiento que

la *salvaja* parece más una posición que un personaje, un espacio en el cual se reúnen tanto las voces imaginadas en la escritura como esa otra voz que, en cuanto voluntad enunciativa última, las imagina (...) Esa posición es, básicamente relacional. Es decir, en vez de definirse a través de sus filiaciones o de sus especificidades, lo hace a contrapelo de una noción de feminidad (ésa que circunscribe a la mujer en el orden de lo doméstico y lo institucional), de un canon literario (basado tanto en los requerimientos formales y estilísticos que regulan una *normativizada* producción escritural que impone la tradición cultural latinoamericana y mexicana), de unos requerimientos de mercado (que promociona novela cuya venta está garantizada –en la línea de best-sellers Como agua ·para chocolate) y de una subjetividad homogénea (étnica, social o de género). Se trata de una *feminidad-palabra asalvajada*, desposeída y rebelde cuya mirada fractura el mundo domesticado por la razón con la voracidad de una pulsión por y para siempre insatisfecha, por y para siempre inapresable (2000b: 109).

Mi lectura, más que a esa posición *asalvajada* reivindicada por Boullosa, estará atenta a lo que podemos pensar como el retorno del salvaje a fines del siglo XX, e interrogarlo para explicarnos la peculiar poética de la que se apropia la asalvajada prosa de Boullosa. Tomaré como centro de mi lectura *Llanto. Novelas imposibles* (1992).

De Certeau detectó las tendencias que, en el pensamiento cristiano, auspiciaron una apreciación positiva del hombre salvaje, en el momento de configuración del pensamiento renacentista y moderno[34]. Señala que, en la historia que va del sujeto místico del XVI al sujeto económico moderno, el salvaje sería un punto intermedio:

> Como figura cultural (más aún epistemológica) el salvaje prepara al segundo sujeto invirtiendo al primero, y al fin del siglo XVIII se eclipsa, reemplazado por el primitivo, el colonizado o por el deficiente mental. En el XVII, se opone a los valores del trabajo, de economía escriturística y de clasificación territorial y social que se instalan excluyendo a sus contrarios: el salvaje no tiene productividad, ni letras, ni 'estado' civil. A este personaje, los místicos lo revisten –como un traje de payaso– a fin de encontrar una salida a la sociedad que lo ha creado. Actor ambiguo, es una figura transitoria. Seduce (desvía) pero ya a título de una nostalgia. Atraviesa pero ya no amenaza el orden (...) Da testimonio de otro

---

[34] Comenta Bartra al respecto: "De Certeau comprendió que la figura del salvaje emana naturalmente del misticismo y prepara el camino para la definición –por contraste– del 'homo economicus', en la medida en que este último se presenta como el reverso del místico. Al igual que el salvaje, el místico se opone tanto a los valores del trabajo, como al orden económico y político que se consagra en el siglo XVII: iluminado iletrado, monje inflamado o profeta vagabundo, el místico de los siglos XVI y XVII será vencido, pero su silueta aplastada contribuirá a perfilar el hombre nuevo de la Modernidad" cap. "Mutaciones silvestres" (53).

'mundo', pero si lo arrestan es por delitos cometidos en éste (...) (De Certeau 1993: 239 y ss.).

Las formas del salvaje se multiplican en ese trayecto: una sabiduría *popular* que se opone a la normativización de la *urbanidad*, la no especialización frente a la profesionalización del saber, el caso *raro* frente a las conductas *normales*; el vagabundeo frente a la estabilización en el campo o la ciudad. Formas que identifica con el iletrado ilustrado, el profeta vagabundo, los *pequeños héroes* de la reforma interior jesuítica y que configuran un tipo de místico menor con historias modestas, guardadas en los archivos secretos de la transgresión, que define como "novelas policíacas de la mística", que han sido abandonados por la *gran* literatura[35].

Llanto: Margarita, Luisa, Laura, tres amigas que vienen de una noche de juerga tan movida como decepcionante. Lugar: el Parque Hundido de ciudad México. Evento: la aparición. Desde dentro de la tierra, de un hormiguero recién fumigado, emerge el mismo Motecuhzoma Xocoyotzin, Motecotesuma, Moctezuma, el Tlatoani, o sea el último Emperador azteca. En persona y redivivo. Las mujeres –dos de ellas marcadas por profesiones que están en los dos extremos del juego de verdades humanístico: la escritora (Laura) que intenta escribir una novela sobre Moctezuma, y Luisa, antropóloga, que busca a un equipo de investigación para que le revele con el carbono 14 si esta reliquia viva del pasado es auténtica– lo reconocen y deciden llevárselo a casa. Pero deciden primero "darle una vueltecita por el centro", entre otras cosas para mostrarle cómo ha cambiado México.

¿Qué imágenes construyen estas mujeres de ese *otro* desaparecido y reaparecido, no como fantasma del pasado, sino en cuerpo y alma? No demasiado diversas de las construcciones legadas por la tradición eurocentrista: el rey lloroso, deprimido, angustiado por sus supersticiones y por signos que no reconoce; el rey que las crónicas y los cronistas construyeron y describieron como ingenuo, anonadado por el descubrimiento de que los conquistadores no fueran los representantes de Quetzalcoatl. El que exclamó abatido ante la

---

[35] Señala De Certeau que en el tránsito hacia la modernidad: "El hombre o la mujer salvaje introduce en lo simbólico lo que la ciudad exorciza, en el momento en que los carnavales excluidos de las ciudades por ser muy costosos se convierten en aquelarres nocturnos de brujos y brujas. No es de extrañar que los discursos místicos de deseos insensatos, rechazados por la razón de Estado que sirve de modelo a tantas instituciones, regresen igualmente bajo la figura del salvaje. Bajo esta forma aparece –tal es su sola posibilidad– como vencido. Pero este vencido habla de lo que no se puede olvidar" (1993: 239).

pérdida de Tenochtitlan: "Los dioses están muertos. Somos unos nada, unos nadita", tal consta en los testimonios de los informantes de Sahagún.

Es un *salvaje* y, además, un *bárbaro*: farfulla el castilla –algo ha aprendido de su contacto con los invasores–; se sorprende y se asusta ante la novedad y, cuando en la vueltecita por el D. F., le muestran los monumentos erigidos en su nombre no los reconoce. La que fue la capital de su imperio es una ciudad desconocida, parpadeante, y más que los monumentos de la Historia, le sorprenden las luces, los nuevos edificios, el zum zum de los coches, pregunta por qué los carros no tienen caballos. En fin, como dice la escritora en su primera impresión: "Un señor. Pero muy raro– agregué después de un momento de silencio. El hombre era, no sé si en ese momento lo supe, hermoso. Vestía (¿cómo lo explico, para que ustedes me entiendan?)" (47). La descripción que sigue de los atuendos de Moctezuma no se separa ni un ápice de la iconografía del archivo histórico; pero esta construcción es reversible ya que este *otro*, dotado de subjetividad a la manera roussoniana, funciona como espejo y a su vez se pregunta: "(...)¿qué son? Cerró los ojos: no encontró con qué compararlas. Y sí, al cerrar los ojos piensa que las tres vienen vestidas iguales".

En esta dualidad se instala, no obstante, una diferencia: mientras las voces de estas mujeres van encabezadas en la entradilla de cada intervención por su nombre y se colocan en la escritura como actos de relato oral ("Habla Laura", "Habla Luisa", "Habla Margarita") proferidos en primera persona; las sensaciones y reflexiones de extrañeza de Moctezuma son relatadas y comentadas por un narrador anónimo, pero calificado para dar indicaciones de lectura: "Es fácil imaginarlo: despertar después de muerto, despertar en otro sitio, en otro tiempo, entre tres rostros extraños, extranjeros del todo, y encima de lo ya dicho un barniz de violencia, dolor del cuerpo, dolor de parto en un cuerpo adulto (...) Miedo, angustia, congoja, es fácil imaginar..." (49).

Dos estrategias entonces: se cuenta desde el presente trabajando la ficción testimonial –las voces juegan el papel del *testigo*–, mientras que el pasado sólo se puede escribir desde una tercera persona que instaura la distancia temporal y pronominal de la ficción novelesca –la narratividad topificada del discurso de la Historia–. Además, las *otras* voces que configuran este *Llanto*, la reproducción de fragmentos de los *Códices* sahaguntinos que reconstruyen la historia de Moctezuma, de Antonio de Solís, de Bernal Díaz, las voces emitidas por quienes compartieron su tiempo, recortadas y reproducidas como *documentos* se imbrican con los ocho "fragmentos de novela", en los cuales se mechan las reflexiones de una novela sobre Moctezuma que no avanza. Fragmentos que muestran el embrague de su arranque para

terminar con una reflexión, no ya sobre la imposible apropiación de la historia *verdadera* de Moctezuma, sino del discurso literario deslegitimizado
para producir una ficción histórica congruente y terminar confinando la
labor del escritor a una única mirada posible: la visión miope.

> Esta otra visión del miope es a la que debe confinarse un escritor, aunque
> con ella no sea posible ni conducir un automóvil ni asistir al cinematógrafo y
> con gran dificultad usar el transporte público (...) Esta manera absurda de com-
> portarse es la que debe imitar el escritor: es visto antes de ver, para que cuando
> el otro se le aproxime (...) el miope vea en él la cara que él sabe que le será vista,
> que el otro quiere que le sea vista. (...) Una visión exagerada de todo, subrayada,
> en la que la imaginación del miope deambula hasta encontrarle explicaciones y
> matices, o si no estirar la liga hasta la exageración y la caricatura (...) Si he deci-
> dido escribir una novela sobre él es por miopía. Los restos que restan son como
> objetos maquillados para semejar haber sido pasados por el cernidor de una
> mirada miope (90).

Este seguimiento escorado de las líneas narrativas que hilan este *Llanto*
intenta resaltar su aparente heterogeneidad textual: la apropiación de voces
otras –ficcionales y documentales– que, tras las sucesivas deconstruccio-
nes, tras el salvajismo textual al que aspira este texto, deviene en un *salvajismo artificial*, que lo convierte en heredero de las ficciones modernas del
otro. La conciencia y denuncia del límite no lo exime de su voluntad subli-
matoria:

> (...) La cancha para el escritor está libre, no hay más regla del juego que la
> fantasía, no hay márgenes. Se puede decir que Moctezuma es lo que a uno le dé
> la gana: de todos modos no será como sería de ser cierto, de no estar condenado,
> por la demolición de su ciudad, a ser visto como por miopes, amén. Consola-
> ción!, página escrita para mi consolación: escribir una novela en la que el perso-
> naje principal sea Moctezuma es imposible, de todo punto, imposible.

Y la última palabra de este *Llanto* es un planto por la imaginación y la
literatura perdida: "Empiezo a llorar. No sé de qué lloro. Todo fue mentira
(...) y sin dejar de llorar pienso en la novela que yo hubiera querido escribir
sobre este encuentro, la novela que las musas me hicieron imposible" (120).

"Novelas imposibles": ¿Por qué *imposibles*? Porque esta novela cifra su
condición de posibilidad en la delimitación fetichista de los juegos de verdad del discurso histórico: desea saber la "verdadera historia" pero sólo
sabe que puede elegir un fragmento extraído y desplazado del archivo.
Denuncia los juegos de verdad del relato de la Historia exhibiendo el duelo

infinito por esa conciencia desgraciada adquirida: nostalgia, duelo, planto irremisible por la pérdida de los metarrelatos.

El llanto ocupa el lugar del agujero del discurso –histórico y literario–. En ese llanto la *cuestión del otro* permanece irreductible: no puedo, no supe, no pude escribir una novela sobre el *otro* (que no es ya Moctezuma o la cultura indígena sino la Historia del Otro –o sea México, o sea el duelo propio por la historia del que enuncia–). Por ello, la aspirante a novelista, Laura, termina desvaneciéndose en un polvito leve, semejante al que anuncia la aparición de Moctezuma, después de una cópula épica que une en un trascendente abrazo erótico a la *escritora* con su *objeto fetiche*. Se textualiza esa posición melancólica: señalo el límite y me autorizo-desautorizo; me hago 'autor' y me deshago, anunciando la muerte del escritor, en el supuesto saber de la escritura.

Una clara reflexión identificatoria y epocal se inserta en el texto de Boullosa:

> Sí que el siglo veinte se parece a la época de la conquista. Nos enfrentamos a nuestro propio dominio: no entendemos con qué nos estamos dominando (...) Con dificultad nos hacemos a la idea de que lo que el hombre ni se atrevió a soñar es ahora cierto. Los inventos, los dominios sobre la materia van más allá de lo inimaginable. También las armas, la violencia. También la crueldad, también los regímenes que nos avergüenzan de ser humanos. No hemos crecido: nos hemos hinchado. Tal vez, si aceptácemos nuestra situación de conquistados por nosotros mismos, nuestra situación de ser, como fue Moctezuma, personajes en la frontera, seres situados entre dos territorios, expulsados tal vez de ambos por nuestra incertidumbre, tal vez si lo viéramos... (98).

En la factura exhibicionista de su experimentalidad, en su misma enunciación de lo imposible, despunta aquello que Derrida esbozó como síntoma: contar que no se puede contar, pero referir y agradecer la tradición archivista que regresa en su condición espectral, como el fantasma de la Gradiva convertido en el fantasma de Freud que lo interpreta, alucinatoriamente. "Lo turbio del archivo se debe a un mal de archivo (...) es arder de pasión. No tener descanso, interminablemente, buscar el archivo allí donde se nos hurta (...) Es lanzarse hacia él con un deseo compulsivo, repetitivo y nostálgico, un deseo irreprimible de retorno al origen, una morriña, una nostalgia de retorno al lugar más arcaico del comienzo absoluto" (Derrida 1997: 98). La literatura sobrepuja, permanentemente, intentando conjurar ese mal de archivo en la búsqueda de un lenguaje originario-arcaico e, irremediablemente, lo padece transformándose en arqueología. Se lee en la última página de *Llanto*: "Agradecimientos: El primero para Fray Bernardino de

Sahagún y los indios trilingües, autores con él de la extraordinaria *Historia general de las cosas de la Nueva España*" y luego, entre otros y "en desorden", "a Todorov: *La conquista de américa, la cuestión del otro*", a *Le rêve mexicain ou le pensée interrompue* de Le Clézio, a la SDSU que, al invitarme durante un semestre, me permitió las facilidades, para corregir y afinar (...) porque junto con ellos escribí este libro" (122).

Ese fetiche encarnado en la figura de Moctezuma, emperador de *salvajes* que revive en la salvaje urbe mexicana, rodeado de un coro plañidero de post-modernas lloronas que no pueden amar, ni contar, ni escribir, ni construir ningún *otro*, ¿esboza una nostalgia compulsiva por el referente perdido? Me pregunto, si en el filo del acatamiento a lo que se ha etiquetado como poéticas post-modernas, ¿no despunta un componente central del proyecto moderno: la melancolía frente a la velocidad de los cambios? ¿Será acaso que, en los tiempos de difuminación de las identidades nacionales, grupales, individuales... este *Planto* enuncia un duelo por la supuesta pérdida o acabamiento del proyecto moderno? O mejor: ¿una nostalgia –¡occidental qué duda cabe!– por el anuncio propagandístico del fin de la *era del sujeto* que, así, reivindica su persistencia y sigue ejerciendo su gesto ético básico: el malestar en la cultura? ¿Postula esta novela y otras, deudoras de las "poéticas del fin", la necesidad –o el retorno– de los proyectos utópicos?

2.4. *Final con música: Mujeres que lloran y cantan en el corazón de Masoch (Paquita la del Barrio y La Lupe)*

2.4.1. ¿MÚSICA, LITERATURA?

> (...) ¿No es verdaderamente singular que en esta tierra de Quevedos y de Góngoras los únicos innovadores del instrumento lírico, los únicos libertadores del ritmo, hayan sido los poetas del Madrid cómico y los libretistas del género chico? Hago esta advertencia porque la forma es lo que primeramente toca a las muchedumbres. Yo no soy un poeta para las muchedumbres. Pero sé que indefectiblemente tengo que ir a ellas (Darío: 626).

Con estas palabras abría Rubén Darío sus *Cantos de vida y esperanza* en 1905. En ellas podemos leer, más allá de la recusación a la poesía española y al estatismo que encontró en la península, la requisitoria de un nuevo tipo de lírica que expresara la sensibilidad moderna haciéndose cargo de las innovaciones de la creciente cultura de masas. "La música ante todo", emblema verlainiano, fue para el modernismo latinoamericano una bandera agitadora que apuntaba tanto a la fusión de las artes como a la transformación de los modelos de representación. Si esta cita precede mis siguientes interrogaciones es para señalar que, en la operación de los modernistas finiseculares, la música se transformó en el ideal de la "forma que toca a las muchedumbres" y lanzó el sedal hacia la integración de la producción artística en la democratización y distribución de los bienes simbólicos en las modernidades hispánicas.

Un persistente trabajo de las literaturas latinoamericanas contemporáneas se ha dirigido a difuminar los límites entre *lo culto* y *lo popular*, incorporando las modulaciones y peculiaridades de las hablas regionales, del relato y la poesía popular, de las religiones informales y, por supuesto, de la música. En las conclusiones de su minuciosa indagación sobre las culturas populares en América Latina, Rowe y Schelling[36] señalan que la distinción entre cultura *popular* y *alta* cultura produce un esquema binario de las funciones sociales en las producciones simbólicas. A semejanza de los binomios *puro-impuro*, *alto-bajo*, *intelectual-manual*, esta distinción provoca una esquizofrenia analítica que impide observar la transitividad de los productos culturales que, por el dinamismo de los intercambios y del contacto se hibridan, se amalgaman. Si estas conclusiones son válidas en general para las producciones latinoamericanas modernas, en las cuales la creatividad, viva y activa, de las culturas populares asumió la herencia del archivo formal de la *alta* cultura y viceversa, es verificable que en la segunda mitad del siglo XX e intensamente en los 80, una parte sustancial de su literatura es un ámbito de recuperación, experimentación y archivo de las tradiciones populares y de la cultura de masas.

Las numerosas aportaciones de la música popular, unidas a la expansión y globalización del consumo provocada por las nuevas tecnologías, han transformado amplias zonas de la música en verdaderos iconos representativos de lo *latinoamericano* y han sido sustento de las escrituras literarias. Así como el bolero incorporó algunos de los clichés formales del Modernismo y expandió un modelo de *lo bello* hacia las fronteras de la cultura letrada, la literatura latinoamericana de las últimas décadas, en un movimiento de vuelta, hace de la música uno de sus ingredientes compositivos más reiterados. De esta forma, no sólo las distancias entre música culta y popular se difuminan (como ejemplo, las peculiares versiones de Bach fusionadas con la tradición del *choro* brasileño realizadas por la Camerata Brasil o, en otra dirección, la adopción de ritmos tradicionales como el tango, la cumbia, o el rescate de ritmos provinciales por los grupos rockeros), sino que la literatu-

---

[36] Rowe y Schelling 1991, *vid.* especialmente el último capítulo: "Popular culture and High culture".

ra misma se incorpora a este trabajo de difuminación. No solamente los temas, frases o motivos de la música popular, difundida masivamente, se transforman en materiales que usa el novelista o el poeta, sino que tanto la composición formal y, más aún, topos de la sentimentalidad se expresan en la literatura a partir de lo que las músicas populares difunden.

Si repasamos algunas escrituras producidas por mujeres a partir de los 80 se puede rastrear la incidencia de la música popular como conformadora de estructuras de sentimientos, que se sobreponen a las diferencias sociales y a las demarcaciones de la cultura letrada. La exitosa *Arráncame la vida* de Ángeles Mastretta exhibe como núcleo sentimental un bolero de Agustín Lara, cantado desesperadamente por la protagonista en sus momentos más amargos, pero también como organizador de la composición misma de la novela que se desenvuelve con la intensidad climática del bolero; las *Simetrías*[37] de Luisa Valenzuela que, utilizando los *cortes* del tango, organiza los puntos de quiebre de las tramas narrativas de sus breves relatos; la utilización del son caribeño como eje constructivo, rítmico y lingüístico en el conjunto de relatos *Vírgenes y mártires*, de Carmen Lugo Filippi y Ana Lidya Vega, para denunciar la imparable colonización estadounidense de la cultura puertorriqueña y los tópicos del machismo más acendrado[38]; son ejemplos entre muchos de esta operación. Las escrituras de mujeres incorporan canciones y letras en forma de cita o referencia directa; también los registros tonales, las líneas compositivas, las figuras de la música popular para mostrar nuevas subjetividades.

2.4.2. PAQUITA Y LA LUPE LLORAN Y CANTAN

Entre 1910 y 1917 Lou Andreas Salomé señaliza la construcción de subjetividades marcadas por el masoquismo como un lugar al que las mujeres

---

[37] *Vid.* Valenzuela, Luisa: "Cortes", primera sección de *Simetrías* (1993) que incluye los siguientes relatos: "Tango", "Cuchillo y madre", "Estrambote", "El zurcidor invisible" y "El café quieto", en *Cuentos completos* (1999).

[38] Como muestra basta un botón: "Entre el culipandeo, más intenso que un arrebato colombiano, más perseverante que Somoza, el Tipo rastrea a la Tipa. Fiel como una procesión de Semana Santa con su rosario de qué buena estás, mamichulín, qué bien te ves, qué ricos te quedan esos pantaloncitos, qué chula está esa hembra, men, qué canto e silán, tanta carne y yo comiendo hueso... (...) Pero el salsero solitario vuelve al pernil, soneando sin tregua: qué chasis, negra, qué masetera estás, qué materia prima, qué tronco e jeva, qué zocos, mama, quién fuera lluvia pa caelte encima" de Vega 1988: 83.

son inscritas con insistencia[39]. Un tipo de masoquismo que intenta compensar la desilusión del semblante fálico a través de la máscara de la figura doliente y el sacrificio: la que no tiene, la que lo pierde todo, la abandonada; y que se escucha en la queja de insatisfacción de la histérica o en la potente figura de la Mater dolorosa. La queja femenina, estrategia de palabras, conjura ese malestar poniendo el cuerpo para el sacrificio y endeudando al mundo en su inmolación. Pero la autodenigración del sujeto se convierte en una forma de demanda que enrostra al otro su incapacidad de amar.

Justamente, en las letras de canciones que comentaré, mi intención es apuntar cómo se escenifican las demandas de amor para luego denunciar la pérdida como una incapacidad del amado y derivar la denigración hacia su figura. Juego de toma y daca de la pasión amorosa que las mujeres lloran y cantan.

Cabe recordar que la autoría de las letras se difumina en las canciones de difusión masiva y es absorbida, en la recepción, por la figura del intérprete. Inapropiados o expropiados por el consumo, los autores de las letras de canciones que inundan el mercado musical sólo se recuerdan en los pagos de derechos –cuando se pagan– o en las carátulas de discos, compactos o casetes; esta situación se comprueba en la distinción reciente del *cantautor*, que reivindica y aspira a la restauración de la unidad entre autoría de letra, música e interpretación.

Los cantantes populares son investidos por una autoría que subvierte, a partir de un *star system* musical, la noción misma de propiedad de la escritura que la Literatura (con mayúsculas deliberadas) protege. Se escuchan *las canciones de...* Celia Cruz, Luis Miguel, Chavela Vargas; las letras de las canciones se identifican con el cantante y ciertas características interpretativas caracterizan su estilo y definen su lugar en el mercado musical.

Es esta característica de la difusión musical masiva la que me autoriza a analizar las letras cantadas por Paquita la del Barrio y la Lupe como si ellas mismas las hubieran escrito; estas letras, fijadas a sus músicas, a sus modos específicos de interpretación y a las imágenes de estas mujeres son unidades representacionales.

2.4.3. PAQUITA, LA DEL BARRIO: "¿ME ESTÁS OYENDO, INÚTIL?"

Cuentan que a finales de los 70 un grupo de estudiantes universitarios descubrió en un cuchitril del México D. F. a una mujer. Una mujer que can-

---

[39] *Vid.* Andreas Salomé, Lou: *Psicosexualidad* (1917), en la recopilación de sus escritos: *El erotismo*, Olañeta ed., Barcelona, 1983.

taba y lloraba letras desgarradas, acompañada por una modesta orquestina. Se corrió la voz y, lentamente, las canciones de Paquita fueron migrando del suburbio al centro y comenzaron a plasmarse en discos, aunque sus receptores de las clases acomodadas siguieron desplazándose hacia el suburbio para escucharla entre tequila y tequila. Dicen los testigos que las letras –cuasi lamentos, a veces insultos– dejan entrever una vida personal cuajada de dolores y traiciones. Cuentan que los avatares sentimentales y económicos no han arredrado a Paquita que sigue cantando, ahora en su propio bar, en la Colonia Guerrero del D. F.

Paquita, *la del Barrio*; localización reivindicativa de una identidad suburbial frente a la expansión tentacular y dispersiva del D. F.: Ser *del barrio*, apellidarse *la del barrio* y mantener una posición que conjuga la distribución en el mercado internacional del disco con la presencia viva nocturna, alerta sobre la aparición de nuevas estrategias de resistencia a los fenómenos uniformizadores de la extensión urbana y la globalización. Basta ojear las carátulas de sus discos para ratificar esa resistencia: vestida como una señora *de barrio* que está a punto de ir a una fiesta *de barrio*, esta Paquita se presenta con una iconografía de estética pobre; la que puebla las bailantas, las casas de comida de los suburbios, los culebrones. Para entendernos: no se trata de una estilización de la pobreza, ni de una estetización del suburbio, sino de unas pautas de representación propias que refutan las jerarquías y divisiones dictadas por el dudoso buen gusto de la *alta* cultura. También las letras de sus canciones.

Recorro letras de uno de sus discos –*Dicen que tú*– leyéndolas como si fueran un continuum, un único relato de amor y desamor, con la intención de mostrar un trayecto que se desliza desde la autodenigración y el masoquismo del sujeto femenino hacia la ironía y la desvaloración del objeto amado:

– "Soy una basura"

La canción que da título a la recopilación presenta una escena tópica de la queja femenina: el engaño. Sospechas, dudas, insomnios, abren una pregunta –¿es verdad lo que dicen?– que pone en juego las pasiones y culmina en la espera de una respuesta que no llega. La queja, evidentemente, es una pregunta sobre el sí mismo porque la engañada no comprende por qué el amado no la quiere y en ello le va la vida:

> Dicen que tú me engañas
> desde hace tiempo.

Dicen que no me quieres
no sé por qué.
Se me llena de nubes
el pensamiento,
Sácame de la duda
por nuestro bien.
Hace ya muchas noches
que ya ni duermo.
Los celos me consumen
pensando en ti.
Y de tanto que dicen
me siento enferma
Piensa que no es posible
vivir así.

De allí a la autodenigración: en la canción titulada "Como un perro" el sujeto femenino opta por un lugar degradado ante la amenaza de abandono. Ruego, llanto y demanda se unen a una elección de sacrificio de la dignidad e, incluso, de la humanidad. Ella afirma que será "como un perro", renunciará al llanto, a la queja y hasta al lenguaje, para no perder "la miel amarga de tus besos".

Por tener la miel amarga
de tus besos,
hoy se tiene que arrastrar
mi dignidad.
Por piedad, por compasión
no me desprecies,
me moriría sin tu amor
no me abandones.
No por Dios,
no te me vayas, te lo ruego,
que en la vida como un perro
pasaré,
sin hablarte y sin llorar,
sin un reproche,
siempre tirada a tus pies
de día y de noche.

Posición que culmina en una letra que conmueve al ser mismo de la mujer, convertida ya en "Cero a la izquierda":

> Estoy bien convencida que soy una basura
> que en este mundo ingrato perturba mi existencia,
> rodando por la vida, cargada de amargura,
> voy a parar al fango clavada a mi sentencia.
>
> Bien sé que no soy nadie, que soy cero a la izquierda
> Que a todo ser humano le estorba mi presencia
> Yo vivo inconsolable por tanta vil ofensa
> Si causo tanto daño
> ¡Piedad, mi Dios, clemencia!

En esta autodefinición del *yo* como "basura" no se explicita el por qué de este apelativo; la canción no dice qué hizo o qué característica la convierte en puro desecho. No hay desgracia, ni defectos, ni acciones nefastas, ni tan siquiera se sabe qué culpa la atormenta. El sólo hecho de existir la convierte en despreciable para "todo ser humano", su vida misma ha sido dirigida por un destino de desperdicio La posición masoquista, entonces, opaca al *yo*, la queja femenina se transforma en un lamento e imprecación que apela, ya no al reconocimiento del otro amado, ni tan siquiera a la exhibición del dolor por el amor perdido a través de la demanda de amor, sino que convierte la condición de existir en una condena para la que se pide piedad. Aquí no se suplica al amado, sino al Creador supremo mismo, al que se pide clemencia por un defecto innominado y difuso.

– "Resultaste basura y nada más"

Sin embargo, este destino doliente y despreciable se trueca en una actitud despectiva e impugadora del amado, en la que el despecho y la ira lo tranforman a su vez en desecho, como lo expresa la canción "Ni un cigarro":

> Ni un cigarro te doy
> ni me lo pidas.
> Tu infamia
> endureció mi vida.
> Te acuerdas que te di
> lo que un pobre puede dar:
> un amor sin maldad,
> un pedazo de su alma,
> y el respeto de un hogar.
> Pero en ti pudo más

> la indecencia y el vicio
> Preferiste aumentar
> del mundo el desperdicio.
> Y ahora que se fue
> tu perversa juventud
> ni un cigarro te doy
> porque un cigarro ahora
> vale mucho más que tú.

Esta canción alterna el canto con el fraseo hablado, dirigido al receptor masculino al que se interpela agresivamente:

> Me estás oyendo, inútil?,
> Vales menos que un cigarro.
> Ni un cigarro te doy.
> Ni un cigarro.

La restauración de Narciso, una vez suturada la herida por la pérdida o el desengaño, sigue el juego de ida y vuelta de idealización-denigración del amado, quien a su vez desciende un poco más, y de "inútil" se convierte a su vez en "Desperdicio", título de la siguiente canción. El amor no fue lo dado o demandado sino el efecto de un ruego y una limosna condescendiente hacia el otro. El dolor por el amor perdido se aminora en un rizo: ahora es mera equivocación, una contingencia trivial. Lo que se ha perdido es puro tiempo:

> Es muy cierto, te quise y no lo niego,
> para qué renegar ciertos errores.
> Es que tuve piedad para tu ruego
> y gozaste de limosna mis amores.
>
> No he tenido de ti ni un beneficio;
> sólo el tiempo he perdido con tu amor.
> Descubrí que sólo eras desperdicio.
> No me sirves; yo me merezco algo mejor.

Mas en los entresijos de este toma y daca aparece el juego amoroso como intercambio de máscaras –la "careta engañadora" que cae cuando el amor y el duelo acaban– y emerge lo *real* del otro en su pobre existencia. Sobre la pérdida del amor y el desinvestimiento del objeto amoroso Lou Andreas Salomé reflexiona:

No amarse ya físicamente significa no percibir al amado inconscientemente como la imagen de aquella primera impresión que vivimos físicamente la primera vez como una imagen total de nosotros y del mundo; significa: situar a una persona en la indigencia de su individualidad por lo que ella, por mucho valor que tenga, no es ya sino exclusivamente lo que es, pero pierde a la par su cualidad de serlo todo, como luz en sus ojos, como resplandor en su pelo, como fascinante don de sus manos (123).

Pero la mujer maldiciente de esta canción no solamente retira la idealización y abandona su lugar de esclava, sino que destituye al otro con feroz desdén:

> Se acabó mi cariño y mi paciencia
> al caer tu careta engañadora,
> por ti mismo y sin rastro de vergüenza,
> me enseñaste toda tu alma pecadora.
>
> Pero al fin siempre todo se descubre
> resultaste basura y nada más.
> No me gusta vivir entre la mugre,
> ahí te dejo, de ésta nunca tú saldrás.

"Inútil", "alma pecadora", "desperdicio", "basura", "mugre": atributos de un objeto al que se le ha quitado el ropaje de la idealización. Brutal la denuncia de Paquita de la pasión amorosa como juego imaginario de semblantes, que revela, por el envés de la trama, la desilusión y el despeñamiento de los topos retóricos del amor cortés. Si tales topos han configurado, de manera ininterrumpida, los imaginarios amorosos de Occidente, cabe recordar que, si bien las teorizaciones al respecto se concentran en mostrar su persistencia en el arte y la literatura sosteniendo su valor aurático con testimonios excepcionales, es en la música popular masiva, en los melodramas cinematográficos y televisivos, donde se revisitan, se extienden y mantienen.

Un *yo* que abandona la posición masoquista, se restaura y ejerce un nuevo tipo de poder: el de la maledicencia. Mal-decir frente a bien-decir, Sade frente a Masoch, ilusión y desilusión, contraposiciones fatales del juego amoroso que, una vez descubiertas, encuentran una verdad. Nadie es nada en este juego repetido:

> Aquí tienes mi renuncia
> ya me puedes reemplazar
> queda mi puesto vacante
> puedes volver a empezar.

– "Tres veces te engañé..."

Decía Barthes que la voz también se caracteriza por su *grano*, como la fotografía. El tono, la cadencia, las inflexiones, son elementos que una pobre palabra escrita no puede reproducir; por ello insto a los lectores a escuchar[40] esta joya del cinismo femenino cantada por Paquita la del Barrio que, sin embargo, no puedo dejar de citar: "Tres veces te engañé".

> Tú que me dejabas
> Yo que te esperaba
> Yo que, tontamente,
> siempre te era fiel.
>
> Desgraciadamente,
> hoy fue diferente
> Me topé con alguien
> Creo que sin querer.
>
> Tres veces te engañé
> La primera por coraje
> La segunda por capricho
> La tercera por placer
>
> Tres veces te engañé,
> Tres veces te engañé
> Y después de esas tres veces
> No quiero volverte a ver.
>
> ¿Me estás oyendo? ¡Inútil!

2.4.4. LA LUPE: "ELLA LLORA POR DINERO"

Cuando Almodóvar introducía, quizá por identificación, quizá por brillante estrategia, la canción "Puro teatro" cantada por La Lupe, como colofón de su filme *Mujeres al borde de un ataque de nervios* (1987), sabía que concluía su película con la reivindicación de una figura de la música cubana

---

[40] Paquita la del Barrio (con Tambora): *Dicen que tú*, disco compacto, Musart S. A., México D. F., vol. 3.

vapuleada por la industria norteamericana que había fraguado la moda de la *música latina*.

Manrique sintetiza la trayectoria de esta cubana, hija de un obrero de la fábrica de ron Baccardi, bautizada Guadalupe Victoria Yoli Raymond en Santiago de Cuba en 1939. La Lupe se fue para La Habana, estudió magisterio mientras hacía pinitos en concursos para aficionados. Después de casarse empezó a cantar en Los Tropicales, de donde fue despedida por su particular manera de entender la profesión y la moral. Reina de la bohemia habanera en 1959 –en un club llamado La Red–, una aparición explosiva en la televisión la convirtió en persona *non grata* para burgueses y revolucionarios. En 1962 partió para México donde tampoco caló, hasta que se dirigió a Nueva York, de la mano de Mongo Santamaría quien la ayudó a colocarse en la floreciente industria de lo latino. Arrasó con Tito Puente y casi se convierte en la reina, también, de los nuevos ritmos; pero sus escándalos y broncas en los conciertos, su inmersión en la santería, sus amores, hicieron que las cabezas del movimiento prefirieran a Celia Cruz, más recatada. Su fortuna cayó en picado, se arruinó por pagar las facturas de su marido enfermo, se quedó paralítica y la recuperó, por imposición de manos, un predicador de la Iglesia Pentescostal, a la que dedicó sus últimos años. Murió en el Bronx en 1992[41].

Lo cierto es que, reforzadas por el homenaje de Almodóvar, las huestes hispanas transmodernas emergentes en los 90, adoptaron a La Lupe a este lado y al otro del Atlántico y cantaron a pasión pelada esta letra que presento:

– "Y el telón cayó por eso"

> Igual que en un escenario
> finges tu dolor barato
> tu drama no es necesario
> ya conozco ese teatro.
> Mintiendo,¡ qué bien
> te queda el papel!;
> después de todo parece
> que ésa es tu forma de ser.

---

[41] *Vid.* Manrique, Diego: "La Lupe, colección La música latina, grandes mitos del siglo xx", *El País,* 2000.

Yo confiaba ciegamente
en la fiebre de tus besos,
mentiste serenamente
y el telón cayó por eso.
Teatro, lo tuyo es puro teatro.
Teatro, lo tuyo es puro teatro.
Falsedad bien ensayada
estudiado simulacro.

Fue tu mejor actuación
destrozar mi corazón,
y hoy que me lloras de veras
recuerdo tu simulacro.
Perdona que no te crea
me parece que es teatro.
(Y acuérdate que según tu punto de vista, yo soy la mala. Ay!)
Teatro, lo tuyo es puro teatro...

Es evidente el motivo por el que esta letra caló en la sentimentalidad masiva: el tema del juego amoroso como espacio de representación y engaño es la variante pasional de la concepción cristiano-barroca del conocimiento, basada en la desconfianza del mundo como apariencia, como sueño engañoso o gran teatro. No deja de sorprender, sin embargo, su actualidad. Las especulaciones sobre la sociedad del espectáculo, que ha desanudado los lazos sociales sustituyendo las *verdaderas* experiencias por su simulacro o sus parodias, olvidan que, aún conscientes de la masificación de los sentimientos, de su difuminación como sujetos, los hoy llamados *consumidores* se resisten a pasar por el aro de la desindividuación.

Distanciándose de la posición masoquista, en esta canción el *yo* femenino asume un discurso crítico que opone su incredulidad a la ficción pasional escenificada por el otro y manifiesta el descrédito del amor. De hecho, lo que está en juego es el saber adquirido sobre la pasión: la experiencia del dolor ha eliminado la idealización y coloca a los sentimientos en un "escenario" degradado donde se expone un "dolor barato". Pero, es ésta una representación entre dos: si antes el amado tuvo su "mejor actuación", ahora es él quien "llora de veras" y el sujeto femenino denuncia su inconsistencia. La mujer canta un saber producido por el dolor, pero que afecta a la calidad óntica del otro y lo vacía: su ser mismo es una mentira, un fingimiento, una ficción –"parece que es tu forma de ser"–. Arrancarle la careta y dejarlo en su indigencia de ser *cualquiera* es un gesto de venganza, también de lucidez.

No por capricho la Lupe inserta un comentario –"según tu punto de vista, yo soy la mala"– en recitado fuerte e irónico, seguido de uno de sus teatrales *ayes*, en el que se muestra la queja del antes amado, hoy rechazado –para él, ella "es la mala"– y evidencia que en el amor los papeles pasan de mano en mano. Antecedente de esta Lupe impugnadora: Sor Juana, quien firmó sus últimos escritos con "tinta sangre" bolerística, magistral en la denuncia del juego fantasmático de las pasiones.

Pero, desmembrar la letra cantada por la Lupe señala como consecuencia una falta irreparable: la increíble transmisión de su voz –potente, a veces profunda, otras chillona, aguardentosa o cristalina, trágica o juguetona– y, sobre todo, su particular modo de subvertir la blandura sentimental del bolero clásico, con interjecciones o carcajadas.

– "Merengue pa' los muertos"

Si el llorar, el anegar al mundo con sollozos, si la compañía ineluctable del lloro en todas las etapas de la vida, desde el nacimiento a la muerte, ha sido un ejercicio atribuido a las mujeres en "este valle de lágrimas", cabe recordar que es solamente en la ya avanzada modernidad del XIX cuando aparece, como interdicto prohibitivo, el aserto de que "los hombres no lloran". Los enamorados trovadores bañaban en lágrimas a sus esquivas damas y Werther moqueaba a gusto. Cabe también señalar que esta práctica se plasmó en instituciones sociales: las plañideras profesionales eran figuras centrales en los ceremoniales funerarios de la antigüedad oriental y grecorromana; en la antigua Roma seguían al carro funerario, entonaban a coro sus lamentos, se arrancaban los cabellos y se arañaban los rostros. Esta profesión se mantuvo durante la Edad Media y tiene todavía vigencia en el sur de Italia, Grecia, los Balcanes. Las *lloronas* son solicitadas hoy, en las culturas campesinas y suburbiales hispanas, para continuar la tradición de sus predecesoras ancestrales.

Numerosas canciones refieren al acto de llorar de las mujeres, pero no tantas a su lugar *profesional* de lloronas. Pues bien, la Lupe, no sólo cantó y en ritmo de merengue dominicano, "La lloradora" –que intentaré analizar–, sino que transformó este "merengue pa' los muertos" en una pieza teatral.

Desde el inicio del merengue se combina una alternancia entre su voz y los comentarios del coro que repite algunas de las frases, como un coro griego que repite acciones y estribillos de la protagonista. Se alternan también dos voces, asumidas ambas por la Lupe: una narrativa en tercera persona, que nos pone en el terreno de la institución de la lloradora y presenta su oficio, y otra, en primera persona, que asume la escenificación *in situ* de su trabajo. El merengue se estructura entonces como un cruce entre un recitado narrativo y una escenificación teatral: entre el presente narrado y el presente expuesto.

La primera escena retrata al personaje:

Antonia es una mujer
ella llora por encargo,
si a usted se le muere alguien
ella va a llorarle un rato.
Ella llora por dinero,
con ataque y sin ataque,
si quiere que bese al muerto
tiene que pagarle aparte.

La segunda nos pone frente a la escena profesional que, primero señala la demanda de servicio en un diálogo con la viuda que lo solicita, y luego exhibe la variedad del producto que se ofrece y sus crecientes tarifas:

–¿Quién es? ¿La viuda que quiere que yo le llore el muerto?
–Dile que pase
–Mire doña, yo soy muy humilde pero yo lloro por dinero.

Tengo tres clases de llanto pa' que usted escoja:
El primero es el gemiqueo, vale 25 pesos y hace así: hihihi, ay, yyyyy
El segundo es un grito seco, le cuesta 50 pesos y dice así: ayyyyyy, ayyyy,
                                                    [ayyyy mi marido!
Y el tercero es el ataque con lágrimas, revolcándome en el suelo,
tiene que darme alcohol para revivirme y le beso el muerto si quiere,
pero tiene que darme 100 pesos, uno arriba del otro.

La tercera exhibe el pacto y el comienzo de la función teatral, escandida por la intervención del coro, que se va convirtiendo en una especie de letanía:

–¿De acuerdo?–
Pues a llorar:
Ay, mi maridito y qué tan lindo que era!,
que to'l mundo me decía que se parecía a Tito Puente!
Tan bueno que era que todas las noches me traía ni morir soñando!
Mi mangú y mi mondongo!
Ay!, no se lo lleven todavía, si parece que está dormido en mi regazo!,
Ay, que no me deje tan sóla ahora que las cosas están tan malas!,
ay, que me da el ataque, ay, ay, ay, ayyyyy!!

Coro: ("Ven, dime cómo ella llora, para yo llorar también")
¡Ella llora por dinero! (Para yo llorar también)
¡Ella llora sin consuelo! (Para yo llorar también)
¡Si le pagas besa al muerto! (Para yo llorar también)
¡Le llaman la lloradora! (Para yo llorar también)
¡Llora como una llorona! (Para yo llorar también)
¡Ven y dime cuánto cobra! (Para yo llorar también)
¡Para yo llorar también! (Para yo llorar también)
¡Y cuando llora al difunto, (Para yo llorar también)
le gustan los gemiqueos! (Para yo llorar también)
¡Le grita, le grita, grita! ¡Ayyyyyyy! (...).

Pero, en un crescendo dramático y sobreactuado, la lloradora comienza a
suplantar el lugar de la propia viuda:

Mi maridito, y ¡que me digan llorona!
¡Qué yo me hago ahora!
Yo que estaba tan acostumbradita
y dormía tan calentita!
Ay, caballero!...
Ay, mi maridito lindo, que te llevan,
que ya no te veo más!
Di que di la vida por ti.
Recuerda que te quería mucho.
no me dejes tan sola!
Y si aparece otro por ahí no te me pongas bravo
y dame un break que está dura la cosa.
Chico: ¡El muerto al hoyo y el vivo al pollo!
Ay!, que angustia, que desgracia!
¡Que venga el otro que yo sola no puedo estar!

Algo!, dénme algo que me da el ataque!!

Como se ve en la gradación de la letra, el tópico de la mujer que llora es
puesto en cuestión por la demanda de una lloradora profesional y sirve para
recordar a la comunidad cómo se llora en un velorio; pero, progresivamente, se va desajustando su lugar hasta llegar a la parodia del luto trágico de la
viuda y de la institución matrimonial. Esta lloradora dice lo que la esposa
no debe decir, aunque lo sienta: "El muerto al hoyo y el vivo al pollo!".
Sobreactuar los lugares tradicionales de las mujeres, llevarlos al límite de lo
aceptable, mostrar la impostura de las instituciones y, además, señalar que
tanto el dolor como el amor están mediados por el dinero y la conveniencia,

es lo que la Lupe escenifica; para también evidenciar el juego de máscaras femenino.

Lo inimitable de sus canciones está en los insertos con los que solía desajustar las canciones más melosas al introducir gemidos, suspiros, gritos o comentarios irónicos, picantes recitados, productos de la improvisación. Los que la escucharon en directo siempre recuerdan que, en las grabaciones, no se recoge ni la mitad de sus escandalosas apostillas. Si unimos a su vida poco recomendable, estas interpretaciones que ponen en jaque los tópicos restrictivos de la sentimentalidad atribuida a las mujeres y desnudan las realidades de las instituciones sociales, podremos explicar por qué el *'star system'* profesional de *lo latino* la dejó de lado: por su exceso.

2.4.5. FINAL SIN ACORDES

La música y la sensibilidad corporal emergen, dice Kristeva, en el contacto con la *chora* semiótica fraguada en la relación con la madre. La *chora*, previa a la constitución simbólica significante; presencia de un translenguaje –ritmos, sonidos, cadencias– en el que se asienta el lugar imaginario, fuente primaria de la catástrofe o el triunfo de la pasión amorosa.

La vivencia de la catástrofe producida por el lado mortífero del goce más allá del falo, que lleva a muchas mujeres a elaborar un semblante femenino de la Dolorosa, y su envés, la maledicencia y el cinismo con el que las mujeres denuncian la inconsistencia del semblante fálico, nos entregan algunas claves para comprender por qué muchas canciones calan y conforman nuestras estructuras de sentimiento y nuestros imaginarios sociales.

Cantos y llantos de mujeres donde la voz se encarna en un cuerpo. Pura diatriba, pura sentimentalidad. Junto al ejercicio y denuncia de la mascarada de la femineidad, a la asumida posición doliente, al cinismo descreído, incluyo este exceso que desestabiliza y conmueve los aparatos ideológicos poniendo al desnudo sus envaradas construcciones. Letras sin destino que, a veces, encuentran en la Literatura un espacio de captura.

BIBLIOGRAFÍA

AGAMBEN, Giorgio (1995): "La barrera y el pliegue" en *Estancias. La palabra y el fantasma en la cultura occidental*, Valencia: Pretextos, 225 y ss.

— (2000): "El archivo y el testimonio" en *Lo que queda de Auschwitz (El archivo y el testigo)* (1999), Valencia: Pretextos, 163 y ss.

AGOSÍN, Marjorie (1985): "Agujas que hablan: las arpilleristas chilenas", *Revista Iberoamericana* (no. 132-133) , julio-diciembre, 155.

— (1993): *Las hacedoras: mujer, imagen, escritura.* Santiago de Chile: Cuarto propio.

AINSA, Fernando (1993): "Cristina Peri Rossi: del otro lado de la puerta", en *Nuevas fronteras de la narrativa uruguaya (1960-1993)*, Montevideo: Trilce, 74 y ss.

AIZENBERG, Edna (1985): "El Bildungsroman fracasado en Latinoamércia: el caso de Ifigenia de Teresa de la Parra", en *Revista Iberoamericana* (no. 132-133) julio-diciembre, 539 y ss.

ALATORRE, Antonio y TENORIO, M. Lilia (1998): *Serafina y Sor Juana*, México: El Colegio de México.

ALEGRÍA, Claribel (1989): Fragmentos de "Carta a un desterrado", *Hispamérica* no. 52, 63 y ss.

ANDREAS SALOMÉ, Lou (1983): *Psicosexualidad,* en la recopilación de sus escritos *El erotismo*, Barcelona: Olañeta.

ANTELO, Raúl (1999): "Elementos de una ficción post-significante: tiempo vacío y violencia pulsional", en Cróquer, E. (coord.) *Cuerpo, sexualidad, género, Revista Estudios* (enero-junio), 27-40.

ARAUJO (1980): "Sobre Ifigenia" en Bosch, Velia (comp): *Teresa de la Parra ante la crítica*, Caracas: Monte Ávila, 156 y ss.

ARENAL, Electa y SCHAU, Stacy (1988): *Untold sisters. Hispanic nuns in their own writings*, Alburquerque: University of New Mexico.

ARREOLA, Juan José (1995): "Cuento de horror", en *Confabulario definitivo*, Madrid: Cátedra, 140.

AVELLANEDA, Andrés (1991): "Canon y escritura de mujer: viaje al centro de la periferia", en *Espacios* no.10 (nov-dic), Buenos Aires: Facultad de Filosofía y Letras, UBA, 90.

BARTHES, Roland (1972): *Crítica y verdad*, Buenos Aires: Siglo XXI.

— (l973): *El grado cero de la escritura*, Buenos Aires: Siglo XXI.

— (l974): "Entrevista" con Jean Thibaudeau, en *El proceso de la escritura*, Buenos Aires: Caldén, 67.

— (1991): *El placer del texto*, México: Siglo XXI.

— (1994): "Escribir: ¿Un verbo intransitivo?", en *El susurro del lenguaje*, Buenos Aires: Paidós, 24-38.

BARTRA, Roger (1996 y 1997): *El salvaje en el espejo* y *El salvaje artificial*, Barcelona: Destino.

BASSOLS, Miquel et alii. (1990): "Elección de objeto y condición de amor", en VV. AA. *Perversión y vida amorosa, Escansión 2*, Buenos Aires: Manantial. 50 y ss.

BATAILLE, George (1987): "La noción de gasto", en *La parte maldita-La noción de gasto*, Barcelona: Icaria, 30.

— (1989): *La experiencia interior*, Madrid: Taurus.

BATTICUORE, Graciela (1999): *El taller de la escritora (Veladas Literarias de Juana Manuela Gorriti: Lima-Buenos Aires (1876/7-1892),* Buenos Aires: Beatriz Viterbo.

BAUDELAIRE, Charles (1996): "Elogio del maquillaje", *Salones y otros escritos sobre arte*, Madrid: La balsa de la Medusa, 385 y ss.

BELLINI, Giuseppe (1964): *L'opera letteraria di Sor Juana Inés de la Cruz*, Milán: Cisalpino.

— (1987): *Sor Juana e i suoi misteri*, Milán: Cisalpino.

— (coord.) (1991): *España e Italia: un encuentro de culturas en el Nuevo Mundo*, Roma: Bulzoni.

BÉNASSY-BÉRLING, Marie Cécile (1982): *Humanisme et religion chez Sor Juana Inés de la Cruz. La femme et la culture au XVII siècle*, París: Editions Hispaniques de la Sorbonne.

BENÍTEZ, Fernando (1985): "Años de aprendizaje", en *Los demonios en el convento. Sexo y religión en la Nueva España*, México: Era, 66 y ss.

BENJAMIN, Walter (1973): *Discursos interrumpidos (1)*, Madrid: Taurus.

— (1990): *El origen del drama barroco alemán*, Madrid: Taurus.

BOHIGAS, Ana (1997): "Sobre el amor", en *Las Pasiones del Ser: el Amor, el Odio, la Ignorancia, Cuadernos de Psicoanálisis* 17. Barcelona, 9-10.

BOMBAL, María Luisa (1996): *Obras completas*, Santiago de Chile: Andrés Bello.

BORGES, Jorge Luis (1939): "La amortajada" (reseña), Revista *Sur* vol. 8 no.7 (agosto), 80-81.

— (1960): "Montevideo", *Martín Fierro* no. 8-9 (agosto/septiembre de 1924), recogido en *Revista Martín Fierro (1924-1927),* recopilación y prólogo de Beatriz Sarlo, Buenos Aires: Carlos Pérez editor, 60.

— (1976): "El arte narrativo y la magia", en *Discusión, Obra Completa*, Madrid: Emecé, 226-232.

— (1977): "Otro poema de los dones", en *El otro, el mismo* (1964), *Obras completas 1923-1972*, Madrid: Ultramar, 936-937.

BORNAY, Erica (1994): *La cabellera femenina (Diálogo entre la poesía y la pintura)*, Madrid: Cátedra.

BOSCH, Velia (1980) (ed): *Teresa de la Parra ante la crítica*, Caracas: Monte Ávila.

BOULLOSA, Carmen (1992): *Llanto. Novelas imposibles*. México: Era.

BÜRGUER, Peter (1986): *Teoría de la Vanguardia*, Barcelona: Península.

BURIN, Mabel y DIO BLEICHMAR, Emilce (1996): *Género, psicoanálisis, subjetividad*, Buenos Aires: Paidós.

BUTLER, Judith (1990): *Gender Trouble: Feminism and the Subversion of Identity*, Nueva York: Routledge.

CALDERÓN, F. y REYNA, J. L. (l990): "La irrupción encubierta", *Nuevo texto crítico* no. 6, 17 y ss.

CARVER, Raymond (1989): "De qué hablamos cuando hablamos de amor", en el volumen homónimo, Barcelona: Anagrama, 137.

CASTRO CLARÉN, Sara (1984): "La crítica feminista y la escritora en América Latina", en González, P. E. y Ortega, E. (eds.) *La sartén por el mango*, Río Piedras: Huracán, 27-46

CATELLI, Nora (1991): *El espacio autobiográfico*, Barcelona: Lumen.

COPJEC, Joan (1995): *Read My Desire. Lacan against the Historicists*. Cambridge: Cambridge Press.

CORNEJO POLAR, Antonio (1974): "Introducción" a la edición de *Aves sin nido*, La Habana: Casa de las Américas.

— (1977): "Aves sin nido: indios, 'notables' y forasteros", en *La novela peruana. Siete estudios*, Lima: Horizonte.

— (1992): *Clorinda Matto de Turner, novelista. Estudios sobre Aves sin nido, Índole y Herencia*, Lima: Lluvia.

CRÓQUER, Eleonora (2000a): "Esfinge de ojos de esmeralda, angélico vampiro", en Mattalia, S. y Alcázar, Joan (coords.) *América Latina: Literatura e Historia entre dos finales de siglo*, Valencia: Centre d'Estudis polítics y socials, 31-52.

— (2000b): *El gesto de Antígona o la escritura como responsabilidad. (Clarice Lispector, Damiela Eltitt y Carmen Boullosa)*, Chile: Cuarto Propio.

DARÍO, Rubén (1967): "Prefacio" a *Cantos de vida y esperanza*, en *Obras completas*, t. II, Madrid: Aguilar, 626.

DE CERTEAU, Michel (1985): *La escritura de la Historia*, México: Universidad Iberoamericana.

— (1989): *Heterologies. Discourse on the other*, Minneapolis: University of Minnesota Press.

— (1993): *La fábula mística (siglos XVI y XVII)*, México: Universidad Iberoamericana.

DE LA CRUZ, sor Juana Inés (1995): *Obras completas*, México: FCE.

DE LA PARRA, Teresa (1982): *Obra (Narrativa, ensayos, cartas)*, edición de Velia Bosch, Caracas: Biblioteca Ayacucho.

— (1992): *Ifigenia. Diario de una señorita que escribió porque se fastidiaba*, edición de Sonia Mattalia, Madrid: Anaya & Mario Muchnik.

DELEUZE, Gilles y GUATTARI, Felix (1978): *Kafka. Por una literatura menor*, México: Era.

DELEUZE, Gilles y PARNET, Claire (1997): *Diálogos*, Valencia: Pre-Textos.

DELEUZE, Gilles (1989): *El pliegue. (Leibniz y el Barroco)*, Barcelona: Paidós.

— (l997): *Crítica y Clínica*, Barcelona: Anagrama.

DE MAN, Paul (1990): "Semiología y Retórica" y Lectura ("Proust") en *Alegorías de la lectura,* Barcelona: Lumen,15-99.

— (1991): "La autobiografía como desfiguración" en: *Anthropos,* no. 29 diciembre.

DE ROUGEMONT, Denis (1979): *El amor y Occidente,* Barcelona: Kairós.

DERRIDA, Jacques (1995): "Desgastes (Pintura de un mundo sin edad)" y "En nombre de la revolución, la doble barricada (Impura historia impura de fantasmas)", en *Espectros de Marx,* Madrid: Trotta

— (1997): "Tesis" en *Mal de archivo,* Valencia: Pretextos, 98.

DIDI-HUBERMAN, Georges (1982): *Invention de l'hiystérie (Charcot et l'iconographie photographique de la Salpetriere),* París: Macula.

ECHEVERRÍA, Esteban (1986a): *La cautiva,* edición de Leonor Fleming, Madrid: Cátedra.

— (1986b): *El matadero,* ed. de Leonor Fleming, Madrid: Cátedra.

FERRÉ, Rosario (1989): "Retratos de Sor Juana" en *El árbol y sus sombras,* México: FCE, 43 y ss.

FOUCAULT, Michel (1978): *La voluntad de saber, Historia de la sexualidad,* t. I, Madrid: Siglo XXI.

— (1994): *Vigilar y castigar,* Madrid: Siglo XXI.

FRANCO, Jean (1993): *Las conspiradoras (La representación de la mujer en México),* México: El Colegio de México y Fondo de Cultura Económica.

FREUD, Sigmund (1963): *Epistolario (1873-1939),* recopilación de Ernest Freud, Madrid: Biblioteca Nueva.

— (1973): *Obras completas,* Madrid: Biblioteca Nueva.

GARRELS, Elizabeth (1985): "Un dilema personal: Teresa de la Parra ante el gomecismo", en *Teresa de la Parra: las grietas de la ternura,* cap. II, Caracas: Monte Ávila.

GAY, Peter (1990): "La civilización: la condición humana", en *Freud, una vida de nuestro tiempo,* Barcelona: Paidós, 605 y ss.

GENETTE, Gerard (1993): *Ficción y dicción,* Barcelona: Lumen.

GIMBERNAT, Ester (1992): *Aventuras del desacuerdo. Novelistas argentinas de los 80,* Buenos Aires: Vergara.

GIMENO SENDRA, V. et alii (1996): *Derecho procesal penal,* Madrid: Colex.

GIRONA FIBLA, Nuria (1995): *Escrituras de la Historia. La novela argentina de los años 80,* Valencia: Cuadernos de Filología, XVII, Universitat de Valencia.

— (1996): "Sexo sentido", en *El lenguaje es una piel,* Valencia: Estudios Iberoamericanos-Tirant Lo Blanch.

GLIGO, Agata (1984): *María Luisa (Sobre la vida de María Luisa Bombal),* Santiago de Chile: Andrés Bello.

— (1996): *María Luisa (Biografía de María Luisa Bombal),* Santiago de Chile: Sudamericana.

GOLANO, Elena (1982): "Soñar para seducir (Entrevista con Cristina Peri Rossi)", *Quimera* no. 25 (noviembre).

GÓNGORA, L. (1967): "Soneto 228", en *Obras completas,* Madrid: Aguilar.

GONZÁLEZ BOIXO, José Carlos (1992): *Obra lírica,* Madrid: Cátedra, 33-46.

— (1997): "Feminismo e intelectualidad en Sor Juana", en Sáinz de Medrano, L. (coord.): *Sor Juana Inés de la Cruz,* Roma: Bulzoni.

GONZÁLEZ STEPHAN, B. y COSTIGAN, L. (coord.) (1992): *Crítica y descolonización: el sujeto colonial en la cultura latinoamericana*, Caracas: Biblioteca de la Academia de la Historia.

GRUZINSKI, Serge (1991): *La colonización de lo imaginario*, México: FCE.

— (1992): *Visions indiennes, visions baroques. Les métisages de l'inconscient*, París: PUF.

— (1994): *La guerra de las imágenes. De Cristóbal Colón a Blade Runner (1492-2019)*, México: FCE.

— (1996) "L'ordre baroque", en *Histoire de Mexico*, París: Fayard.

GUTIÉRREZ GIRARDOT, Rafael (1983): *Modernismo*, Barcelona: Montesinos.

HEBE (1995): "La vida, la muerte", en VV. AA. *Madres de Plaza de Mayo: Taller de escritura. El lugar del reencuentro,* Valencia: Ediciones Bajo Cero.

HIRIART, Rosario (1988): *Cartas a Lydia Cabrera*, Madrid: Torremozas.

IRIARTE, Ana (1990): *Las redes del enigma. Voces femeninas en el pensamiento griego*, Madrid: Taurus.

ISRAEL, Lucien (1979): *El goce de la histérica*, Buenos Aires: Argonauta.

JAY, Paul (1984): *Being in the Text,* Ithaca N. Y., Cornell University Press.

JITRIK, Noé (1970): "Soledad y urbanidad. Ensayo de adaptación del romanticismo en la Argentina", en *Ensayos y estudios de literatura argentina*, Buenos Aires: Galerna, 139-178.

JONES, Ernest (1961): *La Vie et l'Ouvre de S. Freud*, t. II, París: PUF.

KAMINSKY, Amy (1993): *Reading the body politic*, Minneapolis: University of Minnesota Press.

KOFFMAN, Sarah (1982): *El enigma de la mujer ¿Con Freud o contra Freud?*, Barcelona: Gedisa.

KRISTEVA, Julia (1986): *Al comienzo era el Amor. Psicoanálisis y fe*, Buenos Aires: Gedisa.

— (1991): *Historias de amor*, México: Siglo XXI.

— (1995): *Nuevas enfermedades del alma,* Madrid: Cátedra.

— (1996): *Sentido y sinsentido de la revuelta (Literatura y psicoanálisis)*, Buenos Aires: Eudeba.

— (1999): *El porvenir de la revuelta*, Buenos Aires: FCE.

LACAN, Jacques: (1981a): *Los escritos técnicos de Freud (1953-1954)*, Seminario I, Barcelona: Paidós.

— (1981b): *Aun (1972-1973)*, Seminario XX, Barcelona: Paidós.

— (1983): *El Yo en la teoría de Freud y en la técnica psicoanalítica (1954-1955)*, Seminario II, Barcelona: Paidós.

— (1986) *Los cuatro conceptos fundamentales del psicoanálisis*, Buenos Aires: Paidós.

— (1988): "Conferencia en Ginebra sobre el síntoma", en *Intervenciones y textos II*, Buenos Aires: Manantial, 115-144.

— (1991a): *De un discurso que no sería de la apariencia (1971)*, Seminario XVIII. Edición interna de la Escuela de Psicoanálisis de Buenos Aires.

— (1991b): *La angustia (1962-1963)*, Seminario X. Edición interna de la Escuela de Psicoanálisis de Buenos Aires.

— (1992): *La ética del Psicoanálisis (1959-1960)*, Seminario 7, Buenos Aires: Paidós.

— (1994): *La relación de Objeto (1956-1957)*, Seminario 4, Barcelona: Paidós.

— (1997): *Escritos 1*, México: Siglo XXI.

— (1998): *Escritos II*, México: Siglo XXI.

— LAVRIN, Asunción (1983): "Unlike sor Juana? The model nun in the religious literature of colonial Mexico", *University of Dayton Review* no. 16.

LEJEUNE, Phillip (1994): *El pacto autobiográfico*, Madrid: Endimión.

LEMOINE-LUCCIONI, Eugénie (1982): "La partición imaginaria", en *La partición de las mujeres*, Buenos Aires: Amorrortu, 50 y ss.

LEZAMA LIMA, José (1969): "La curiosidad barroca", en *La experiencia americana*, Madrid: Alianza, 50 y ss.

LISPECTOR, Clarice (1988): "Las desdichas de Sofía", en *Felicidad clandestina*, trad. de Marcelo Cohen, Barcelona: Grijalbo, 136-137.

LUDMER, Josefina (1984): "Tretas del débil", en González, P. y Ortega, E. (ed.): *La sartén por el mango*, Puerto Rico: Huracán, 47 y ss.

LLORENS, Eva (2000): "El síndrome de Stendhal o El origen del mundo. Notas al Amor es una droga dura de Cristina Peri Rossi" en Mattalia, S. y Girona, N. *Aun y más allá. Mujeres y discursos*, Caracas: Ex-Cultura, 29-38.

MANNONI, Maud (1998): "La rebelión", en *Ellas no saben lo que dicen*, Madrid: Alianza, 89 y ss.

MARGHERINI, Graziella (1990): *El síndrome de Stendhal*, Madrid: Espasa Calpe.

MARIÁTEGUI, José Carlos (1973): "Literaturas europeas de vanguardia", *El artista y su época*, Lima: Amauta, 114-119.

MERLEAU-PONTY, Maurice (1973): *Lo visible y lo invisible*, cit. por Lacan: "La esquizia del ojo y de la mirada", en *Los cuatro principios fundamentales del Psicoanálisis*, Seminario XI, Barcelona: Barral.

MARTÍ, José (1982): "Amor de ciudad grande", en *Versos libres*, ed. de Ivan Schulman, Madrid: Cátedra, 127 y ss.

MARTIN, Claire (1995): "Ifigenia y el lenguaje de la moda", en Dimo, Edith y Hidalgo, Amarilis (comp.) *Escritura y desafío. Narradoras venezolanas del siglo XX*, Caracas: Monte Ávila, 43 y ss.

MARTÍNEZ, J. A. "Estudio preliminar" a Descartes, René *Las pasiones del alma*, Madrid: Tecnos, p. XXX.

MASSIELLO, Francine (1985): "Texto, ley, trangresión: especulación sobre la novela (feminista) de vanguardia", *Revista Iberoamericana*, no. 132-133 (julio-diciembre), 808 y ss.

— (1992): "Science and Sentimentality: The Female Subject in Modernity", en *Between Civilization and Barbarism. Women, Nation and Literary Culture in Modern Argentina*, Lincoln: University of Nebraska Press, 83-110.

MASTRETTA, Ángeles (1987): *Arráncame la vida*, Madrid: Alfaguara.

MATTALIA, Gladys (1995): "La enfermedad: el cuerpo como respuesta" y "Mujeres: sombras y semblantes" en *La anatomía no es el destino*, Valencia: Estudios Iberoamericanos, Universitat de Valencia, 52 y ss; 93 y ss.

MATTALIA, Sonia (1994): "El texto cautivo, del *color local* al mito: *La cautiva* de Echeverría" en PIZARRO, Ana *América Latina: Palavra, literatura e cultura. "Emancipaçao do discurso"* (Vol. II), Sao Paulo: Unicamp, 251-266.

— (1997): *Miradas al Fin de Siglo: lecturas modernistas*, Valencia: Grup d'Estudis Iberoamericans-Tirant lo Blanch.

— y ALEZA. M. (Eds.) (1995): *Mujeres: escrituras y lenguajes*, Valencia: Universitat.

— y ALCÁZAR, Joan (Coords.) (2000a): *América Latina: Literatura e Historia entre dos finales de siglo*, Valencia: Centre d'Estudis polítics y socials.

— y GIRONA, N. (2000b): *Aún y más allá. Mujeres y discursos*, Caracas: Ex-Cultura.

MATTO DE TURNER, Clorinda (1994): *Aves sin nido*, Cornejo Polar, Antonio (ed.), Caracas: Biblioteca Ayacucho.

MENCHÚ, Rigoberta (1993): "¿Qué pasaría si un día las mujeres del Tercer Mundo dejasen de trabajar?", en *Resumen* no. 7 (nov-dic), 12.

MILIANI, Domingo (1997): "Introducción" a su edición crítica de Gallegos, Rómulo: *Doña bárbara*, Madrid: Cátedra, 9-90.

MILLER, Jacques Alain (1987): "Las respuestas de lo real", en VV. AA. *Aspectos del malestar en la cultura*, Buenos Aires: Manantial, 10 y ss.

— (1993): *De mujeres y semblantes*, Buenos Aires: Cuadernos del Pasador.

MILNER, Jean-Claude (1999): "Las transacciones del placer", en *Lo triple del placer*, Buenos Aires: Ediciones del Cifrado, 55 y ss..

— (2001): *Los nombres indistintos*, Buenos Aires: Manantial.

MOLLOY, Silvia (1996): *Acto de presencia. La escritura autobiográfica en Hispanoamérica*, México: FCE.

MORANT, Isabel (1996): "La felicidad de Madame du Châtelet: vida y estilo del siglo XVIII", en su edición de Madame du Châtelet *Discurso sobre la felicidad*, Madrid: Cátedra, Col. Feminismos, 11-92.

MUSCHETTI, Delfina (1989a): "Aquel reino anhelado, el reino del Amor", en *Nuevo Texto Crítico* no. 4 (*América Latina: mujer, escritura y praxis*), 79-102.

— (1989b): "Mujeres, feminismo y literatura", en Montaldo, Graciela (ed.) *Yrigoyen, entre Borges y Arlt (1916-1930)*, Buenos Aires: Corregidor, 131 y ss.

NÚÑEZ, Estuardo (1976): "Prólogo" a Matto de Turner, Clorinda *Tradiciones cuzqueñas*, Lima: Biblioteca peruana.

OLIVER, Carilda (1997): *Discurso de Eva. Antología poética*, Madrid: Hiperión.

ONETTI, Juan Carlos (1994): "El nuevo principio", cap. II de la Segunda parte de *La vida breve*, Madrid: Anaya-Mario Muchnick, 195.

OSORIO, Nelson (1985): "América Latina y la Venezuela de José Vicente Gómez", en *La formación de la vanguardia literaria en Venezuela (Antecedentes y documentos)*, cap. II, Caracas: Academia Nacional de la Historia, 49-64.

OVIDIO (1966): *El arte de amar*, trad. de Francisco Crivell, Madrid: Edaf.

PASTOR, Roberto (1997): "El afecto y su transposición significante", *Las Pasiones del Ser: el Amor, el Odio, la Ignorancia, Cuadernos de Psicoanálisis* no. 17, 195 y ss.

PAZ, Octavio (1951): "Sor Juana Inés de la Cruz", Revista *Sur* no. 206 (diciembre), 29-40.

— (1982): *Sor Juana Inés de la Cruz o las trampas de la fe*, México: FCE.

PERI ROSSI, Cristina (1981): *Indicios pánicos*, Madrid: Bruguera.

— (1983a): *El museo de los esfuerzos inútiles*, Barcelona: Seix Barral.

— (1983b): "Literatura y mujer", *Eco* no. 257 (marzo), 498-506. Reproducido también en Klahn, N. y Corral, W. (comp.) *Los novelistas como críticos*, t. II, México: FCE, 532-535.

— (1984): *La nave de los locos*, Barcelona: Seix Barral.

— (1986): *Una pasión prohibida*, Barcelona: Seix Barral.

— (1988a): *La rebelión de los niños*, Barcelona: Seix Barral.

— (1988b): *Solitario de amor*, Barcelona: Grijalbo.

— (1988c): *Cosmoagonías*, Barcelona: Laia.

— (1989): "Prólogo a la edición de 1989", en *El libro de mis primos*, Barcelona: Grijalbo, 12 y ss.

— (1994): *Evohé (poemas eróticos-erotic poems)*, traducción de Diana P. Decker, Washington: Azul Editions.

— (1997): *Desastres íntimos*, Barcelona: Lumen.

— (1999): *El amor es una droga dura*, Barcelona: Seix Barral.

— (2000): "Entorno de mi obra: texto-contexto", en Mattalia, S. y Alcázar, J. *América Latina: literatura e historia entre dos finales de siglo*, Valencia: CEPS, 7-18.

PERILLI, Carmen (1994): *Las ratas en la torre de Babel. La novela argentina entre 1982 y 1992*, Buenos Aires: Buena Letra.

PICÓN SALAS, Mariano (1976): "Caracas (1920)", en *Comprensión de Venezuela*, Caracas: Monte Ávila, 231 y ss.

— (1985): "El Barroco de Indias", en *De la Conquista a la Independencia*, México: FCE, 137 y ss.

PIGLIA, Ricardo (1980): *Respiración artificial*, Buenos Aires: Pomaire.

— (2000): "Los sujetos trágicos. (Literatura y Psiconanálisis)", en *Formas breves*, Barcelona: Alfaguara, 57-68.

PLATÓN (1991): *El Banquete*, Barcelona: Labor.

PONIATOWSKA, Elena (1974): *Hasta no verte Jesús mío*, México: Era.

— (1980): "La desaparición, una refinada fórmula de represión política", texto leído en las jornadas del Pen Club Internacional, Nueva York, 7 de febrero.

POUILLON, Jean (1976): "La autobiografía", en *Tiempo y novela*, Buenos Aires: Paidós, 44 y ss .

RABINOVICH, Diana (1993): "Comentario del Seminario X, *La angustia*", en *La angustia y el deseo del Otro*, Buenos Aires: Manantial, 9-118.

RAMA, Ángel (1965): "Origen de un novelista y de una generación literaria", postfacio a la edición de Onetti, Juan Carlos *El pozo*, Montevideo: Arca.

REY, Alain (1898): *Révolution, histoire d'un mot,* París: Gallimard.

RICHARD, Nelly (1993): *Prácticas de la diferencia y cultura democrática,* Santiago de Chile: Zegers.

— (1996): "Feminismo, experiencia y representación", *Revista Iberoamericana* no. 176-177 (julio-diciembre), 734-735.

RILKE, Rainer M. (1999): *Cartas a un joven poeta* (1903-1910), trad. de José M. Valverde, Madrid: Alianza.

RIVAS ROJAS, Raquel (1997): "Actos y textos del carnaval estudiantil de 1928: dimensión cultural de un acto político", en *Sujetos, actos y textos de una identidad: de Palmarote a Sacalapatalajá,* Caracas: Fundación CELARG.

RIVIÈRE, Joan (1979): "La femineidad como máscara", en VV. AA. *La femineidad como máscara,* Barcelona: Tusquets, 11-24.

RODRÍGUEZ, Ileana (1994): "Teresa de la Parra: Hacienda/Nation, Quid pro Quo", en *House, garden, nation (Space, Gender and Ethnicity in post-colonial latinoamerican literatures by women),* Durham (N. C.): Duke University Press, 59-87.

RODRÍGUEZ CUADROS, Evangelina (l988): "Intercadencias de la calentura de amor", introducción a *Novelas amorosas de diversos ingenios del siglo XVII,* Madrid: Castalia, 27 y ss.

ROFFÉ, Reina (1987): *La rompiente,* Buenos Aires: Punto Sur.

ROSA, Nicolás (1990): "Los fantasmas de la crítica", en *El arte del olvido,* Buenos Aires: Punto Sur, 31 y ss.

— (l997): *La lengua del ausente,* Buenos Aires: Biblos.

ROSANDA, Rossana (1981): *Las otras,* Barcelona: Gedisa.

ROSSOLATTO, Guy (1974): "La Voz", en *Ensayos sobre lo simólico,* Barcelona: Anagrama, 339 y ss.

ROVIRA, José Carlos (1993): *Identidad cultural y Literatura (1915-1930),* Vol. VII, Colección Antología del Pensamiento Hispanoamericano, Alicante: Instituto Gil-Albert.

ROWE, W. y SCHELLING, V. (1991): *Memory and Modernity: Popular Cultures in Latin American,* Londres: Verso.

RUEDA, Ana (1989): "Cristina Peri Rossi: el esfuerzo inútil de erigir un museo natural", en Pratt, M. y Morello Frosch, M. (coord.) *Mujer, escritura y praxis, Nuevo Texto Crítico* no. 4, Segundo cuatrimestre: Stanford University, 197-204.

RUFINELLI, Jorge (l990): "Los 80: ¿Ingreso en la post-modernidad?", en *Nuevo texto crítico* no 6, Segundo cuatrimestre: Stanford University, 37.

SABAT-RIVERS, Georgina (1982a): "Sor Juana Inés de la Cruz", en Íñigo Madrigal, Luis (coord.) *Historia de la Literatura Hispanoamericana. Época Colonial,* Madrid: Cátedra, 275 y ss.

— (1982b): "Sor Juana: diálogo de retratos", *Revista Iberoamericana* no. 120-121 (julio-diciembre).

— "Mujer, ilegítima y criolla: en busca de sor Juana" (1992) en González Stephan, B. y Costigan, H. (coords.): *Crítica y descolonización: el sujeto colonial en la cultura latinoamericana,* Caracas: Biblioteca de la Academia de la Historia, 406 y ss.

SAER, Juan José (1994): *La pesquisa*, Buenos Aires: Seix Barral.

SALESSI, Jorge (1995): *Médicos, maleantes y maricas. (Higiene, criminología y homosexualidad en la construcción de la nación Argentina, 1871-1914)*, Buenos Aires: Beatriz Viterbo.

SÁNCHEZ ROBAYNA, Andrés (1991): *Para leer "Primero Sueño" de Sor Juana Inés de la Cruz*, México: FCE.

SARLO, Beatriz (1985): *El imperio de los sentimientos*, Buenos Aires: Catálogo.

— (1988): *Una modernidad periférica: Buenos Aires 1920-1930*, Buenos Aires: Nueva Visión.

— (1994): *Escenas de la vida postmoderna. Intelectuales, arte y videocultura en Argentina*, Buenos Aires: Ariel.

SCHWOB, Marcel (1978): *Vidas imaginarias*, Madrid: Alianza.

SCOTT, Joan (1999): "La experiencia como prueba", en Carbonell, Neus y Torras, Meri (comp.) *Feminismos literarios*, Madrid: Arco, 77-112.

SICHÉRE, Bernard (l996): *Historias del Mal*, Barcelona: Gedisa.

SOLER, Colette (2000): *La maldición sobre el sexo*, Buenos Aires: Manantial.

SOSNOWSKI, Saúl (comp.) (1988): *Represión y reconstrucción de una Cultura: el caso argentino*, Buenos Aires: Eudeba.

SPINOZA (1998): "Escolio- Proposición XXXIX", en *Ética*, Madrid: Alianza, 236-237.

SZURMUK, Mónica (1990): "La textualización de la represión en *La rompiente* de Reina Roffé", *Nuevo texto crítico* no. 5, Segundo cuatrimestre: Stanford University,124.

TAURO, Alberto (1976): *Clorinda Matto de Turner y la novela indigenista*, Lima: Universidad de San Marcos.

TRABA, Marta (1981): *Conversación al Sur*, México: Siglo XXI.

TRABULSE, Elías (1996): "Introducción" a la edición facsimilar de la *Carta de Serafina de Cristo* [1691], Toluca: Instituto Mexiquense de Cultura.

TRAVERSA, Oscar (1997): "Las cremas y los polvos: de visita en el país de los espejos", en *Cuerpos de papel. Figuraciones del cuerpo en la prensa 1918-1940*, Barcelona: Gedisa, 130 y ss.

TRÍAS, Eugenio (l982): "Escenificación del Infinito. (Interpretación del Barroco)", en *Lo Bello y lo Siniestro*, Barcelona: Seix Barral.

USLAR PIETRI, Arturo (1982): "El testimonio de Teresa de la Parra", en Bosch, Velia (ed.) *Teresa de la Parra ante la crítica*, Caracas: Monte Ávila, 80 y ss.

VALDÉS, Adriana (1993): "El espacio de la mujer en la colonia", en Pizarro, Ana (coord.) *América Latina. Palabra, literatura e cultura: A situaçao colonial*, Sao Paulo: Unicamp, 467-468.

VALENZUELA, Luisa (1982): *Cambio de armas*, Vermont: Ediciones del Norte.

— (1999): "Cortes", primera sección de *Simetrías*, en *Cuentos completos y uno más*, México: Alfaguara.

VALLEJO, César (1976): "Muro noroeste", en *Escalas melografiadas*, Barcelona: Laia, 14.

— (1982): *Trilce XIII*, en *Obra poética completa*, ed. de Américo Ferrari, Madrid: Alianza.

VARELA JÁCOME, Benito (1982): "Introducción" a su edición de *Aves sin nido*, en *La Novela Hispanoamericana,* Madrid: Cupsa.

VEGA, Ana Lidya (1988): "Letra para salsa y tres soneos por encargo", en Lugo Filippi, Carmen y Vega, Ana Lidya *Vírgenes y mártires* (cuentos), Puerto Rico: Antillana, 83.

WEIGEL, Sigrid (1986): "La mirada bizca: sobre la historia de la escritura de las mujeres", en Ecker, Gisela (ed.) *Estética feminista,* Barcelona: Icaria.

WEINTRAUB, K. (1991): "Autobiografía y conciencia histórica" en *Anthropos, no.* 29, diciembre, 18-32.

WÖLLFLIN, E. (1986): *Renacimiento y Barroco*, Barcelona: Paidós.

WOOLF, Virginia (1989): *Una habitación propia,* Barcelona: Seix Barral.

— (1999): *Al faro*, Madrid: Cátedra.

ZANCAJO, José C. (1995): "Sor Juana Inés de la Cruz y las trampas de Octavio Paz", en Febres, Laura (comp.) *Sor Juana Inés de la Cruz,* Caracas: Casa de Bello, 69-90.

ZAVALA, Iris (1997): "Teresa Sánchez: la escritura, la mística y las enfermedades divinas", *Feminismo y literatura. Discursos y diferencias*, en *La página* no. 29, 21-30.

— (1999): "Reflexiones sobre el feminismo en el fin del milenio", *Quimera* no. 177 (febrero), 58-64.

TABULA GRATULATORIA

Por innumerables dones que no ennumero este libro ha sido posible por la acción positiva de amigas y amigos:

Ellas:
Ana Belén Caravaca
Ana Pizarro
Angélica Gorodischer
Beatriz Gallardo
Belén Castro
Carmen Alemany
Carmen Perilli
Cristina Peri Rossi
Diana Niebilsky
Eleonora Cróquer
Elisa Calabrese
Eva Llorens
Eva Valcárcel
Gemma Garzón
Graciela Aletta
Heide Braun
Ileana Rodríguez
Isabel Martínez Benlloch
Isabel Morant
Laura López Giménez
Luisa Valenzuela
Luz Rodríguez Carranza
Lucía Astudillo Mattalia
Maite Echenique
María Ángeles Mora
María Beneyto
María Jesús Benítez
Michèlle Ramond
Milagros Aleza
Milagros Ezquerro
Mónica Bolufer
Reina Roffé

Rosa Pellicer
Sandra Jara
Sarah Martín
Teresa Ferrer
Trinidad Barrera
Virginia Gil Amate

Ellos:
Alberto Rodríguez Carucci
Alfons Cervera
Álvaro Astudillo Mattalia
Álvaro Contreras
Álvaro Salvador
Arturo Albert
Giuseppe Bellini
Jaume Peris
Javier Lasarte
Jenaro Talens
Jesús Peris Llorca
Joan del Alcázar
Joan Oleza
José Carlos Rovira
José Escarp
Josep Chiner
Juan Carlos Rodríguez
Ernesto Cudmani
Nicolás Rosa
Paco Tovar
Raúl Antelo
René de Costa
Saúl Sosnowski
Teodosio Fernández
Víctor Bravo

Y por la memoria de mis protectores:

Azucena Bermejo y Jorge Rondoletto, mis amigos, *"desaparecidos"* en Argentina en 1976.

Cristina Grau, mi amiga.

Ricardo Sebastián Mattalia, mi padre.

La investigación y factura de este libro fue posible por la ayuda de las siguientes instituciones a las que agradezco su apoyo:

- *Instituto de la Mujer, Ministerio de Trabajo y Asuntos Sociales*, que financió el Proyecto interdisciplinar de Investigación y Desarrollo: "Discursos públicos y discursos privados: estrategias de construcción del sujeto femenino", 1997- 1999.
- *Ministerio de Ciencia y Tecnología*, que financia el Proyecto interdisciplinar de Investigación y Desarrollo: "Debates de Ilustración y Modernidad", 2002-2003.
- *Consellería de Cultura, Generalitat Valenciana*, que financió estancias de investigación en universidades americanas y europeas.
- *Vicerrectorat d'Investigació, Universitat de València*, que financió estancias de investigación en universidades americanas y europeas, y me concedió una excedencia académica en el año 2000-2001.

WITHDRAWN

Carleton College Library
One North College Street
Northfield, MN 55057-4097